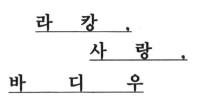

라캉,
　　사랑,
바디우

라 캉 , 사 랑 , 바 디 우

박영진 지음

에디투스

라캉, 사랑, 바디우

| 발행일 | 2019년 4월 25일 | 초판 | 1쇄 |
| | 2022년 9월 30일 | | 2쇄 |

지은이 **박영진**

펴낸이 **연주희**

펴낸곳 **에디투스**

경기도 성남시 분당구 황새울로351번길 10, 401호

전화 **070-8777-4065** 팩스 **0303-3445-4065** 이메일 **editus@editus.co.kr**

www.editus.co.kr

Copyright ⓒ 박영진, 2019, *Printed in Korea*.

ISBN 979-11-966224-6-6

이 도서의 국립중앙도서관 출판예정도서목록(CIP)는 서지정보유통지원시스템 홈페이지(seoji.go.kr)와 국가자료공동목록시스템(www.nl.go.kr/kolisnet)에서 이용하실 수 있습니다.(CIP 제어번호:CIP2019014623)

모든 이름 없는 사랑의 주체에게

시작하기 전에

이 책은 정신분석가 자크 라캉과 철학자 알랭 바디우의 뒤얽힘을 통해 사랑을 고찰한다. 서구 사상에 내재된 사랑-사이의 문제틀의 계보에 관여하고, 라캉과 바디우에 대한 동시대 연구에 개입하면서, 필자는 라캉과 바디우 사이에서 사랑의 역설을 사유하고, 사랑에 관한 두 저자의 사유에서 암묵적으로 남아 있는 귀결을 개념화하고 정교화한다. 1장은 수학을 통해 사랑을 다룬다. 라캉과 바디우의 사랑에 대한 접근에서 수학이 차지하는 핵심적인 역할에 주목하면서, 성별화 공식, 수적 성질, 양상 논리, 위상학, 매듭 이론을 통해 사랑에 대해 논의하고, 사랑의 공백이라는 개념을 이끌어 낸다. 2장은 정치를 통해 사랑을 다룬다. 라캉과 바디우의 뒤얽힘이 정치에서 정점에 도달한다는 점에 주목하면서, 동시대 사랑의 위기, 우애의 재발명, 사랑의 공동체, 인류와 사랑의 연관성을 통해 사랑과 정치 간의 수수께끼 같은 매듭을 검토하고, 사랑의 탈권력이라는 개념을 도출한다. 3장은 반(反)철학과 철학을 통해 사랑을 다룬다. 일본 작가 무라카미 하루키의 「토니 타키타니(トニー滝谷)」를 반철학과 철학 간의 대화를 위한 촉매제로 참고하면서, 사랑이 증상적 실재와 철학적 진리, 분석행위와 철학적 작용 사이에 걸쳐 있음을 고찰한다. 3장은 증환적 진리와 원(元)사랑의 행위라는 개념을 제안함으로써 마무리된다. 4장은 프랑스 철학자 앙드레 고르의 『D에게 보낸 편지』를 읽는다. 만남에서 시작해서 동반 자살로 종결되는 고르와 도린의 사랑의 여정을 살펴보면서, 고르와 도린이 어떻게 자신들의 독특하게 "바캉적"인 사랑을 통해서 라캉적인 것과 바디우적인 것을 엮어내는지를 다룬다. 결론에서 필자는 플라톤의 『에피노미스(Epinomis)』의 중간자적 정령들과 관련해서 사랑-사이의 테마로 되돌아가고, 이로부터 고통에 참여하는 분석가와 진리를 식별하는 철학자의 뒤얽힘을 이끌어 낸다. 이 뒤얽힘에 내재된 문제의식을 발전시키면서, 사랑과 구별 불가능한 비(非)사랑과 스스로를 무한히 넘어서는 초(超)사랑 사이에서 사랑의 주체가 도래함을 주장한다.

차례

들어가며

미국 미니멀리즘 소설가 레이먼드 카버의 단편 「사랑을 말할 때 우리가 이야기하는 것(What We Talk About When We Talk About Love)」에서 화자의 친구 멜 믹기니스(Mel McGinnis)는 사랑에 관한 본질적인 쟁점에 대해 이렇게 언급한다. "우리가 사랑에 대해 정말 알고 있는 게 뭘까? …… 사랑에 관해 뭔가 아는 것처럼 말할 때 우리가 이야기하는 것들에 대해선 창피해 해야 마땅해."[1] 사랑에 대해 말하는 것은 어려운 일이다. 그래서 종종 우리는 이론이나 지식에 의존한다. 그러나 그것은 혼란을 가중시킬 뿐인데, 왜냐하면 사랑은 반(反)지식과 반(反)이론의 차원에 속하기 때문이다. 사랑의 이론이나 사랑의 지식이란 존재하지 않는다. 바디우가 공식화한 바 있는 베케트적 말하기의 금언["모든 말하기는 잘못 말하기(mal dire/ill saying)이다"[2]]을 따라서 우리는 이렇게 말할 수 있다. 사랑에 관한 말하기는 가장 급진적인 잘못 말하기이다. 사랑에 대해 올바르게 말하는 것이 가능하기나 할까? 사실 사랑과 말하기의 연관성은 플라톤이 『파이드로스(Phaidros)』에서 간접적으로 다루기도 했던 고전적인 문제이다. 『파이드로

1 　레이먼드 카버, 『사랑을 말할 때 우리가 이야기하는 것』, 정영문 옮김, 문학동네, 2005년, 214, 217쪽.

2 　알랭 바디우, 『베케트에 대하여』, 서용순·임수현 옮김, 민음사, 2013년, 190-191쪽.

스』의 관건이 철학자(소크라테스)의 변증론적 논변과 웅변가(리시아스)의 수사학적 서술 간의 대립을 확립하는 것임은 알려져 있다. 그러나 그 대립은 보다 근본적인 문제를 우회하고 감추는 데에 그친다. 근본적인 문제는 사랑을 잘 말하는 것의 (불)가능성이다. 사랑을 말할 때 우리는 우리가 무슨 말을 하는지 알지 못한다. 그럼에도 불구하고 사랑에 관한 말은 끊이지 않는다. 사랑에 대해 잘 말하는 것은 필요 불가결한 동시에 불가능하다.

정신분석가 자크 라캉과 철학자 알랭 바디우는 이러한 난제에 전념했다. 두 인물 모두 자신의 지적 여정 전반에 걸쳐 사랑의 문제에 관여했다. 분석 상황에서 사랑은 라캉이 일상적으로 부딪히는 동시에 엄중히 다루어야 했던 사안이었다. 전이로서의 사랑이 단순히 분석자와 분석가 간의 인위적인 감정적 유대가 아니라 고통스럽게 돌발하는 "사랑의 진리"[3]인 한에서 말이다. 비록 단 하나의 세미나도 사랑에만 할애된 적은 없지만 라캉은 자신이 서로 다른 시기에 세공하던 용어를 통해 매번의 세미나에서 사랑에 대해 논평했다. 그리고 라캉이 자신의 사유와 실천을 혁신하는 것을 멈추지 않음에 따라, 라캉의 사랑을 구성하거나 그것과 겹쳐지는 매우 다양한 용어가 등장한다. 욕망, 충동, 환상, 대상 a, 지식, 주이상스, 성적 비관계, 상상계, 상징계, 실재가 그 일부를 이룬다.[4] 이러한 용어를 통한 사랑에 대한 라캉의 접근에서 특징적인 것은 그가 사랑에 대해 통합적이거나 체계적인 학설을 내세우지 않았다는 점이다. 라캉의 사랑은 한 조각을 이동시킴에 따라 전체의 형상이 변화하는 퍼즐, 맞추기 진행 중인 퍼즐과 같다.[5] 그것은 우리가 어떤 조각을 사용하는지에 따라 가변적인

3　Jacques Lacan, *Seminar XXI: Les non-Dupes Errent*, 1974년 3월 19일 수업(미출간).

4　가령 세미나의 어떤 시점에는 욕망과 사랑이 거의 교환 가능한 것으로 여겨지지만(둘 다 결여와 관련된다), 또 다른 시점에는 엄격하게 구분된다(욕망이 상징계에 관련된다면, 사랑은 상상계에 관련된다). 또 다른 예로 주이상스는 사랑과 구분되기도 하지만(주이상스가 실재에 관련된다면, 사랑은 상상계에 관련된다), 동시에 사랑과 분리 불가능한 것으로 제시된다(사랑은 주이상스를 함유한다).

5　Jean Allouch, *L'amour Lacan*, Paris: EPEL, 2009, p. 447. 장 알루슈, 『라캉의 사랑』, 박영진 옮김, 세창출판사(출간 예정).

14

움직이는 만화경과 같다. 요컨대 라캉의 사랑은 기술적인 파편성 속에서 등장한다.

바디우에게 사랑은 정치, 예술, 과학과 더불어 독특한 진리의 위치를 차지한다. 사랑이라는 진리가 철학자에게 갖는 중요성은 그것이 철학을 "조건 짓는다"는 사실을 통해 파악할 수 있다. 진리에 대한 사랑인 철학이 존재하는 것은 몇몇 희귀한 사랑의 진리가 철학자로 하여금 정합적이고 체계적인 방식으로 사유하도록 강제하기 때문이다. "철학적 작용"의 임무가 의견, 지식, 그럴듯함과 같은 비(非)진리로부터 진리를 식별하는 것이라는 신념에 따라 바디우는 동시대 사랑의 위기를 비판적으로 진단한다. 나아가 바디우는 사건, 진리, 충실성, 진리의 주체, 몸, 지점, 둘의 무대, 인류, 참된 삶, 행복과 같은 개념들을 통해 사랑에 대한 일관되고 규범적인 원칙을 정립한다. 사랑에 대한 바디우의 접근에서 특징적인 것은 그가 라캉의 사랑을 수용, 비판, 재구성한다는 점에 있다. 가령 상상적인 신기루로서의 사랑은 후기 라캉에게도 일정 부분 유효하게 남아 있지만, 바디우는 그러한 사랑을 단호히 배제한다. 반면, 둘의 무대로서의 사랑의 이념을 발전시킬 때 바디우는 성적 비관계에 대한 라캉의 접근을 기반으로 삼는다. 라캉이 펼쳐 놓은 다수의 사유의 노선 중에 바디우는 특정 노선을 취해서 그것을 자신의 전반적인 철학적 관점에 맞추어 정교화하는 것이다. 요컨대 바디우의 사랑은 라캉의 사랑을 배경으로 삼아 규범적인 일관성 속에서 등장한다.

사랑의 문제에 관한 두 저자의 기여를 어떻게 평가할 수 있을까? 그들은 사랑을 말할 때 우리가 무슨 말을 하는지 아는 체할 뿐이라는 저 오래된 기만을 반복하는 것일까? 아니면 그들은 사랑에 대해 진정으로 전대미문의 접근법을 제시하는 것일까? 이 책은 라캉과 바디우가 그들의 실천과 사유를 통해 사랑에 관한 사유를 혁신한 방식을 살펴보고, 사랑이 라캉과 바디우가 뒤얽히는 지점에 있음을 보여 주고자 한다.

1장

사랑-사이의 계보와 "라캉과 바디우 사이"

이 책의 목적은 두 가지이다. 첫 번째 목적이 동시대적이고 담론적이라면, 두 번째 목적은 초역사적이고, 문제 중심적이며, 개념적이다. 첫 번째 목적은 라캉과 바디우에 관한 연구의 장(場)에 관여하고 개입하는 것이다. 우선 선행 연구 몇몇을 간단히 살펴보고, 그 모든 연구가 이 책이 "라캉과 바디우의 뒤얽힘"(이 용어는 이번 장의 후반부에 상세히 설명될 것이다)으로 명명하는 것에 명시적으로나 암묵적으로 연루되어 있다는 점에 주목해 보자.

단언컨대 이 영역에서 가장 활발히 활동해 온 저자는 슬라보예 지젝(Slavoj Žižek)이다. 라캉과 바디우의 환원 불가능한 간극을 명확히 하면서 지젝의 저작은 많은 측면에서 바디우에게 비판적으로 관여해 왔다. 가령 『라캉 카페(Less Than Nothing: Hegel and The Shadow of Dialectical Materialism)』에서 지젝은 인간 동물과 진리의 주체 간의 바디우적 구분에 문제를 제기한다. 라캉적 관점에서 볼 때, 사건에 선행해서 존재하되 사건의 결과에 참여함으로써 진리의 주체가 되는, 자기 본위적인 인간 동물과 같은 것은 없다. 언어에 의해 규정되는 인간 동물은 단순히 자기 본위적인 것이 아니라 구성적으로 어긋나 있다. 자연적 본능을 따르는 동물과 달리, 인간은 자신의 성(性)을 어떻게 다루어야 할지 알지 못하는데, 이는 인간이 말하는 동물로서 언어 속에 거주하고 언어에 의존함에도 불구하고 언어가 성을 재현할 수 없기 때문이다. 인간에게는 자연이라는 옷도,

문화라는 옷도 꼭 맞지 않는다. 성적 비관계라는 라캉적 실재를 순수한 다수성과 동일시하는 바디우에 반대하면서 지젝은 이 문제를 존재론화한다. 지젝에게 성적 비관계는 어떠한 다수성에도 선행하는 근원적인 교착상태이다. 이런 점에서 지젝에 따르면 바디우와 라캉의 근본적인 차이는 전자가 긍정적인 기획(사건, 진리, 충실성)을 제시하는 반면, 후자는 부정성(성적 비관계, 죽음 충동)에 초점을 둔다는 점에 있다. 라캉의 편을 들면서 지젝은 이러한 차이를 사랑에 적용한다. 사건으로서의 사랑의 만남은 실패할 운명이다. 스탠리 카벨(Stanley Cavell)이 언급하듯, 유일하게 진정한 결혼은 첫 번째 결혼 상대자와의 두 번째 결혼이다. 첫 번째 결혼은 대개의 경우 불발하게 마련이니 말이다. 나아가 부정성으로서의 성적 비관계가 긍정성으로서의 사랑의 진리보다 기본적인 까닭에 우리는 성차라는 한계를 직면하기 위해 사랑을 밀고 나가야 한다. 이것이 바디우에 대항하는 엄밀하게 라캉적인 제스처가 될 수 있는 한편, 이 책의 관점은 라캉과 바디우의 뒤얽힘을 통해 사랑에 접근하는 데에 있음을 상기하자. 이 관점에 따르면 사랑은 애당초 부정성과 긍정성 간의 구분을 허용하지 않는다. "사랑을 끝까지 뚫고 지나가 성적 차이의 한계에 직면해야"[1] 하는 것만큼이나, 사랑의 진리를 구축하기 위해서는 성적 차이의 한계를 헤쳐 나가야 한다. 사실 지젝이 종종 발전시키는 것이 바로 이러한 라캉과 바디우의 뒤얽힘이다. 바디우의 인간 동물 관념을 해체하면서 지젝은 인간 동물과 진리의 주체라는 이항을 네 가지 입장, 즉 개인(바디우적 인간 동물), 인간(자신의 필멸성을 알고 있는 개인), 주체(바디우적 주체), 이웃(비인간적 사물)으로 확장시킨다. 라캉과 바디우의 교차를 가능하게 하는 프레임을 만들어 가면서 이 책은 이와 비슷한 작업을 사랑과 관련해서 시도해 보고자 한다.

『둘이 아닌 것(The Not-Two: Logic and God in Lacan)』(2016)에서 로렌조 키에자(Lorenzo Chiesa)는 논리, 신, 유사물(semblance)로서의 사랑 간의 연관성을 라캉적인 관점에서 다룬다. 키에자의 핵심적인 문제의식은 다음과 같다. 만약 하나

---

1   슬라보예 지젝, 『라캉 카페』, 조형준 옮김, 새물결, 2013년, 1476쪽.

가 되는 것의 불가능성에 관련되는 성적 비관계가 미완결성이라는 논리적 진리에 준한다면, 신은 이 미완결성조차 진리에 관한 진리로 바꿀 수 있을까? 즉 성적 비관계는 하나에 대한 존재 신학적인 전제를 통해 하나로 환원될 수 있을까? 라캉에게 이것은 열린 문제이다. 한편으로 "하나가 되려는 욕망"[2]으로서의 사랑에 대한 라캉의 정의는 그러한 환원이 가능함을 시사한다. 다른 한편으로 하나로의 융합으로서의 프로이트적 에로스에 대한 라캉의 비판과 "둘은 결코 하나가 되지 않는다"[3]는 라캉의 공리적 결론은 그러한 환원을 거부한다. 사랑과 하나의 문제는 복잡한 쟁점이다. 여기서 키에자는 라캉에게 유사물로서의 사랑 너머의 "진정한 사랑," 즉 성적 비관계를 인정하고 하나의 지배를 넘어서는 진정한 사랑이 있는지를 묻고, 이 문제를 다른 저서에서 다룰 예정이라고 언급한다. 키에자를 따라 이 책은 라캉이 기독교적 신의 사랑[신에 대한 사랑]을 넘어서는 사랑을 재발명하는 데에 있어서 수학과 논리가 핵심적임에 주목하고, 2장에서 사랑의 수적 공식뿐만 아니라 사랑의 양상 논리적, 위상학적 측면을 고찰하고자 한다. 2장에서 우리는 둘의 문제가 라캉의 사랑에서 중요한 위치를 차지하고 있을 뿐만 아니라 라캉과 바디우가 교차하는 핵심 지점이라는 사실에 주목한다. 그러나 우리는 라캉과 관련하여 유사물로서의 사랑과 진정한 사랑의 구분에 동의하지 않는데, 이는 전이(진정한 사랑인 동시에 인위적인 사랑)가 그러한 구분을 해체하기 때문이다. 오히려 사랑을 다룰 때 우리는 유사물과 진리 사이의 라캉적 비구분과 진리에 대한 바디우적 규정 간의 긴장에 관심을 돌려야 한다. 즉 "진정한 사랑"이라는 이념 자체가 라캉과 바디우의 뒤얽힘이라는 배경 하에서만 유효할 수 있다. 실제로 키에자 본인이 최근의 논문에서 바디우적 변모(modification)—실재적 변화가 없는 단순 생성—를 라캉적 인간 동물에 연결시킴으로써 이러한 뒤얽힘을 건드린 바 있으며,[4] 이것이 이

2   Jacques Lacan, *Seminar XX: On Feminine Sexuality, the Limits of Love and Knowledge, 1972—1973*, ed. Jacques-Alain Miller, trans. Bruce Fink, New York: Norton, 1999, p. 6.

3   같은 책, p. 47.

4   Lorenzo Chiesa, "The Body of Structural Dialectic: Badiou, Lacan, and the 'Human Animal'" in *Jour-*

책의 문제의식에 더 접근한다.

『바디우와 정치(Badiou and Politics)』에서 기적적인 사건과 보잘것없는 존재 간의 이항대립에 근거한 바디우적 독해를 비판하면서 브루노 보스틸즈(Bruno Bosteels)는 변증법적 사유로서의 바디우 철학에 대해 고찰한다. 여기서 특기할 점은 예술, 수학, 사랑에 비해 정치가 "가장 일관적이고 정교한"[5] 진리 절차라는 보스틸즈의 주장이다. 정치가 진리 중의 **진리**인지의 여부가 열린 문제에 해당하는 한편, 이 책은 독특한 진리 절차들 간에 위계를 설정하기보다는 진리 절차들의 공존에서 나오는 긴장에 집중함으로써 바디우의 사유를 비판적으로 확장시키는 데에 초점을 맞춘다. 본서의 3장에서 정치와 사랑을 비환원주의적이면서도 비결정론적인 방식으로 다루는 것이 바로 이러한 관점에서 비롯된다. 보스틸즈의 또 다른 주목할 만한 주장은 『주체의 이론(Théorie du sujet)』이 바디우의 전체 저작을 이해하는 데에 핵심적이라는 것이다. 비록 보스틸즈가 지젝처럼 라캉에 직접적으로 관여하지는 않지만 이러한 관찰은 이 책의 관점에서도 핵심적인데, 왜냐하면 『주체의 이론』은 이론의 영역 안에서의 계급투쟁으로서의 알튀세르적 이념에 충실함으로써 혁명적인 정치적 주체성을 논증할 뿐만 아니라 라캉과 바디우의 복잡한 관계를 상징화하기 때문이다. 그 책의 맥락에서 라캉과 바디우의 관계는 반철학자와 철학자의 관계가 아니라 구조주의적 변증론자와 정치이론가의 관계였으며, 거기서 우리는 라캉과 바디우의 뒤얽힘의 많은 흔적을 찾을 수 있다. 가령 바디우는 라캉이 간단히 언급하거나 세밀하게 다루는 네 가지 요소, 즉 불안, 용기, 초자아, 정의에 의거하면서도 라캉보다 한걸음 더 나아가는 체계적인 주체적 윤리학을 개진하는데, 이 책의 목적 역시 바로 사랑이 어떻게 라캉과 바디우 간의 변증법적 관계라는 구도를 통해 나타나는지를 탐구하는 데에 있다. 실제로 지젝과 키에자처럼 보스틸즈는 자신의 논문에서 (지젝의) 라캉과 바디우 간의 논쟁을 "칸트와 사드"에 비추

---

nal of Badiou Studies, Vol. 3, No. 1 (2014).

5   Bruno Bosteels, *Badiou and Politics*, Durham, NC: Duke University Press, 2011, p. 28.

어 재구성하기도 하고[6](보스틸즈는 여기서 철학과 반철학 간의 논쟁을 절묘하게 압축하는 공식으로 진실 혹은 도전 게임(truth or dare)을 제기한다), 『비트겐슈타인의 반철학 (Wittgenstein's Antiphilosophy)』의 영역본 서문에서 철학과 반철학 간의 관계에 대한 개괄적인 분석을 제공한다. 결국 보스틸즈 역시 라캉과 바디우의 뒤얽힘이라는 문제의식에 관여해 있으며, 우리는 이 점을 사랑과 관련해서 전개하고자 한다.

최근 저작에서 라캉과 바디우를 비판하긴 하지만 아드리안 존스턴(Adrian Johnston)도 『바디우, 지젝, 정치적 변혁(Badiou, Žižek, and Political Transformation: The Cadence of Change)』(2009)에서 주목할 만한 통찰을 제공한다. 존스턴에게 바디우 철학의 난점은 그것이 전(前) 사건적 "이전"의 문제를 고려하지 않고 후(後) 사건적 "이후"만을 다룬다는 데에 있다.[7] 즉 바디우는 아직 주체화하지 않은 개인이 기입된 전-사건적 어둠에 대한 정당한 고려 없이 개인이 진리의 주체가 될 희망적인 가능성만을 다룬다. 후-사건적인 것이 창조적이고 해방적인 힘이 있는 반면, 전-사건적인 것은 무기력을 조장하는 보수성일 수 있다. 그리고 만약 모든 진리 절차가 후-사건적인 것과 전-사건적인 것 간의 상호작용을 포함한다면, 전-사건적인 것의 문제 역시 심각하게 고려되어야 한다. 이런 점에서 존스턴은 "전-사건적인 시간의 규율,"[8] 가령 자본주의의 지속적인 가속화 흐름에 반대해서 자본주의의 구조적 결함을 주의 깊게 탐구하는 코뮤니스트적 인내가 필요하다고 주장하면서 바디우를 보충한다. 또한 존스턴은 예측 불가능한 사건의 발생을 수동적으로 기다리기보다 지배 체계의 바깥으로 나가는 위험을 무릅쓰는 용기와 자신감을 갖고 현재 상태에 능동적으로 관여해야 한다고 지적한다. 여기서 용기는 단순히 진리 절차를 붙드는 후-사건적 정동이 아니라 사건 이전의 변화를 강제하는 전-사건적 정동이다. 이 책의

---

6 Bruno Bosteels, "Badiou without Žižek", *Polygraph*, 17(2005).

7 Adrian Johnston, *Badiou, Žižek, and Political Transformation: The Cadence of Change*, Evanston, IL: Northwestern University Press, 2009, p. 18.

8 같은 책, p. 35.

관점에서 전-사건적인 것은 라캉과 바디우의 뒤얽힘의 관점에서 다루어져야 할 문제로 재맥락화된다. 즉 우리는 전-사건적인 것과 후-사건적인 것이라는 이항을 라캉과 바디우로 일반화하고 확장할 수 있다. 가령 이 책은 우리가 사랑의 절차에 참여하고 있을 때조차 각자의 전-사건적인(심지어 후-사건적인) 실재로서의 증상에서 자유롭지 못하며, 이는 때로 사랑의 절차를 위축시키고 중단시킨다는 점에 주목하면서 동시에 사랑의 절차가 연인 각자가 얼마만큼 자신의 주체적 실재를 헤쳐 나가느냐에 따라 사랑의 무한에 도달할 수 있는지가 결정된다는 점에 주목한다. 사랑의 절차를 붙드는 충실성은 각자의 주체적 실재를 통과하는 유사-정신분석적 절차와 맞물려 있는 것이다.

여기에서 레비 브라이언트(Levy Bryant)가 「증상적 매듭과 사건적 단절(Symptomal Knots and Evental Ruptures)」을 통해 개입하는 방식에 관심을 기울일 필요가 있다. 바디우에 대한 존스턴의 비판적 보충처럼 브라이언트는 바디우의 사건과 주체에 대한 설명이 기존에 정립된 법의 문제를 너무 서둘러 우회함으로써 "개인이 그가 속한 상황에 붙들려 있다는 사실을 과소평가한다"[9]고 지적한다. 특히 브라이언트가 라캉과 바디우의 뒤얽힘을 고찰하는 방식이 흥미롭다. 라캉적 주체는 대타자로서의 언어에 의해 결정되는 빗금 처진 주체이다. 그런데 대타자 역시 불완전하다는 점을 상기해야 한다. 왜냐하면 기표 연쇄로서의 대타자는 차이의 체계라는 구조를 갖기 때문이다. 차이의 체계에서 어떤 기표에 대한 참조는 필연적으로 또 다른 기표에 대한 참조로 이어질 것이다. 이것은 비록 주체의 정체성 형성이 기표의 포대(砲隊)에 의존한다 하더라도 주체에게 온전하고 고정된 정체성을 제공할 유일한 기표와 같은 것이 없음을 의미한다. 주체의 정체성은 불확실하고 열려진 것으로 남는다. 주체는 두 기표 사이에서 사라지는 틈이다. 이러한 입장이 인간 동물이 상황의 법을 넘어서는 사건에 열려 있다는 바디우의 입장과 만날 수 있는 반면, 라캉은 동시에 바디우에게 문제를 안겨 주기도 하는데 왜냐하면 주체는 그러한 열려진 측면

---

9   Levy Bryant, "Symptomal Knots and Evental Ruptures: Žižek, Badiou and Discerning the Indiscernible" in *International Journal of Žižek Studies, Vol. 1, No. 2*(2007)*: p. 2.

을 알아차리지 못한 채 기표 연쇄 운동을 중단시킴으로써 자신의 존재 결여를 실체적 존재로 오인할 수 있기 때문이다. 바디우에게 사건이란 상황의 공백으로서의 대타자의 불완전성이 드러날 때 발생한다. 그러나 라캉은 주체가 사건의 발생으로부터 스스로를 차단할 수 있음을 시사한다. 환상을 통해서 대타자를 완전하게 만듦으로써 주체는 자신의 상상적/상징적 정체성에 안주하고 그것을 반복할 수 있다. 요컨대 주체는 환상을 통해 사건의 발생을 저지할 수 있다. 이는 우리가 라캉과 바디우의 뒤얽힘에 주목할 필요성을 확증한다. 바디우가 나르시시즘적 한계와 사회 정치적 규범을 단절하는 사건으로서의 사랑의 만남에 초점을 둔다면, 라캉은 우리가 각 주체의 무의식적 구조를 배경으로 삼아 사랑의 만남을 바라볼 수 있게 해준다. 라캉에게 만남은 순수한 사건이나 절대적 실재가 아니라 "세계 속 사건" 혹은 "구조의 실재"이다. 5장에서 우리는 앙드레 고르(André Gorz)가 어떻게 가난한 오스트리아 청년이라는 자신의 정체성 때문에 도린과의 만남을 억압하려고 했는지에 주목함으로써 이 점을 입증할 것이다. 상상적 환영과 상징적 위계가 공동으로 유발하는 정체성, 즉 사랑에 반대하는 정체성을 해소하지 않고서는 사랑의 절차를 구축할 수도 없고 나아가 사랑의 만남을 인지할 수도 없다. 이런 점에서 이 책은 "라캉적 주체 없이는 바디우적 주체도 없다"[10]는 브라이언트의 논점을 사랑의 문제와 관련하여 발전시키는 동시에 어떻게 바디우적 사랑의 주체가 라캉적 사랑의 주체를 창조적으로 재형상화하는지를 분석하고자 한다.

이 책이 개입하는 장(場)이 이러한 연구들로 구성되는 한편, 이 책이 관여하고자 하는 보다 넓은 장이 있다. 이 두 번째 장이 책의 두 번째 목적에 관련되는데, 그것은 사랑을 사유에 아포리아를 제기하는 순수한 사이로 사유하고, 사이로서의 사랑(사랑-사이)을 라캉과 바디우의 뒤얽힘을 통해 재공식화하는 것이다. 사랑이 규정하기 까다로운 수수께끼인 까닭은 그것이 사유를 시작도 끝도, 출구도 입구도 없는 사이의 장소로 데려가기 때문이다. 카버의 단편이 시

---

10 같은 책, p. 7.

사하듯, 사랑을 말할 때 우리는 무슨 말을 하는지 알지 못하는데, 왜냐하면 사랑이 사유에게 있어서 종잡을 수 없는 사이로 작동하기 때문이다. 사랑은 사이 공간(interstitial space)을 차지하므로 사유를 멍하게(space out) 만든다. 사랑은 미로 같은 간격 속에서 사유를 시험한다. 그러나 이러한 사랑의 사이성이 또한 사유를 끝없이 유발하고 활성화시킨다. 베케트의 금언을 사용하자면, 사랑은 사유를 "더 잘 실패하도록" 이끌고, 새롭게 다시 시작하게 한다. 사랑은 사유를 정지시키면서 작동시킨다. 나아가 사랑은 단순히 낭만화된 사유, 즉 "당신이 떠올라요"로 관여하는 것이 아니라 사유 일반에 지각할 수 없는 충격을 가한다. 사랑은 사유의 특정한 스타일이나 형식에 대한 종속을 거부하고, 사유 자체에 스며들고 침투한다. 가령 사랑은 부정성의 끈기 있는 운동을 허용하기에 변증법적 사유와 더불어 시작할 수도 있지만, 긍정성의 힘들이지 않는 섬광을 드러내기에 반(反)변증법적 사유와 더불어 종료할 수도 있다. 사이로서의 사랑은 모든 장소에서 사유를 촉발하지만 정작 사유에게는 아무런 장소도 없는 것처럼 드러난다. 사랑은 사유에 "편재하면서도 부재한(nullibiquitous)" 중핵이다.

사실 사랑-사이의 테마는 플라톤에게서 연원한다. 하지만 그것은 상이한 문맥과 이질적인 개념 속에서 계속해서 출몰한다. 그것은 서구 사유의 역사에서 지속적으로 개조되는 독특한 문제틀(problematic)이다. 이 문제틀은 완전히 억압될 수 없고 급진적으로 계속 회귀하는 해결 불가능한 질문에 속한다. 라캉과 바디우를 가로지르는 사랑에 토대를 제공할 하나의 계보, 플라톤에서 시작되는 사랑-사이의 계보를 간략히 구축해 보자.

『향연』에서 소크라테스는 디오티마(Diotima)가 그에게 에로스에 대해 말한 내용을 소개한다.[11] 디오티마는 에로스를 다양한 문맥에서 "사이(metaxú)"로 설정한다. 우선 에로스는 아버지인 포로스(poros)와 어머니인 페니아(penia)의 아들이기 때문에 풍요와 빈곤 사이에 있다. 에로스는 결여에 시달리고 과잉으로 충만하다. 이로부터 에로스는 필멸적이지도 불멸적이지도 않다는 점이 귀결

---

11 플라톤, 『향연』, 강철웅 옮김, 이제이북스, 2014년, 123-129쪽(201d-204b).

된다. 왜냐하면 에로스는 여건이 될 때는 지속되다가 곤궁에 빠지면 곧잘 소멸해 버리기 때문이다. 마지막으로 에로스는 지혜와 무지 사이에 있다. 이로부터 에로스가 철학자라는 점이 귀결된다. 왜냐하면 지혜로운 이는 이미 지혜롭기 때문에 지혜를 추구하지 않을 것이며, 무지한 이는 지혜에 눈이 멀어 있기 때문에 지혜를 추구하지 않을 것이기 때문이다. 오직 철학자만이 지혜를 사랑한다. 철학자는 지혜와 무지의 중간 상태에 놓여 있는 이다. 요컨대 에로스는 풍요와 빈곤, 필멸성과 불멸성, 지혜와 무지 사이에 있다.[12]

『니코마코스 윤리학』에서 아리스토텔레스는 행복을 인간의 궁극적인 선으로 정의하면서 행복은 덕의 실행에 뒤따른다고 지적한다. 아리스토텔레스는 많은 덕 가운데 필리아(philia)를 언급하는데, 필리아는 이상적인 관계를 위해서 뿐만 아니라 정치적 공동체를 위해서도 필수적인 덕목이다. 그러나 덕으로서의 필리아는 아리스토텔레스에게 난점을 제기하기도 한다. 아리스토텔레스가 대부분의 사람들은 "명예에 대한 사랑(야망; philotimia)" 때문에 사랑하기보다는 사랑받기를 원한다는 점을 인정하면서부터 말이다. 사람들은 공동체의 인정을 열망하면서 사랑받기를 원한다. 여기서 문제는 명예에 대한 사랑이 덕의 계발을 증진할 수도 있지만 동시에 그것을 방해하고 나아가 악덕(kakia)을 조장할 수 있다는 점이다. 『정치학』에서 아리스토텔레스는 필리아가 무조건적으로 덕에 관련되는 것은 아니라는 점을 지적한다. 사실 많은 자발적인 악행이 명예에 대한 사랑이나 "돈에 대한 사랑(philochrēmatia)"에서 연원한다.[13] 정신분석을 통해 오늘날 우리는 아리스토텔레스가 최악의 도덕적 상태로 규정한 야만성(thēriotēs)으로도 범주화될 수 없는 필리아의 종류, 가령 시체성애(necrophilia)를 다룰 수도 있다. 따라서 필리아가 덕에 준한다는 생각은 자명하지 않다. 오히려 필리아는 덕과 악덕 사이에 있다.

---

12 우리는 이 아이디어를 파우사니아스(Pausanias)의 두 가지 사랑의 구분[천상의 사랑(Aphrodite Urania)과 세속적 사랑(Aphrodite Pandemos)]에 재적용할 수 있을 것이다. 사랑은 천상의 고귀함과 세속의 범속함 사이에 있다.

13 아리스토텔레스, 『정치학』, 김재홍 옮김, 길, 2017년, 149쪽(1271a17).

아우구스티누스에게 사랑은 갈망(appetitus)으로 정의된다. "사랑하는 것은, 어떤 것을 그 자체로서 진실로 갈망하는 것 그 이상일 수가 없다."[14] 여기서 아우구스티누스에게 중요한 것은 갈망이 목표로 삼는 대상의 유형이다. 갈망이 세속, 당대, 자기를 향한다면, 그것은 모든 악의 근원인 탐욕(cupiditas, libido)이 된다. 반대로 갈망이 영원성, 신, 이웃을 향한다면, 그것은 모든 선의 근원인 카리타스(자애; caritas)가 된다. 그러나 궁극적으로 기독교적 사랑은 사랑에 내재적인 이러한 분열을 억압하면서 사랑과 최상의 선으로서의 신 사이의 연결고리를 강화한다. 가령 아퀴나스(Thomas Aquinas)는 은총이 자연을 파괴하는 것이 아니라 완전하게 하는 것처럼 초자연적 사랑으로서의 카리타스가 자연적인 사랑에 진입하여 그것을 완전하게 한다고 말한다. 아우구스티누스는 『고백록』에서 이와 유사한 입장을 취한다. "내가 나의 신을 사랑할 때 나는 빛의 밝음을 사랑하는 것이 아니라 특정한 종류의 빛을, 어떤 공간에도 담길 수 없으며, 어떤 시간도 그곳의 소리를 낚아채 가지 못하며, 내 영혼 속에서 빛나는 순수한 빛을 사랑한다."[15] 신의 사랑(신에 대한 사랑)은 감성적인 것과 초감성적인 것을 변증법적으로 종합한다. 신은 자연적인 것과 초자연적인 것을 가로지르면서 사랑의 영역을 독점한다. 사랑의 한 가지 유형에 대한 초월적인 설정 및 사랑의 사이성(in-betweenness)에 대한 환원에 반대하면서 우리는 아우구스티누스의 다음과 같은 단언으로 돌아갈 수 있을 것이다. "사랑하라. 그러나 네가 무엇을 사랑하고 있는지 조심하라."[16] 왜냐하면 카리타스는 갈망의 특수한 형식일 뿐이고, 갈망으로서의 사랑은 탐욕과 자애 사이에서 회복 불가능하게 분열되어 있기 때문이다. 요컨대 사랑은 사랑 "자신에게 문젯거리가 되었다(quaestio mihi factus sum)."

---

14 필자는 여기서 한나 아렌트의 아우구스티누스에 관한 논문에 의지하고 있다. 한나 아렌트,
『사랑 개념과 성 아우구스티누스』, 조안나 스코트, 주디스 스타크 편, 서유경 옮김, 텍스트,
2013년, 48쪽.

15 같은 책, 71쪽.

16 같은 책, 60쪽.

단테와 페트라르카 그리고 13세기 이탈리아의 돌체 스틸 노보(Dolce Stil Novo) 시인들(이들은 모두 사랑의 "충실한 종복(fedele d'amore)"을 자처하면서 이상적인 여인에 대한 사랑을 토속어로 노래했다)과 같은 문학 작가들과 더불어, 중세의 신학적이고 종교적인 사랑은 사랑의 시라는 공간으로 옮겨지고 투영된다. 그들의 시에서 초월적인 것과 초자연적인 것은 그들 자신의 예술의 기원에 해당하는 단 한 명의 여인 안에 국지화되고 체현된다. 단테와 페트라르카는 자신들의 여인들, 즉 베아트리체(Beatrice)와 라우라(Laura)를 일생 중에 단 몇 차례 만났을 뿐이다. 두 여인 모두 다른 남자와 결혼한 상태였으며, 게다가 그녀들 모두 젊은 나이에 사망했다. 그러나 접촉과 관계의 단절이 시인들의 열렬한 사랑을 가로막지는 못했다. 오히려 여인들이 살아 있는지 혹은 죽었는지의 여부와는 무관한 어떤 접근 불가능성이 시인들의 사랑을 고갈될 수 없게 만들었다. 단테에게 베아트리체는 그녀의 기적적인 아름다움과 고귀함 때문에 사랑의 신에 비견되기도 한다. 베아트리체는 사랑의 신이 잠들어 있을 때 사랑의 신을 깨우고, 사랑의 신이 존재하지 않는 곳에 사랑의 신을 나타나게 한다. 심지어 페트라르카는 『칸초니에레 (Canzoniere)』에서 이렇게 쓴다.

> 사랑이 나를 불태우며 스물한 해 동안 붙잡았으니,
> 그 불꽃 속에서도 또 희망 가득한 고통 속에서도 행복하였네,
> 님과 내 가슴이 함께 하늘로 오른 뒤,
> 눈물 속에서 또 다른 십 년 동안 사랑이 나를 붙잡았네.17

이런 사랑에 대해 우리는 무엇을 말할 수 있을까? 『행간(Stanzas)』에서의 아감벤의 논의를 따라 시인들의 사랑이 비실재적인 유령에 관련된다는 점에 주목해 보자.[18] 여기서 우리는 사이로서의 사랑을 적어도 세 가지 의미에서 명시

---

17 프란체스코 페트라르카, 『칸초니에레』, 이상엽 옮김, 나남, 2005년, 244쪽.

18 아감벤은 이렇게 쓴다. "중세의 사랑의 발견은 사랑의 비현실적인 면의 발견, 즉 유령적 성격의 발견이다." 조르조 아감벤, 『행간』, 윤병언 옮김, 자음과 모음, 2015년, 172쪽.

할 수 있다. 우선 단테와 페트라르카는 "어떤 '소유'도 경쟁할 수 없고 어떤 '상실'도 위협할 수 없는 '점유'"[19]의 논리/병리에 빠진 채 사랑의 멜랑콜리로 괴로워했다. 시인들은 베아트리체와 라우라를 소유할 수도 상실할 수도 없었다. 우리는 유령을 점유할 수 있을 뿐이며, 점유는 소유와 상실 사이에서 유예된다. 두 번째로, 유령에 대한 사랑은 절대적으로 순수하기에 어떠한 이기심이나 사랑에의 요구를 결여한다. 그러나 이 순수한 사랑은 "과도한 생각(immoderata cogitatio)"[궁정풍 사랑의 이론가 안드레아스 카펠라누스(Andreas Capellanus)가 사랑을 정의할 때 사용한 용어)]을 동반한다. 유령에 대한 사랑은 순수한 사랑(fin'amor)과 미친 사랑(fol'amor) 사이에 있는 것이다. 끝으로 유령은 살아 있는 것도 죽은 것도 아니다. 따라서 사랑은 현존과 부재 사이를 떠도는 유령론적인(hauntological) 테마가 된다. 요컨대 이 시인들에게 사랑은 소유와 상실, 순수함과 광기, 현존과 부재 사이에 있다.

『정념론(Les Passions de l'ame)』에서 데카르트는 정념을 통해 사랑을 다룬다. 데카르트에게 정념은 외부 대상의 자극에 대한 영혼의 반응을 가리킨다. 데카르트는 외부 대상에서 출발해서 신체의 정령(물리적 자극을 담당하는 혈액 속의 입자)의 운동을 통해 영혼에 이르는 정념의 메커니즘에 대해 빠짐없이 설명한다. 주목할 것은 데카르트가 정념을 평가하는 중립적인 방식이다. 질병으로서의 정념에 대한 고전적인 정의나 스토아학파의 부정[스토아학파는 평정(apatheia)을 말한다]과는 달리, 데카르트는 단순히 정념을 일축하지 않고 실용적인 관점을 취한다. 정념은 그 자체로는 유용하거나 해롭지 않다. 정념은 그것이 영혼으로 하여금 갖도록 강제하는 사유의 종류에 따라 유용할 수도 해로울 수도 있다. 여기서 우리는 『철학의 원리(Principia philosophiae)』에서처럼 코기토와 이성으로 무장한 데카르트와는 다른 데카르트, 즉 정념과 삶에 대해 현실적인 성찰을 보여 주는 데카르트를 만난다. 물론 데카르트는 정념에 의해 휩쓸리는 연약한 영혼과 정념을 조절하기 위해 확고한 판단을 따르는 강인한 영혼을 구분하면서

---

19 같은 책, 59쪽.

이성의 힘에 대한 신뢰를 견지한다. 그러나 『정념론』의 결론에서 그는 끝내 이성을 통한 정념의 통제보다는 삶에서의 정념의 절제된 사용을 옹호한다. "삶의 모든 좋은 것과 나쁜 것은 오직 정념에 의존한다."[20]

정념의 양가성에 대한 고찰은 또 다른 근대 합리론자인 스피노자에게서도 드러난다. 한편으로 스피노자는 정념이 외부 원인에 의해 결정되고 인도되는 존재의 상태를 지칭하는 한에서 우리의 역능과 덕을 감소시킨다는 점을 받아들인다. 이러한 종류의 정념은 슬픔(tristitia)에 속한다. 다른 한편, 스피노자는 몇몇 정념이 우리의 역능과 덕을 증가시킨다는 점에 주목한다. 이런 종류의 정념은 보다 완전한 상태로의 이행을 유발하는 기쁨(laetitia)에 속한다. 스피노자에게 사랑은 "외부 원인의 관념을 수반하는 기쁨"[21]으로 정의된다. 사랑은 보다 적은 완전함과 보다 큰 완전함, 보다 적은 역능과 보다 큰 역능 사이의 이행적인 운동이다. 데카르트처럼 스피노자도 이성의 인도 아래에서의 삶의 가치를 강조한다. 그러나 삶의 묘미는 정념을 희생하는 것이 아니라 정념을 달래고 정념과 화해하는 데에 있다. 종종 정념이 우리를 노예로 부린다 하더라도 우리는 정념으로부터 지식을 끌어냄으로써만 자유에 도달할 수 있다. 스피노자적 사랑의 궁극적인 형식이며 진정한 자유를 보장하는 역설적 정념, 즉 신에 대한 지적인 사랑 역시 이러한 문맥에서 고려되어야 한다. "참된 자유는 신의 사랑의 아름다운 사슬에 묶여 있는 것이고 그 사슬에 묶인 채로 남아 있는 것이다."[22] 결국 데카르트에게만큼이나 스피노자에게도 정념은 가혹한 주인과 계몽의 조력자 사이에 있다.

「세계시민적 관점에서 본 보편사의 이념」에서 칸트는 인간 공동체의 모든 구성에 있어서 근본적인 화두를 제기한다. 칸트에 따르면 인간의 본성에 상호모순적인 경향이 내재해 있다. 한편으로 인간은 사회를 구성하고 사회 속 일원

20 르네 데카르트, 『정념론』, 김선영 옮김, 문예출판사, 2013년, 186쪽.

21 Baruch Spinoza, *Ethics*, trans. Edwin Curley, London: Penguin Classics, 1996, p. 105 (E3p13s).

22 Baruch Spinoza, *Short Treatise on God, Man, and His Well-Being* in Complete Works, ed. Michael L. Morgan, trans, Samuel Shirley, Indianapolis: Hackett, 2002, p. 100.

으로 살아가려는 경향이 있다. 다른 한편으로 인간은 사회적 유대를 깨트리고 독립된 개인으로 살아가려는 경향이 있다. 문제는 개인화의 경향과 사회화의 경향이 평화롭게 공존하지 않고 격렬하게 충돌하고, 따라서 도덕적인 사회의 형성을 위협한다는 데에 있다. 인간은 "그의 동류를 견딜 수도 없고, 그의 동류를 떠나서 사는 것을 견딜 수도 없다."[23] 인간의 본성은 "비사회적인 사회성(ungesellige Geselligkeit)"에 의해 구성된다. 적대는 어떠한 공동체에서도 근절할 수 없다. 그러나 칸트는 이러한 적대 자체를 인간의 도덕적 발전을 위해 자연이 미리 계획하고 숨겨 놓은 설계도의 일부로 간주한다. 적대는 결국 법이 지배하는 사회적 질서로 이어질 것이다. 자연적 야만성은 필연적으로 세계시민적 문명으로 변화할 것이고, 병리적 유대는 도덕적 전체로 변화할 것이다. 조화로운 사회에 대한 상상적 관념은 차치하고서라도, 똑같은 문제가 쇼펜하우어의 고슴도치 딜레마를 통해 제기된다는 점에 주목하자.[24] 고슴도치들이 추운 날씨를 이겨 내기 위해 서로 가까이 모이고 그룹을 형성하자마자 그들은 각자의 날카로운 가시로 서로에게 상처를 입힌다. 그들이 할 수 있는 최선은 각 구성원들 사이에 적절한 거리를 발견하는 것이다. 칸트의 도덕적 사회나 쇼펜하우어의 예의 바름에서 제기되는 이러한 거리는 어떠한 공동체도 환원할 수 없는 간극으로 작동한다. 사랑의 공동체는 사회성과 비사회성 사이에서 분열되어 있다.

여기서 『법철학』에서 헤겔이 결혼을 고찰하는 방식을 살펴보자. 결혼이 바로 사회성과 비사회성 사이에서 사랑이 분열되는 장소인 한에서 말이다. 결혼을 단순한 시민 계약으로 간주하는 칸트의 관점을 비판하는 헤겔에게 결혼은 분리된 개인 간의 법적 계약이 아니라 자연적 개별성을 영적 통일성으로 지양하는 윤리적 관계이다.[25] 자의식적 통일성으로서의 결혼은 사랑의 두 시기를

---

23 Immanuel Kant, "Idea for a Universal History" in *Political Writings*, ed. Hans Reiss, trans. H. B. Nisbet, Cambridge: Cambridge University Press, 1991, p. 44.

24 Arthur Schopenhauer, *Parerga and Paralipomena: Short Philosophical Essays*, Vol. II, trans. E. F. J. Payne, Oxford: Oxford University Press, 2000, pp. 651–652.

25 Georg Wilhelm Friedrich Hegel, *Hegel's Philosophy of Right*, trans. T. M. Knox, Oxford: Oxford University Press, 1967, pp. 111–112.

잘 설명해 준다. 사랑에서 우리는 우선 자기 충족성의 균열을 경험하고, 그 다음에 다른 사람 안에서 스스로를 발견함으로써 윤리적 영성이라는 실체적 통일성에 도달한다. 비슷한 아이디어가 『종교철학강의』에서도 개진된다. 거기서 사랑은 윤리적 삶과 동일시되는데, 이는 사랑과 윤리적 삶 모두 추상적 인격성의 부정과 함께 시작해서 보편성으로 확장되고 마침내 구체적이고 보편적인 인격체(Persönlichkeit)를 달성함으로써 끝나기 때문이다.[26] 사랑은 추상적 인격성에서 구체적 보편성으로 나아가는 여정이다. 이러한 언급들이 헤겔적 사랑을 어떤 간극도 없는 통일성의 관념으로 기울게 하는 것처럼 보이는 한편, 사이로서의 사랑에 대한 헤겔적 공식에 비견될 만한 구절을 찾는 것은 어렵지 않다. 적어도 "사랑이 가장 놀라운 모순"[27]이라면 말이다. 『엔치클로페디(Enzyklopädie der philosophischen Wissenschaften im Grundrisse. Zum Gebrauch seiner Vorlesungen)』에서 헤겔은 사랑의 사변적 모순을 해소하기보다는 오히려 긍정한다. "한편으로 영혼은 다수의 자기로 분열되는데, 이것들은 즉자적으로 또 대자적으로 완전히 독립적이고 절대적으로 투과 불가능하며 서로에게 저항합니다. 다른 한편으로 동시에 그것들은 서로 동일하고 따라서 독립적이지 않고 투과 불가능하지 않으며 서로 결합되고 통합되어 있습니다."[28] 요컨대 사랑은 분열과 통합, 둘로 찢어짐과 하나로 온전함 사이에 있다.[29]

『반복(Gjentagelsen)』에서 키에르케고어는 사랑의 열병에 걸린 청년의 이야기를 콘스탄틴의 관점에서 묘사한다. 콘스탄틴이 보기에 청년의 문제는 비록 그가 자신의 순수한 사랑에서 열정적이며 자기중심적이지 않음에도 불구하고

---

26 Hegel, *Lectures on the Philosophy of Religion*, vol. III: The Consummate Religion, ed. Peter C. Hodgson, trans. R. F. Brown, P. C. Hodgson, and J. M. Stewart, Berkeley: The University of California Press, 1998, p. 286.

27 Hegel, *Hegel's Philosophy of Right*, p. 261.

28 Hegel, cited in Robert R. Williams, *Hegel on the Proofs and Personhood of God: Studies in Hegel's Logic and Philosophy of Religion*, Oxford: Oxford University Press, 2017, p. 187(E. §436Z).

29 똑같은 아이디어가 프로이트에 의해 재공식화된다는 점을 언급해 두자. 우리의 삶에서 에로스(결합, 보존)와 타나토스(해체, 파괴)는 늘 함께 어우러진다.

회상의 사랑에 연루되어 있다는 점이다. 회상의 사랑에서 우리는 설령 사랑이 막 시작되려 한다 하더라도 이미 언제나 사랑이 끝나는 지점에 서 있으며, 이는 멜랑콜리한 우수의 상태를 야기한다. 멜랑콜리한 우수가 사랑을 능가하고 집어삼킴에 따라 회상의 사랑은 사랑에 관여한 모두를 불행하게 만들면서 비극으로 종결된다. 콘스탄틴은 여기서 이러한 사랑과 대비되는 반복의 사랑을 소개한다.[30] 오직 반복만이 행복한 사랑을 유도할 수 있다. 반복의 사랑은 슬픔, 희망, 불안이 없고, 순간의 지복으로 가득 차 있는 동시에 새로움의 예측 불가능한 발생에 열려 있다. 그러나 키에르케고어는 또한 회상의 사랑이 "진정한 사랑의 표징"[31]임에 주목한다. 회상의 사랑을 통과하지 않는 이는 진정으로 사랑하는 이라 할 수 없다. 사랑은 회상에서처럼 종결의 감각을 함유하고 있어야 하며, 사랑하는 이는 회상의 역행적 감각을 반복의 원칙에 따라 새로운 시작의 감각으로 변형시켜야 한다.[우리는 회상과 반복 간의 이러한 갈등적 공존을 키에르케고어와 그의 연인 레기네(Regine) 간의 실제 사랑의 반영물로 여길 수 있다.] 요컨대 사랑은 회상과 반복 사이에 있다.

『권력에의 의지』에서 니체는 사랑을 예술에 비유한다. 이러한 제스처는 합당해 보이는데, 왜냐하면 니체에게 예술은 인간의 데카당스를 나타내는 형식들(종교, 도덕, 철학)을 극복하고 초인(der Übermensch)을 창조하는 데에 중추적인 역할을 하기 때문이다. 사랑은 거짓의 역능이라는 측면에서 예술을 닮았다. 키르케(Circe)의 마법처럼 사랑은 보다 매력적으로 되는 환영을 창조한다. 사랑은 무기력한 진리라기보다는 능수능란한 거짓이다. "사랑할 때 우리는 거짓말을 잘한다. 우리 자신에 대해서 또 우리 자신에게 말이다. 스스로가 보기에도 달라져 보인다. 더 강하고, 더 부유하고, 더 완전하게 말이다."[32] 『비극의 탄생』

---

30 실제로 『반복』은 반복 개념에 대한 논고이기도 하다. 키에르케고어는 덴마크어 반복(gjenta-gelsen)이 외국어에 해당하는 헤겔적 매개를 넘어서는 새로운 형이상학적 범주이며, 반복은 세계의 구조와 우리의 삶을 구성하고 욥의 종교적 시련을 통한 구원을 통해 잘 설명된다고 말한다.

31 쇠얀 키에르케고어, 『반복/현대의 비판』, 임춘갑 옮김, 치우, 2011년, 22쪽.

32 Friedrich Nietzsche, *The Will To Power*, ed. Walter Kaufmann, trans, Walter Kaufmann and R. J.

에 나오는 개념을 사용하자면 사랑은 예술의 아폴론적인 측면을 이루는데, 이는 삶의 잔혹함과 고통을 가리고 변화시키는 아름다운 외양을 창조한다. 그러나 니체는 거짓의 역량에서 멈추어서는 안 된다고 첨언한다. 사랑은 단순히 환영적인 변화가 아니라 실재적인 변형, 즉 그가 가치의 전도라고 부르는 것을 가능하게 한다. "사랑하는 이는 더 가치 있고, 더 강하다."[33] 어떤 점에서 사랑은 가치의 전도에 도달하는 것일까? 가치의 전도는 사랑이 삶과 실존에 대한 전체적인 긍정을 유발하기에 가능하다. 사랑하는 이는 그가 자신의 가장 가치 없는 부분마저 있는 그대로 긍정하기 때문에 더 가치 있게 된다. 사랑하는 이는 그가 운명애(amor fati)의 이름으로 가장 참을 수 없는 고통마저 긍정하기 때문에 더 강하게 된다. 여기서 현존하는 가치 체계 안의 위계는 전복되며, 사랑은 가장 못나고 불완전하게 보이는 것을 가장 아름답고 완전한 것으로 변화시킨다. 이러한 전복이 도덕적 가치에도 적용된다는 점은 두말할 나위 없다. "사랑의 이름으로 행해지는 모든 것은 선과 악 너머에서 일어난다."[34] 사랑은 비(非)도덕적인 것이 아니라 초(超)도덕적이다. 요컨대 사랑에서의 변형은 삶의 전체 성격에 대한 황홀경적 긍정에 입각한 실존의 변형이며, 니체는 이를 디오니소스적인 것이라 부른다. 이런 점에서 사랑이 도취의 변형력이 얼마나 멀리까지 나아갈 수 있는지에 대한 가장 놀라운 증거라는 구절을 따라 사랑을 디오니소스적인 것에 배타적으로 국한시키기보다는 좀 더 섬세한 결론을 이끌어 내자. 예술에 비유되는 사랑은 아폴론적인 꿈과 디오니소스적인 도취 사이에 있다.

「나르시시즘 서론」에서 프로이트는 리비도 이론을 통해 사랑을 고찰한다. 프로이트에게 리비도는 두 가지 유형, 자아 리비도와 대상 리비도로 나뉘고, 리비도 경제는 양자 간의 상호 길항에 근거한다. 전자의 양이 증가하면 후자의

Hollingdale, New York: Vintage, 1968, p. 426(§ 808).

33 같은 책, p. 427.

34 Friedrich Nietzsche, *Beyond Good and Evil: Prelude to a Philosophy of the Future*, eds. Rolf-Peter Horstmann and Judith Norman, tras. Judith Norman, Cambridge: Cambridge University Press, 2002, p. 70(§ 153).

양은 감소하게 된다(혹은 그 역이다). 주목할 것은 프로이트가 사랑을 대상 리비도의 발달이 자아 리비도의 상실과 동시에 일어나는 경우로 간주한다는 점이다(반대로 모든 리비도가 자아에 축적되면 편집증적 망상이 일어난다). "사랑을 한다는 것은 자아 리비도가 대상으로 흘러 들어가는 것을 의미한다."[35] 사랑은 자아에 담긴 리비도를 성적 이상으로서의 특정 대상에 이전시키는 것을 의미한다. 즉 사랑은 나르시시즘 너머의 운동이다. 그러나 이 운동이 항상 일어나는 것은 아닌데, 왜냐하면 리비도는 사회규범 및 도덕법칙 때문에 억압될 수 있기 때문이다. 그렇다면 리비도가 억압되고 사랑이 불가능할 때 무슨 일이 일어나는 것일까? 여기서 '자아의 간계'라 불릴 만한 것이 사랑의 또 다른 유형, 즉 대상 사랑이 아닌 나르시시즘을 되찾아 옴으로써 절정에 달한다. 프로이트는 이렇게 쓴다. "대상 리비도가 자아로 다시 되돌아와 나르시시즘으로 변형되어야 다시 한 번 행복한 사랑을 느낄 수 있는 것이다."[36] 자아에게 나르시시즘은 사랑의 구성 성분인 동시에 대상 사랑에의 무능력을 대비하는 피난처이다. 본래 리비도가 자아에서 유래하기에 리비도가 자아로 복귀하는 것은 마땅히 행복한 사랑으로 불릴 수 있을지도 모른다. 그런데 여기서 프로이트는 아무런 상술 없이 이렇게 첨언한다. "그러나 진정으로 행복한 사랑이란 대상 리비도와 자아 리비도가 구분되지 않는 원초적 상태에 있을 때 가능한 일임을 또한 상기해야 할 것이다."[37] 이 발언이 리비도 경제의 메커니즘을 해체하고 있음에 주목하자. "사랑(대상 사랑)"과 "행복한 사랑(나르시시즘)" 모두 일정 리비도가 특정 장소(대상에서든 자아에서든)에서 확인되고 포착될 수 있음을 전제하는 반면, 이러한 전제는 대상 리비도와 자아 리비도가 구별될 수 없는 "진정 행복한 사랑"에는 적용되지 않는다. 진정 행복한 사랑에 대한 프로이트의 발언이 사랑의 진정한 본성을 분명히 보여 주는 반면, 그의 발언은 자아 리비도와 대상 리비도의 식별과 구분을 그 전제 조건으로 삼는 리비도 경제 내에서는 설명될 수 없는 성질

---

35 지그문트 프로이트, 『정신분석학의 근본 개념』, 윤희기·박찬부 옮김, 열린책들, 2004년, 83쪽.

36 같은 책, 82쪽.

37 같은 책, 82쪽.

의 것이다. 요컨대 사랑은 (데리다의 용어를 사용하자면) 리비도 경제 안의 불가해한 탈경제(l'anéconomie)를 이룬다. 사랑은 대상 리비도와 자아 리비도 사이의 식별 불가능한 지점을 표시한다.

하이데거가 자신의 저작에서 직접적으로 사랑을 다루지는 않음에도 불구하고 아감벤의 재구성을 통해 하이데거적 사랑의 개요를 그려 볼 수 있을 것이다.[38] 사랑 사유에 대한 하이데거의 기여는 그가 사랑이 주체 간의 관계도 주체와 대상 간의 관계도 아니라는 점을 해명한 데에 있다. 사랑은 현존재(Dasein)의 사안이고, 현존재는 이미 항상 세계로 열려 있으며, 어떤 주체-대상의 구성에 선행해서 현존재가 세계 내에서 만나는 존재들과 관계를 맺는다. 아감벤에 따르면 현존재의 사랑에서 핵심적인 관념은 사실성과 정념이다. 사실성은 과학적이거나 역사적인 사실이 아니다. 그것은 현존재의 특수한 존재 방식이다. 그것은 순수한 현존(Vorhandenheit)도 도구적 대상(Zuhandenheit)도 아니며, 존재 성격(Seinscharakter)이다. 하이데거는 진리(진실)에 대한 인간의 이중성을 말하는 아우구스티누스의 언급과 관련하여 "삶의 사실적 경험"을 고찰한다. "사람들은 진리가 드러날 때는 진리를 사랑하지만 진리가 자신들을 드러낼 때는 진리를 혐오한다. …… 인간의 마음은 이런 식이다. 맹목적인 관성 속에서, 비참한 수치 속에서, 마음은 숨겨져 있기를 원하지만, 또한 아무것도 자신으로부터 숨겨져 있지 않기를 바란다."[39] 하이데거에게 존재의 진리에 대한 현존재의 경험을 특징짓는 것이 바로 이러한 은폐와 탈은폐의 결합이다. 현존재의 기본 구성으로서의 사실성은 진리가 드러나는 동시에 숨겨져 있다는 사실을 가리킨다. 같은 논리가 정념에도 적용되는데, 하이데거에 따르면 정념은 "현존재를 구성하는 기본 양태, 인간이 거기(Da)에, 그가 자리 잡고 있는 존재

---

38 필자는 여기서 아감벤의 논문에 의지하고 있다. Giorgio Agamben, "The Passion of Facticity" in *Potentialities: Collected Essays in Philosophy*, ed. Daniel Heller-Roazen, Stanford, CA: Stanford University Press, 1999.

39 같은 책, p. 190.

들의 열림과 숨김에 직면하는 방식"[40]으로 정의된다. 이런 점에서 사실성과 정념 모두 은폐와 탈은폐의 결합 아래에서 작용한다. 정념의 사실성으로서의 사랑은 상호 주체적 관계도, 주체와 대상 간의 환상을 매개로 한 관계도 아니며, 은폐와 탈은폐, 빈 터와 피난처, 밝음과 어두움 간의 관계이다. 아감벤이 쓰듯, "사랑에서 사랑하는 이와 사랑받는 이는 은폐된 가운데 밝혀진다."[41] 사랑하는 이와 사랑받는 이는 주체적이거나 대상적인 층위에서 관계 맺지 않는다. 그들은 무력하게 던져져 있는 동시에 자유롭게 서로를 돌본다. 그리고 그 사랑은 은폐와 탈은폐 사이에서 불투명하게 빛난다.

『시간과 타자(Le temps et l'autre)』에서 레비나스는 에로스가 타자와의 관계라는 점에서 예외적인 관계의 유형임을 주장한다. 이러한 주장이 윤리적 책임을 소환하는 타자에 대한 환대에 근거한 표준적인 레비나스적 윤리를 환기하는 한편, 그 텍스트에서 에로스에 대한 레비나스의 입장은 단순히 타자 중심적이지 않다.[42] 레비나스는 오히려 주체와 타자 간의 환원 불가능한 이원성으로서의 에로스에 초점을 맞춘다. 에로스가 타자의 타자성과의 사건적 만남을 통해 주체로부터 힘과 권력을 박탈한다는 사실에도 불구하고, "주체는 에로스에 의해 여전히 주체이다."[43] 달리 말해 "사랑은 우리를 엄습하고 우리에게 상처를

---

40 같은 책, p. 198.

41 같은 책, p. 204. 사랑과 예술의 니체적 친연성은 하이데거에게도 해당한다는 점을 언급해 두자. 「예술 작품의 기원」에서 하이데거는 예술 작품이 스스로를 여는 세계와 스스로를 닫는 대지 간의 투쟁을 통해 진리를 드러낸다고 주장한다. "대지는 세계를 통해 일어나고, 세계는 대지에 근거한다. 진리가 빈 터와 은폐 간의 시원적 투쟁으로 일어나는 한에서 말이다." Martin Heidegger, *Off the Beaten Track*, ed. and trans. Julian Young and Kenneth Haynes, Cambridge: Cambridge University Press, 2002, p. 32.

42 그럼에도 레비나스가 종종 윤리와 사랑을 동일시한다는 점을 언급해 두자. 가령 레비나스는 "저는 '사랑'이라는 단어를 쓰기가 조심스럽고 망설여집니다. 종종 저는 제가 결코 '사랑'이라는 용어를 사용하지 않았다고 말하곤 합니다. 제가 사용하는 뜻에서의 '책임감'이 어떤 돌이킬 수 없는 관계에서의 사랑의 엄중한 이름—욕욕 없는 사랑, 상호성 없는 사랑—입니다." Jacques Derrida, *On Touching—Jean-Luc Nancy*, trans. Christine Irizarry, Stanford: Stanford University Press, 2005, p. 333.

43 엠마누엘 레비나스, 『시간과 타자』, 강영안 옮김, 문예출판사, 1996년, 108-109쪽.

주지만 그 가운데서도 자기는 보존된다."[44] 가령 애무는 사랑의 주체의 양상 중 하나를 구성하는데, 이는 애무가 타인에 대한 감각적 접촉이 아니라 어떤 목적이나 계획이 없는 채로 파악 불가능한 부드러움에 대한 초감각적 탐색이기 때문이다. 결국 에로스에는 타자의 사건뿐만 아니라 주체의 구성도 존재한다. 이러한 점은 레비나스가 에로스에 대비되는 두 가지 극단을 경고한다는 사실에 의해서도 입증된다. 한편으로 에로스는 지식에 대비되는데, 지식은 타자의 타자성을 주체의 자양물로 환원하는 유아론적 이성의 자기 충족적 활동이다. 여기서 에로스의 이원성은 파괴되고, 남은 것은 주체-대상의 관계일 뿐이다. 다른 한편으로 에로스는 황홀경에 대비되는데, 왜냐하면 황홀경은 주체를 대상 —주체는 대상의 물질성을 즐긴다—의 한 성분으로 동화시키기 때문이고, 이는 에로스의 이원성을 환원하는 또 다른 방식에 다름 아니다. 오히려 "사랑의 파토스는 존재자들 간의 극복 불가능한 이원성에 있다."[45] 요컨대 사랑은 주체와 타자 사이의 근접적이면서도 반(反)융합적인 이원성이다.

『천 개의 고원』에서 들뢰즈와 가타리는 리좀학의 관점에서 사랑을 고찰한다. 리좀적 사랑의 전형적인 사례는 말벌과 서양란 사이에서 발견된다.("당신들의 사랑이 말벌과 서양란만 같아라!"[46]) 서양란은 암컷 말벌의 이미지와 유사한 이미지를 제공함으로써 수컷 말벌을 유혹하고, 수컷 말벌은 그 이미지와 교미하려고 시도하지만 서양란의 수분을 퍼뜨리면서 서양란의 생식 장치의 역할을 맡는다. 혹자는 이러한 현상을 모방이나 닮음의 층위에서 바라볼 수 있는 한편, 여기에는 생성의 층위라는 또 다른 층위가 있다. 식물과 동물 간의 종차가 횡단됨에 따라 서양란은 말벌이 되고, 말벌은 서양란이 된다. 아무런 계보학적 친족관계를 갖지 않은 두 이질적인 유기체는 비평행적인 진화에 참여함으로써 리좀을 구성한다. 비슷한 논리가 인간의 사랑에도 적용된다. 생성의 측면에서 볼 때 사랑에는 남자의 여자되기와 인간의 동물되기가 공존한다. 두 가지

---

44 같은 책, 109쪽(약간 수정해서 옮김).

45 같은 책, 104쪽(수정해서 옮김).

46 질 들뢰즈·펠릭스 가타리, 『천 개의 고원』, 김재인 옮김, 새물결, 2003년, 54쪽.

다수성의 구분을 사용해서 말하자면 주체적(그리고 대상적) 수준에서 사랑은 고정된 중심을 가진 초월적 모델인 수목적 다수성에 기반한 오이디푸스 구조의 재생산이다. 그러나 생성의 층위에서 사랑은 미개척된 리좀적 다수성의 연결이 내재적이고 탈중심적으로 강도(intensity)의 탈영토적 흐름을 생산하는 기관 없는 신체의 구성이다. 이 책의 논의와 관련해서 다음 구절은 의미심장하다. "리좀은 시작하지도 않고 끝나지도 않는다. 리좀은 언제나 중간에 있으며 사물들 사이에 있고 사이-존재이고 **간주곡**이다."[47] 그러므로 비록 들뢰즈와 가타리가 "모든 사랑은 앞으로 형성될 기관 없는 몸체 위에서 탈개인화를 실행하는 것일 뿐이다"[48]라고 씀에도 불구하고 중간으로서의 리좀의 논리를 밀고 나가 보다 정교한 결론을 도출해 보자. 사랑은 주체와 탈주체적 생성, 개인적 신체와 탈개인화하는 기관 없는 신체 사이에 있다.

사랑은 밤의 사건이다.[49] 『사랑의 단상』에서 바르트는 사랑의 주체는 두 가지 구분된 종류의 밤을 번갈아 경험한다는 점에 주목한다. 십자가의 성 요한의 구분을 빌리자면, 암흑(estar en tinieblas)의 밤이 있는가 하면, 어둠(estar a oscuras)의 밤이 있다.[50] 첫 번째 밤은 욕망에 대한 무지 주변에서 형성된다. 우리는 우리가 무엇을 원하는지 알지 못한다. 우리는 욕망의 대상을 탐색하지만, 사물에 대한 집착으로 인해 혼란에 빠진다. 우리는 눈먼 욕망의 한가운데에 있다. 그런데 또 다른 밤이 있다. 이 두 번째 밤에 우리는 있는 그대로의 타자에 대한 조용한 명상에 빠져든다. 비록 여기에서도 욕망이 작동하고 있지만 우리는 욕

---

47 같은 책, 54쪽. 들뢰즈와 가타리는 카프카를 인용한다. "나에게 닥친 모든 것은 뿌리로부터 오는 것이 아니라 먼저 그 중간의 어떤 지점에서 온다. 그렇다면 그것들을 붙잡도록 애써라, …… 사물들을 중간에서 지각하는 것은 쉽지 않다. 실험해 보라, 그러면 모든 것이 변한다는 것을 알게 될 것이다."(같은 책, 50-51쪽) 이는 정확히 사랑의 사이성에도 해당된다.

48 같은 책, 76쪽.

49 가령 줄리엣은 이렇게 외친다. "사랑 짓는 밤이여, 짙은 장막 드리워라. 훼방꾼들 눈을 가려 소리 없이 소문 없이 로미오가 내 품으로 뛰어들 수 있도록! 연인들의 고운 빛은 그들이 올리는 사랑 의식 볼 수 있게 해주지만, 사랑이 눈멀다면 밤이 가장 어울려. 엄숙한 밤이여, 어서 오라."(3막 2장) 윌리엄 셰익스피어, 『로미오와 줄리엣』, 최종철 옮김, 민음사, 2008년, 90-91쪽.

50 롤랑 바르트, 『사랑의 단상』, 김희영 옮김, 동문선, 2004년, 249-250쪽.

망의 대상을 파악하려고 하지 않는다. 해석을 유예시키고 의미 없음을 끌어안으면서 우리는 "사랑의 어두운 내부 안에 그저 조용히 앉아 있을 뿐이다."[51] 여기서 주목할 점은 십자가의 성 요한에게뿐만 아니라 사랑의 주체에게도 "두 번째 밤이 첫 번째 밤을 감싸며, 어둠이 암흑을 비춘다"[52]는 것이다. 밤을 밝히는 것은 낮이 아니다. 사랑의 밤에는 어둠이 암흑을 비춘다. 사랑의 난관에서는 어떠한 밝은 출구도 보이지 않는다. 사랑은 암흑의 밤과 어둠의 밤이 교차하는 사이에 있다.

자신에 관한 다큐멘터리 『데리다』의 인터뷰에서 데리다는 사랑에 관한 질문을 받는다.[53] 데리다는 사랑이 "누구"와 "무엇" 간의 차이에 대한 문제로 접근될 수 있다고 말한다. 우리는 상대방을 대체 불가능하고 절대적인 단독성으로 사랑하는 것일까? 아니면 미, 지성, 재력, 인성과 같이 규정할 수 있는 속성, 성질, 능력, 이미지로 사랑하는 것일까? 만약 사랑이 마음의 움직임이라면, 이 마음은 누구와 무엇 간의 분열에 시달리게 된다. 우리가 다른 사람이 이러저러하기 때문에, 그 혹은 그녀가 자신의 마음을 끄는 특수한 속성을 소유하고 있기 때문에 사랑에 빠진다고 해보자. 그 속성에 대한 이끌림에서 시작한 사랑은 정확히 그 속성 때문에 종결된다. 사랑받는 이는 사랑하는 이가 사랑했던 것, 사랑받는 이가 갖고 있다고 사랑하는 이가 생각했던 것을 갖고 있지 않을지도 모른다. 이때 사랑하는 이는 사랑받는 이가 자신의 사랑을 받을 만하지 않다는 사실에 환멸을 느낀 채 사랑을 철회한다. 사랑은 "당신은 당신이다"를 보지 못하고 "당신이 이러저러하니까"에서 시작해서 "당신이 더 이상 이러저러하지 않으니까"로 끝난다. 사랑하는 마음은 돌이킬 수 없는 방식으로 균열이 나 있다. 사랑은 누구와 무엇 사이에 있다.

『사랑의 길(The Way of Love)』에서 이리가레는 차이와 다름에 대한 존중을 바탕으로 한 사랑에 대해 고찰한다. 주목할 점은 이리가레가 '나 너 사랑해'라는

---

51 같은 책, 250쪽.

52 같은 책, 250쪽.

53 *Derrida*, dir. Kirby Dick and Amy Ziering Kofman, Zeitgeist Films, 2002.

사랑의 고백에 관여하는 방식이다. 이리가레에게 있어서 '난 당신을 사랑합니다'라는 말은 타자의 주체성을 소유와 흡수의 논리를 통해 환원함으로써 두 주체 간의 관계에 대한 구축을 방해한다. 나아가 사랑을 특징짓는 비대칭적인 차이를 망각한 채 '난 당신을 사랑합니다'는 사랑받는 이에게 의무를 부과하면서 사랑을 반드시 반환할 것을 요구한다. '난 당신을 사랑합니다'는 '당신은 내 것이다' 뿐만 아니라 '당신은 나를 사랑해야 해'를 함축한다. 여기서 이리가레는 새로운 사랑의 공식을 제공한다. "난 당신에게로 사랑합니다(J'aime à toi/I love to you)." '난 당신을 사랑합니다'에는 타동사와 직접 목적어 간의 관계가 있는 반면, '난 당신에게로 사랑합니다'에는 주체와 타자 간의 환원 불가능한 분리가 있다. '난 당신에게로 사랑합니다'는 타자를 사랑하는 이의 대상으로 환원하는 것을 막고 또 다른 주체로서의 타자의 자유를 보증한다. 그러나 이것이 내가 당신 주변에서 간접적으로 떠돌고 있음을, 당신을 간접 목적어로 취함을 의미하지 않는다. 나아가 내가 당신 사랑의 먹잇감이 되어 떠돌고 있음을 의미하지도 않는다. '난 당신에게로 사랑합니다'는 나의 주체성과 너의 주체성 모두에 대한 존중과 우리 사이의 차이에 대한 인정을 장려한다. "나는 '당신에게로'를 유지하기 위해 오히려 나의 주변을 맴돕니다. 내 먹잇감—내 소유가 된 당신—을 갖고서가 아니라 나의 본성, 나의 역사, 나의 지향성을 존중하려는 의도를 갖고서, 그러면서도 당신의 그것을 존중하려는 의도를 갖고서 말입니다."[54] 나아가 이리가레는 남근 중심적인 서양철학에 의해 육성된 지혜에 대한 사랑이 사랑에 대한 지혜로 변형되어야 한다고 주장한다. 이 사랑에 대한 지혜에 따르면, 사랑은 두 주체 사이에, 너와 나 사이의 간격에 대한 존중으로부터 서로 '당신에게로'를 외치는 주체 사이에 있다.

『도래하는 공동체(La comunita che viene)』에서 아감벤은 사랑을 임의적 특이성의 경험으로 고찰한다. 아감벤에 따르면 "사랑은 결코 연인의 이런저런 속성(금발이다, 작다, 보드랍다, 다리를 절다)을 향하지 않으며 그렇다고 무미건조한 일

---

54 Lucy Irigaray, *I Love to You: Sketch of A Possible Felicity in History*, trans. Alison Martin, New York: Routledge, 1995, p. 110.

반성(보편적 사랑)이라는 미명하에 연인의 속성들을 도외시하지도 않는다. 사랑은 사랑하는 존재를 그것의 모든 술어들과 더불어 원하고, 그 존재가 존재하는 대로 그렇게 존재함을 원한다."[55] 사랑은 특수한 속성에 대한 애착(이는 사랑받는 이를 대상으로 환원한다)이 아니다. 동시에 사랑은 일반적 추상을 겨냥(이는 공상적 사랑이나 사랑에의 무능력으로 이어진다)하지도 않는다. 사랑은 사랑받는 이의 모든 특성과 함께 사랑받는 이의 "그렇게 존재함(l'esser-tale)"에 관련된다. 그 특성 가운데 일부는 사랑받을 만할지 모르고, 일부는 혐오할 만하거나 심지어 불가사의할지도 모른다. 그러나 사랑받는 이가 특이한 것은 바로 이러한 특성의 결합 때문이다. 또한 임의적 특이성의 관념이 정치의 영역, 보다 구체적으로 정치적 공동체의 영역으로 확장된다는 점에 주목하자. 아감벤은 이렇게 쓴다. "임의적 특이성의 정치, 즉 귀속의 조건(붉다, 이탈리아인이다, 공산주의자다)으로도 조건들의 한갓 부재(프랑스에서 언젠가 블랑쇼가 제안한 부정의 공동체의 경우처럼)로도 매개되지 않고 오직 귀속성 그 자체로만 매개되는 공동체에 속하는 존재의 정치란 어떤 것일 수 있을까?"[56] 혁명적인 대중운동에서 우리는 어떤 공동체의 일시적인 형성을 목도하는데, 여기에서는 성, 사회적 지위, 문화적 취향, 종교적 신념의 측면에서 전혀 다른 참여자들이 구체적 슬로건을 가진 응집적인 단일체를 이룬다. 이러한 공동체의 논리는 귀속의 특수한 조건에도, 귀속의 절대적인 일축에도 근거하지 않으며, 귀속 그 자체에 근거한다. 이런 점에서 임의적 특이성은 사랑과 정치 사이의 교차 가능성을 설명해 준다. 이 책의 3장이 이 주제를 다루기 때문에 여기서는 임의적 특이성이 사이로서의 사랑에 대해 말해 주는 두 가지 점만 확인하자. 스스로 그러할 뿐인 사랑은 특수한 것과 일반적인 것 사이에 있다. 사랑은 다공적인 방식으로 사랑 그 자체와 정치 사이에 있다.

이상이 서구 사유에서 등장한 사랑-사이의 사례들에 대한 간략한 계보이

55　조르조 아감벤, 『도래하는 공동체』, 이경진 옮김, 꾸리에, 2014년, 10~11쪽("무미건조한 보편성"을 "무미건조한 일반성"으로 수정해서 옮김).

56　같은 책, 117쪽.

다. 두말할 나위 없이 이 목록은 완전하지 않으며, 사랑-사이의 문제틀은 소진될 수 없는 것으로 남아 있다. 문학의 영역으로 옮겨 가면 그 목록은 셀 수 없이 늘어날 것이다.[몇 가지 사례만 거론해 보자. 하인리히 폰 클라이스트에게 사랑은, 독일어의 아이러니한 언어유희를 사용하자면, 키스(küss)와 물기(biss)사이에 있다. 정신착란에 빠져 자신이 연인 아킬레우스를 죽음에 이르도록 깨물지 않았는지 질문하면서 펜테질레아는 말한다. "실수였어요. 키스와 물기는 운이 맞지요. 누구든지 올바르게 마음을 다해 사랑하는 이는 쉽게 그 두 가지를 헷갈려 할 수 있어요."[57] 에밀리 브론테에게 사랑은 숲의 잎사귀와 땅 밑의 영원한 바위 사이에 있다. 캐서린은 말한다. "린튼에 대한 내 사랑은 숲의 잎사귀와 같아. 겨울이 돼서 나무의 모습이 달라지듯이 세월이 흐르면 그것도 달라지리라는 것을 나는 잘 알고 있어. 그러나 히스클리프에 대한 애정은 땅 밑에 있는 영원한 바위와 같아. 눈에 보이는 기쁨의 근원은 아니더라도 없어서는 안 되는 거야."[58] 도스토옙스키에게 사랑은 인류에 관한 공상과 내 주변인에 대한 실천 사이에 있으며, 3장에서 우리는 이 점으로 되돌아갈 것이다. 마지막으로 밀란 쿤데라에게 사랑은 가벼움과 무거움 사이에 있다.] 사랑의 계보에 대한 이러한 재구성 아래에 놓인 근본 동기는 사랑의 역사적 패러다임을 제시하는 것도, 사랑을 사이성이라는 일반 관념으로 규정하는 것도 아니다. 카버의 단편에서처럼 요점은 사랑은 내재적으로 이론과 지식에 저항한다는 사실을 강조하는 데에 있다. 이론과 지식이 우리가 무슨 말을 하는지 알고 있는 것 처럼 대상에 명확한 정의를 부여하는 경향이 있는 반면, 상기 목록의 어떤 사례도 사랑의 정의에 해당하지 않는다. 오히려 저 모든 사례들은 사랑에 대한 독특한 잘못 말하기로 간주되어야 한다. 사이로서의 사랑은 불확정적인 것에는 무한히 열려 있지만 확정적인 것에는 굳건히 닫혀 있다. 라캉의 삼항(상상계, 상징계, 실재)을 사용해서 말하자면, 사랑에 대한 정의를 제시하는 것은 기표의 끝없는 상징적 유희를 어떤 상상적 전체로 닫아 버리는 것을 의미할 것이다. 그러나 실재로서의 사랑은 정의

---

57 J. Hillis Miller, *Literature as Conduct: Speech Acts in Henry James*, New York: Fordham University Press, 2005, p. 40에서 재인용.

58 에밀리 브론테, 『폭풍의 언덕』, 김종길 옮김, 민음사, 2009년, 136쪽.

불가능한데, 왜냐하면 그것이 기표의 사이에, 즉 상상적인 것이 작동하지 않는 상징계의 틈새에 위치하기 때문이다. 정녕 우리는 사랑을 말할 때 우리가 무슨 말을 하는지 알지 못한다. 그리고 이는 위에서 언급한 저자들에게 있어서도 마찬가지이다.

우리가 사랑에 대해 어떤 규정적이고 평가적인 이론(데카르트와 스피노자의 이성이나 키에르케고어의 반복)을 주장하자마자 즉각 우리는 그러한 규정이나 평가에 내재적인 장애물을 구성하는 요소를 목도하게 된다(데카르트나 스피노자의 정념 혹은 키에르케고어의 회상). 그렇다고 잘 드러나지 않은 항에 대한 재평가를 통해 이론의 중심축을 형성하는 이항대립을 해체하는 것이 관건이라고 할 수 없다. 왜냐하면 해체의 운동이 이미 작동하고 있거나 심지어 명시적으로 단언될 수도 있기 때문이다(대상 사랑이 자아 사랑보다 발달론적으로 더 성숙하다는 사실에도 불구하고 자아와 대상의 식별 불가능성으로서의 프로이트의 진정 행복한 사랑). 나아가 사랑의 아포리아적인 사이성이 명시적으로 단언되는 경우(칸트의 사회성과 비사회성 사이 혹은 헤겔의 분열과 통합 사이), 그 단언이 즉각 목적론(칸트)이나 변증법(헤겔)에 따른 해결책에 의해 완화되고 상쇄된다는 점을 고려할 때, 이는 그 아포리아가 오히려 지울 수 없고 돌이킬 수 없는 것으로 남아 있음을 방증하는 것이 아닌지 의문을 불러일으킨다. 사실 목적론과 변증법이 늘 핵심적인 역할을 하는 것은 아닌데, 왜냐하면 어떤 경우에 관건은 순전한 교대(바르트의 두 가지 밤 사이에서 흔들리는 사랑)이기 때문이다. 어떤 경우에는 일상어에 함축되고 전제된 신학적-윤리적 근거를 깨뜨리기 위해서 새로운 사랑의 공식이 수행되기도 한다(이리가레). 또 사랑의 영역과 다른 영역(니체와 하이데거에게는 예술, 아감벤에게는 정치)이 상호 투과적이기 때문에 사랑의 이론적인 경계를 설정하는 것은 불가능하다. 신적인 섭리와 초월성에 근거한 학설조차 사랑의 사이성의 흔적을 지울 수 없으며(아우구스티누스의 탐욕과 갈망), 여기에 사랑이 갖는 신 바깥의 절대성(extra-divine absoluteness)이 놓여 있을 것이다.

요컨대 이러한 계보의 재구성은 사랑이 명확한 정의를 지닌 이론의 대상이 될 수 없음을 보여 주고, 나아가 사랑 사유가 바로 이런 난점에 직면함으로써 사랑에 관한 잘못 말하기라는 형태로 존속해 왔음을 보여 준다. 사이성의 문제 틀로서의 사랑은 계속해서 되돌아온다. 사랑 사유에 새로운 프레임과 개념을 부여하고 사랑에 대한 철저한 이론을 처절하게 실패할 운명으로 만들면서 말이다.

사이로서의 사랑은 사유를 반(反)이론적이 되도록 강제할 뿐만 아니라 어떤 독특한 윤리, 즉 사랑의 비일관성에 예민한 윤리에 관여하도록 강제한다. 사랑이 사유의 일관성을 허용하는 것은 오직 기원적인 비일관성을 사유가 해결하지 못하는 상태를 유지하기 위해서일 뿐이다. 나아가 사랑은 사유가 모든 위계에 대한 욕망 바깥에 서게 만든다. 왜 이러한 종류의 사랑이 저러한 종류의 사랑보다 우월하거나 열등한지 아무런 이유도 근거도 없는 한에서 말이다. 또 사랑은 사유를 모든 유형학에 대한 집착 너머로 인도한다. 에로스와 아가페에 대한 구분이 결국 종교적 도그마의 형식을 빌려 에로스에 대한 아가페의 우월성에 대한 단언으로 이어지는 데에서 드러나듯이, 사랑의 유형에 대한 분류가 특정 유형의 사랑을 특권화하는 데로 이어지는 한에서 말이다. 오히려 사랑 사유의 윤리는 사랑의 곤란과 역설을 모든 일관성, 위계, 유형학 바깥에서 고수하는 데에 있다. 낭시가 쓰듯,

> 자애와 쾌락, 감정과 포르노, 이웃과 유아, 연인에 대한 사랑과 신에 대한 사랑, 형제애와 예술애, 키스, 정념, 우정 …… 사랑을 사유하는 것은 이 모든 가능성에 대한 무제한의 관대함을 요구할 것이다. 그리고 이러한 관대함은 과묵함을 명령할 것이다. 이 사랑들 사이에서 어떤 것을 선택하거나 특권화하거나 배제하거나 그것들 간에 위계를 설정하지 않을 관대함 말이다. …… 사랑이 자신의 단독성 안에서 절대적으로 파악될 때 사랑 그 자체는 아마도 모든 가능한 사랑의 불확정적인 풍요로움에 다름 아닐 것이고, 그 모든 사랑의 산종과 그 모든 사랑의 폭발의 무질서의 방종에 다름 아닐 것이다. 사랑에 대한 사유는 이러한 방종에 굴복하는 법을 배워야 한다. 사랑의 아낌없음, 충돌, 모순을, 그것들이 본질적으로 불허하는 어떤 질서에 종

속시키지 않고 받아들이는 방종을 말이다.[59]

사랑이 사유를 관대하면서도 과묵하게 만듦에 따라 사랑 사유는 어떠한 선택, 배제, 위계도 금지하고 자제한다. 사랑의 사이성은 사랑 사유의 질서란 사랑의 근본적인 무질서에 충실하게 남아 있는 데에 있을 뿐임을 뜻한다. 사랑 사유는 오로지 사랑 내적인 방종에 대한 겸손한 정교화를 지향해야 한다.

이제 이 책의 목적이 보다 뚜렷해진다. 이 책의 국지적인 목적이 라캉과 바디우에 관한 연구에 개입하는 것이라면, 광역적인 목적은 사랑을 라캉과 바디우의 뒤얽힘을 통해 고찰하는 것, 사랑을 라캉과 바디우 사이에 위치한 것으로서 고찰하는 것이다. 이를 위해 이 책은 상기의 앞서 요약한 사랑 사유의 계보에 라캉과 바디우라는 쌍을 갖고 개입하고자 한다. 관건은 사랑-사이의 문제 틀을 한 가지 독특한 사례인 '라캉과 바디우 사이'를 통해 재공식화하고 확장하는 것이다. 물론 혹자는 라캉과 바디우 모두에게서 사이로서의 사랑에 관한 흔적을 찾을 수 있다. 1960년 12월 7일의 수업에서 라캉은 다음과 같이 번역될 수 있는 그리스어 문장을 쓴 바 있다. "배가된 욕망은 사랑이지만, 배가된 사랑은 망상이 된다."[60] 여기서 사랑은 욕망과 망상 사이에 있다. 바디우에 관해 말하자면, 그는 아프로디테 우라니아(Aphrodite Urania)와 아프로디테 판데모스(Aphrodite Pandemos) 간의 플라톤적 구분을 해체한다. 사랑은 천상에도 지상에도 속하지 않으며, 숭고하지도 시시하지도 않은 것, 즉 힘든 노고이다. 그러나 필자가 보기에는 사랑을 라캉과 바디우 사이의 어딘가에 둘 때 보다 흥미로운 귀결이 도출된다. 사랑을 바디우와 라캉 사이에서 고찰하는 것은 사실 아주 많은 것들을 함축한다. 그것은 사랑을 실재와 진리, 행위와 사건, 증환과 이념, 기표의 주체와 진리의 주체, 환상과 행복, 주이상스와 참된 삶, 분석가 담론

59 Jean-Luc Nancy, "Shattered Love" in *The Inoperative Community*, ed. Peter Connor, trans. Lisa Garbus and Simona Sawhney, Minneapolis: University of Minnesota Press, 1991, p. 83.

60 Jacques Lacan, *Seminar VIII: Transference, 1960—1961*, ed. Jacques-Alain Miller, trans. Bruce Fink, Cambridge: Polity, 2015, p. 403.

과 해방의 정치, 반철학과 철학 사이의 어느 지점에서 고찰한다는 것을 뜻한다. 사랑 사유의 과제가 사이성이라는 사랑의 문제적인 틈을 억압하는 것이 아니라 오히려 드러내는 데에 있음을 고려할 때, 이 책은 '라캉과 바디우 사이'가 사랑의 역설과 곤란을 해소하고 극복하기보다는 그것들을 인정하고 재사유하는 도구로 쓰일 수 있음을 주장한다. 우리는 사랑-사이에 사로잡힌 채 사랑-사이와 씨름하기 위해 '라캉과 바디우 사이'를 택한다. '라캉과 바디우 사이'와 함께 우리는 우리가 사랑을 말할 때 무슨 말을 하는지 알지 못한다는 것을 전례 없는 방식으로 입증하기를 희망한다. 그것은 사랑의 아포리아를 보다 엄밀하고 날카롭게 노출시키는 것과 같다.

지금까지 이 책의 "무엇"과 "왜"에 대해 언급했다. 이제 "어떻게"로 넘어가자. 사실 라캉과 바디우의 뒤얽힘은 단순히 이 책의 주제에 불과한 것이 아니라 방법론의 핵심이기도 하다. 이것이 합법적인 방법론으로 작용할 수 있는지 논의하기에 앞서, 보다 더 정통적인 맥락화나 역사화가 필요하지 않은지 논의하기에 앞서, 우선 라캉과 바디우의 뒤얽힘이 무엇을 의미하는지 구체화해 보자.

라캉과 바디우 간의 관계는 공동전선을 조직하고, 격렬한 논쟁을 이루고, 새로운 문제틀이 비인칭적으로 드러날 수 있을 가능성의 평면에 위치한다. 라캉과 바디우의 복잡한 뒤얽힘이 있으며, 이는 심지어 "바캉(Bacan)"이라는 가상의 개념적 인물을 거론할 수 있을 정도이다. 이 뒤얽힘을 세 부분으로 나누어 보자.

우선 바디우 자신이 제기한, 라캉과 바디우 간의 대화가 있다(이는 바캉에 대한 바디우의 사후적 구성과 같다). 가령 라캉의 『세미나 20권』의 한 구절을 보자. "[존재하지 않는] 성관계를 메우는 것이 바로 사랑입니다."[61] "메우다(suppléer à)"는 구멍을 막는 행위를 뜻한다. 구멍과 구멍 마개는 서로 다르다는 점에서 우리는 사랑과 성관계가 구별된 차원을 갖고 있다고 가정할 수 있다. 「둘의 무대」에서 바디우는 이러한 아이디어를 밀고 나가 성을 존재와 나란히 놓고, 사랑을 사건

61　Lacan, *SXX*, p. 45.

과 나란히 놓는다. 라캉에게 존재하지 않는 이러한 명확한 구분이 도입되는 것은 바디우에게 사랑이란 유아적인 하나를 단절하는 사건적 만남으로 시작해서 둘의 충실한 구축으로 나아가기 때문이다. 그러나 바디우는 여기서 라캉을 탈맥락화하고 있는데, 왜냐하면 앞서의 라캉의 공식은 궁정풍 사랑에 관련되기 때문이다. "궁정풍 사랑이란 무엇일까요? 그것은 성관계의 부재를 메우는 매우 세련된 방식입니다."[62] 나아가, 이러한 "메우기"의 작용은 속임수(feinte)로 간주되는데, 왜냐하면 그것은 성적 비관계를 우아하게 모면하기 때문이다. 따라서 라캉(엄밀히 말해 라캉의 하나의 사유의 노선)이 사랑을 성의 근본적인 구성 요소로서의 비관계를 가리기 위한 구실로 간주하는 한편, 바디우는 성 안에 있으면서도 성을 거스르는 사랑에 초점을 맞춘다. 여기서 정통적인 라캉주의는 이러한 대화 자체가 새로운 것을 불법적으로 외삽(extrapolation)하는 철학자에 의해 이미 규정되어 있다고 반박할지도 모른다. 그러나 라캉이 『세미나 20권』에서 성과 사랑 간의 단정적인 구분을 받아들이는 것 역시 사실이다. "우리가 사랑을 할 때, 그것은 성과 아무런 관련이 없습니다."[63] 이런 점에서 우리는 라캉적인 정향 안에 있는 다수의 사유의 노선 중에 바디우가 특정 노선을 선택적으로 발전시킨다는 점을 알 수 있다. 그러나 바디우화된 라캉은 특정 라캉주의의 관점(혹자는 바디우와 지젝 간의 논쟁을 참조할 수 있을 것이다)에서 반박될 수 있다. 그리고 그것은 바디우의 재반박으로 이어질 텐데, 왜냐하면 바디우가 고수하는 것은 라캉의 성과 사랑 간의 구분이기 때문이다. 이렇게 우리는 뒤얽힘의 첫 번째 부분의 찬반양론에 마주한다. 비록 이러한 뒤얽힘이 바디우에 의해 설정된 것이지만, 그것은 라캉과 바디우 간의 논쟁점을 선명하게 부각시켜 준다.

둘째, 라캉과 바디우가 공통적으로 사용하는 몇몇 관념들이 있다. 여기서는 실재와 진리에 대해 간략히 논의해 보자. 『세미나 17권』에서 라캉은 (자크-알랭 밀레가 키워드로 뽑은) "진리의 무능력"과 "불가능한 것[실재]의 힘"을 두 개의 연

---

62 같은 책, p. 69.

63 같은 책, p. 25.

속된 수업에서 다룬다. 이는 프로이트의 다음과 같은 지적에 근거한다. "분석 관계는 진리에 대한 사랑(Wahrheitsliebe)과 현실에 대한 인정에 근거한다."[64] 첫 번째 수업에서 라캉은 진리에 대한 사랑은 결국 약함에 대한 사랑으로 귀결된 다고 지적한다. 진리가 말하는 존재의 근원적인 약함인 거세를 숨기는 한에서 말이다.[65] 말하는 존재가 언어에 의해 거세되어 있다는 사실에 무지한 한에서, 진리에 대한 철학적 사랑은 사람들을 오도하는 것이고 잘못 놓인 것이다. 오히 려 진리를 사랑하라고 말하는 그 어떤 이도 말하는 존재의 불가피한 조건으로 서의 거세에 대한 사랑으로 눈을 돌려야 한다. 진리에 대한 사랑의 이러한 재 정의는 다음 수업에서의 실재의 힘에 대한 주목으로 이어진다. 프로이트의 현 실을 실재로 개조하면서 라캉은 명시적으로 실재를 진리보다 우선시한다. 진 리는 분석가가 주의해야 할 흥미로운 속임수인 반면, 오로지 실재만이 기회인 동시에 위기로 작용하면서 철학과 같은 주인 담론을 전복할 수 있다. 요컨대 진리에 대한 사랑이 자신의 무능력을 드러내지 않는 한 의심스럽다는 주장과 현실에 대한 인정이 실재의 역설적 힘에 길을 내어 주어야 한다는 주장을 통 해 프로이트의 경구를 다시 쓰면서 라캉은 실재와 진리를 명확히 대립시킨다.

그러나 바디우에게는 그렇지 않다. 바디우에게 실재와 진리는 상호 연관되 고 분리 불가능하다. 진리는, 고전적인 학설이 주장하듯이, 현실과 명제의 일 치, 사물과 말의 일치가 아니다. 『존재와 사건』에서 진리는 백과사전적 지식의 관점에서 식별 불가능한 유적 다수성이다. 진리는 상징적 질서가 분류하고 확 인할 수 없는 실재에 준한다. 『세계의 논리』는 이러한 존재론적 정의에 논리적 정의를 추가하는데, 거기서 진리는 세계 안의 실재적인 지점을 붙잡는 몸에 의 해 전개되는 사건적 결과이다. 진리는 실재에 대한 주체의 관여와 체화로부터 과정적으로 만들어진다. 이런 점에서 실재와 진리는 반대되는 것이 아니며, 그

---

64 Lacan, *Seminar XVII: The Other Side of Psychoanalysis, 1969–1970*, ed. Jacques-Alain Miller, trans. Russell Grigg, New York: Norton, 2007, p. 165.

65 "진리에 대한 사랑은 약함에 대한 사랑이며, 우리는 이 사랑의 베일을 걷어 냈습니다. 진리가 숨기는 것은 거세입니다. …… 약함에 대한 사랑이 분명 사랑의 본질입니다."(*SXVII*, p. 52.)

렇다고 실재가 진리를 능가하는 것도 아니다. 오히려 실재는 진리와 동등한 위상을 갖거나, 위험하지만 긍정적인 구성 요소로서 진리 안으로 통합된다. 물론 바디우는 실재의 엄밀하게 라캉적인 측면을 단순히 일축하지 않는다. 가령 『세기』에서 바디우는 실재가 "공포를 조장하면서도 열정을 불러일으키고 치명적이면서도 창조적"[66]임에 주목한다. 그러나 실재의 이러한 양가성조차 바디우적인 외삽으로 간주될 수 있는데, 왜냐하면 라캉에게 실재는 상징적 논리에 대해 불가능한 것이 이루는 순수하게 형식적인 교착상태이기 때문이다. 창조가 언급되자마자 우리는 이미 바디우화된 실재에 연루되어 있는 셈이다. 실재가 바디우적 문제틀을 통해 재고찰될 때, 그 실재는 진리와의 긍정적 관계를 갖는다.

이런 점에서 라캉과 바디우가 공통적으로 사용하는 실재와 진리 같은 관념들이 뒤얽힘의 두 번째 부분을 구성한다. 이는 마치 부분적으로 중복되는 관념들을 통해 두 저자 사이에 잠재적인 대화를 유도하는 것과 같다. 이러한 접근 방법의 찬반양론에 대해 말하자면, 비록 그 방법이 유용한 도구로 쓰일 수는 있지만, 두 저자 간의 공통점과 차이점에 대한 정적인 분석에 그칠 뿐, 둘 간의 역동적인 뒤얽힘에 이르지 못한다는 한계가 있다.

마지막으로 뒤얽힘의 세 번째 부분은 어떻게 바디우가 내적으로 바디우와 라캉으로 분열되고, 라캉이 내적으로 라캉과 바디우로 분열되는지에 초점을 맞춘다. 여기서 라캉과 바디우는 어떠한 동일시의 레이블도 좌절시키는 유령적 단편들로서 사라진다. 『주체의 논리』에서의 바디우의 초기 윤리학이 이 점을 예시한다. 앞서 언급했듯 혁명적 주체는 불안, 용기, 초자아, 정의라는 네 가지 주체적 성질을 갖는다. 불안과 용기는 단기적인 주체화(subjectivation)에 관련되는 한편, 초자아와 정의는 장기적인 주체적 과정(procès subjectif)에 관련된다. 여기서 중요한 것은 용기와 정의는 불안과 초자아와의 대결을 통해서만 실존할 수 있다는 점이다. 불안을 통과하지 않고 용기에 이를 수는 없고, 초자아

---

66 알랭 바디우, 『세기』, 박정태 옮김, 이학사, 2014년, 68쪽.(약간 수정해서 옮김)

의 난점에 부딪히지 않는 정의란 없다. 실제로 불안과 초자아는 단순히 상징적 질서에 속하지 않는다. 불안과 초자아는 "실재의 과도함"을 드러내고, 용기와 정의의 예외적인 광채를 역설적으로 지탱해 준다. 요컨대 바디우의 초기 윤리학은 라캉적 아이디어와 뒤얽힘으로써만 구성될 수 있었다. 바디우가 있는 곳에 늘 바캉이 출현한다.

역으로 라캉이 강하게 바디우를 예비하는 것도 사실이다. 예를 들어 라캉의 『텔레비지옹』의 마지막 구절을 보자. "해석(interprétation)은 대부금(entreprêt)을 충족시키기 위해 신속해야 합니다. 순수한 상실을 통해 존속하는 것에서부터, 아버지에서 최악으로만 내기를 거는 것에 이르기까지 말입니다(De ce qui perdure de perte pure à ce qui ne parie que du père au pire)."[67] 라캉에게 철학의 독단주의는 결여, 상실, 구멍에 대한 부지불식간의 무지나 방어적인 봉합에 기인한다. 철학에서 사유되지 않은 것은 언어에 의해 거세된 주체의 진리가 상실된 대상에 놓여 있다는 점이다. 그러나 정신분석적 해석에서 관건이 되는 것은 단순히 상실에 대한 인정이 아니다. 그것은 아버지에서 최악의 것으로의 이행에 관해 위험한 내기를 거는 것으로 나아간다. 아버지가 팔루스적 기능으로서의 '진리를 말하기'를 구현하면서 구멍을 막는다면[혹은 헛되이 막으려 한다면], 최악의 것은 성적 비관계라는 구멍과의 우연한 만남에 주어진다. 만약 "아버지의 이름을 사용한다는 조건에서 그것을 우회하는 것이 (그것에 종속되는 것보다) 더 낫다면,"[68] 이는 아버지 스스로가 적어도 몇몇 사안(특히 성과 사랑)에 관련해서는 상실될 수밖에 없기 때문이 아닐까? 기능장애에 빠진 아버지를 가진 이는 최악의 것이라는 위협적인 길을 탐색해야 한다. 정신분석적 대화 치료가 실천되기 위해서는 잘못 말하기(mal dire)로 충분하지 않다. 해석은 최악의 말하기(pire dire)의 생산을 겨냥해야 한다. 오직 최악의 말하기만이 가장 고통스럽고 수고

---

67 Jacques Lacan, *Television: A Challenge to the Psychoanalytic Establishment*, ed. Joan Copjec, trans. Denis Hollier, Rosalind Krauss and Annette Michelson, New York: Norton, 1990, p. 46.

68 Jacques Lacan, *Seminar XXIII: The Sinthome, 1975-1976*, ed. Jacques-Alain Miller, trans. Adrian Price, Cambridge: Polity, 2017, p. 116.

스러운 말하기로서 대상 a에 담긴 재현되지 않은 주체적 진리의 윤곽을 그릴 수 있기 때문이다. 대상 a가 철학을 곤란에 빠트린다는 사실에 초점을 맞출 때 우리는 라캉과 바디우 간의 적대를 목격한다. 그런데 라캉의 구절은 바디우와 분기하는 지점(대상 a 대 철학)을 포함할 뿐만 아니라 수렴하는(일치하지는 않더라도) 지점을 시사한다. 왜냐하면 라캉적 최악과 바디우적 사건 모두 비록 상이한 문맥(분석 작업과 진리 절차)에서이기는 하지만 기성 규범으로부터의 일탈로 이루어지기 때문이다. 결국 라캉은 알지 못한 채로 장차 바디우가 향할 길을 열었다. 라캉이 있는 곳에 바캉이 이미 출현한 것이다.

정리하자면 라캉과 바디우의 뒤얽힘은 세 부분으로 이루어진다. 바디우에 의해 사후적으로 구축된 두 저자 간의 대화, 공통적으로 사용되는 용어를 통한 두 저자에 대한 개념적 분석, 예측할 수 없는 방식으로 드러나는 두 저자 간의 상호 함축이 그것이다. 이 모든 것이 이 책의 기본 방법론을 구성하고, 그것들은 책 전반에 걸쳐 맥락에 따라 활용될 것이다.[69]

이제 라캉과 바디우의 뒤얽힘이 유효한 방법론에 해당하는지의 여부를 살펴보자. 대부분의 경우 역사화와 맥락화는 어떤 담론을 틀 지우기 위해 유용한 도구가 될 수 있다. 가령 혹자는 정신분석이 근대 개인주의와 자본주의와 함께 형성되었으므로 보편적이고 영원한 진리의 운반자가 아니라고 주장할 수 있다. 여기에 (특정) 정신분석에 대한 들뢰즈와 가타리의 비판의 중요성이 놓여 있다. 아버지-어머니-아이라는 오이디푸스적 구조는 초역사적 유효성을 갖지 않는다. 그 구조는 기껏해야 정신분석에 관한 하나의 사유의 이미지를 반영할 뿐이며, 여기서 정신분석은 "욕망하는 기계(machine désirante)"의 실재적 욕망이 법 너머에서 생산되는 공장이라기보다는 욕망이 상징적 법에 의해 억압되는 극장으로 간주된다. 따라서 그들은 욕망의 흐름이 긍정되는 "분열 분석

---

69 가령 필자는 4장에서 뒤얽힘의 세 가지 유형을 연속적으로 사용한다. 우선 라캉의 반철학에 대한 바디우의 재구성을 소개하고, 몇몇 개념(실재와 진리, 반철학적 행위와 철학적 작용)을 가지고 두 저자 간의 대화를 조직하고, 마지막으로 둘 간의 강한 뒤얽힘을 명시할 수 있는 용어(증환적 진리와 원(元)사랑의 행위)를 제시함으로써 말이다.

(schizoanalyses)"의 필요성을 요청한다. 이런 점에서 역사화는 비판적 장치로 기능할 뿐만 아니라 이전에 드러나지 않았던 새로운 개념과 문제틀을 제시할 수 있다.

문제는 라캉적 사랑을 다루는 시도에서 그러한 조작을 실행할 필요가 있는지의 여부다. 우선 라캉적 사랑은 특수한 역사성에 정박되어 있지 않다. 그것은 오히려 이질적 자료와 불연속적 맥락(가령 궁정풍 사랑과 같은 전통적인 사랑의 패러다임에 대한 조사, 프로이트적 에로스에 대한 비판, 매듭 이론과 같은 위상학적 형식주의, 부성적 권위의 추락과 같은 시대적 흐름, 전이라는 임상적 상황, 대상 *a*라는 새로운 개념의 발명 등)의 집합체로 구성된다. 이 모든 문맥을 하나의 전체로 묶는 것이 무익한 한편, 역사성과 초역사성의 구분을 유지하는 것 또한 불가능하다. 여기서 흥미로운 것은 만약 비판적으로 다루어질 필요가 있는 사랑의 초역사적 구조와 같은 것이 있다면 그것은 바로 (라캉 자신이 이해하고 재정의한 대로의) 사랑에 대한 철학적 담론일 것이라는 점이다. 따라서 본서는 바디우로 관심을 돌릴 것을 제안하는데, 왜냐하면 바디우야말로 어떤 다른 철학자보다도 라캉과의 논쟁을 통해 사랑에 관한 기존 철학적 담론을 재구성하기 때문이다. 달리 말해 바디우 철학보다 탈맥락화된 자료의 집합체로서의 라캉적 사랑을 더 잘 맥락화할 수 있는 방법론적 도구는 없다. 여기에 라캉과 바디우의 뒤얽힘을 언급할 필요성이 있다.

비슷한 상황이 바디우적 사랑을 맥락화할 때에도 일어난다. 가령 바디우는 사랑에 영향을 미치는 초역사적 구조(가령 가족)를 비판한다. 사랑의 진리는 기존의 구조가 비틀거리는 곳에서 시작한다는 점에서 말이다. 이러한 주장을 맥락화하기 위해서는 바디우가 권위적 가부장제의 비호를 받던 가족이 "부패한 구조"로 간주되던 68혁명의 중요성에 여전히 충실한 사상가라는 점에 주목해야 한다. 그런데 사유재산을 유지하기 위한 장치로서의 가족에 대한 엥겔스의 비판은 차치하고서라도, 사랑이 늘 가족과 불화를 이루었음을 발견하는 것은 어려운 일이 아니다. 로마의 시인 카툴루스는 연인 레스비아에게 이렇게 쓴다.

살아 보세, 나의 레스비아, 서로 사랑해 보세.

훈계하는 늙은이들의 잔소리 따위 한 푼의 값어치도 안 되니……

자, 내게 첫 번의 입맞춤을 해다오, 그리고 다시 백 번,

그리고 또 다시 천 번, 그리고 다시 백 번의 입맞춤을……70

언제나 사랑은 사랑에 둔감해진 늙은이들(이것은 결코 생물학적인 의미가 아니다)의 가십거리였다. 사랑의 삶은 사랑의 주체가 기존 구조의 보호에만 관심을 기울이는 훈계조의 참견을 극복할 때에 시작된다. 결국 가족에 대한 비판에서 중요한 것은 세대 격차도, 간통의 미화도, 가족제도 자체에 대한 무정부주의도 아니다. 그것은 연인들이 그들의 사랑의 절차를 펼치는 데에서 묻어 나오는 모든 유형의 법을 분석할 필요를 환기시키는 데에 있다. 또 다른 요점은 사랑이 쇠락과 위선에 물들 수 있다는 것이다. 수많은 가족의 삶에서 종종 일어나듯, 연인들이 사랑을 재발명하기를 그만둘 때 사랑은 시들게 마련이다. 사랑은 가족이라는 구실로 보호받기를 선택하지 않을 때에만 살 수 있다. 늙은이들의 가십에 대해 말하자면 우리는 그것이 대타자의 욕망이라는 라캉적 관념과 동등하다고 말할 수 있다. 사랑의 절차를 전개하면서 연인들은 대타자의 욕망에 의해 형성된 무의식적 법에 끊임없이 연루되고, 사랑의 삶은 연인 각자가 자신이 상속받은 무의식적 법을 어떻게 다루는지, 어떻게 그러한 법의 영향력 바깥에서 서로 상호작용하는지에 달려 있다. 그렇지 않다면 각각의 파트너는 상대방의 무의식적 법의 희생물이나 꼭두각시가 된다. 이런 점에서 가족에 대한 비판이 68혁명에 대한 바디우의 충실성을 통해서 맥락화될 수 있기는 하지만, 그것의 함의는 라캉 정신분석과 결합될 때에만 보다 선명히 부각될 수 있다.

같은 점이 동시대 사회와 가족의 상황에 대한 바디우적 입장의 또 다른 측면(이번에는 초역사적이기보다는 역사적이다)에도 적용된다. 가부장제가 더 이상 과거처럼 사회와 가족을 지배하지 않는 한편, 오늘날의 문제는 상징적 권위로서의 가부장제가 성과 자본의 실재적 권력으로 대체된다는 점에 있다. 젊은이들

70　Gaius Valerius Catullus, *The Complete Poetry of Catullus*, trans. David Mulroy, Madison: University of Wisconsin Press, 2002, p. 6.

은 어떤 신뢰할 만한 권위도 부재한 상황에서 비상징화된 채로, 어떤 주체적 상징계도 전수받지 못한 채로(de-initié) 남아 있고, 따라서 성과 자본에 의한 방향 상실에 취약하게 남아 있는데, 이는 바디우적 의미에서의 사랑의 진리를 위협한다. 이렇듯 탈가부장화되었음에도 불구하고 또 다른 병리적인 사회구조와 가족 환경 속에서 태어난 주체들의 분석을 위해 요구되는 것이 바로 라캉 정신분석이다. 그러므로 바디우에게도 사랑에 대한 역사적인 접근과 초역사적인 접근이 공존해 있는 한편, 바디우의 논점을 선명하게 드러내기 위해 가장 유용한 길은 라캉을 통과하는 것이다.

요컨대 라캉과 바디우의 뒤얽힘이 하나의 방법론이 될 수 있는 까닭은 사랑에 대한 그들의 입장이 역사적인 것과 초역사적인 것의 구분을 흐릿하게 할 뿐만 아니라 바디우가 라캉적 사랑의 탈맥락화된 집합체를 초점화하는 데에 도움이 되는 한편 라캉이 바디우적 사랑의 일관된 원리를 보충하는 데에 도움이 되기 때문이다.

이제 이 책이 나아갈 방향을 간략히 묘사해 보자. 2장은 수학을 통해 사랑을 다룬다. 수학은 라캉과 바디우가 사랑 사유를 혁신하는 데에서 핵심적인 역할을 맡고 있다. 라캉과 바디우 사이에 있는 사랑을 특징짓는 가장 현저한 영역이 있다면 그것은 바로 수학이다. 이러한 점을 배경으로 삼아 필자는 어떻게 사랑이 성별화 공식, 수, 양상 논리, 위상학, 매듭 이론을 통해 접근되는지를 보여 주고자 한다. 2장은 사랑에 대한 라캉과 바디우의 수학적 접근으로부터 끌어낼 수 있지만 두 저자에 의해 논의되지 않고 암묵적으로 남아 있는 귀결들을 전개하고 사랑의 공백이라는 개념을 도입하면서 결론 맺는다.

3장은 정치와 관련하여 사랑을 다룬다. 사랑에 대한 모든 사유는 정치라는 까다로운 영역에 부딪히는데, 이는 사랑과 정치의 모호하고 양가적인 관계 때문이다. 사랑은 혁명적인 동시에 반혁명적인 것으로 드러나고, 권력에 복무하면서도 권력을 단절시킨다. 정치와 사랑의 연결고리가 중요한 까닭은 정치야말로 라캉과 바디우가 격렬한 대립 관계(보수적 계몽 대 급진적 해방)뿐만 아니라 상보적 동반 관계(현재 상태에 대한 분석과 새로운 세계의 이념)에 놓이는 문제적인 영역이기 때문이다. 이러한 점을 배경으로 삼아 동시대 사랑의 위기, 우애(philia)의 재발명, 사랑의 공동체, 인류와 사랑의 연관성과 같은 문제들을 다룬다. 3장은 정치와 사랑 간의 수수께끼 같은 매듭을 재차 강조하고 사랑의 탈권력(im-pouvoir/unpower)이라는 개념을 도입하면서 결론 맺는다.

4장은 라캉 반철학과 바디우 철학을 통해 사랑을 다룬다. 4장에서 필자는 라캉에 관한 세미나에서 바디우가 제시한 라캉 반철학의 특징들을 분석하고 일본 작가 무라카미 하루키의 단편 「토니 타키타니」를 참고하면서 반철학과 철학 간의 대화를 재구성한다. 여기서 사랑은 정신분석적 증상과 철학적 진리에, 분석 행위와 철학적 작용에 관련된다. 4장은 증환적 진리와 원(元)사랑의 행위라는 개념을 정교화하면서 결론 맺는다.

5장은 프랑스 철학자 앙드레 고르의 『D에게 보낸 편지』를 읽는다. 이 편지는 라캉과 바디우 사이에 놓인 사랑의 독특한 사례를 구성하기에 우리는 그것을 바캉적 사랑이라 부를 수 있을 것이다. 필자는 고르와 그의 연인 도린이 어떻게 그들의 예외적인 사랑의 여정(만남과 결혼에서 시작해서 증상과 권력에 대한 투쟁을 거쳐 동반 자살에 이르는)을 통해 라캉적인 것과 바디우적인 것을 엮어 내는지를 논의한다. 5장은 바캉적 사랑의 이념을 공식화하면서 결론 맺는다.

결론에서 필자는 플라톤의 『에피노미스』의 중간자적 정령(daimōn)과 관련해서 사랑-사이의 테마로 되돌아간다. 그리고 고통의 참여자로서의 분석가와 진리의 식별자로서의 철학자의 뒤얽힘을 제안한다. 이 뒤얽힘이 유발하는 문제의식을 전개하면서 필자는 사랑하는 이의 길은 라캉적인 비(非)사랑과 바디우적인 초(超)사랑 간의 사잇길임을 주장한다. 이 어슴푸레하고 종잡을 수 없는 사랑의 길에서 사랑하는 이는 사랑과 식별되지 않는 사랑 없음에 마주함으로써 사랑의 수수께끼를 인정하고, 무한히 스스로를 넘어서는 사랑을 충실하게 창조함으로써 사랑의 원칙에 헌신한다.

2장

수학과 사랑

수학은 문자의 과학이다. 수학은 어떠한 외부 현실도 지시하지 않으면서 문자의 능력에 의거해서 자기 지시적 질서를 구축한다. 수학은 주어진 현실을 재현하기보다는 독특한 실재를 형식화한다. 라캉이 말하듯, 수학은 "현실보다는 말하기를 주제로 삼는다. 그 말하기가 엄밀하게 논리적인 시퀀스로부터 호출되는 한에서 말이다."[1] 수학적 말하기만큼 낭만적인 언어로부터 멀리 떨어진 것은 없다는 세간의 통념과는 달리, 라캉과 바디우에게 수학은 사랑을 심리적 느낌, 생화학적 호르몬, 사회 정치적 구성물, 인류학적 관습, 현상학적 의미와는 구별되는 것으로 사유할 수 있게 해준다. 사랑에 관한 그들의 사유는 엄밀하게 형식적이다.

동시에 그들의 형식적 접근에서 주목할 것은 그들이 또한 수학적 형식화의 한계를 인정한다는 점이다. 그들은 수학적 접근을 통해 수학적 접근보다 멀리 나아감으로써 사랑의 문제를 다룬다. 라캉에게 수학은 단순히 자기 지시적인 논리적 말하기가 아니다. 그것은 자체 안의 불완전성, 비일관성, 증명 불가능성, 결정 불가능성과 씨름하는 논리적 말하기이다. 논리적 형식화의 이면에는 형식화 불가능한 것, 즉 실재가 있다. 사랑은 논리적으로 고찰될 수 있지만, 사

---

1   Jacques Lacan, "L'étourdit", in *Autres écrits*, ed. Jacques-Alain Miller, Paris: Seuil, 2001, p. 452.

수학과 사랑   61

랑의 실재는 논리로 관통할 수 없는 것으로 남는다. 한편, 바디우는 종교적 도 그마가 아니라 내재적 진리로서 사랑을 사유하기 위해 형식주의의 필요성을 강조한다. "우리는 사랑의 수학과 같은 것을 발명할 필요가 있다."[2] 그렇지만 진정한 철학자라면 사랑의 수학을 발명하는 데에 멈추지 않을 것이다. 철학자 는 한걸음 더 나아가 사랑의 진리에 대한 초(超)수학적 성찰을 시도할 것이다. 사랑에 대한 철학적 사유는 수학적이면서 초수학적이다. "나는 수학적으로 부 정확한 것을 말하지 않기를 바라지만, 동시에 수학적으로 공언된 것을 말하지 않기를 바란다."[3] 이렇듯 라캉 정신분석과 바디우 철학 모두에 수학과 사랑 간 의 모종의 관계가 존재한다. 이 관계는 사랑의 단독성이 수학적 형식화와 그 한계에 의해 특징지어질 수 있다는 가정에 근거한다. 사랑은 형식화의 작용과 형식화의 난관에 의해 드러난다. 사랑은 수학적 형식으로 설명될 수 있지만, 이러한 형식을 문제화한다. 수학과 사랑의 관계는 형식화의 가능성과 불가능 성이 만나는 곳에 있다. 수학은 사랑을 계산하거나 합리화함으로써 무미건조 하게 만들지도 않으며, 사랑을 숭배하고 미화함으로써 초월적이고 신비롭게 만들지도 않는다. 수학은 사랑에 대한 형식적 접근을 이끌고, 이 접근은 그 자 체의 환원 불가능한 한계를 동반한다.

사실 이러한 접근 방식은 고전적이다. 『국가』에서 플라톤이 제기한 선분의 비유를 상기해 보자. 가시적인 것의 이미지에 대한 상상(eikasia)과 가시적인 것 에 대한 믿음(pistis) 너머에서, 플라톤은 수학적인 것에 대한 추론적 사고(dia-noia)를 현실에 접근하는 보다 탁월한 방법으로 간주한다. 이에 기하학을 모르 는 자는 아카데미아에 들어올 수 없다. 하지만 또 다른 차원이 있는데, 그것은 추론적 사고보다 탁월한 것, 즉 이데아에 대한 인식(noēsis)이다. 따라서 우리는 수학을 경유해서 이데아를 향해야 한다. 그러나 라캉과 바디우 모두 플라톤의 이데아를 그 자체로 받아들이지는 않는다(바디우는 이데아를 이념으로 재가공한다).

---

2   Alain Badiou, *Logics of Worlds*, trans. Alberto Toscano, London: Continuum, 2009, p. 530.

3   Alain Badiou, *Theory of the Subject*, trans. Bruno Bosteels, London: Continuum, 2009, pp. 209–210.

오히려 그들은 사랑의 이데아가 낡은 관념이며 사랑이 기존의 지식 체제로서의 이데아에 이질적이라는 점을 확신한다. 그들은 자기 나름의 용어를 제안하는데, 라캉의 경우에는 실재이며, 바디우의 경우에는 진리이다. 일전에 바디우는 "철학과 정신분석은 공동 가능하다. 수학과 사랑이라는 역설적인 이중 조건이 …… 교차한다면 말이다"[4]라고 썼다. 철학과 정신분석이 공동 가능한 것은 양자 모두 사랑에 대해 형식적 접근을 취하는 한에서이다. 그럼에도 불구하고 양자는 격렬한 논쟁을 치르는데, 왜냐하면 라캉이 사랑의 실재에 초점을 맞춘다면 바디우는 사랑의 실재라는 문제틀을 부분적으로 수용하면서 사랑의 진리에 초점을 맞추기 때문이다.

이번 장에서 우리는 라캉 정신분석과 바디우 철학이 사랑에 대한 형식적 접근 속에서 어떻게 수렴하고 분기하는지에 대해 살펴볼 것이다. 이를 위해 라캉과 바디우의 저작에 흩어져 있는 사랑에 관한 사유를 다섯 가지 테마를 통해 재구성할 것이다. 다섯 가지 테마는 성별화 공식, 수, 양상 논리, 위상학, 매듭 이론이다. 마지막 절에서 우리는 사랑에 대한 형식적 접근이 어떻게 사랑의 실재나 사랑의 진리가 아닌 사랑의 공백으로 귀결되는지 보여 줄 것이다.

2-1 성별화 공식

라캉과 바디우에게 성별화는 생물학적으로 결정되는 것도 문화적으로 구성되는 것도 아니다. 성별화는 논리적 함수를 통해 다루어질 수 있는 무의미한 실재의 문제이다. 그러나 그들은 상이한 성별화 이론을 전개한다. 라캉이 성적 비관계를 설명하기 위해 거세에 관한 팔루스 함수(Φx)를 제시하는 반면, 바디우는 유적인 진리로서의 사랑을 설명하기 위해 진리에 관한 인류 함수(Hx)를

---

4   알랭 바디우, 『조건들』, 이종영 옮김, 새물결, 2006년, 376쪽.

제시한다. 우선 라캉의 입장을 논의해 보고 사랑에 대해 그러한 입장이 갖는
함의를 도출해 보자.

$\exists x \, \overline{\Phi x}$	$\overline{\exists x} \, \overline{\Phi x}$
$\forall x \, \Phi x$	$\overline{\forall x} \, \Phi x$
$\$$	$S \, (\cancel{A})$

아리스토텔레스는 전칭 긍정, 전칭 부정, 특칭 긍정, 특칭 부정으로 구성된
정언명제를 고안한 바 있다. 라캉은 이러한 논리적 도구를 개조함으로써 성차
문제를 다룬다. 왼쪽 위의 남성적 입장은 $\forall x \Phi x$와 $\exists x \, \overline{\Phi x}$의 결합으로 이루어
진다. 모든 남자는 팔루스 함수와 거세의 효과 아래에 있다. 동시에 팔루스 함
수의 효과 아래에 있지 않은 어떤 예외적 존재가 있다. 이는 프로이트의 신화
적 아버지로부터 이끌어 낸 논점인데, 이 아버지는 부족 안의 모든 여자를 소
유하고 법을 부과함으로써 아들들로부터 주이상스를 박탈한다. 이 아버지는
보편적 법의 토대이면서 그 자신은 그 법에서 면제된다. 달리 말해 거세에 대
해 '아니오'라고 말하는 "적어도 하나(au mois un/at least one)"의 남자가 있으며,
이 남자는 다른 모든 남자를 거세에 종속시킨다. "모든 다른 이들이 기능하는
것은 바로 그곳[하나가 있다(Il existe un/There exists one)]으로부터입니다."[5] 오른쪽
위의 여성적 입장은 $\overline{\forall x} \Phi x$와 $\overline{\exists x} \, \overline{\Phi x}$의 결합으로 이루어진다. 모든 여자가 팔
루스 함수의 효과 아래에 있는 것은 아니다. 동시에 팔루스 함수의 효과 아래
에 있지 않은 여자는 아무도 없다. 여기서 우리는 이 두 양화사(量化詞)가 모순
적이라는 인상을 받는다. 그렇지만 "비전체(pas-tout)"가 이러한 인상을 해소하

---

5 Jacques Lacan, *Seminar XIX: ...or Worse, 1971-1972*, ed. Jacques-Alain Miller, trans. Adrian Price, Cambridge: Polity, 2018, p. 25.

러 온다. $\overline{\forall}x\Phi x$는 팔루스 함수의 효과 아래에 있지 않은 몇몇 여자가 존재함을 의미하는 것이 아니다. $\overline{\exists}x\ \overline{\Phi x}$가 드러내듯, 여성적 입장은 팔루스 함수의 바깥에 있는 예외적 존재를 허용하지 않는다. 여성적 입장은 거세되지 않은 예외적 존재에 대한 믿음이 신화적 허구에 불과함을 인지한다. 예외의 부재는 팔루스 함수에 의해 지탱되는 전체에 대한 비판으로 이어진다. 보다 급진적인 것은 팔루스 함수가 여성적 입장에 의해 단순히 기각되는 것이 아니라 한계 지어진다는 점에 있다. "비전체란 무엇일까요? …… 거세되지 않은 몇몇이 존재함을 뜻하는 특칭 부정 함수와는 달리, 비전체로부터 그러한 긍정을 끌어내는 것은 불가능합니다. 비전체에게는 다음과 같은 점이 유보되어 있습니다. 어딘가에서 그녀는 팔루스 함수와 관계를 가집니다."[6] 비전체는 여자가 부분적이고 미완결적인 방식으로 팔루스 함수의 효과 아래에 있음을 뜻한다. 여자는 팔루스 함수에 대해 광역적이지 않고 오직 국지적인("어딘가에서") 관계를 갖는다. 여자는 팔루스 함수를 긍정하지도 부정하지도 않으며, 그것에 종속되어 있지도 않지만 면제되어 있지도 않다. 팔루스 함수와 관련하여 그녀의 실존은 현존과 부재 사이 어딘가에 있다. 여자는 "팔루스 함수에 포함되어 있지 않지만 그럼에도 팔루스 함수를 부정하지는 않습니다. 그녀의 현존 양상은 중심과 부재 사이에 있습니다."[7] 여자는 팔루스 함수에 의해 결정 불가능하다.

도표의 왼쪽 아래를 보자. 남성적 입장은 팔루스적 주이상스인 $\$ \to a$로 정의된다. 이는 남자가 여자를 타자로 다루지 않음을 뜻한다. 남자는 타자를 자신의 욕망 대상으로 환원하고, 이것이 그의 주이상스를 만족시키리라 헛되이 기대할 것이다. 팔루스적 주이상스는 타자에 대한 주이상스에 장벽을 놓는 기관의 주이상스이다. 그것은 바보의 자위적 주이상스이다. "성적인 것으로서의 주이상스는 팔루스적입니다. 달리 말해 그것은 타자 자체에 관련되지 않습니다."[8] $\$ \to a$가 환상의 공식에 해당함에 주목하자. 환상으로서의 팔루스적

---

6   같은 책, p. 34.

7   같은 책, p. 104.

8   Lacan, *SXX*, p. 9.

주이상스는 타자에 대한 성적 주이상스와 같은 것이란 존재하지 않음을 뜻한다. 오히려 (우리 자신이 향유하기는커녕) 우리 자신을 향유하고 있는 무의식적 환상이 있을 뿐이다. "여러분은 타자를 성적으로 향유하지 않습니다. …… 여러분은 타자를 정신적으로 향유합니다. …… 여러분은 여러분의 환상을 향유합니다. …… 여러분의 환상이 여러분을 향유합니다."[9] 잉여 주이상스(surplus jouissance)로서의 대상 a의 관점에서 볼 때, 팔루스적 주이상스는 아버지의 법을 받아들인 후에 어머니라는 원초적인 타자 및 잃어버린 사물을 회복하려는 시도이다. 따라서 $ \$ \rightarrow a$는 성관계의 배후에는 늘 어머니와 아들의 관계가 있음을 뜻한다. "여자는 성관계에서 오로지 어머니로서만 기능합니다."[10]

도표의 오른쪽 아래에서 우리는 여성적 입장이 빗금 처진 여자로 이루어짐을 볼 수 있다. 보편적 존재로서의 여자란 존재하지 않는다. 더 정확히 말해 여자가 존재하지 않는다면 이것은 그녀가 팔루스 함수와 관련하여 과잉-존재하기 때문이다. 라캉이 상술하듯, "그녀가 팔루스 함수에서 비전체이기 때문에 그녀가 존재하지 않는 것이 아닙니다. 그녀는 팔루스 함수에서 존재하지 않는 것이 아닙니다. 그녀는 거기에 온전히 존재합니다. 그러나 그녀 이상의 것이 존재합니다."[11] 팔루스 함수에서 여자의 현존이 그녀에게 팔루스적 주이상스를 가져다준다면, 이러한 "이상의 것"은 그녀에게 보충적인 주이상스, 다른 주이상스를 가져다준다. 다른 주이상스는 팔루스적 주이상스를 넘어선 주이상스다. 그것은 몇몇 신비주의자들이 자신들의 말로 표현할 수 없는 경험을 통해 증언하듯 명명 불가능하고 무한하다. 빗금 처진 여자로부터 시작한 여성적 입장은 두 종류의 화살표로 이루어지는데, 화살표는 각각 빗금 처진 타자의 기표 [S(A̸)]와 상징적 팔루스(Φ)로서의 남자를 향한다. 전자[여자→S(A̸)]에 관해 라캉은 "여자는 타자와 관련을 갖는 그 무엇이다"[12]라고 말한다. 여자는 실재적

9 Lacan, *SXIX*, pp. 96-97.

10 Lacan, *SXX*, p. 35.

11 같은 책, p. 74.

12 같은 책, p. 81.

타자와 독특한 관계를 갖는데, 왜냐하면 그녀는 타자가 주체만큼이나 기표에 의해 거세된다는 점을 잘 알고 있기 때문이다. 그녀는 타자가 자족적이지 않고 불완전하다는 것을 알고 있으며, 일관된 실체로서의 타자에 대한 환상을 버린다. 진정한 타자성은 온전함이 아니라 구멍에 관련되는 것이다(언어학적으로 말해 모든 기표가 차이에 의해 변별되기에 절대적인 참조점이란 없다). 한편, 여자는 남자 쪽에 있는 팔루스와도 관계를 맺는다(여자→Φ). 여기서 문제는 남자가 이러한 상징적 권위를 소유하지 않는다는 점이다. 그렇다면 이는 여성적 환상의 구조, 즉 여자가 전능한 남자가 구현하는 상징적 권위를 갈망한다는 점을 설명해 준다. 여기서 성적 비관계는 아버지와 딸의 관계로 드러난다.

그러므로 성별화 공식은 성관계란 존재하지 않는다는 점을 적어도 세 가지 의미에서 시사한다. 첫째, 성관계 대신에 두 가지 비대칭적 주이상스가 있다. 팔루스적 주이상스가 타자의 타자성을 지우는 반면, 여성적 주이상스는 어떤 황홀경적 신비에 도달한다. "성관계란 없는데, 왜냐하면 육체로 여겨진 타자에 대한 주이상스는 언제나 부적당한 것이기 때문입니다. 한편으로 그것은 도착적인데, 이는 타자가 대상 a로 환원되는 한에서 그렇습니다. 다른 한편으로 그것은 광적이고 불가사의합니다."[13] 성관계에서 남자는 도착적이고, 여자는 정신병적이다. 성관계는 도착증자와 정신병자가 서로 엇갈리는 관계이다.

둘째, 성관계 대신에 두 가지 무의식적 환상이 있다. 남자는 여자의 자리에서 자신의 어머니를 찾는 반면, 여자는 남자의 자리에서 자신의 아버지를 발견한다. "성관계란 없습니다. 물론 환상 간의 관계를 제외하고 말입니다."[14] 성관계란 잃어버린 어머니와 상실을 놓지 못하는 아들, 이상적인 아버지와 이상을 갈망하는 딸 간의 부모 자식 관계이다. "성관계란 없습니다. 근친 세대, 즉 부모와 자식을 제외하고 말입니다."[15]

셋째, 성관계 대신에 '남자'와 '여자'라는 두 가지 기표가 있다. 성관계가 육

---

13 같은 책, p. 144.

14 Jacques Lacan, *Seminar XXV: The Moment to Conclude*, 1977년 12월 20일 수업(미출간).

15 Lacan, *SXXV*, 1978년 4월 11일 수업(미출간).

체를 통해 실현된다는 통념과는 달리 라캉은 육체가 기표에 각인되고 기입된다는 점에 주목한다. "무의식에서는 오직 기표만이 성교를 합니다. 그런데 이로부터 육체라는 형식을 통해 생겨나는 고통받는(pathèmatique) 주체들이 똑같은 일을 하도록 이끌리는데, 그들은 그것을 성교라 부릅니다."[16] 기표의 차원에서 관계가 가능하다면, 성의 차원에서 관계는 불가능하다. 남자와 여자라는 기표는 성관계를 묘사하려고 시도하지만 성은 기표로 환원되지 않는다. 남자와 여자는 고통받는 주체들인데, 왜냐하면 그들의 육체가 기표에 의한 상징화 과정을 통과함에 따라 그 어떤 성교를 통해서도 전(前) 상징적으로 조화로운 관계를 상연하지 못하기 때문이다. 성관계의 실체는 두 기표 간의 담론적 관계이며, 담론은 성관계에 대한 열망을 부추기기는 하지만 결코 성관계를 보증하지 않는다.

요컨대 성관계란 없다. 오히려 두 가지 이질적인 주이상스만 있을 뿐이며, 그 결과로 오직 환상 간의 관계나 기표 간의 관계가 있을 뿐이다.

이제 성적 비관계의 테제가 어떻게 팔루스 함수에 의해 지탱되는지를 살펴보자. 우리가 육체를 소유한다는 일상적인 직관과는 달리 정신분석은 우리가 자신의 육체를 알지 못하며 심지어 그것들에 혼란스러워 한다는 점에 주목한다. 육체는 과도한 생명력과 충동의 다발이다. 오로지 기표만이 우리가 육체를 갖는다는 감각을 부여한다. 물론 이러한 감각은 너무나 생생하지만 여전히 하나의 감각에 불과할 뿐, 육체는 결코 우리의 소유물이 아니다. 이렇게 육체가 주체를 혼란스럽게 한다면, 육체와 육체의 관계는 더욱 혼란스러운데, 이는 관계에서 어떤 육체가 주이상스를 얻고 있는지 식별할 수 없기 때문이다. 나아가 주이상스가 돌발하는 육체의 관계가 진정으로 실현된다면, 그것은 상호 파괴를 유발하는데, 왜냐하면 향유되는 육체는 부분 대상의 파편으로 조각나야 하기 때문이다. 사도마조히즘이 이러한 육체적 관계의 현실화에 대한 임상적 명칭일 것이다. "다른 육체를 파편화하는 것을 제외하고 우리가 다른

---

16 Jacques Lacan, *Seminar XXII*: RSI, 1975년 3월 11일 수업(미출간).

육체에 정녕 무엇을 할 수 있는지 알기란 어렵습니다."[17] 나의 육체를 강탈하는 타자의 주이상스는 불안을 유발한다. 그런데 여기에 팔루스 함수의 중요성이 있다. 팔루스 함수는 단순히 육체가 기표로 기입되기 때문에 기표 간의 관계가 육체 간의 관계보다 더 일차적이라고 말하는 데에 그치지 않는다. 그것은 또한 기표 간의 관계가 육체 간의 관계보다 더 선호할 만하다고 말한다. 팔루스 함수는 고통받는 주체를 양산하지만, 동시에 주이상스의 충돌이라는 파국을 면할 수 있게 해준다. 임상적 맥락에서 볼 때 기표의 고통이 육체의 치명적 주이상스보다 더 견딜 만한 것으로 간주되는 것이다.

이것이 라캉이 사랑의 벽[(a)mur]—사랑(amour)과 벽(mur)을 합성한 후에 대상 a에 대한 강조를 곁들인—이란 신조어를 만든 이유이다. 양성 간의 사랑은 거세라는 벽을 감당해야 한다. 팔루스 함수에 의해 유발되는 거세가 성적 사랑의 핵심이다. 성적 사랑은 벽을 사이에 둔 사랑이다. 이러한 관점이 팔루스 함수가 사랑의 가능성을 제한하거나 길들인다[18]는 인상을 제공할지도 모르지만, 반드시 그러한 것은 아니다. 기표가 주이상스를 완화하는 것처럼, 팔루스 함수는 단순히 어떤 장애물로서가 아니라 치명적인 육체적 관계 간의 매개로 여겨져야 한다. 직접적인 육체적 관계를 방지하는 어떤 보호막이 있어야 하며, 이것이 팔루스 함수가 불가피하게 요청되는 이유이다. "사랑이 무엇인지에 대해 건강한 아이디어를 갖기 위해서 우리는 다음과 같은 사실에 근거해야 합니다. 남녀 간에 심각한 일이 벌어질 때, 그것은 언제나 거세라는 관건을 동반합니다."[19] 물론 요점은 단순히 건강한 사랑 혹은 건전한 사랑(과연 그런 것이 있을까?)과 같은 것이 있다는 것이 아니다. 요점은 사랑이 오로지 병리성의 논리만을 뒤쫓는 수많은 사례가 보고된 라캉의 분석 경험에서 거세는 주이상스의 화재를 진압할 수 있는 수단으로 상정된다는 것이다. 성적인 사랑은 파트너에 대한

17　Lacan, *SXXII*, 1974년 12월 17일 수업(미출간)

18　정반대로, 사랑은 "길들이기가 불가능하다."(*Autres écrits*, p. 197).

19　Jacques Lacan, *Talking to Brick Walls: A Series of Presentations in the Chapel at Sainte-Anne Hospital*, trans. Adrian Price, Cambridge: Polity, 2017, p. 98.

사랑이기에 앞서 나르시시즘의 균열을 받아들이고 돌이킬 수 없는 결여를 인정하고 완벽한 만족의 허상을 포기하는 사랑, 즉 거세에 대한 사랑으로 나아가야 한다. 이런 점에서 생물학적 유기체가 아니라 거세에 관한 논리적 입장을 통해 성차를 분배하는 팔루스 함수는 성적 비관계를 논리적으로 귀결되는 것으로 만들 뿐만 아니라 임상적으로 바람직한 것으로 만든다.

「사랑이란 무엇인가」에서 바디우는 이러한 라캉의 입장에 응답한다. 라캉이 간혹 성과 사랑을 분리시키면서도 대개 양자 간의 긴밀한 관련성을 지지한 반면, 바디우는 성과 사랑이 연결되어 있음을 인정하지만 궁극적으로는 양자를 분리시킨다. 정신분석이 성적인 사랑을 의문시하지 않고 자연스럽게 여기는 반면, 철학은 오로지 사랑을 통해서만 성을 다룬다. 철학에게 있어서 사랑을 조건 짓는 것은 성이 아니다. 오히려 사랑이 성의 변모된 형식을, 생물학적 성과 사회문화적 성 너머에 있는 사랑의 성을 창조하고 생산한다. 따라서 바디우는 라캉적인 성적 비관계와 욕망을 문제화하고 그것들을 초과하는 사랑을 제시한다. 라캉에게 사랑은 성관계의 부재를 메운다(supléer). 바디우에 따르면 이러한 입장은 사랑을 실재로서의 성을 가리는 임시변통의 장식물로 환원한다. 그것은 프랑스 모랄리스트들이 제기한 사랑에 대한 허무주의적 개념에 속하는데, 그들은 사랑이 존재하지 않으며 존재하는 것은 성뿐이라고 주장했다. 이에 반해 바디우는 "사랑은 보충하는(supplémenter) 것"[20]이라고 말한다. 사랑은 구조적 실패에 대한 보상이나 현재 상태의 반복이 아니라 새로운 진리의 추가적인 생산이다. 바디우는 또한 욕망과 사랑 간의 명확한 구분을 제안한다. 라캉은 자주 욕망과 사랑을 서로 교환 가능한 것으로 만든다. 『세미나 20권』에서 사랑은 하나가 되려는 욕망이고, 사랑의 원천은 그러한 욕망을 유발하는 기호들에 있다. 대조적으로 바디우는 설령 사랑이 욕망의 대상을 통과해야 할지라도 사랑은 궁극적으로 사랑의 주체에 의해 지탱된다고 단언한다. 사랑은 비록

20　바디우, 『조건들』, 339쪽("덧붙이다"를 "보충하다"로 수정해서 옮김).

라캉적인 a의 효과를 제거할 수는 없다 하더라도 결코 그것에 종속되지 않는다. 바디우가 말하듯, "사랑과 욕망이 관여하는 육체는 비록 '같은 것'이지만, 결코 **동일한 육체**가 아니기 때문이다."[21]

나아가 바디우는 사랑에 대한 자신의 정의를 제시한다. 그는 우선 사랑에 대한 심리학적, 경험적, 현상학적 접근을 비판하는데, 이는 사랑하는 주체의 경험으로부터는 사랑에 대한 어떠한 실정적인 지식도 생산할 수 없기 때문이다. 오히려 관건은 사랑에 대한 논리적 접근이다. "열정, 실수, 질투, 성, 죽음의 파토스와 거리를 두어야 한다. 어떠한 테마도 사랑만큼 순수한 **논리**를 요청하지 않는다."[22] 오히려 사랑은 다음과 같은 공리적인 방식으로 정의된다. "둘의 무대인 사랑은 분리의 진리를 드러내고 인류의 하나를 보장한다."[23]

이러한 정의를 해명하기 위해 바디우는 네 가지 테제를 제시한다. 첫째, 라캉에게 그러하듯, 남자와 여자라는 두 가지 입장이 있다. 여기서 중요한 것은 철학이 사랑을 통해서만 성을 다루기 때문에, 두 입장이 원래부터 존재하지 않는다는 점이다. 오히려 사랑이 두 입장을 정립한다. 둘째, 두 입장은 완전히 분리되어 있다. 남자와 여자 사이에는 어떠한 연결도 없다. 셋째, 세 번째 입장이란 없다. 두 개의 분리된 입장을 세 번째 입장의 부재와 연결시키면서 바디우는 사랑의 둘이 셀 수 없는 것이라고 주장한다. 사랑의 둘은 모든 셈을 초과한다. 사랑의 둘은 "둘의 무대"에 대한 과정적 구성이다. 마지막으로 하나의 인류가 있다. 여기서 인류는 생물학적 종이 아니라 유적 절차의 지지체, 즉 진리의 초인간적인 몸을 지칭한다. 인류는 진리를 겨냥하는 독특한 함수인 $H(x)$를 만들어 내고, 그 함수의 내용은 다음과 같다. "x항이 능동적이라면, 보다 자세히 말해 유적 절차 안에서 **주체로서 활성화**되어 있다면, 인류 함수가 **실존한다**는 것이 입증된다."[24] 모든 인간 동물은 진리의 주체가 될 기회와 잠재력을 갖고

---

21 같은 책, 351쪽.

22 같은 책, 340쪽.

23 같은 책, 346쪽.

24 같은 책, 343쪽(약간 수정해서 옮김).

있다. 진리가 보편적인 한에서, 진리의 주체는 인류에게 말을 건넨다. 이는 진리가 두 가지 성적 입장 너머에 있음을 뜻한다. 여기에 사랑의 역설이 있다. 사랑은 성적 분리라는 진리의 생산이면서, 하나의 인류에 대한 호소라는 점에서 그 진리의 확장이다. 그것은 순수한 분리를 통해 평등주의적 하나를 지지한다. "아무리 분리에 의해 노동되지만, 상황에는 마치 하나가 있는 것과 같다. …… 우리 세계에서 사랑은 참(le vrai)의 보편성의 수호자이다. 사랑은 그러한 보편성의 가능성을 밝혀 준다. **사랑이 분리의 진리를 구성하기 때문이다.**"[25] 늘 그렇듯 여기서도 문제는 "마치 …… 같다"에 있다. 사랑은 인류를 "마치 …… 같다"의 차원에서 현실화한다. 사랑의 인류의 "있음직함"은 사랑에 정치적 함의가 있음을 뜻하며, 우리는 다음 장에서 이 문제로 되돌아갈 것이다.

바디우는 라캉의 성별화 공식에 더 깊숙이 관여한다. 라캉에게 팔루스 함수와 관계하는 서로 다른 방식 및 주이상스의 서로 다른 종류는 성관계의 부재로 이어진다. 바디우에게 남자와 여자는 사랑의 진리로서의 분리된 둘과 관련해서 서로 다른 지식을 확립한다. 남자의 지식은 "둘의 **무**(rien du Deux)"를 증언하고, 여자의 지식은 "**오로지** 둘(rien que le Deux)"을 증언한다. 달리 말해 남자는 "참이었을 것은 우리가 결코 하나가 아니라 둘이었다"라고 말하고, 여자는 "참이었을 것은 우리가 둘이었다는 것이고 그렇지 않았다면 우리는 존재하지도 않았다"라고 말한다.[26] 보다 구체적으로 말해 남자는 유아론적 하나에서 사랑의 둘에 이르는 논리적 변화에 초점을 맞춘다. 남자는 하나에서 둘로의 변화가 일어났음을 논리적으로 증명하고자 한다. 다른 한편 여자는 둘의 무대가 설정되었다는 존재론적 상황에 초점을 맞춘다. 여자는 둘이 다른 무엇도 아닌 순전한 둘임을 식별하고자 한다. 둘의 관념에 근거한 이러한 공식이 라캉의 접근 불가능한 둘(다음 절에서 이 문제가 논의될 것이다)에 대한 비판을 겨냥하는 한편, 여기에서는 진리로서의 사랑이 존재론적인 동시에 논리적이라는 점에 주목하

---

25 같은 책, 350쪽.

26 같은 책, 356쪽.

자. 사랑은 존재론적 둘과 둘로의 논리적 이행 사이에 있다. 사랑의 둘은 존재로서의 존재와 세계 안의 실존이 만나고 헤어지는 지점에 있다. 사랑의 둘은 "존재론적/논리적 불가사의(chimère onto-logique)"[27]가 드러나는 방식이다.

마지막으로 바디우는 남자와 여자를 각각의 성이 인류 함수에 어떻게 관계하는지의 측면에서 정의한다. 여기서 주목할 것은 인류 함수가 네 가지 진리의 매듭으로 제시된다는 점과 여자가 인류와 사랑 간의 단독적인 연관성을 보여준다는 점이다. "여자의 입장은 사랑이 **빠져나갈** 경우 비(非)인류적 성격을 갖게 되는 그러한 입장이라고. …… 함수 H(x)가 가치를 갖는 것은 사랑의 유적 공정이 존재하는 한에서라고."[28] 여자는 사랑이 없다면 인류도 없다고 말한다. 각자의 생물학적 성과 무관하게, 사랑을 다른 진리를 모으고 묶어 내는 진리로 간주하는 그 누구나 바디우적 여자에 해당할 것이다. 이는 상상계, 상징계, 실재를 묶는 네 번째 고리로서의 라캉적 증환의 측면에 비견될 만하다. 사랑이 없다면 다른 종류의 진리(예술, 과학, 정치)는 유지될 수 없다. 사랑은 모든 진리의 **진리**이다. 이것은 어떤 진리 절차에 참여하는 이는 그 누구라도 진리의 유형과 무관하게 사랑하는 이라는 것을 뜻한다. 사랑과 진리는 그 외연이 같다. 이러한 공외연성의 또 다른 이름이 철학, 즉 진리(sophia)에 대한 사랑(philia)이다. 이런 점에서 철학자는 진리를 사랑하는 이로서 마땅히 여성적 입장을 취한다. 모든 여자가 철학자인 것은 아니지만, 모든 철학자는 여자이다.

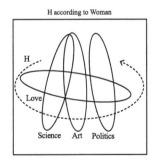
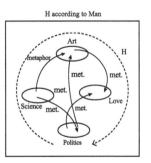

27 Badiou, *Logics of Worlds*, p. 378.

28 바디우, 『조건들』, 358쪽.

위의 도표에서처럼 만약 남자가 각각의 진리가 여타 진리를 "은유화"하는 방식으로 인류 함수를 전개한다면, 여자는 사랑이 여타 진리들을 "매듭짓는"(라캉적 함의에 주목하라) 방식으로 인류 함수를 전개한다. 가령 남자가 과학적 탐구 과정을 통해 사랑의 구축 과정을 이해한다면, 여자는 과학적 탐구 과정이 사랑의 커다란 울타리와 어떻게 연결되는지를 주시한다. 인류 함수에 대한 남자의 관계가 개별 진리에 대한 헌신으로 인해 분석적이라면, 인류 함수에 대한 여자의 관계는 독특한 진리로서의 사랑에 대한 통찰로 인해 종합적이다.

궁극적으로 바디우의 인류 함수는 라캉의 팔루스 함수와 여성적 비전체에 대한 비판을 겨냥한다. 바디우에게 (사랑의) 성별화는 언어가 아니라 진리와 관련해서 구조화된다. 사랑하는 남자와 여자는 말하는 동물로서의 기존 정체성 너머에서 진리의 주체가 된다. 그리고 여자가 인류 함수와 관계 맺는 방식은 사랑이 보편성의 수호자이며 인류의 지지자임을 보여 준다. 사랑과 여타 진리의 매듭이 풀린다면, 모든 진리가 붕괴할 것이고, 따라서 인류 자체가 사라질 것이다. 그렇다면 인간 동물의 잡다한 군상 간에 벌어지는 맹목적인 권력투쟁과 잔혹한 생존 게임만 남을 것이다. 바디우가 말하듯, "사랑은 $H(x)$를 $\Phi(x)$와 갈라놓으면서, 진리 절차의 전체 범위 속에서 전칭 양화사를 '여자들'에게 돌려준다."[29] 팔루스 함수에서 인류 함수로의 이행은 여성적 입장이 비전체에서 보편성으로 이동하는 것과 같다. 이런 점에서 여자는 남자의 증상이 아니다. 여자는 사랑에 기초한 진리들의 네트워크를 조직함으로써 인류를 소환하는 사랑의 주체이다.

---

29 바디우, 『조건들』, 362쪽.

라캉은 "저는 다음과 같은 결단을 내립니다. 수는 실재의 일부입니다"[30]라고 말한 바 있다. 이러한 결단이 타당하다면, 수를 통해 사랑의 실재에 접근하는 것 역시 가능할 것이다. 라캉과 바디우는 이 문제에 어떻게 관여하는가?

사랑에 대한 라캉의 수적 묘사는 두 가지 유형으로 나뉜다. 첫 번째는 대상 a를 중심으로 이루어진다. 대상 a의 논리에서 a는 방정식 $1/a = 1 + a$에 의해 대수적으로 특징지어진다. 방정식을 풀어 보면 $a = 0.618\cdots\cdots$의 값을 갖는데, 이는 황금수에 해당한다. 황금수를 조화의 상징으로 보는 고전적인 개념과는 달리, 라캉은 황금수를 a와 1 간의 부조화를 드러내는 계기로 여긴다. 무리수로서의 a는 1과 어떤 공약 가능한 관계도 갖지 않는다. 1과 a 사이에는 관계가 없다. "1과 a 사이에서는 어떤 비율도 파악할 수 없습니다. …… 1과 a 사이에는 어떤 종류의 성교도 없을 것입니다."[31] 세미나 전반에 걸쳐 라캉은 1을 성관계, 상징적 단위, 남성성과 같은 다양한 기표에 연결시킨다. 상기 인용문에서 1은 남성성에 관련된다. 바디우의 언어유희에서처럼 만약 남성이 "남성적 하나 [일자](mascul'Une)"[32]라면, 여성은 타자이다. a는 남성적 하나와 여성적 타자 사이에 위치한다. 여자가 존재하지 않기에, 타자 역시 존재하지 않는다. 오히려 남성적 환상이 여성적 타자를 a의 형태로 존재하게 만든다. 남자가 성행위를 반복함으로써 성적 합일에 도달하려고 아무리 애를 쓴다 하더라도, 그는 결국 a에 부딪히고, a는 성관계나 타자의 육체에 대한 주이상스를 보장하기는커녕 환상을 유발한다. 따라서 사랑은 하나를 만들 수 있는 두 개의 성에 관련되지 않는다. 그것은 하나와 타자 간의 비관계에, 그리고 하나와 a 간의 환상 속 관

---

30 Lacan, *SXIX*, p. 13.

31 Lacan, *SXXII*, 1975년 1월 21일 수업(미출간).

32 Alain Badiou, *Lacan: Anti-Philosophy 3, trans.* Kenneth Reinhard, Susan Spitzer, New York: Columbia University Press, 2018, p. 54.

계에 관련된다. $1 + a = 1.618\cdots$에 다시 주목해 보자. 라캉적 환상은 사랑의 수로 하여금 1과 2 사이에 떠돌게 한다. 사랑은 1이나 2에 딱 들어맞지 않는다. 여기서 사랑에 관련된 정신분석적 경구가 등장한다. 하나 같은 것이 있다(Il y a du l'Un).

하나 같은 것은 하나에 대한 비판과 하나의 유사물(semblant)에 대한 분석 모두를 함축한다. 아리스토파네스의 신화 이래로 사랑은 기원적 하나를 복구하려는 열망으로 간주되어 왔다. 성적 비관계의 테제는 완전한 주이상스에 의해 보장되는 융합적인 성관계인 하나가 불가능함을 뜻한다. "성적 주이상스로 알려진 것은 성관계의 하나를 정립하는 불가능성에 의해 각인되고 지배됩니다."[33] 동시에 정신분석은 단순히 하나의 문제틀을 일축하는 것이 아니라 어떻게 남성적 하나와 여성적 타자의 관계가 a의 작용에 근거한 남성적 환상의 효과로 분석될 수 있는지를 보여 줌으로써 하나의 문제틀에 개입한다. 정신분석은 유사-하나를 다루면서 하나가 환상의 효과에 다름 아님을 폭로한다. 요컨대 하나 같은 것에 관한 테제는 환상 속 하나에 대한 분석을 통해 사랑의 하나 없음을 드러내는 것을 겨냥한다. 그렇다면 정신분석은 사랑의 둘에 대해 무엇을 말하는가? 여기서 우리는 라캉과 바디우의 뒤얽힘과 만나게 되는데, 왜냐하면 바디우가 라캉으로부터 벗어나는 것이 바로 사랑의 둘을 단언하면서부터이기 때문이다.

그 전에 우선 라캉의 사랑에 대한 수적 묘사가 어떻게 둘 주변에서 맴도는지를 살펴보자. 보로메우스 매듭이 부상하면서부터 사랑은 둘이 될 수 없음이 드러난다. 보로메우스 매듭에서는 세 가지 고리가 맞물린 채로 하나의 일관된 매듭을 형성한다. 거기에는 둘 간의 연결이 존재하지 않는다. 하나의 고리가 모든 지점에서 다른 고리의 위나 아래를 지나가기에, 두 고리는 연결되지 않는다. 만약 우리가 어떤 고리를 다른 두 개의 고리로부터 매듭을 풀면, 그 두 개의 고리 또한 매듭이 풀려지게 되는데, 이는 고리들이 서로 겹쳐져 있을 뿐, 연결

---

33 Lacan, *SXX*, pp. 6-7.

되어 있지 않기 때문이다. 이런 점에서 보로메우스 매듭에서는, 수적 질서에서 와는 달리, 셋이 둘에 선행한다. "둘은 셋으로부터 함께 떨어지는 것에 다름 아니다."[34] 몇 달 후에 라캉은 이렇게 말한다. "보로메우스 매듭은 우리에게 둘이 오직 하나와 셋의 접합으로부터 만들어진다는 것을 보여 줍니다."[35] 세 개의 고리가 하나의 매듭을 형성한다는 사실이 두 고리 간의 (비)관계보다 더 일차적이다. 각각의 고리는 하나-안의-셋이 되는 데에 참여함으로써 여타의 두 고리가 연결되어 있지 않은 상태에서도 유지되도록 만든다. 2는 1과 3의 결합에서 유래한다. 여기서 라캉은 사랑의 수를 제시한다. "사랑의 수—그들은 둘 바깥에 있다[그들은 제 정신이 아니다](ils sont hors deux)"는 라랑그[lalangue; 분절되지 않고 의미 없는 언어적 물질성]인데, 수학은 그것을 이렇게 표현합니다. 2 = 1 v 3. 이것은 2나 1(2 v 1)이 2나 3(2 v 3)과 같음을 뜻합니다."[36] 라캉은 이 공식을 설명하지 않은 채로 우리가 원하는 대로 생각하면 된다고 말한다.

이 공식을 일관된 방식으로 읽어 보자. "둘(Deux)"은 "그들(d'eux)"과 동음이의어이고, 그래서 "둘 바깥에(hors deux)"는 "제 정신이 아니다(hors d'eux)"와 동음이의어이다. 연인들은 둘 바깥에 있으며 제 정신이 아니다. 그들이 둘 바깥에 있는 것은 그들이 둘을 직접 다룰 수 없기 때문인데, 왜냐하면 둘은 오직 하나와 셋의 결합에서 나오기 때문이다. 결국 사랑의 수 "2 = 1 v 3"는 보로메우스 매듭의 속성을 가리킨다. 세 개의 고리를 가지고 하나의 매듭을 만드는 것이 둘의 문제보다 근본적이다. 이것이 2가 1과 3으로 인수분해될 수 있는 이유이다. 2는 사라지고, 1과 3이 남는다. 그렇지만 라캉에게 있어서 2가 단순히 사라지는 것은 아니다. 오히려 그들/둘(d'eux/deux)은 사랑에 대한 라캉의 수적 묘사의 핵심을 이룬다. 하나 대신에 하나 같은 것이 있는 것처럼, 둘 대신에 그들/둘이 있다. 2 = 1 v 3이 보로메우스 매듭에 대한 수적 번역이라면, 그들/둘은 라랑그와 수에 걸쳐져 있는 사랑의 수학소에 해당한다.

---

34 Lacan, *SXXI*, 1973년 12월 11일 수업(미출간).

35 Lacan, *SXXI*, 1974년 3월 12일 수업(미출간).

36 Lacan, *SXXI*, 1973년 12월 18일 수업(미출간).

그들/둘이 수학소인 이유는 그것이 수에 대한 영지주의적 개념과 수에 대한 수학적 개념 둘 다로부터 구분되기 때문이다. 수는 그것이 우리로 하여금 종교적 상상계 너머의 수학적 실재에 접근할 수 있게 해주기 때문에 필요하다. 수를 신비적 특징과 연결시키는 영지주의적 전통과는 달리 집합론은 수적 질서를 "분절 가능성"으로 환원함으로써 수적 질서를 "모든 이상적인 혹은 이상화된 특권"으로부터 빼낸다.[37] 집합론이 부상하면서부터 수는 본질 관념에 대한 어떠한 의존에서도 독립하게 된다. 가령 둘이 낭만화된 둘의 본질적 성질에 관련될 때 둘은 상상적 차원에 속한다. 대조적으로 수학은 둘이 하나 더하기 하나에 다름 아님을 보여 준다. 배타적 유대 안에 있는 열정적 커플에 대한 어떠한 암시도 없이 말이다. 그렇지만 수에 대한 상상적 개념화와의 이러한 거리두기가 수에 대한 수학적 개념에 대한 전적인 수용을 뜻하지는 않는다. 『세미나 21권』에서 라캉은 자신의 세 질서를 수와 동일시한다. 실재는 3이며, 상상계는 2이고, 상징계는 1이다.[38] 우리는 3이 보로매우스화된 세 개의 고리라는 실재적 대상을 언급하고, 2가 조화로운 관계 속의 상상적 존재를 언급하며, 1이 분절적 항으로서의 상징적 단위를 언급한다고 여길 수 있다. 그럼에도 여기에는 논쟁의 여지가 있는데, 왜냐하면 라캉 자신이 『세미나 22권』에서 질문하듯 "매듭지어진 수는 여전히 수일까요? 아니면 다른 무엇일까요?"[39]라고 물을 수 있기 때문이다. 매듭지어진 수는 단순히 수가 아닌데, 왜냐하면 세 가지 상호의존된 고리에서는 1, 2, 3 간의 수적 질서가 무너지기 때문이다. 수학에서 2는 1과 3의 결합으로부터 유래할 수 없다. 따라서 그들/둘은 상상적 재현과도 구분되며 수학적 개념과도 구분된다. 그렇다면 이 수학소는 어떻게 사랑에 관련될까?

답변의 핵심은 후기 라캉이 (특히 세미나 19권에서 21권에 이르기까지) 둘과 복잡

---

37 Jacques Lacan, *Le Séminaire XVI: D'un autre à l'Autre, 1968-1969*, ed. Jacques-Alain Miller, Paris: Seuil, p. 270.

38 Lacan, *SXXI*, 1974년 5월 14일 수업(미출간).

39 Lacan, *SXXII*, 1975년 5월 13일 수업(미출간).

한 관계를 맺는다는 사실에서 찾을 수 있다. 몇몇의 주목할 만한 단서를 살펴보자. 우선, 성이라는 실재의 구조로서의 둘이 언급된다. "성이 실재라는 점에는 의심의 여지가 없습니다. 그리고 그것의 구조 자체는 이원성, 2입니다."[40] 프로이트적 에로스와 같은 통합된 하나가 둘의 관점에서 비판된다. "그들/둘은 하나로 용해되지 않으며, 하나가 그들/둘에 의해 정초되는 것도 아닙니다."[41] 가장 결정적으로, 그들/둘은 실재로서의 성적 비관계를 공식화하는 수학소로 기능한다. "그들을 함께하는 둘로 만드는 것(faire d'eux deux-ensemble)은 그들을 '둘로 만드는 것(faire deux)'에서 한계에 이릅니다."[42] 사랑은 "그들 간의 관계를 정립하는 불가능성"[43]에 관련된다. 그들/둘은 하나와 타자 간의 (불가능한) 관계를 가리키며, 이 관계는 현실에서 종종 하나와 a 간의 환상 속 관계를 통해 출현한다. 더구나 "영원한 둘은 증상입니다."[44] 영원한 둘은 사랑의 이상적 숭고함이 아니라 성적 비관계라는 아포리아를 방어하는 증상이다. 사랑은 본능적 성관계에 대한 아무런 지식을 갖고 있지 않으면서도 둘의 곤란함을 끝없이 감당해야 하는 말하는 동물의 만성적 증상이다. 둘은 또한 하나의 신비로 드러나는데, 이는 둘이 무의식적 지식에 의해 재현될 수 없는 구멍이기 때문이다. "무의식적인 지식조차도 오로지 둘의 신비에 해당하는 그 무엇을 메우기 위해 창안됩니다."[45] 끝으로, 둘은 본래 분열되어 있지만 서로 겹칠 가능성에 열려 있는 두 개의 무의식적 지식을 가리킨다. 사랑이 어떤 매개도 없는 회복 불가능한 분열이라고 말한 이후 라캉은 이렇게 첨언한다. 사랑은 또한 "두 지식이 회복 불가능하게 구분되어 있는 한에서 두 지식 간의 연결입니다. 그러한 연결이 일어날 때 매우 특권적인 무언가가 창조됩니다. 두 무의식적 지식이 겹칠 때,

---

40 Lacan, *SXIX*, p. 134.

41 같은 책, p. 158.

42 Lacan, "L'étourdit," in *Autres écrits*, p. 491.

43 Lacan, *SXX*, p. 6.

44 Lacan, *SXXI*, 1973년 12월 11일 수업(미출간).

45 Lacan, *SXXI*, 1974년 3월 12일 수업(미출간).

놀라운 뒤범벅이 만들어집니다."[46] 때로 사랑의 둘은 두 분열된 지식의 교차를 통해 출현한다. 이것은 하나의 사건이다. 특권적이고 놀라운 사건, 하나의 축복이자 심연인 사건 말이다.

요컨대 라캉의 둘이 성의 구조, 분리된 성, 성적 비관계, 증상, 신비로운 구멍, 분열되고 연결 가능한 지식과 같은 다양한 맥락에 관련되는 한편, 둘에 대한 이러한 레퍼런스에는 하나의 공통점이 있다. 그것은 성의 문제에 깊이 연루되는 사랑의 둘은 라캉에게 의심스러운 것으로 남는다는 점이다. 사실 이것은 사랑의 둘의 치명성에 대해 너무 잘 알고 있는 정신분석가로서는 임상적으로 너무나 당연한 입장이다. 그의 초기 논문(「편집증적 범죄의 동기: 파팽 자매의 범죄」)에서 라캉은 말라르메에게서 가져온 "둘이라는 질병(mal d'être deux)"을 상상적 사랑으로서의 치명적 정념에 연결시킨다. 후기 라캉이 보다 "교화된[문명화된]"[47] 사랑의 출현에 대한 정신분석의 기여 가능성을 언급한다는 점을 고려할 때, 둘이라는 질병의 함의를 상상적 층위 너머로 확장시키는 것은 합법적일 것이다. 후기 라캉이 실재를 "작동되지 않는 것(ce qui ne marche pas)"으로 정의한다는 점을 근거로 해서 우리는 이렇게 말할 수 있다. 사랑의 둘은 그 치명적 정념 때문에 상상적으로 잘 작동하지 않을 뿐만 아니라 조화롭지 못한 주이상스 때문에 실재적으로 잘 작동하지 않는다. 또 실재에서 잘 작동하지 않는 것이 증상으로 출현하는 한, 모든 사랑의 둘은 증상적이다. 병리는 둘에 내재적으로 깊숙이 뿌리박혀 있다. 사랑은 입구나 출구가 없는 병리적 감옥이다. 연인들은 제 정신이 아니기(hors d'eux) 때문에 좀처럼 둘 바깥으로 (hors deux) 나가지 않는다. 결국 둘이 되는 것의 병리로부터의 임상적인 거리두기가 라캉으로 하여금 사랑의 둘을 단언하지 못하게 하지 않았을까? 최선의 경우 사랑의 둘은 뒤범벅이고, 최악의 경우 사랑의 둘은 성적 둘에 의해 해체된다. 그들/둘이 이러한

---

46 Lacan, *SXXI*, 1974년 1월 15일 수업(미출간).

47 "사랑이 다소 교화된 어떤 것이 될 때부터, 즉 사랑이 어떤 게임처럼 작동한다는 것을 사람들이 알 수 있을 때부터 주이상스는 손실될 수 있습니다. 그러나 이런 일이 일어날지 확실하지 않습니다. 그런 일이 일어날지 확실하지 않지만, 그럼에도 불구하고 그런 일을 떠올려 볼 수는 있을 것입니다."[*SXXI*, 1974년 3월 12일 수업(미출간).]

해체의 명칭이다. 여기서 다음의 질문을 제기해 보자. 둘을 말하는 것에 신중하기보다, 그들/둘을 통해서 둘 주변을 맴돌기보다, 둘로서의 사랑을 과감히 단언할 수 있을까? 바디우의 답변은 긍정적이다.

「둘의 무대」에서 바디우는 사건으로서의 사랑과 존재로서의 성을 구분함으로써 사랑이 성적 비관계를 메운다는 라캉의 발언에 화답한다. 사랑은 일어나는 것의 차원에 속하는 반면, 성은 존재하는 것의 차원에 속한다. 사랑의 사건은 성적 존재를 메우는 것이 아니라 보충한다. 따라서 바디우는 성적인 것으로 사랑을 한정하는 정신분석의 제스처를 뒤집는다. "사랑이 성이 할 수 있는 것의 진리를 만드는 것이지, 그 역이 아니다."[48]

이어서 바디우는 라캉의 성적 비관계로부터 추출될 수 있는 세 가지 테제에 대해 논의한다. 차별의 테제는 비관계가 절대적으로 관계를 능가한다고 주장한다. 이 경우 성적 입장들은 사랑의 둘이라기보다는 두 개의 병치된 유아론적 하나에 불과하다(여혐 혹은 남혐 담론을 상기하자). 아리스토파네스의 테제는 융합의 관계가 절대적으로 비관계를 능가한다고 주장한다. 여기서 성적 입장들은 그들 간의 분리에도 불구하고 상호 보완적이다. 마지막으로 인류의 테제는 비관계의 곤란을 통과하고 융합적 관계를 경계하는 "관계의 근사치"가 도달 가능하다고 주장한다. 이 경우 성적 입장들은 사랑의 둘을 공들여 만들기 위해 협력한다. 관계의 근사치는 분석 불가능한 항 μ에 근거한 사랑의 만남 덕분에 가능하다. μ는 이중적으로 기능한다. 한편으로 그것은 욕망의 대상의 빛나는 매력에 근거한 만남을 유발한다. 다른 한편으로 그것은 사랑의 절차가 개시될 수 있는 지점을 구성하는데, 이러한 구성은 욕망에 들어맞는 대상적 측면을 넘어서서 상대편 성의 존재에 대한 접근을 허용한다. μ는 둘이 미정으로 남아 있는 하나를 지지하는 동시에 둘이 전개될 수 있는 하나를 지지한다. μ의 작용과 더불어 사랑은 하나와 둘 사이에서 흔들리는 것이다.

---

48 Alain Badiou, "The Scene of Two", trans. Barbara P. Fulks, *Lacanian Ink* 21(2003), p. 42.

궁극적으로 바디우는 둘을 단언하는 쪽을 향한다. 사랑은 불확실하면서도 완강한 "절뚝거림(rythme boiteux/limping march)"이다. 사랑이 μ의 이중적 기능을 헤쳐 나가는 힘든 과정을 요구하기 때문이다. 이것이 또한 사랑이 숭고한 영성으로 낭만화되어서도, 천박한 육체성으로 치부되어서도 안 되는 이유이다. "사랑의 본질은 사소하지도 않고 숭고하지도 않다. 이것이 바로 우리 모두가 알고 있듯이 사랑이 힘든 노고의 차원에 있는 이유이고, 그 노고란 원자 μ가 가진 이중적 기능의 절뚝거리는 리듬이다."[49] 사랑의 무대는 현상학적 경험이 아니라 주체적 구축의 문제이다. 여기서 주의해야 할 것은 이 무대가 영원한 재구축 과정에 놓여 있다는 점인데, 왜냐하면 연인들은 둘의 확장과 둘을 위협하는 대상의 회귀 사이에서 늘 서투르게 나아가기 때문이다.[한편 정신분석은 연인들이 서투르게 나아가는 이유는 그들이 오이디푸스적(Oidípous)이기 때문에, 즉 그들의 발이 부어 있기 때문이라고 지적할 지도 모른다.] 나아가 바디우는 또 다른 함수 t를 제안한다. t의 기능은 μ를 성적 입장들로부터 빼내는 데에 있다. t는 사랑의 절차의 비(非)성적인 재료로서, 둘의 무대를 성적인 것으로부터 독립적으로 만든다. μ가 두 성 간의 만남에 관련된다면, t는 둘의 무대의 예측 불가능한 단면들(결혼, 동거, 아이, 수많은 위기 및 기회)에 관련된다.

라캉적 둘이 수학적 둘과 구분되는 수학소인 것처럼, 바디우적 둘도 마찬가지이다. 사랑의 둘은 내재적이다. 둘은 오직 그 자체로부터만 셈해진다. 둘은 융합적이지 않고 분리적이기 때문에 하나로 셈해지지 않는다. 동시에 둘은 셋에 의해 하나로 셈해지지도 않는데, 이는 둘을 바깥에서나 상위 레벨에서 식별할 수 있을 법한 중립적이고 객관적인 관점이 존재하지 않기 때문이다. 사랑의 절차가 μ와의 만남으로 촉발되고 t에 대한 탐색으로 구성되는 한편, 둘은 사랑의 절차에 선행하지 않는다. 하나와 셋에 대한 이러한 저항은 사랑의 둘을 무신론적으로 만든다. "[하나의] 절대적 초월도 아니며 [셋에 관한] 삼위일체의 교설도 아니다. 사랑이 어느 정도로 무신론적인지 알 수 있는 것은 이러한 관점

---

49 같은 곳, p. 52.

에서이다."[50]

　사랑의 둘 주변을 서성거리는 라캉과 달리 바디우는 이렇게 사랑이 둘의
진리라고 단언한다. 라캉이 보로메우스적 속성의 번역을 통해 사랑의 수를 제
시한다면, 바디우는 진리 절차로서의 사랑의 수를 제시한다. 그것은 1, 2, 무한
이다. 우리의 논의에서 중요한 것은 하나와 둘의 엄격한 구분이다. 하나는 욕
망에 관련되는데, 왜냐하면 욕망은 비일관적 다수로서의 타자의 존재를 일관
적 하나로서의 대상으로 환원하기 때문이다. 하나는 죽음이라는 대가를 무릅
쓰면서 합일을 위해 분투한다는 점에서 정념에도 관련된다. 또 하나는 자신의
이해 관심을 계산하는 자아에 관련되며, 이것이 사랑의 적이 경쟁자가 아니라
자아인 이유이다. 마지막으로 하나는 유아론적 폐쇄성에 관련된다. 사랑은 하
나의 체제에 존재하지 않는다. 사랑에는 하나의 체제를 무너뜨리는 만남이 있
어야 하며 새로운 다수의 체제(둘의 무대)를 세우는 과정이 있어야 한다. 그런가
하면, 사랑이 둘로 끝나는 것은 아니며, 둘은 무한으로 이어진다. 어떤 종류의
무한일까? 이 지점에서 바디우는 사랑의 경험적이고 감각적인 차원을 끌어들
이는데, 이것은 그의 형식적 접근에서 억압되어 온 내용이다. 사랑이 진리로
여겨질 수 있다면, 이는 사랑이 둘의 관점에서 세계를 무한히 새롭게 경험하게
해주기 때문이다. 사랑은 "하나가 아닌 둘에서 시작되어 세계를 경험하게 될
때 세계는 과연 무엇일까?"[51]에 관련되는 진리의 구축이다. 둘의 무대는 친밀
하고 배타적인 둘의 조직에만 한정되지 않는다. 관건은 둘이라는 렌즈를 통해
세계에서 감각 가능한 것에 관한 무한한 모험이다. 만약 절름발이로서의 둘이
주체에게 고된 노동을 요구한다면, 무한과 맞물려 있는 둘은 주체에게 형이상
학적 행복을 가져다줄 것이다. 사랑의 무한은 주체에게 다음과 같은 점을 확신
시킨다. 노고로서의 사랑은 좋아서 기꺼이 하는 일이다(love as labor is a labor of
love). 그러나 동시에 우리는 세계의 무한이 사랑의 무한을 가로막고 위협한다

50　같은 곳, p. 55.

51　바디우, 『사랑예찬』, 32쪽.

는 점을 고려해야 한다. 결국 연인들은 그들 나름의 사랑의 세계를 구축하기는 하지만 세계 전부를 변화시킬 수는 없다. 이는 사랑의 무한이 세계의 무한을 둘의 관점으로부터 개조함으로써 주체적으로 창조된다는 것을 의미한다. 요 컨대 사랑의 수는 "둘이 하나를 부수고 상황의 무한을 경험한다"[52]는 것을 뜻한다.

　무한의 문제에 관한 라캉과 바디우의 입장은 상이하다. 바디우가 「주체와 무한」에서 분석하듯이, 라캉은 무한을 접근 불가능성을 통해 정의한다. 『세미 나 19권』에서 라캉은 이렇게 말한다. "자기보다 더 작은 숫자들을 더하거나 제 곱해서 만들 수 있는 숫자는 접근 가능하다. 이렇게 정의할 때 숫자들의 시작 은 접근 가능하지 않은 것으로 확인된다. 특히 2가 그렇다."[53] 0과 1을 갖고 더하기를 통해서도 제곱하기를 통해서도 2를 만들 수 없다. 1과 2 사이에는 건 널 수 없는 간극이 있다. 2는 접근 불가능하기 때문에 무한하다. 그런데 우리 는 2가 1과 1을 더함으로써 접근 가능하다는 것을 알고 있다. 따라서 접근 불 가능성 논증은 궤변에 가깝다. 그렇다면 왜 라캉은 이러한 궤변을 고안했을 까? 그것은 라캉이 칸토어적 무한을 기각하기 때문이다. 같은 세미나에서 라 캉은 접근 불가능성의 관념을 알레프 0의 수준에 적용시키는데, 알레프 0는 모든 자연수 집합의 기수(基數)이며, 칸토어에게 알레프 0은 첫 번째 실무한(實 無限)이다. "1과 0으로부터 구성되는 2의 접근 불가능성은 알레프 0, 즉 실무한 의 수준에서 주어진다."[54] 바디우가 보기에 2와 알레프 0을 똑같이 접근 불가능 한 것으로 여기는 이러한 개념화는 라캉의 무한이 칸토어 이전의 수준에 머물 러 있음을 뜻한다. 라캉은 집합론적 수학 때문에 사유 가능해진 실무한을 사유 할 수 없다. 어떤 점에서 이러한 결론은 라캉에게 불가피한 것이다. 바디우가 지적하듯, 1과 2의 간극은 기표에 관한 라캉적 논리에서 연원한다. 모든 기표 가 차이의 네트워크에 의해 구성되기에 두 기표 사이에는 간극이 있다. 하나의

52　바디우, 『조건들』, 349쪽(약간 수정해서 옮김).

53　같은 책, 395쪽.

54　같은 책, 398쪽.

기표(S1)는 또 다른 기표(S2)에 도달할 수 없다. 바디우는 또한 라캉이 충동의 유한성을 성적 비관계에 직접 연결시키는 구절에 주목한다. "충동들의 유한성은 성관계 자체에 대한 진정한 탐구에 의해 드러나는 불가능성과 접속된다."[55] 라캉적 충동(구강, 항문, 시관, 호원 충동)의 숫자는 유한하고, 성적 비관계의 테제는 충동의 유한성을 지지하는 데에 사용된다. 이런 점에서 바디우는 라캉적 주체가 유한하고 라캉적 무한이 시대착오적이라 지적한다.

요컨대 라캉과 바디우 모두 융합적이고 통합적인 하나를 비판한다. 그러나 라캉이 성적 둘의 병리학에 초점을 둔다면, 바디우는 사랑의 둘의 가능성에 초점을 둔다. 라캉이 수학소 "그들/둘"을 갖고 둘 주변을 맴돈다면, 바디우는 진리로서의 둘의 힘을 확신한다. 바디우에게 사랑은 세계의 무한에 관여하는 과정적 둘이다. 둘은 접근 불가능하지 않다. 우리가 사랑의 절름발이를 계속 밀고 나가기로 결심하는 한에서 말이다. 둘은 성적 비관계와 충동의 유한성을 통해서 또 그것들 너머에서 사랑의 무한을 창조하기 위한 매개로 기능한다.

2-3 양상

라캉은 논리학이 실재의 과학이며, 논리학은 정신분석이 무의식을 탐구하는 데에 도움이 된다는 사실을 강조한다. 아리스토텔레스의 논리학에는 네 가지의 양상(樣相)이 있다. 불가능성, 우연성, 필연성, 가능성이 그것이다. 라캉은 글쓰기를 통해서 양상 논리를 개조하고 사랑 문제에 접근하기 위해 양상 논리를 활용한다.

우선 불가능성("쓰이지 않기를 그치지 않는 것")은 성적 비관계를 지칭한다. 여기서 문제는 사랑이 어떤 방식으로 성적 비관계에 영향을 받는가이다. 『세계의

---

55 같은 책, 400쪽.

논리』에서 바디우는 라캉의 "설교조의 비관주의는 사랑을 성적 퇴락에 대한 상상적 보충물에 지나지 않는 것으로 간주한다"[56]고 비판한다. 오직 성만 있을 뿐, 사랑이란 없다. 더구나 성마저도 육욕적 쾌락이 아니라 성적 비관계라는 내재적 교착상태에 관련될 뿐이다. 인간은 성적 "퇴락(dereliction)" 상태에 빠질 수밖에 없는 운명이다. 성적 비관계라는 구멍이 없다면, 상상적 마개로서의 사랑 역시 존재하지 않을 것이다. 여기서 사랑은 불가능성의 벽에 부딪힌다. 우리가 할 수 있는 최선은 이 벽을 사랑이라는 이름으로 장식하고, 궁정풍 사랑에서처럼 이 벽을 교묘히 모면할 수 있는 척하는 것이다. 기사가 귀부인에게 바치는 비(非)성적이고 헌신적이고 관례화된 오마주로서의 궁정풍 사랑은 성관계의 부재를 메우는 세련된 방식을 제시한다. 사랑은 자발적인 행동이 아니라 성적 비관계에 대한 가식적인 반작용이다. 궁정풍 사랑은 "사랑이 대상과의 성적 유대의 불가능성에 의해 실존하게 된다"[57]는 점을 보여 준다.

그러나 이러한 정신분석적 비관주의가 라캉의 최종적인 발언인 것은 아니다. 어떤 점에서 라캉은 바디우의 전조가 되기도 한다. 사랑이 성적 비관계라는 하나의 시험에 직면해야 한다고 단언함으로써 말이다. 시험은 (우리가 곧 논의할) 진리 창조의 조건으로서의 지점(point)에 대한 바디우의 이론과 연결될 수 있다. 라캉의 다음의 발언을 보자. "실재를 정의하는 이러한 난관, 이러한 불가능성과의 대면을 통해 사랑은 시험되지 않습니까? 파트너와 관련해서 사랑은 제가 이러한 치명적인 운명에 대한 용기라고 불렀던 것을 현실화시킬 수 있습니다."[58] 사랑과 불가능성의 매개자는 용기이다. 사랑은 능력, 상황, 여건의 문제가 아니라 불가능성과 마주하는 용기의 문제이다. 용기는 불가능한 것을 견디게 하고 불가능한 것에도 불구하고 사랑할 수 있게 한다. 용기에 의해 지탱되는 사랑은 단순히 반작용하지 않으며 성적 비관계라는 치명적인 운명에 적극적으로 직면한다. 불가능성을 메울 때, 사랑은 상상적 보충물이다. 불가능성

---

56 Badiou, *Logics of Worlds*, p. 530.

57 Lacan, *SXXI*, 1974년 1월 8일(미출간).

58 Lacan, *SXX*, p. 144.

을 통과할 때, 사랑은 용감한 모험이다. 사랑은 성적 비관계의 난관에 굴복하는 것이 아니라 그 난관을 용감히 통과하는 것이다.

두 번째로 우연성("쓰이지 않기를 그치는 것")은 만남을 지칭한다. 사랑은 우연한 만남에서 시작된다. 성적 비관계가 양가적인 방식으로, 즉 사랑의 토대 혹은 사랑의 시험으로 작용한다면, 만남은 사랑의 기원으로 작용한다. "사랑은 그 기원에 있어서 우연적인 것으로 드러납니다."[59] 『세미나 20권』에서 라캉은 또한 만남을 증상과 존재에 연결시킨다. 우선 사랑의 만남은 "파트너 안에 있는 증상과 정동과의 만남, 각자가 성관계로부터 유배된 흔적을 표시하는 모든 것과의 만남"[60]이다. 사랑의 만남에서 우리는 성적 비관계를 극복하는 것이 아니라 파트너 안에 있는 성적 비관계의 지울 수 없는 흔적과 직면한다. 이 흔적은 증상과 같은 것인데 왜냐하면 모든 주체는 성적 비관계를 각기 다른 방식으로 다룸으로써 고유한 증상을 발전시키기 때문이다. 이런 점에서 동시대 로맨스 이데올로기가 종종 서술하고 도모하는 기적적이고 혁명적인 만남에 관한 환상은 기각된다. 싫든 좋든 우리가 만남에서 마주하고 알아보는 것은 증상이다. 증상이 주요한 무의식적 형성물이기 때문에 증상과의 만남은 곧 존재가 무의식적 지식의 주체로서 촉발되는 방식에 대한 인정"[61]과 같다. 사랑의 만남은 당신의 연인이 자신의 무의식적 지식에 의해 규정된다는 사실에 대한 인정에 관련되고, 이러한 인정은 상상적 타자에 대한 오인 너머에서 일어나는 실재적 사건이다. 두 번째로 사랑의 만남은 타자의 존재에 관련된다. "사랑은 만남에서 존재 그 자체에 접근합니다."[62] 비록 이 발언이 만남은 파트너의 진리에 대한 사건적 계시임을 암시하는 것처럼 보인다 하더라도, 라캉은 존재와 존재의 관계는 유쾌한 것이 아니라 적대적임을 단언함으로써 그러한 독해를 좌절시킨다. 라캉은 이렇게 첨언한다. "사랑의 극단, 진정한 사랑은 존재에 대한 접

---

59 Lacan, *SXXI*, 1974년 1월 8일(미출간).

60 Lacan, *SXX*, p. 145.

61 같은 책, 144쪽.

62 같은 책, 145쪽.

근에 있지 않습니까? 그리고 진정한 사랑은 증오에 무너집니다."[63] 이렇게 존재의 문제는 양가감정의 문제로 귀결된다. 사랑의 만남은 타자의 존재에 대한 접근을 제공하는 한편, 양가감정의 문제에 부딪힌다. 만남은 존재에 닿지만, 반드시 사랑의 절차로 이어지지는 않는다. 라캉은 심지어 존재와 증오를 연결시킨다. "굳건한 증오가 존재에게 건네집니다."[64] "그는 증오한다(il hait)"와 "그는 존재한다(il est)" 간의 동음이의적 언어유희가 라캉에게 도움이 된다. 존재와 증오가 연결되는 접점에는 주이상스가 있다. 증오는 질투 혹은 "주이상스에 대한 질투(jealouissance)," 즉 타자가 나의 주이상스를 착취한다고 믿는 정념이다. "우리는 질투 섞인 증오, 주이상스에 대한 질투로부터 돌출되는 증오라는 관념의 차원에 갇혀 있습니다."[65] 요컨대 사랑의 만남은 어떤 전체로서의 연인이 아니라 성적 비관계를 신호하는 연인의 증상에, 그리고 양가감정으로 이어지는 존재에 관련된다.

세 번째로 필연성("쓰이기를 그치지 않는 것")은 두 가지 다른 것, 즉 팔루스 함수와 증상을 지칭한다. 『세미나 20권』에서 라캉은 팔루스를 필연성에 연결시키는데, 팔루스적 필연성은 사실 우연성이 둔갑한 것에 다름 아니다. "팔루스의 참조에 대한 분석은 명백히 우리를 필연성으로 이끌어갑니다. …… 그런데 팔루스 함수의 명백한 필연성은 순전한 우연성으로 드러납니다."[66] 팔루스 함수는 원래부터 불가피한 소여가 아니라 성적 비관계를 다루기 위해 고안된 임시방편의 구성물이다. 일단 팔루스 함수가 해체되고 다른 함수(가령 바디우의 인류함수)로 대체되고 나면, 두 가지 성적 입장은 성적 비관계의 난관과는 완전히 다른 상황에 처할지도 모른다. 그러나 비록 팔루스 함수가 성적 비관계에 대처하기 위해 우연적으로 구성된 장치라 하더라도, 당분간 말하는 존재는 비관계로부터 일종의 관계를 확립하기 위해 팔루스 함수에 의지한다. 여기서 담론이

---

63 같은 책, p. 146.

64 같은 책, p. 99.

65 같은 책, p. 99-100.

66 같은 책, p. 94.

개입하고, 담론은 안정된 관계의 생산에서 중추적인 역할을 한다. 담론과 팔루스 함수는 협력한다. 담론이 언어에 기반을 둔 사회적 유대를 만들고, 팔루스 함수가 언어의 거세 효과를 함축한다는 점에서 말이다. 담론은 오직 기존에 있는 합법적인 관계 형식만을 승인하고 장려한다. 사랑의 경우, 동시대 담론은 로맨스, 가족, 생식, 자본주의에 부합하는 성관계를 동원한다. 이런 점에서 라캉은 사랑의 드라마와 운명이 우연성에서 필연성으로의 이행에 놓여 있다고 말한다. 사랑은 우연한 만남에서 필연적인 관계로의 이행, 사건적 만남에서 법적인 유대로의 이행이다. 육체의 주이상스를 비워 내는 보다 건강한 사랑을 위해서는 팔루스 함수에 대한 의존이 필연적이다. 모든 사랑은 결국 법정 앞으로 소환되기에 이른다. "오직 '쓰이지 않기를 그치는 것'을 근거로 존속하는 모든 사랑은 부정을 '쓰이기를 그치지 않는 것'으로 옮겨 가게 하는 경향[쓰이기가 부정되는 것에서 그치기가 부정되는 것으로 변화하는 경향]이 있습니다. …… 이러한 것이 사랑의 드라마와 운명을 구성하는 대체물입니다."[67]

한편, 『세미나 24권』에서 라캉은 필연성을 분석자로 하여금 스스로의 진실을 말하지 못하게 막는 증상으로 간주한다.[68] 증상 자체가 분석자를 탈중심화함으로써 진실을 직접 드러내는 한에서, 분석자가 자신의 진실을 말할 수 없는 것은 당연한 일이다. 분석자는 증상적 진실에 대한 자신의 접근을 통제하거나 규제할 수 없다. 더욱이 분석에서 진실은 겨우 반쯤 말해진다. 최악의 경우 진실은 심각한 억압 때문에 전혀 말할 수 없는 것으로 남는다. 분석자에 의해 "말해진 것"에는 언제나 잔여물이 있다. 오직 그의 "말하기"만이 무의식적 진실의 일말의 계시를 보장하지만, 말하기란 덧없이 사라질 뿐이다.

우리의 논의에서 주목할 것은 증상이 우연성과 필연성 모두에 관련된다는 점이다. 사랑은 종종 우연성과 필연성의 상호작용으로 일컬어진다. 라캉적 관점에서 이 상호작용은 이렇게 기술될 수 있다. 사랑의 과정은 성적 비관계의

---

67 같은 책, p. 145.

68 Jacques Lacan, *Seminar XXIV: L'insu que sait de l'une-bévue s'aile à mourre*, 1977년 4월 19일 수업(미출간).

혼적으로서의 증상과의 만남에서 시작해서 주체성의 억압된 중핵으로서의 증상의 반복 및 증상에 대한 훈습(Durcharbeitung/working-through)으로 이어진다. 팔루스 함수와 증상 간의 차이에 관해서 말하자면, 비록 둘 다 성적 비관계에 관련되지만, 팔루스 함수가 성적 비관계에 대처하는 마개인 반면, 증상은 성적 비관계를 암시하는 숨길 수 없는 신호이다. 이런 점에서 증상은 팔루스 함수의 불완전함을 드러낸다. 마치 히스테리증자가 주인의 불충분한 지식을 고발하는 것처럼 말이다.

마지막으로 가능성("쓰이기를 그치는 것")은 세미나의 다른 시점에서 각기 다른 것을 지칭한다. 여기서는 라캉이 필연성과 가능성을 연결시킨다는 점에 주목하자. "가능성의 차원은 필연성에 연결됩니다."[69] 유사한 발언이 두 달 뒤에 재차 등장한다. "오직 가능성만이 필연적일 수 있습니다. 즉 제가 '쓰이기를 그치는 것'으로 설정한 것이 바로 반복되기를 그치지 않는 어떤 것입니다."[70] 사실 필연성과 가능성의 연결은 보편성을 보편성에 대한 예외와 결합시키는 남성적 입장에 관련된다. 보편성은 가능성에 연결되고, 예외는 필연성에 연결되며, 이러한 남성적 입장은 담론의 논리를 구성한다. 필연성과 가능성은 담론의 양면이다. 한편, 여성적 입장은 담론의 논리에서 벗어나는데, 왜냐하면 비전체로서의 여자는 담론의 안팎에 동시에 거주하기 때문이다. "남자는 오직 담론을 통해 설정될 수 있을 뿐인 것으로서의 여자를 찾지만, 여자 안에는 늘 담론을 벗어나는 무언가가 있습니다."[71] 여기서 담론은 팔루스적 주이상스와 같은 것으로 여겨진다. 자신이 잃어버린 대상을 팔루스적 주이상스를 경유하여 여자 안에서 찾는 남자는 담론의 논리에 종속된다. 반대로 팔루스적 주이상스에 덧붙여서 보충적인 주이상스를 지닌 여자는 담론의 논리에 의해 결정 불가능하다. 그럼에도 불구하고 필연성과 가능성의 결합은 담론의 힘이 여기서 정점에 도달한다는 것을 시사한다. 담론에 따르면, 성적 비관계를 환원하고 규제하

---

69 Lacan, *SXXI*, 1974년 2월 19일 수업(미출간).

70 Lacan, *SXXI*, 1974년 4월 9일 수업(미출간).

71 Lacan, *SXX*, p. 33.

는 규범적 관계가 존재하는 것은 필연적일 뿐만 아니라 가능한 일이기도 하다. 필연성은 "성관계가 담론에 의해서 재구성되어야 한다"[72]는 것을 뜻한다. 그리고 가능성은 성관계가 담론에 의해 재구성될 수 있다는 것을 뜻한다. 성관계는 재구성될 수 있는데, 왜냐하면 재구성되어야 하기 때문이다. 성관계는 재구성되어야 하는데, 왜냐하면 재구성될 수 있기 때문이다. 이것이 담론의 논법이다. 따라서 성적 비관계에 의해 구조화되고 만남에 의해 촉발되는 사랑은 관계의 법칙에 종속될 운명이며, 이 법칙은 필연성과 가능성을 결합시킨다.

이제 바디우가 양상 논리를 통해 사랑에 접근하는 방식으로 넘어가 보자. 라캉에게 그러하듯 바디우에게도 사랑의 만남은 우연성에 대응된다. 그러나 라캉과는 달리, 성차는 팔루스 함수가 아니라 사랑의 만남에 의해 결정된다. "성의 차이가 사유될 수 있는 것이라 하더라도, 이는 오직 만남의 지점을 통해서만, 그리고 사랑의 과정 속에서만 그러할 뿐이다."[73] 생물학적인 성이 무엇이든 간에, 만남이 없다면 남성적 입장이나 여성적 입장 같은 것은 없다. 만남은 두 성을 실존하게 만든다. 만남의 힘에 관해 바디우는 베케트를 따르는데, 베케트에게 만남은 성뿐만 아니라 감상성을 초과하는 그 무엇이다. "내가 이해하기로 서로 만난다는 것, 그것은 아무리 강한 감정이라도, 그것이 할 수 있는 모든 것을 넘어서고, 어떤 과학이라 하더라도, 몸이 아는 모든 것을 넘어선다."[74]

두 번째로, 라캉이 필연성을 팔루스와 증상에 연결시킨다면, 바디우는 운명을 사랑의 선언에 연결시킨다.[75] 사건으로서의 만남 이후에 등장하는 '나는 너

---

72 Lacan, *SXXIV*, 1977년 4월 19일 수업(미출간).

73 바디우, 『베케트에 대하여』, 58쪽.

74 같은 책, 59쪽.

75 바디우가 필연성이라는 형식적 관념이 아니라 운명이라는 실존적인—낭만적인 것은 아니라 하더라도—관념을 사용하고 있음에 주목하자. 형식적인 것과 초(超)형식적인 것은 함께 간다. 필자는 이번 장의 마지막 절에서 이 문제를 다룬다.

를 사랑해'라는 발언은 상황 혹은 세계에서 순환하게 되는 사건의 이름과 같다. 사랑의 절차는 이 발언과 다른 요소 간의 연결에 대한 탐색을 통해 구축될 것이다. '나는 너를 사랑해'는 세계의 무한과 연동되는 사랑의 무한을 창조하는 중심 재료로 기능할 것이다. 바디우는 이렇게 말한다. "이를테면 내가 알지 못했던 누군가와의 만남이라는 완벽한 우연이 결국 하나의 운명이라는 외양을 띠게 되는 것이지요. 사랑의 선언은 우연에서 운명으로 이르는 이행의 과정"[76]이다. 운명이 팔루스 함수의 필연적 작용에 다름 아닌 라캉과 달리 바디우에게 운명은 진리로서의 사랑을 지칭한다. 그러나 우연에서 운명으로의 이행에서 핵심은 단순히 '나는 너를 사랑해'에 있는 것이 아니라 미조직된 무질서로서의 우연을 극복함으로써 둘이라는 준(準)안정적 질서를 조직하는 주체적 과정에 있다. 운명으로서의 사랑은 만남의 힘을 초과하는 충실성의 사후작용 덕분에 가능하다. 시를 단어 하나하나를 통해 우연을 극복하는 실천으로 여기는 말라르메를 원용하며 바디우는 이렇게 말한다. "사랑에서 충실성은 이러한 끈질긴 승리를 지칭합니다. 다시 말해 지속성의 고안 속에서, 한 세계의 탄생 속에서, 나날 이후의 나날로 인해 극복된 만남의 우연을 지칭하는 것이지요."[77] 충실성은 고정된 도그마나 도덕적인 의리, 정적인 보수주의가 아니다. 충실성은 재창안의 운동이며, 만남의 불연속적 힘을 소생시킬 수 있는 새로운 무언가에 대한 일관된 창조이다. 그것은 만남의 무작위에 대한 투쟁과 승리를 통한 주체적 세계의 구축을 가리킨다. 오직 충실성만이 만남을 (사랑의 선언에 의해 그 단초가 세워지는) 운명으로 전환시키는 사랑의 과업을 완성시킬 수 있다.

그러므로 사랑의 선언과 충실성의 결합이 운명으로서의 사랑을 구성한다. 사랑이 진리의 과정임을 고려할 때, 그것의 시간성은 전(前) 미래에 속한다. 즉 사랑의 선언이 사랑으로 하여금 운명의 외관을 띠게 해준다면, 충실성은 사랑의 작업이 지속되는 한에서 사랑을 '장차 운명이 될 것'으로 만들어 준다. 운명

---

76 바디우, 『사랑예찬』, 55쪽.

77 같은 책, 57쪽.

적인 사랑과 같은 것은 없다. 사랑은 우연성에 의해 촉발되기 때문이다. 그러나 충실성에 의해 사랑은 운명이었던 게 될 것이다. 사랑이 우연성을 사후적으로 극복함으로써 새로운 실존의 세계에 도달할 때 말이다.

이 지점에서 라캉과 바디우 간의 대조가 뚜렷해진다. 라캉에게 사랑은 "한 동안 지속한다."[78] 혹은 "사랑은 사라진다."[79] 이것은 라캉이 과정으로서의 사랑이 아니라 만남으로서의 사랑에 초점을 둔다는 것을 뜻한다. 만남으로서의 사랑은 덧없고 불안정하다. 왜냐하면 만남으로서의 사랑은 "쓰이지 않기를 그치지 않는 것"이 "쓰이지 않기를 그치는 것"에 연결될 때, 즉 불가능성이 우연성에 의해 점이 찍히는 짧은 순간에 실존하기 때문이다. 나머지 사태, 즉 우연성에서 필연성/가능성으로의 이행은 이 눈부신 찰나에 비할 때 이차적이다. 왜냐하면 비록 그 이행이 사랑의 드라마와 운명을 구성한다 하더라도, 그것은 다만 어떻게 사랑이 팔루스 함수와 담론 논리에 의해 규정되는지를 반영하기 때문이다. 라캉에게는 사랑의 진상(眞想)은 과정이 아니라 만남인 것이다. 대조적으로 바디우는 과정으로서의 사랑에 초점을 둔다. 물론 만남이 없다면 사랑의 과정이 창시될 수 없기 때문에 만남은 중요하다. 그러나 사랑은 만남의 발생을 예찬하는 것이 아니라 만남의 결과를 전개하고 만남의 무작위성을 극복하는 데에 있다. 만남에만 배타적으로 고착되어 있는 앙드레 브르통식의 '미친 사랑'에 대한 바디우의 비판이 여기서 나온다. 바디우는 만남의 순간을 신화화하는 사랑을 제쳐 두면서 "덜 기적적이면서 훨씬 더 '힘들여 노력하는' 영원성의 개념, 다시 말해 단계별로 집요하고 끈덕지게 이루어진 시간적 영원성의 구축, 둘의 경험의 구축"[80]을 지지한다. 사랑의 영광을 가능하게 하는 것은 둘을 도입하는 만남에 있는 것이 아니라 둘의 관점으로 새로운 주체적 세계를 충실하게 창조하는 데에 있다. 오직 충실한 과정에 대한 불굴의 헌신과 집요한 전념만이 시간 안에 영원성을 구축하는 사랑을 지지할 수 있다.

---

78 Lacan, *SXXII*, 1975년 1월 21일 수업(미출간).

79 Lacan, *Television*, p. 41.

80 바디우, 『사랑예찬』, 90쪽.

바디우적 양상으로 돌아오자. 바디우는 불가능성과 가능성을 통해서는 사랑을 직접적으로 다루지 않는다. 그럼에도 우리는 그의 입장을 재구성할 수 있을 것이다. 『존재와 사건』에서 바디우는 존재 그 자체가 비일관적인 다수이며, 법의 기능이 비일관적인 다수를 일관적인 다수로 보이게 한다고 주장한다. 집합론의 용어를 쓰자면 모든 다수는 어떤 집합에 귀속되는 항으로 현시되거나 아니면 어떤 집합에 포함되는 부분(집합)으로 재현된다. 하나의 **다수**가 **하나**의 다수인 것은 셈하기라는 필연적인 법칙 때문이다. 그런데 이러한 셈하기를 벗어나는 집합이 있는데, 그것은 공백으로서의 공집합이다. 최초의 다수로서의 공백은 셈하기의 작용이 어떤 지점에서는 실패할 운명임을 보여 준다. 어떤 항도 결여된 공백은 법 너머에 있는 "무의 다수"이다. 왜냐하면 그것은 하나로 셈해지지 않기 때문이다. 공백은 현시 가능하지도 재현 가능하지도 않다. 공백은 상황 속에서 유령처럼 방황하고, 오직 사후적으로만 식별 가능해진다. 공백은 상황 안의 불가능성을 표시한다. 보통 보이지 않고 탐지할 수 없는 것으로 남아 있는 공백이 때로 특정한 장소에서 출현한다. 공백의 이와 같은 예측 불가능하면서도 장소 특정적인 출현이 바로 바디우적인 사건이다. 그렇다면 사건으로서의 사랑의 만남은 하나의 작용을 벗어난다. 이 하나가 개인적인 나르시시즘으로 대변되는 자아이든 혹은 집단적인 나르시시즘으로 대변되는 가족이든 간에 말이다. 둘의 창시를 가능하게 하는 만남은 하나의 관점에서는 불가능한 것으로 여겨져 왔다. 둘의 가능성은 하나가 보기에는 불가능성이었다. 법의 기능이 가능한 것과 불가능한 것의 경계선을 조직하기에 말이다. 그러나 일단 불가능한 것으로서의 사랑의 만남이 일어나면, 이 불가능성은 새로운 가능성을 발생시키는 토대로 작용한다. 둘의 관점에서 세계를 경험하는 것은 세계에 대한 자아 중심적, 가족 중심적 경험에 알려지지 않은 가능성을 환기한다. 사랑의 만남에 대한 충실성은 새로운 세계를 창조하는 데에 동원될 수 있는 무한한 가능성을 가능하게 한다. 이런 점에서 사랑에서의 관건은 가능성과 불가능성의 구분에 대한 재조직, 가능성과 불가능성을 나누는 프레임 자체의 재배치이다.

여기서 증상과 운명이 라캉과 바디우가 뒤얽히는 한 가지 형식을 이룬다는 점에 주목하자(우리는 4장에서 증상적 실재와 사랑의 진리의 뒤얽힘을 다룰 것이다). 사랑의 운명의 창조는 증상의 훈습과 분리 불가능하다. 사랑의 과정은 라캉적 증상과 바디우적 운명의 결합으로 이루어진다. 만약 사랑이 진리에 대한 과정적 작업이라면, 그것은 주체적 진실의 중핵으로서의 증상에 대한 돌파 작업에 직면하지 않을 수 없다. 우리가 때로 사랑 자체를 포기하고 희생시키면서까지 알지 못한 채 반복하게 되는 증상에 대한 작업 말이다. 사랑의 무한이라는 공통의 진리를 창조하기 위해 각자의 특이한 주체적 진실은 억압되기보다는 인정되어야 한다. 그러한 인정이 없다면 사랑은 차이의 무한한 유희를 창시하는 데에 실패한다. 바디우에게 사랑은 하나로서의 자아에 대한 퇴행에 맞서서 둘의 지속을 향해 나아가는 투쟁이다. 여기서 라캉은 자아가 이상적인 이미지와의 상상적 관계에 연루된다고 첨언할 것이다. 이상적 이미지는 자아를 매료시키고 인도한다. 임상적으로 주목할 것은 사람들이 이상적 이미지를 자신의 주체성으로 오인하면서 그 이미지에 봉사하기 위해 죽음을 무릅쓰기도 한다는 점이다. 나아가 사람들은 이상적 이미지에 복무함으로써 나르시시즘의 방벽을 강화시키고, 이는 사랑의 주체적 가능성을 차단한다. 이런 점에서 진정한 사랑의 충실성은 둘의 추구와 상상계에 대한 경계를 결합시켜야 한다. 요컨대 진리에 대한 충실성과 자아에 대한 반(反)충실성 모두 요구되는 것이다. 사랑의 주체는 자아 중심적인 하나의 영향력을 (비록 제거되지는 못하더라도) 절제하는 동시에 공들여 구축되는 둘 안에서 작용해야 한다.

그런데 자아가 비틀거리는 곳을 찾는 데에 있어서 증상보다 더 유용한 것은 없다. 왜냐하면 증상은 자아를 탈중심화하고 이상적 자아로부터 일탈하는 주이상스를 함유하기 때문이다. 증상은 하나로 환원될 수 없으며 오히려 하나의 실패를 표시한다. 증상은 하나에 내부적인 간극이 있다는 사실에 대한 숨길 수 없는 신호이다. 증상은 하나가 오직 하나 같은 것으로만 실존한다는 점을 드러낸다. 증상의 현존 앞에서 하나는 하나 없음으로 출현한다. 그러나 증상이 하나와 이질적이라는 사실이 자동적으로 증상이 장차 창조될 사랑의 진리와 같음을 의미하지는 않는다. 증상은 사랑의 진리가 받아들이고 겪어야 할 하나의 시험(바디우의 용어를 사용하자면 "지점")으로 제기된다. 증상은 자아 중심적 하나의 불완전함을 드러내지만 사랑의 둘의 실존을 보장하지는 않는다. 증상은 하나의 한계와 둘의 가능성 사이 어딘가에 위치한다.

따라서 증상은 사랑의 둘에 대한 장애물인 동시에 기회로 기능한다. 대부분의 경우 우리는 우리 자신과 연인의 증상을 돌파하기는커녕 그것에 가닿지도 못한다. 왜냐하면 증상은 증상을 지닌 이에게조차 알려지지 않은 숨겨진 진실이기 때문이다. 연인들은 알지 못한 채로 증상을 반복한다. 증상이 이슈로 부상할 때 증상에 대한 훈습은 고통스럽고 힘든 일이다. 그것은 기존에 형성된 무의식적 구조에 대한 재구성을 필요로 한다. 증상을 이해하고 관용한다는 것은 어렵고 심지어 불가능하기 때문에 증상의 고집스러움은 사랑의 과정을 중단시키거나 종결시킬 수 있다. 증상은 파트너의 이질적인 타자성이 갖는 수수께끼의 핵심부로 나타난다. 그러나 사랑의 과정은 증상의 시험을 부인하거나 억압하기보다는 돌파해야 한다. 하나의 불완전함에 관여하지 않고서 둘의 가능성은 열리지 않는다. 둘은 단순히 무에서 출현하는 것이 아니다. 둘은 자아 중심적 하나가 더 이상 유효하지 않은 곳에서만 착수될 수 있다. 둘은 하나로서의 각자의 실패를 노출하고 공유하는 과정을 통해서만 출현할 수 있다. 사랑의 과정을 위한 긍정적인 재료로 증상을 활용하지 않는다면, 둘의 무대의 구축은 공격적인 하나들 간의 권력투쟁으로 변질될 것이다. 충실성은 증상을 인정하고 끌어안음으로써만 우연성에 승리하고 사랑의 무한을 창조할 수 있다. 사랑이 주체적 무한의 과정적 구축이라면, 그것은 사랑에 대한 위협으로서의 증상을 사랑의 작업을 위한 자산으로서의 증상으로 변화시키는 과정을 포함할 수밖에 없다. 주체적 충실성으로 인해 사랑에 대한 위험은 사랑의 풍요로움에 대한 상징이 될 것이며, 거북스러운 낙인은 사랑스러운 약점이 될 것이다. 요컨대 우리는 라캉적인 자아와 증상을 바디우적인 충실성과 운명에 연결시킴으로써 사랑의 과정을 사유해야 한다. 사랑의 과정은 둘에 대한 충실성을 자아 중심적 하나에 대한 반충실성과 결합시킨다. 하나의 실패를 알려 주는 증상을 활용하고, 둘을 내부적으로 위협하는 증상의 시련을 극복함으로써 말이다.

결론을 내자. 바디우에게 사랑은 불확실한 충실성이다. 그 어떤 것도 사랑의 진리가 창조될 필연성을 보장하지 않고, 사랑의 진리는 오직 주체적 정교화를 통해서만 구축된다. 충실성이 지속하는 한, 사랑은 운명이라는 이름으로 일종의 외래 결정(xenocryst), 즉 이질적인(xeno-) 무언가를 통합하는 고된 작업을 통해 빛나는 결정체(crystallization)를 창조한다. 여기서 라캉 정신분석은 우리가 증상을 사랑의 유용한 재료인 동시에 사랑에 대한 위협적인 장애물로 간주해야 한다고 첨언할 것이다. 삽화적인 만남으로서의 사랑을 지울 수 없는 운명으로 변화시키기 위해 사랑의 주체는 자기 자신과 파트너의 증상과 씨름해야 한다. 증상은 사랑의 무한을 창조하는 데에 있어서 피할 수 없는 동시에 필수 불가결한 요소이다. 이런 점에서 사랑의 운명은, 데리다의 용어를 빌리자면, 방황하는 운명(destinerrance)—운명(destin)과 방황(errance)의 결합—일 것이다. 방황하는 운명은 필연성과 우연성, 가능성과 불가능성 간의 구분을 흐릿하게 한다. 증상 주변에서 방황하는 우연적 과정은 연인들이 가능성과 불가능성 간의 기존 경계를 재편하면서 사랑의 운명을 개척하고 있음을 역설적으로 입증한다. 라캉 역시 이러한 방향을 지지할 것이다. 우리가 방황(errer)하는 "걸음걸이(erre) 속에서 환상을 넘어서는 실재를 재발견하는 데에 내기를 걸 수 있는"[81] 한에서 말이다. 사랑의 주체는 무의식에 기꺼이 속아야 할 뿐만 아니라 무의식이 야기하는 실재적인 방황을 수용해야 한다. 사랑의 다스리기 힘든 실재는 방황하기를 감행하는 이에게만 드러날 것이다. 사랑은 방황하는 운명이다. 운명의 구축이 증상을 둘러싼 방황을 요구하는 한에서 말이다.

---

81 Lacan, *SXXI*, 1974년 6월 11일 수업(미출간).

2-4 위상학

위상학은 대상의 형태 변형(구부리기나 늘리기)에도 불구하고 보존되는 공간적 특징에 대한 수학적 연구이다. 가령 위상학은 원과 정다면체를 위상 동형(homeomorphic)으로 간주한다. 반면, 원과 도넛은 위상 동형이 아닌데, 왜냐하면 원은 어떠한 연속적인 변형을 통해서도 가운데 구멍이 있는 도넛으로 변형될 수 없기 때문이다. 둘은 위상학적으로 동일한 값을 갖지 않는다. 라캉에게 위상학은 상상계 너머에서 상징계와 실재 간의 상관관계를 사유하는 데에 유용하다. 라캉은 위상학이 "구조란 언어에서 출현하는 실재이고, '좋은 형태'와는 아무런 관련이 없음"[82]을 강조한다. 이렇게 라캉은 정신분석적 위상학을 말하기 위해 수학적 위상학을 전유한다. 라캉은 자신의 지적 여정 전반에 걸쳐 네 가지 위상학적 대상, 토러스, 뫼비우스의 띠, 클라인병, 크로크캡을 참조한다. 이번 절에서는 사랑과 관련하여 토러스에 대해 살펴보고 소위 "토러스적 사랑(toric love)"이라 불릴 법한 것을 개념화해 보자.

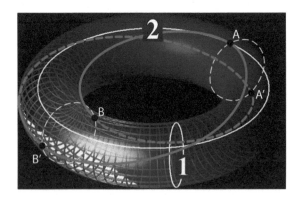

---

82 Lacan, "L'étourdit", in *Autres écrits*, p. 476.

우선 토러스에는 두 가지 서로 다른 곡선이 있다. 토러스의 표면 주위를 도는 곡선(1)과 가운데 구멍 주위를 도는 곡선(2)이 그것이다. 라캉은 첫 번째 곡선을 요구에, 두 번째 곡선을 욕망에 연결시키면서 토러스를 신경증의 구조로 여긴다. "토러스는 …… 신경증의 구조이다. 욕망이 불특정 다수의 요구의 반복으로부터 두 번 회전하는 고리 모양으로 만들어질 수 있는 한에서 말이다."[83] 신경증자가 토러스 표면의 한 점에 위치해 있다고 가정해 보자. 신경증자가 요구(치료, 만족, 사랑, 행복에의 요구 등)를 표명하는 매 순간마다 신경증자는 표면 주위를 도는 가운데 조금씩 이동하면서 마침내 가운데 구멍을 한 바퀴 돌게 된다. 무수한 요구의 회전은 한 번의 욕망의 회전과 같다. 이는 자신의 요구가 그것의 "너머", 즉 욕망을 감추고 있음을 신경증자가 알지 못한다는 것을 뜻한다. 그는 욕망의 차원이 요구의 차원보다 더 근본적임을, 자신의 주체적 진실이 요구보다는 욕망에 놓여 있음을 알지 못한다. 가령 강박증자는 사랑을 요구하면서도 사실은 증오를 욕망할 수 있으며, 히스테리증자는 세세한 요구 너머에서 실제로 욕망의 대상이 되기를 욕망할 수 있다. 나아가 토러스가 뫼비우스의 띠의 구조를 갖기 때문에 가운데 구멍을 두 번 회전하는 것은 신경증자를 출발점(인 동시에 도착점)으로 이끈다(A-B-A'-B'-A). 이는 신경증자가 자신의 욕망이 어떤 구성적인 공백에 의해 야기된다는 점을 깨닫지 못한다는 것을 뜻한다. "토러스는 그것을 대상으로 바라보는 이에게만 구멍을 갖고 있다."[84] 그러나 토러스 안에 거주하는 신경증자는 가운데 구멍의 실존을 바라보지 못할 것이다. 이렇게 신경증자는 욕망의 교착상태에 있다. 아무런 변화 없이 증상을 되풀이하면서 말이다. 여기서 분석 작업은 신경증자로 하여금 자신의 욕망의 정중앙에 구멍이 있음을 통찰하게 함으로써 그의 주체적 변화를 겨냥할 것이다.

토러스 가운데에 있는 구멍은 위상학적 구멍이다. 위상학적 구멍이란, 가령, 가방 안쪽의 빈 공간과 같은 것이 아니다. 그것은 안쪽과 바깥쪽의 구분 자

---

83 같은 책, p. 486.

84 같은 책, pp. 485-486.

체를 무너뜨리는 구멍이다. "제가 여러분들을 위상학으로 데리고 가는 노력을 기울이는 것은, 안쪽과 바깥쪽이라는 문제와 관련하여 우리가 다루는 변칙성을 인식하게끔 하는 형식을 설명하기 위해서입니다."[85] 정신분석적 위상학은 안쪽과 바깥쪽의 구분에 대해 문제를 제기한다. 토러스의 가운데 구멍은 그것이 내부와 외부에 동시에 위치한다는 점에서 "외밀(extime/extimate)"하다. 라캉이 말하듯, "토러스 주변의 외부와 중앙의 외부는 단 하나의 영역을 구성한다."[86] 주변에 있는 동시에 중앙에 있는 구멍이 토러스의 핵심이며, 그것은 토러스가 원통으로 환원되지 않게 한다. 이 구멍의 급진성은 그것이 텅 빔으로 간주될 수 없다는 데에 있다. 사실 텅 빔은 어떤 존재로 쉽게 실체화될 수 있다. 가령 우리는 텅 빈 가방을 대상으로 채우는 상황을 떠올릴 수 있다. 그런데 위상학적 구멍에서는 이런 식으로 구멍을 제거하는 일이 일어나지 않는다. 토러스의 가운데 구멍은 환원 불가능한 종류의 것이다. 이 구멍 때문에 토러스와 주전자는 위상학적으로 동형이다. 신경증자의 욕망의 교착상태는 이 구멍에 대한 탐색을 통해 다루어져야 한다.

　주목할 만하게도 라캉은 『세미나 24권』에서 토러스를 단순히 신경증 구조에 연결시키는 것을 넘어서서 인간 일반에 연결시킨다. 이것은 현대인 대다수가 얼마간 신경증적이라는 프로이트의 통찰에 부합한다. "인간의 구조가 토러스적이기 때문에 인간은 제자리걸음을 합니다."[87] 인간 동물은 언어의 감옥에서 살아가는 말하는 동물이다. 언어에 수감된 인간은 자신의 욕망의 원인-대상에 접근할 수 없다. 인간의 토러스적 구조는 인간이 요구의 반복과 욕망의 무지에서 자유로울 수 없음을 뜻한다. 이 점은 사랑과 관련해서 의미심장하다. 인간이 토러스적이라면, 인간이 사랑하는 방식은 토러스적 구조에 영향을 받을 것이다. 인간의 사랑은 "토러스적 사랑(toric love)"일 것이다. 이 사랑을 두 가

85　Jacques Lacan, *Seminar XIII: The Object of Psychoanalysis, 1965-1966*, 1966년 6월 8일 수업(미출간).

86　Jacques Lacan, *Écrits: The First Complete Edition in English*, trans. Bruce Fink, New York: Norton, p. 264.

87　Lacan, *SXXIV*, 1976년 12월 14일 수업(미출간).

지 방식으로 다루어 보자.

우선 토러스적 사랑은 욕구, 요구, 욕망이라는 라캉적 삼항을 통해 검토될 수 있다. 살아 있는 유기체로서의 인간은 생물학적 욕구를 갖는다. 욕구를 만족시키기 위해 인간은 욕구의 언어적 표현으로서의 요구에 의존해야 한다. 욕구는 요구에 의해 대체되고 요구로 변형된다. 여기서 문제는 어떤 대상을 향한 욕구가 만족되면서부터 이러한 만족의 경험이 타자가 제공하는 사랑의 증거로 작용한다는 점이다. 나아가 우리의 요구에 응답함으로써 우리를 돌보는 타자의 실존은 이제 역으로 사랑에 대한 우리의 무조건적인 요구를 낳는다. 설령 타자가 사랑에의 요구를 만족시킬 수 없다 하더라도, 주체의 심리적 실재 안에서 타자는 이러한 요구를 만족시킬 수 있는 누군가로 남아 있어야 한다. 달리 말해 요구는 타자로 하여금 그/그녀가 갖고 있지 않은 것, 즉 사랑을 주게 만든다. "이미 요구는 욕구를 만족시킬 '특권'을 가진 타자, 즉 주체로부터 주체의 욕구를 만족시킬 수 있는 것을 박탈할 권력을 가진 타자를 구성한다. 이렇게 타자의 특권은 타자가 갖고 있지 않은 것을 증여하는 급진적인 형식—즉 타자의 사랑—을 나타낸다."[88] 요구는 최초의 타자로서의 어머니가 아이에게 양가적인 위상을 갖게 한다. 어머니는 무조건적인 사랑을 주는 은인인 동시에 사랑의 권력을 휘두르는 주인이다. 어머니는 아이를 돌보는 동시에 아이를 위협한다. 일단 대상을 향한 요구가 만족되면, 요구는 주체를 만족시킬 수 있고 따라서 주체를 사랑할 수 있는 누군가를 타자로 구성해 낸다. 그러나 주체는 이내 타자가 자신을 완전히 만족시킬 수 없음을 깨닫는다. 어머니가 늘 주체 곁에 있지 않는 것이다. 그 결과 욕구의 만족과 무조건적 사랑의 요구 사이에는 필연적으로 간극이 있다. 이러한 간극으로부터 태어나는 것이 바로 욕망이다. "욕망은 만족에의 욕구도, 사랑에의 요구도 아니라 두 번째에서 첫 번째를 감산한 데에서 유래하는 차이이다."[89] 따라서 욕망은 아무런 실체성을 갖지 않는

---

88 Lacan, *Écrits*, p. 580.

89 같은 곳.

다. 그것은 욕구의 만족에의 요구와 사랑에 대한 무조건적 요구 사이의 간극이다. 욕망은 만족되지 않는 결여이다. 그렇다면 신경증자에게 고유한 욕망이란 어떤 것일까?

신경증자는 타자의 결여를 채움으로써 타자의 팔루스가 되려는 욕망을 지닌다. 그러나 그의 욕망은 난관에 부딪히는데, 왜냐하면 그것이 주체와 타자 간의 상상적 관계에 갇혀 있기 때문이다. 마치 아이가 어머니의 결핍을 채우기 위해 그녀의 상상적 팔루스로 기능함으로써 어머니와 하나가 되기를 바라는 것처럼 말이다. 여기서 핵심은 팔루스를 갖는 것과 팔루스가 되는 것 사이의 변증법이다. "신경증자에게는 팔루스를 받는 것도 주는 것도 불가능하다. 그가 타자가 팔루스를 갖고 있지 않다고 생각하든지 아니면 갖고 있다고 생각하든지 간에 말이다. 왜냐하면 두 경우 모두 신경증자의 욕망은 다른 데에, 즉 팔루스가 되는 데에 있기 때문이다."[90] 아이와 어머니 간의 이자 관계는 타자의 욕망이 향하는 상징적 팔루스, 결여의 기표로서의 팔루스로 인해 본래적으로 불가능하다. 아이에게 팔루스는 타자의 욕망의 상징으로 부상한다. 이때 아이는 자신이 어머니의 상상적 팔루스가 되는 한에서 그녀의 욕망을 충족시키고 그녀의 결여를 메움으로써 조화로운 관계가 유지될 수 있다고 (잘못) 믿는다. 상상적 전체에 대한 이러한 갈망이 고착화되면, 신경증적 구조가 설립된다. 신경증자(남성이든 여성이든 간에)의 욕망은 팔루스를 갖거나 갖지 않는(주는) 것을 넘어선다. 신경증자는 타자의 팔루스가 "되기"를 욕망한다. 그렇다면 분석 작업의 핵심은 신경증자로 하여금 거세를 받아들이도록 이끄는 데에 있다. 신경증자는 자신이 상상적 팔루스가 될 수 없음을 받아들여야 한다. "인간은 남성이든 여성이든 간에 자신이 그것(팔루스)이 아니라는 발견을 바탕으로 해서 그것을 갖고 있음을 그리고 갖고 있지 않음을 받아들여야 한다."[91]

상상적 팔루스가 되려는 신경증자의 욕망은 사랑에 대해 두 가지 함의를

---

90 Lacan, *Écrits*, p. 537.

91 같은 곳.

갖는다. 우선 "나는 너의 결여를 채워서 너를 완성시키기에, 나는 너를 지배할 자격이 있다." 여기서 사랑은 타자를 지배하는 수단으로 변한다. 그 다음으로 는 "네가 없다면 나는 너를 완성시킬 특권적 역할을 맡을 수 없기에, 나는 너를 잃어버릴까 두렵다." 여기서 사랑은 타자를 상실하는 것에 대한 두려움으로 변한다. 이렇게 신경증적 사랑은 타자의 지배에 대한 욕망 혹은 타자의 상실에 대한 두려움이 된다. 양자 모두에서 사랑은 권력으로 환원된다. 타자를 스스로 에게 복종시키는 권력이든 스스로를 타자에게 복종시키는 권력이든 간에 말 이다. 신경증적 사랑은 결여와 거세를 회피하여 상상적 팔루스가 되는 것을 둘 러싼 권력투쟁이다. 신경증적 사랑은 나의 결여와 타자의 결여에 대한 무지와 방어에 근거를 둔다. 요컨대 타자의 결여를 채우는 팔루스가 되려는 욕망이 신 경증적 사랑의 방식이 놓인 교착상태를 보여 준다.

토러스적 사랑은 대상 a와 주이상스를 통해서도 접근될 수 있다. 토러스의 가운데 구멍이 토러스 표면에서의 수많은 회전에 방향성과 구조를 부여한다 는 점을 상기하자. 요구의 회전의 관점에서 볼 때 욕망의 회전은 현존하면서도 숨겨져 있다. 달리 말해 요구는 욕망을 따라잡을 수 없다. 『세미나 9권』에서 신 경증자와 토러스의 연관성을 언급하면서 라캉은 이렇게 말한다. "신경증자는 자신의 욕망의 대상을 요구로 진입하게 만들고자 할 것이며, 타자로부터 자신 의 욕망의 만족을 얻고자, 즉 자신의 욕망의 대상을 갖고자 할 것이다."[92] 그러 나 욕망의 대상을 요구로 끼워 맞추려는 신경증적 시도는 실패할 수밖에 없다. 왜냐하면 욕망은 순수한 간극이기에 어떤 대상을 통해서도 만족되지 않기 때 문이다. 나아가 타자로부터 욕망의 대상을 얻는 것은 불가능하다. 오히려 욕망 의 대상은 타자가 나의 요구를 만족시킬 수 없다는 사실로 특징지어진다. "욕 망의 대상으로서의 대상 그 자체는 타자가 [나의] 요구에 응답하는 것의 불가 능성의 효과입니다."[93] 이러한 욕망의 대상, 즉 대상 a를 다루기 위해 욕구/요

---

92 Jacques Lacan, *Seminar IX: Identification, 1961-1962*, 1962년 3월 14일 수업(미출간).

93 같은 곳.

구/욕망이라는 삼항으로 되돌아가자. 욕구가 요구를 통해 표현될 때, 욕망은 욕구와 요구의 간극으로 출현한다. 동시에 욕구는 요구를 통해 충동으로 전환된다. 생물학적 욕구가 언어를 경유하여 무의식적 충동으로 전환되는 것이다. 문제는 말하는 동물이 늘 희구하지만 종종 치명적인 결과를 야기하는 충동 만족으로서의 주이상스가 언어에 의해 비워진다는 점이다. "주이상스는 말하는 그 누구에게나 금지된다."[94] 완전한 주이상스와 주이상스를 충족시킬 수 있는 대상은 말하는 동물에게 상실되어 있다. 말하는 동물이 완전한 주이상스에 접근할 수 있는 유일한 길은 환상이다. 환상은 주이상스를 대상의 형태로 물화한다. 환상은 주체가 이 대상만 획득할 수 있다면 완전한 주이상스가 가능할 것이라는 신기루를 유발한다. 이런 점에서 실재의 대상이 상실 그 자체라면, 현실의 대상은 환상에 의해 지지되는 미끼에 다름 아니다. 욕구와 달리, 구강 충동은 만족될 수 없다. 왜냐하면 그것은 현실 속의 물리적 대상이 아니라 실재적 상실 주변을 맴도는 운동 자체를 겨냥하기 때문이다. 자기 자리에 있지 않은 무언가를 통해 만족될 수는 없다. 라캉이 말하듯, "대상 a가 도입된 것은 오히려 구강 충동이 어떠한 음식물로도 만족될 수 없고 영원히 상실되어 버린 대상 주위를 맴돌 뿐이기 때문"이다.[95] 토러스의 가운데 구멍은 주체가 알지 못한 채 맴도는 이러한 대상 a를 지칭한다. 대상 a가 아무런 존재성을 갖지 않는 공백이기에, 충동에서 관건이 되는 것은 이 구멍을 메우는 것이 아니라 구멍 주변을 맹목적이고 반복적으로 회전하는 운동이다.

　토러스의 가운데 구멍은 인간의 사랑이 상실에 근거함을 시사한다. 사랑에 빠지는 것은 상실과 만나는 것이다. 사랑하는 것은 상실 주변을 방황하는 것이다. 상실은 단순히 본래 어떤 것이 있었는데 나중에 그것이 상실되었음을 뜻하지 않는다. 상실은 사물에 선행하고 사물을 구조화할 수 있다. 상실은 충동의 대상으로 구체화된다. 일상생활 안에서의 욕망의 대상이 이러한 상실에 대한

94 Lacan, *Écrits*, p. 696.

95 라캉, 『세미나 11: 정신분석의 네 가지 근본 개념』, 맹정현·이수련 옮김, 새물결, 2008년, 271-272쪽.

환상 속 대체물 혹은 보상물이라면, 충동의 대상은 상실 자체이며, 상실 자체는 상실 주변에서 끝없이 이어지는 반복운동을 야기한다. 대상 a는 특수한 상실과 획득을 넘어서는 **상실**을 대변한다[그러나 어떤 점에서 대상 a 역시 상실을 물화하는 유사물(semblant)이며, 상실 자체가 아니라 상실된 것이 분명하게 보인다면 이는 우리의 환상 때문이며, 여기서 대상 a는 환상 대상이다]. 토러스와 관련시켜 볼 때, 요구의 수많은 회전은 대상 a를 획득함으로써 상실된 주이상스를 만회하려는 운동에 다름 아니다. 요구로서의 사랑에는 "주이상스를 만족시킬 수 있을 만한 대상 a에 대한 요청만이 있다."[96] 상실과 사랑 간의 관계를 구체화하기 위해 데카르트가 친구 샤뉘(Chanut)에게 보낸 편지를 보자. 여기서 데카르트는 사팔눈을 한 사람들에 대해 자신이 느끼는 매력이 소년 시절 만난 사팔뜨기 소녀에 대한 사랑으로부터 유래한다고 쓴다.

그녀의 사팔눈을 보았을 때 시각에 의해 내 두뇌에 새겨진 인상은 동시에 내 안에 사랑의 열정을 불러일으킨 인상과 너무나도 밀접하게 연결되어서, 그 이후로 오랫동안 나는 사팔눈을 한 사람들을 볼 때면 단지 그들이 그 결점을 가졌다는 그 이유로 그들을 사랑하게 되는 어떤 특별한 이끌림을 느꼈다. 따라서 우리가 원인을 알지 못한 채 누군가를 사랑하고플 때, 우리는 그 사람이, 비록 그게 무엇인지 확인할 수는 없을지라도 예전의 우리의 사랑의 대상 안에 있었던 그 무언가와 어떤 유사성을 가지고 있기 때문에 그러한 것이라고 믿을 수 있는 것이다.[97]

엄밀히 말해 데카르트는 사팔눈을 한 사람들에게 매력을 느낀 것이 아니다. 오히려 그는 자기 자신의 상실에 이끌렸다. 그의 파트너는 소녀의 빈자리에 의해 구조화된 자신의 무의식이었다. 라캉이라면 사팔눈을 한 사람들에 대한 데카르트의 열정을 환상으로서의 팔루스적 주이상스로 분류할 것이다. 데카르

---

96 Lacan, *SXX*, p. 126.

97 미란 보조비치, 『암흑지점』, 이성민 옮김, 도서출판b, 2004년, 66-67쪽에서 재인용.

트의 사례는 욕망의 대상을 통해 잃어버린 사물을 복구하려는 팔루스적 주이 상스가 어떻게 사랑으로 위장하는지를 보여 준다. 연인의 상실은 우리로 하여 금 그 연인을 상기시키는 어떤 특징을 지닌 누군가를 찾도록 인도한다. 연인의 상실은 우리가 어떤 이 자체를 사랑하는 것이 아니라 연인을 연상시키는 어떤 측면을 사랑하게 만든다. 데카르트의 경우 사팔눈이 결정적인 역할을 했다. 사물로서의 소녀가 사라지자, 사팔눈이 데카르트의 무의식을 구조화하는 주인 기표로 작용했다. 사랑은 어떤 사람이 다른 사람과 나누는 것이 아니라 어떤 사람이 어떤 것과 나누는 것이다. 토러스적 사랑에서 문제는 연인이 누구인가 가 아니라 연인이 무엇인가, 보다 자세히 말해 연인의 상실과 공명하면서도 연 인을 초과하는 그 무엇이다. 사랑의 주체는 한 걸음 물러서고, 사랑의 대상이 맹위를 떨친다. 여기서 라캉이 『세미나 11권』에서 외치는, 아이러니하게도 잔 혹한 사랑의 선언이 부상한다. "나는 너를 사랑하지만, 불가해하게도 내가 사 랑하는 것은 네 안에 있는 너 이상의 것—대상 a—이기 때문에, 나는 너를 잘 라낸다."[98]

마르그리트 뒤라스(Marguerite Duras)의 소설 『죽음에 이르는 병』에서 주인공 여인은 어떻게 사랑이 일어나는지에 대한 남자의 질문에 이렇게 답변한다. "아마 우주의 논리 안에 어떤 일탈이 일어나면서." 토러스적 사랑은 우주의 논 리 안의 일탈이 우주에 내재적임을 보여 줌으로써 이 여인의 답변을 확장시킨 다. 이 점을 설명하기 위해 라캉은 토러스의 구멍을 그 핵심으로 하는 "비구체(非球體, aspherical)" 위상학을 표명할 것이다. "주체를 이상적인 구체—늘 이것은 코스모스(질서 잡힌 우주)의 구조에 대한 직관적이고 정신적인 모델인데—와 관 련지어 상상하기 위해 무언가가 행해져야 한다 하더라도, 관건은 오히려 주체 를 구체 안의 구멍의 실존으로 재현하는 일일 것입니다."[99] 구체 위상학이 자아 와 현실 간의 이상적인 일치로 특징지어진다면, 비구체 위상학은 구멍으로서

---

98 라캉, 『세미나 11』, 397쪽.

99 Lacan, *SIX*, 1962년 3월 14일 수업(미출간).

의 주체, 주이상스라는 자신의 실체가 기표에 의해 비워진 주체로 특징지어진다. 사람들은 동물들이 말할 수 없기 때문에 슬프다고 말한다. 그러나 말하는 동물은 오직 환상을 통해서만 접근 가능한 어떤 알지 못할 것을 잃어버렸기 때문에 슬프다. 말하는 동물에게 우주는 코스모스도 카오스도 아니며, 텅 빈 중심을 가진 비구체이다. 비구체의 우주에서 방황하고 주이상스의 복구를 열망하면서, 주체는 발레리(Valéry)를 원용하는 라캉을 따라 이렇게 울부짖는다. "나는 '우주가 비존재의 순수함 안의 어떤 결함'이라는 외침이 들리는 곳[주이상스가 상실된 곳]에 있다."[100]

한 가지 미묘한 점을 지적하자면, 우주에 결함이 있는 것은 단순히 법에 의한 주이상스의 금지 때문만은 아니다. "주이상스에 한계를 설정하는 것은 쾌락입니다. 비정합적인 삶을 묶어 주는 쾌락 말입니다."[101] 쾌락과 법의 결과적 동형성에 주목하라. 오이디푸스 콤플렉스에서처럼 어머니라는 사물에 대한 주이상스는 한편으로는 아버지의 법에 의해 금지된다. 다른 한편으로 (이 점이 더욱 중요한데) 쾌락과 고통의 결합체로서의 주이상스는 쾌락 원칙의 관점에서 볼 때 모순적이고 불가능하다. 동물은 자연적 본능으로서의 쾌락 원칙으로 특징지어진다. 자연이란 것이 존재하지 않는 혹은 오직 결함이 있고 탈구된 자연만이 있을 뿐인 말하는 동물에게는 쾌락 원칙 자체가 주이상스에 대한 주체의 접근을 막는다. 쾌락은 더 많은 쾌락을 가리키면서도 한계를 설정하는 법으로 기능한다. 그 결과 쾌락을 제공할 예정이었던 것이 더 이상 쾌락을 보장하지 않는 것처럼 여겨진다. 말하는 동물은 쾌락이라는 변증법적 감옥에 놓여 있다. 쾌락 원칙과 쾌락 원칙의 불가능한 너머 사이에서 동요하면서 말이다.

결론을 내자. 토러스는 신경증적 사랑이 결여로서의 욕망에 대한 무지로 인한 권력투쟁임을 보여 준다. 토러스는 또한 사랑의 주체가 향유하는 이(jouisseur)가 아니라 비구체적 우주에서 상실된 주이상스 주위를 불안하게 배회하

---

100 Lacan, *Écrits*, p. 694.

101 같은 책, 696쪽.

는 이임을 보여 준다. 일탈이 우주에 내재적이고 구멍이 토러스에 내부적인 것처럼, 말하는 동물에게 있어서 상실은 사랑에 내속적이다. 사랑에서 눈에 보이는 무언가를 잃는 일, 하물며 얻는 일은 없다. 사랑은 개별적인 상실을 넘어선 게임, 불가사의하고 초월론적인 **상실**의 게임이다.

『세계의 논리』에서 엿보이는 바디우의 위상학으로 넘어가자. 존재로서의 존재에 대한 학설이 수학임을 입증하기 위해 공리적 집합론을 사용하는『존재와 사건』과 달리,『세계의 논리』는 거기 있음 혹은 출현을 다루기 위해 기술적 위상론을 사용한다.『존재와 사건』이 진리의 존재를 다룬다면,『세계의 논리』는 진리의 출현, 즉 어떻게 진리가 특정 개별 세계 안에서 출현하는지를 다룬다. 진리와 진리의 주체가 있다는 테제를 보충하면서, 바디우는 이제 어떻게 진리가 세계에서 주체적인 동시에 대상적인 수준에서 출현하는지를 탐구한다. 위상학이 장소에 대한 이론임을 고려할 때, 바디우가 거기 있음의 문제를 다루기 위해 위상학을 사용하는 것은 우연이 아니다. 표준적인 수학 담론에서 연구되는 위상학적 대상을 다루는 라캉의 위상학과 달리, 바디우의 위상학은 세계, 지점, 진리의 몸과 같이 철학적으로 정의된 관념들에 근거한다.

세계는 대상과 대상 간의 관계가 출현하는 장소를 가리킨다. 여기서 중요한 것은 대상의 출현은 그 대상과 관련된 다수 존재에 대한 평가를 표시하는 과정을 거친다는 점이다. 바디우는 이를 어떤 세계의 "초월성(transcendantal)"이라 부른다. 비록 대상의 토대가 존재이더라도, 존재는 사후적으로 출현에 의해 영향을 받고 매개된다. 대상이 세계 안에 출현하거나 실존할 때, 대상은 반드시 출현의 법칙이나 실존의 논리에 의해 평가된다. 이러한 초월적 평가로 인해 어떤 세계 안에서 다양한 대상들이 갖는 출현 강도는 제각기 다르다. 세계는 무한히 다양한 수준의 단계, 뉘앙스, 밀도를 가진 대상들이 속한 혼란스럽고 복잡한 공간이다.

그런데 출현의 복잡한 강도가 (키에르케고어의 "이것이냐 저것이냐"에서의 선택처럼) 간혹 둘의 심급으로 집결될 수 있다. 바디우는 이를 "지점(point)"이라 부른다.

우리의 논의에서 중요한 것은 "세계의 지점들이 위상학적 공간을 형성한다"[102]는 점이다. 세계가 위상학적 공간으로 간주될 수 있는 것은 몇몇 지점을 포함하고 있기 때문이다. 그리고 지점의 위상학적 작용은 "국지화," 즉 무한을 둘로 국지화하는 데에 있다. 하나의 지점은 주체적인 동시에 대상적이다. 지점은 그 지점이 제시하는 두 가지 선택지 전부를 선택할 수 없는 상황에서 주체의 결단을 요구하기 때문에 주체적이며, 세계가 주체에게 부여하는 시험이기 때문에 대상적이다. 지점이 하나의 시험이라는 것은 두 가지 선택지 중 오직 한 가지만이 진리 과정의 속행에 도움이 되기 때문이다. 가령 어떤 정치적 정황은 시민참여와 당의 권력이라는 지점에 의해 구성될 수 있다. 그리고 오직 시민참여에 대한 선택만이 세계에 의해 부여된 시험을 성공적으로 통과하는 것이며, 정치적 진리로서 해방적인 대중운동을 존속시키는 데에 유리하다. 바디우의 요약을 빌리자면, "하나의 지점은 세계의 초월성이 주체-몸에 부과하는 것이며, 그 몸을 통해 수송되는 진리 과정이 세계 속에서 속행될지의 여부가 걸려 있는 시험이다."[103]

지점은 주체-몸의 형성에서 중요한 역할을 한다. 『세계의 논리』의 이론적 돌파 중 하나는 진리의 몸 혹은 주체화 가능한 몸이라는 관념을 정교화한 데에 있다. 몸이란 무엇일까? 다른 모든 대상처럼 몸 역시 세계 안의 대상이다. 그런데 바디우에게 육체적 대상으로서의 몸은 흥미로운 것이 아니다. 왜냐하면 그것은 자기중심적 이익과 보수주의적 쾌락에 고착되어 있기 때문이다. 몸과 관련해서 바디우가 초점을 두는 대목은 진리의 주체가 될 수 있는 몸의 능력이다. 몸은 진리의 주체의 지지체로 재탄생할 수 있다. 몸이 세계에 내재적인 진리를 창조할 때 말이다. "몸은 주체적 형식주의를 위한 지지체로 기능하기에 적합한, 따라서 세계 안에서 가능한 진리의 작인을 구성하기에 적합한 매우 특이한 유형의 대상이다."[104] 몸과 지점은 상호 연관되어 있는데, 이는 몸이

---

102 Badiou, *Logics of Worlds*, p. 414.

103 같은 책, p. 400.

104 같은 책, 451쪽

세계 내의 몇몇 지점을 다루는 한에서 주체화될 수 있기 때문이다. 주체화된 몸은 지점을 다룰 "유효한 기관"을 갖고 있으며 이를 통해 진리 과정을 지탱하는 것으로 간주된다. 진리의 몸이 출현하는 한, "지점은 참의 출현의 위상학을 배치한다."[105] 요컨대 세계는 몸이 진리의 주체가 되기 위해 다룰 수 있는 지점이 실존하기 때문에 위상학적이다.

그러나 세계 안에서 지점의 현존은 결코 필연적인 사태가 아니다. 세계가 지점을 전혀 갖고 있지 않을 수 있으며, 바디우는 이러한 세계를 "긴장 없는[무조(無調)의] 세계(monde atone/atonic world)"라고 부른다. 긴장 없는 세계는 너무 복잡하거나 너무 단순해서, 거기에서는 상투적인 무한을 중차대한 둘로 변환시키는 것이 불가능하다. 긴장 없는 세계에는 어떤 지점도 없기에, 진리 역시 없다. 여기서 바디우는 동시대 세계에서 성(sexuality)에 긴장이 없음을 지적한다. 가령 해체론적 담화는 성을 다수의 성적 정체성으로 개조하면서 형이상학적 이원성으로부터 성을 구출할 것을 주장한다. 이러한 입장에 맞서 바디우는 사랑의 과정이 다루어야 하는 지점으로서의 성적 이원성의 가치를 옹호한다. "성적 이원성은 다수를 선택의 둘 앞에 출현시킴으로써 사랑의 진리가 몇몇 지점을 다루는 것을 허용한다."[106] 포스트모던적인 다수의 성은 종종 사랑의 진리의 출현이 아니라 정체성 기반의 정치나 시장 논리의 성을 지지하게 된다. 다수의 성은 아이러니하게도 바디우가 민주주의적 유물론("오직 몸과 언어만 있다")이라 부르는 입장을 수호한다. 민주주의적 유물론에 거슬러서 사랑의 진리의 예외적 실존을 긍정하기 위해 바디우는 실재로서의 성적 차이라는 라캉의 유산을 옹호한다. 여기서 바디우가 지점을 라캉적 실재에 직접 비교하고 있음에 주목하자. 지점은 "우리를 결단의 갑작스러움으로 소환하는 실재의 발발"[107]로 지칭된다. 성의 세계로서의 긴장 없는 세계는 성적 차이로서의 지점이 인정되지 않고 나아가 그러한 지점이 사랑의 진리로 전환되지 않는 세계이다. 긴장

---

105 같은 책, p. 409.

106 같은 책, p. 421.

107 같은 책, p. 451.

없는 세계는 오직 하나를 욕망하거나 자본 친화적 다수성에만 익숙하다. 대조적으로 사랑의 세계는 성적 차이가 긍정되기 때문에 성적 차이로부터 둘의 무대를 주체적으로 창조할 가능성이 열리는 "긴장된 세계(monde tendu/tensed world)"이다. 바디우는 또한 겉보기에 긴장 없는 세계가 이데올로기적 작용의 산물일 수 있으며, 대부분의 세계는 긴장된 세계와 긴장 없는 세계 사이에 해당한다고 지적한다. 그렇다면 중요한 것은 세계 안의 지점에 대한 철저한 조사와 진리 과정을 지지할 올바른 선택지에 대한 단호한 내기이다.

『세계의 논리』가 세계를 지점이 있는 위상학적 공간으로 간주하는 한편, 그것은 또한 위상학 너머를 표명하기도 하는데, 이는 사건과 사건의 흔적에 관련해서이다. 진리가 창조되기 위해서는 지점이 세계 **안에** 있는 것으로는 충분하지 않다. 무언가가 세계**에 대해** 일어나야 한다. 세계 안에서 진리 창조의 조건은 지점뿐만 아니라 사건을 포함한다. 여기서 문제는 무엇이 정녕 실재적인 변화와 급진적인 단절로서의 사건인가이다. 존재가 세계의 초월성을 단절시키지 않고 세계 안에서 단순히 출현하기만 한다면, 이것은 사건이 아니다. 그것은 진부한 "변모(modification)"이며, 변모는 법칙에 전적으로 종속되어 있다. 대개의 경우 존재는 출현의 법칙을 통과함으로써 출현한다. 드문 경우 존재는 출현의 법칙을 전복시킴으로써 출현하는데, 바디우는 이를 (사건의) "장소(site)"라 부른다. "보통 때는 대상의 지지체인 다수-존재가 대상성의 표면으로 '직접' 부상하는 일이 생길 수 있다. 순수한 존재와 출현의 혼합이 일어날 수 있는 것이다."[108] 장소에서, 다수로서의 존재는 초월성에 의해 대상화되면서도 초월성 너머에서 스스로를 대상화한다. 장소는 세계의 실재적 변화를 촉발하는데, 이는 장소가 세계의 전례 없는 논리를 현시하기 때문이다. 장소는 『존재와 사건』에서의 사건과 동일한 특징을 갖고 있다. 장소는 존재의 법칙을 넘어서서 자기 자신에게 귀속되는 다수이며, 공집합으로서의 공백의 계시이며, 나타나자마자 사라지는 것이다. 장소에 대한 이러한 정의가 존재론적 수준에 관련된다면,

---

108 같은 책, p. 360.

『세계의 논리』에서 새로운 것은 장소의 관념이 논리적 수준에서 정교화된다는 점이다.

논리적으로 볼 때 장소는 네 가지 측면에서 사유될 수 있다. 실존의 강도, 결과의 파급력, 비실존의 실존, 파괴가 그것이다. 바디우는 이 점을 루소의 『신(新) 엘로이즈(La nouvelle Heloise)』의 세계를 예로 들어 설명한다. 이 세계에서 쥘리(Julie)와 생프뢰(Saint-Preux) 사이의 사랑은 비록 그것이 이루어지지 않음에도 불구하고 만남 이후의 열정이 완전히 사그라들지 않은 채 지속된다. 사랑이 실존의 최대한의 강도를 운반하지 않은 채 통상적인 만남으로 종결된다면, 그것은 단순한 "사실(fait/fact)"이다. 쥘리와 생프뢰 간의 사랑은 사실이 아니라 "단독성(singularité/singularity)"인데, 이는 그 사랑이 실존의 강력한 강도를 운반하기 때문이다. 생프뢰가 선언하듯, "그것이 사랑의 기적입니다. 사랑이 제 이성을 초과하면 할수록, 제 마음을 더욱 황홀하게 합니다."[109] 나아가 그들의 사랑은 비(非)최대치의 결과를 갖는 "약한 단독성(singularité faible/weak singularity)"이 아니라 최대치의 결과를 갖는 "강한 단독성(singularité forte/strong singularity)"으로서의 "사건(événement/event)"이다. 쥘리가 말하듯, "아무리 나를 살아 있게 해준 첫 번째 감정을 억누르려고 노력해도, 감정은 제 마음에서 더 깊어집니다."[110] 그들의 사랑은 비실존(l'inexistant/the inexistent)의 논리를 따르는데, 이는 사랑이 쥘리의 마음속에 숨어 있는 관능성을 끄집어내기 때문이다. 그들의 사랑을 통해 이전에 실존하지 않았던 관능성은 최대한으로 실존하게 된다. "한순간, 단 한순간이 제 마음에 불을 질렀고 이 불은 그 어떤 것으로도 끌 수 없습니다."[111] 끝으로 그들의 사랑은 사랑에 대한 지배적인 관념, "너"와 "나" 사이의 사랑을 파괴한다. 너와 내가 사랑의 과정에 참여할 때 너와 나는 두 개인으로 실존하는 것이 아니라 하나의 사랑의 주체로 실존한다. 생프뢰는 이렇게 말한다. "두 연인이 서로를 사랑하는 것입니까? 아닙니다. '당신'과 '나'는 연인들의 혀에서

---

109 같은 책, p. 372.

110 같은 책, p. 376.

111 같은 책, p. 377.

추방된 단어입니다. 연인들은 더 이상 둘이 아니라 하나입니다."[112]

사랑은 덧없이 사라지는 만남으로 환원 불가능하다. 만남이 세계 안에 지울 수 없는 흔적을 남길 수 있기 때문이다. 사랑의 덧없는 측면을 보상하는 이 흔적이 사랑의 과정의 재료 자체를 구성한다. 우리는 만남을 입증할 수 없지만, 세계 속의 만남의 흔적을 입증할 수는 있다. 만남의 강도를 통해서, 만남의 결과를 통해서, 비실존을 실존으로 변형시키는 만남의 능력을 통해서, 그리고 기존의 규범에 대한 만남의 파괴를 통해서 말이다.

대상으로 나타나는 전체로서의 세계는 하나의 토포스(장소, topos)를 형성한다. 이 토포스에서 어떤 역설적인 대상, 즉 존재와 출현의 결합체가 산발적으로 현시된다. 세계-토포스에서는 때때로 사건-장소가 출몰한다. 사건은 세계의 법칙을 교란시키고 세계에 대해 일어나면서 세계에 지울 수 없는 흔적을 남길 수 있다. 이 흔적은 세계의 변화를 가능하게 한다. 세계-토포스는 사건-장소를 통해 달라질 수 있다. 마찬가지로 어떤 예외적인 만남은 사랑하는 이의 인생 전부를 전복시키고 변형시킬 수 있다. 이런 점에서 사랑은 단순히 위상학적인 것이 아니라 이소적(異所的, hetero-topic)이기도 하다. 사랑은 세계 안의 지점으로서의 성적 차이뿐만 아니라 만남 및 다른 세계를 향한 가능성으로서의 만남의 결과에 관련된다. 이러한 아이디어는 주체의 측면에서도 표명될 수 있다. 『세계의 논리』는 주체를 사건의 흔적과 세계 안의 몸 간의 관계로 정의한다. 무엇이 어떤 몸을 진리의 주체로 만드는 것일까? 몸(corps/body)은 사건의 흔적을 체화[통합](incorporer/incorporate)할 때 주체가 된다. 사건의 흔적에 참여하면서 몸은 축어적으로 진리의 몸이 된다. 사랑의 경우 사랑의 주체는 사라지는 사건으로서의 만남이 남긴 흔적에 대한 육화를 통해서 태어난다. 사건의 결과를 육화하는 주체는 사건에 선행하는 세계와는 다른 새로운 세계를 창조한다.

요컨대 사랑은 몸과 지점 간의 연결로 인해 위상학적이며, 몸과 사건 간의

---

112 같은 책, p. 380.

연결로 인해 위상학 너머에 있다. 비록 쥘리와 생프뢰의 사랑이 특수한 세계에 놓여 있다 하더라도, 그것은 그 세계의 한계 너머에서 공명하고 서로 다른 세계를 가로지른다. 아벨라르와 엘로이즈의 사랑이 루소에 의해 재창작되었다는 단순한 사실이 이 점을 증명해 준다. 진리로서의 사랑과 진리의 주체로서의 사랑의 주체는 세계 내적인(intra-worldly) 동시에 초세계적(trans-worldly)이다. 바디우적 위상학에서 사랑은 내부와 외부의 구분 불가능성에 관련되지 않으며, 사랑의 주체는 토러스적 비구체 안의 구멍이 아니다. 사랑은 사건과 세계를 겹쳐 있게 하고, 사랑의 주체는 만남을 시간과 영원의 결합체로 엮어 내는데, 바디우는 이를 "현재(présent)"라 부른다. 사랑의 주체는 흘러가는 시간 안에서 비시간적인 현재를 산다. 사랑의 주체는 특수한 세계에 얽매이는 것을 넘어서서 영원을 시간 안에 기입함으로써 시간의 새로운 차원을 창조한다.

결론을 내자. 『사랑의 단상』에서 바르트는 사랑받는 이로서의 소크라테스가 아토포스(atopos), 즉 예측할 수 없고 분류할 수 없는 독창성을 구현한다고 쓴다.[113] 바디우와 함께 우리는 사랑이 아토포스의 진리라고 말할 수 있다. 단순히 사랑이 공간적으로 자리를 갖지 않아서가 아니라 장소의 논리를 초과하는 사건적 현재의 창조를 돕기 때문에 말이다. 사건적 시간성이 위상학적 공간성을 보충한다. 사랑은 토러스적으로 공간적이며 사건적으로 시간적이다. 사랑은 시간의 흐름을 중단시키는 위상학적 구멍에 기입되어 있는 만큼이나 공간의 한계를 넘어서는 주체적 현재 안에 기입되어 있다. 사랑은 위상학에 대해 내적인 불가사의와 같다. 토포스에 관여하고 토포스로부터 이탈하는 불가사의, 다른 세계를 환기하면서도(hetero-topic) 토포스를 넘어서는(ultra-topic) 현재를 창조하는 불가사의 말이다.

---

113 바르트, 『사랑의 단상』, 60쪽.

2-5 매듭 이론

후기 라캉에게 실재는 매듭의 문제이다. 실재는 매듭론(nodology)을 통해 접근될 수 있다. 이는 사랑의 실재 또한 매듭을 통해 검토될 수 있다는 점을 뜻한다. 상상계로서의 사랑에 대한 기존의 문제 제기를 넘어서서 라캉은 이렇게 말한다. 보로매우스 매듭은 "사랑이 상상계를 통해 다루어지도록 설계되지 않았음"[114]을 설명해 준다. 그러나 보로매우스 매듭은 라캉의 매듭론의 전부를 이루지 않는다. 이번 절에서 우리는 세 가지 유형의 매듭을 통해 사랑에 접근할 것이다. 올림픽 매듭, 보로매우스 매듭, 증환적 매듭이 그것이다.

보로매우스 매듭에서는 고리들 가운데 하나가 빠지면 전체가 무너진다. 그런데 『세미나 21권』에서 라캉은 보로매우스 매듭과는 구조적으로 다른 종류의 매듭, 즉 올림픽 매듭을 도입한다. 올림픽 매듭에서는 세 개의 고리 중 하나가 가운데 위치를 차지하기에 중간 고리가 빠지면 전체가 무너지며, 양끝의 고리가 빠지더라도 나머지 두 고리는 여전히 결합을 유지한다. 오직 가운데 고리의 풀림만이 매듭을 무너뜨릴 수 있다. 라캉은 세 가지 유형의 올림픽 매듭을 통해 세 가지 유형의 사랑, 즉 신적인 사랑, 궁정풍 사랑, 마조히즘적 사랑을 다룬다.

『세미나 21권』의 맥락 속에서 실재는 죽음에, 상징계는 주이상스에, 상상계는 육체에 대응된다. 실재가 죽음인 것은 어떤 이미지나 기표를 갖고도 죽음을 재현할 수 없기 때문이다. 상징계가 주이상스인 것은 후기 라캉에게 기표가 곧 주이상스의 매개체로 기능하기 때문이다. 상상계가 육체인 것은 인간 육체의 형상이 모든 이상화된 전체성의 토대이기 때문이다. 이 점을 바탕으로 세 가지 사랑을 논의해 보자.

우선, 상징계가 죽음(실재)과 육체(상상계)를 매개하는 중간 위치를 차지한다

---

114 Lacan, *SXXI*, 1974년 3월 12일 수업(미출간).

면, 이것은 신적인 사랑(RSI)이 된다. 여기서 라캉은 상징계를 사랑 자체로 지칭한다. 신적인 사랑은 "사랑을 통해 한편으로는 육체가 죽는 것을 보장하고 다른 한편으로는 죽음이 육체가 되는 것을 보장한다."[115] 이는 "말씀"이신 신으로서의 상징계가 우리의 육체와 죽음을 지배함을 뜻한다. 마치 기표가 주체의 육체에 등록되어 주체의 상징적 죽음(및 삶)을 규제하는 것처럼 말이다. 라캉은 어떻게 상징계로서의 신적인 사랑이 육체와 죽음을 연결시킬 수 있는지 해명하지 않는다. 대신 그는 원죄 및 육체의 마비를 짧게 언급하면서 신적인 사랑을 비판적으로 평가한다. "사랑, 신적인 사랑으로 취해진 상징계는 존재와 사랑을 정점에 놓는 명령의 형태로 존재합니다."[116] 신적인 사랑은 도착증에 가까운데, 왜냐하면 법으로 제어할 수 없는 사랑이 법의 형태로 선포되고 설교되기 때문이다. 이는 성적 사랑에 대한 무지라는 대가를 치르게 된다. "네 이웃을 사랑하라"는 율법이 사랑을 실재적 난관으로서의 성으로부터 빼내기 때문이다. 나아가 신적인 사랑은 존재와 사랑을 결합하기에 사랑이 존재가 아니라 존재의 결여에 관련된다는 점을 알지 못한다. 그래서 신적인 사랑은 욕망과 결여의 문제를 쫓아내려고 시도한다. 이를 위해 신적인 사랑은 욕망을 목적으로 바꾸는 교활한 전략을 채택한다. 결국 신적인 사랑에서 진정으로 인정되는 유일한 욕망은 신의 욕망이며, 신의 욕망이 목적(론)을 통해 정립된다. "신적인 사랑은 신이 장차 어떻게든 이루어질 것을 욕망한다는 가정입니다."[117] 여기서 정신분석은 욕망과 결여의 힘을 증언함으로써 개입하고, 신적인 사랑의 전략이 성공적이지 않음을 보고한다. 욕망과 사랑의 연관성은 신적인 사랑에 의해 해소되거나 은폐될 수 없으며 여전히 유효하다. 결국 라캉의 사랑은 신적인 사랑이 아니다.

두 번째로 육체(상상계)가 주이상스(상징계)와 죽음(실재)을 매개하는 중간 위치를 차지할 때, 이것은 궁정풍 사랑(SIR)이 된다. 여기서 라캉은 일종의 역사

---

115 Lacan, *SXXI*, 1973년 12월 18일 수업(미출간).

116 같은 곳.

117 같은 곳.

적 관점을 취하는데, 그 관점에 따르면 궁정풍 사랑은 신적인 사랑에 후속적인 패러다임이 아니다. 궁정풍 사랑은 카툴루스의 레스비아에 대한 오마주나 플라톤의 『향연』에 나오는 아름다움의 상상계에 근거한 고대적 질서의 재출현이다. 여기서 아름다움의 상상계는 외상적인 실재를 방어하는 보호장치로 기능한다. 이것이 아름다움에 의해 촉발되는 사랑이 본질적으로 속임수(tromperie)인 이유이다. 궁정풍 사랑에서 미는 귀부인의 육체 이미지로 구현되고, 귀부인 육체의 이상화된 미는 주이상스와 죽음의 상상화를 낳는다. "궁정풍 사랑은 주이상스와 죽음에 대해 상상합니다."[118] 주목할 것은 이 매듭이 "사랑이 언제나 중간 자리를 차지해 왔음"을, 또 "중간으로 취해진 상상계가 사랑의 진정한 자리의 토대임"을 보여 준다는 점이다.[119] 궁정풍 사랑은 사랑이 상상계에 근거해 있음을 확증한다. 그러나 라캉은 곧바로 정신분석이 사랑에 새로운 방식으로 접근하기 위해서 이의를 제기해야 할 것이 상상계임을 지적한다. "정신분석이 맞서야만 하는 것은 아름다움의 상상계입니다. 정신분석은 사랑의 벽[(a)mur]으로서의 사랑이 다시 꽃필 수 있도록 길을 열어 주어야 합니다. 사랑의 벽이 사랑에 한계를 부여하는 한에서 말입니다."[120] 사랑의 벽은 정신분석이 상상적인 사랑에 반대하는 방식을 압축적으로 요약한다. 정신분석은 진정한 사랑이 우리를 매혹시키고 또 좌절시키는 아름다움의 상상계에 근거한 것이 아니라 상상계의 단절 및 사랑에 내재적인 한계의 계시에 근거해 있다고 주장한다. 사랑은 거세가 이상화된 아름다움 배후의 결여를 드러낸다는 점에서 하나의 벽이다. 사랑은 상실과 환상에 상관적인 대상 a가 사랑의 방향을 결정하기에 하나의 벽이다. 사랑은 성적 비관계가 조화로운 통일성과 같은 것이 없음을 드러내기에 하나의 벽이다. 이런 점에서 정신분석은 사랑 고유의 한계를 긍정함으로써 사랑을 재발명한다.

세 번째로 죽음(실재)이 주이상스(상징계)와 육체(상상계)를 매개하는 중간 위

---

118 Lacan, *SXXI*, 1973년 12월 18일 수업(미출간).

119 같은 곳.

120 같은 곳.

치를 차지할 때, 이는 마조히즘적 사랑(SRI)이 된다. 중간으로서의 죽음에 관한 언급 없이 라캉은 마조히즘이 정신분석가를 사로잡고 정신분석 이론의 토대를 제공한다고 말한다. 마조히즘에 따르면 육체는 향유하는 실체이며, 주체는 이에 대해 아무것도 알기를 원하지 않는다. "육체는 스스로를 향유합니다. 육체는 스스로를 잘 향유하거나 혹은 잘못 향유합니다."[121] 여기서 라캉은 사랑과 주이상스를 결합하는데, 이는 사랑이 더 이상 상상계에 속하지 않는다는 점에서 주목할 만하다. "주이상스는 사랑이라는 명목으로 맹목적으로 추구되는 것에 결여되어 있지 않습니다. 주이상스는 가득합니다!"[122] 마조히즘은 사랑과 주이상스가 나란히 간다는 점을 보여 준다. 사랑은 주이상스라는 자신의 비밀스러운 과잉과 공모한다. 주이상스는 사랑을 맹목적이고 치명적으로 만든다. 사랑이 흥미롭고 짜릿한 것은 우리가 사랑이라는 게임의 규칙을 알지 못하면서 그 게임에 눈먼 채로 참여하기 때문이다. "그들은 규칙을 알지 못하는 게임을 합니다. 지식이 있을 수 있도록 지식을 창안해야 한다면, 정신분석 담론은 아마 여기에 쓸모가 있을지도 모릅니다."[123] 마조히즘이 정신분석가를 사로잡는 것은 그것이 주이상스의 카오스를 보여 주기 때문이다. 동시에 마조히즘은 정신분석 이론의 토대를 제공하는데, 이는 마조히즘이 주이상스의 카오스에 맞서서 게임의 규칙을 창조할 필요를 환기시키기 때문이다. 그리고 이러한 규칙은 상징계에 속할 수밖에 없다. 지식으로서의 분석 담론이 사랑의 문제에 유용하다면, 이는 정신분석이 주이상스를 진정시키고 완화시키는 새로운 상징적 질서를 구축하기 때문이다. 여기서 무의식은 주어지는 것이 아니라 구축된다는 사실이 입증된다. 삶에서 새로운 사랑은 무의식적 구조에 대한 창의적인 재구축과 함께 온다. 그리고 무의식의 재구축은 반드시 기존 주이상스의 손실을 동반한다. 주이상스의 손실은 아이러니한 의미에서 고통스럽거나 불가능하게 여겨질 것(분석자가 자신의 증상에 다른 어떤 것보다 병리적으로 집착하기에)이지만,

---

121 Lacan, *SXXI*, 1974년 3월 12일 수업(미출간).

122 같은 곳.

123 같은 곳.

정신분석의 대의는 주이상스의 상징화를 통해 사랑의 규칙을 창안하는 데에 있다. "사랑이 다소 교화된[문명화된] 어떤 것이 될 때부터, 즉 사랑이 어떤 게임처럼 작동한다는 것을 사람들이 알 수 있을 때부터 주이상스는 손실될 수 있습니다."[124] 요컨대 사랑은 문명화 불가능한 것을 문명화하는 것이다.

이렇듯 라캉은 올림픽 매듭의 세 가지 유형을 통해 신적인 사랑(RSI), 궁정풍 사랑(SIR), 마조히즘적 사랑(SRI)을 다룬다. 동시에 라캉은 이것들 각각으로부터 거리를 둔다. 그는 욕망을 은폐하고 성을 회피하는 신적인 사랑에 이의를 제기하고, 아름다움의 상상계에 호소하는 궁정풍 사랑에 이의를 제기하며, 주이상스의 맹목적인 카오스에 휩쓸리는 마조히즘적 사랑에 이의를 제기한다. 반대로 라캉의 사랑은 신적인 사랑 너머에서 욕망과 씨름하는 것, 궁정풍 사랑 너머에서 사랑의 한계와 대면하는 것, 마조히즘적 사랑 너머에서 사랑의 규칙을 창안하는 것으로 구성된다.

궁극적으로 라캉은 올림픽 매듭을 하나의 실패로, 주체화의 실패로 간주한다. 주체의 지지체로서의 보로매우스 매듭의 구축이 성공적인 주체화에 해당하는 반면, 올림픽 매듭은 주체가 "얼마나 쉽게 중간[사랑]에 빠지는지"[125]에 주목함으로써 주체화 과정에 내재적인 위기를 시사한다. 올림픽 매듭에서 중간 고리가 핵심 역할을 담당하고 있음을 상기하자. 양쪽 끝의 고리를 매개함으로써 매듭의 결합이 유지될지 아닐지를 결정하는 것은 중간 매듭이다. 중간이 매듭지어지면, 주체는 유지된다. 중간의 매듭이 풀리면, 주체는 사라진다. 나아가 세 유형의 사랑에서 결정적인 역할을 하는 것 역시 중간에 위치한 고리(신의 상징적 계율, 귀부인의 상상적 육체, 마조히스트의 실재적 주이상스)이다. 사랑이 중간 위치를 차지할 때 우리는 쉽게 중간으로서의 사랑에 빠진다. 사랑에 빠질 때, 주체에게 사랑은 거의 모든 것과 같다. 신에 대한 과도한 사랑 때문에 신자는 광신도가 될지 모른다. 귀부인에 대한 맹목적 헌신 때문에 기사는 그녀의 노리개가

---

124 Lacan, *SXXI*, 1974년 3월 12일 수업(미출간).

125 Lacan, *SXXI*, 1973년 12월 18일 수업(미출간).

될지 모른다.[126] 주이상스에 대한 자기 파괴적 집착 때문에 마조히스트는 분석가에게 등을 돌릴지 모른다("부정적인 치료 반응"). 사랑은 주체에 활기를 불어넣는 동시에 주체를 위험에 처하게 한다. 사랑은 주체를 탈주체화시킬 수 있다. 올림픽 매듭은 사랑에 빠진 사랑의 주체가 자신을 붕괴시킬 수 있는 위협적인 사랑의 가능성에 내기를 건다는 점을 보여 준다. 이 때문에 정신분석이 보기에 사랑의 주체가 있을 확률은 희박하다. 오히려 사랑의 환자만 있을 뿐이다.

이제 보로매우스 매듭과 사랑의 연관성으로 넘어가자. 이 점을 논의하기 위해서는 아버지의 이름을 참고해야 할 필요가 있다. 초기 라캉에게 아버지의 이름은 기표의 운동을 허용하고 기표 연쇄에 일관성을 부여하는 근원적 기표이다. 임상적 맥락에서 아버지의 이름은 주체가 상징적 질서로 들어가게 만드는 기능을 대변한다. 아버지의 이름은 어머니의 욕망을 은유화하고 이를 통해 의미의 조직자로서의 팔루스적 의미 작용을 설립한다. 아버지의 이름으로 인해 아이는 더 이상 어머니의 욕망에 종속되지 않는다. 그는 상징적 세계에서 자신의 자리를 발견한다. 아버지의 이름은 신경증과 정신병을 구분하는 경계선으로 작용하는데, 이는 아버지의 이름의 폐제(forclusion/foreclosure)가 주체의 상징적 질서를 불완전하게 만듦으로써 정신병적 구조를 야기하기 때문이다. 아버지의 이름은 상징적 법의 보루이다.

triskel   noeud de trèfle   noeud borroméen

---

126 『세미나 7권』에서 라캉은 아르노 다니엘(Arnaut Daniel)의 시를 읽는데, 그 시는 베르나르 드 코르닐(Bernard de Cornil)의 사례를 다룬다. 코르닐은 자신의 이름에 부합하게도["코른은 호른(뿔피리)"를 뜻한다] 귀부인으로부터 귀부인의 호른[음부]에 바람을 불어넣으라는 요청을 받는다.

후기 라캉에게 아버지의 이름은 보로매우스의 조직자로 간주된다. 보로매우스 매듭은 트리스켈(triskel)로 만들어진다. 트리스켈은 매듭이 아니라 삼각형에서 세 변이 뻗어 나간 모양에 가까운데, 이 시점에서 세 차원(상상계, 상징계, 실재)은 아직 미성숙 단계에 있다. 한편 트리스켈은 교차점이 3개인 세 잎 매듭(nœud de trèfle/trefoil knot)으로 변할 수 있는데, 여기서 세 차원은 연속적이다. 임상적으로 라캉은 세 잎 매듭을 편집증적 구조로 간주하는데, 이는 상징적 질서가 아직 정착되지 않았다는 의미에서이다. 가령 망상("그가 나를 무시한다." "그녀가 나를 사랑한다" 등) 속에서 살아가는 편집증자에게 중요한 것은 기표의 운동이 아니라 의미 작용의 홍수이다. 또 트리스켈은 보로매우스 매듭으로 변할 수 있는데, 이때 세 차원 간의 불연속성을 유지하면서도 각각의 차원에 일관성을 부여함으로써 트리스켈을 보로매우스 매듭으로 변화시키는 데에 핵심 역할을 하는 것이 아버지의 이름이다.

여기서 주목할 점은 라캉이 아버지에 대한 소년의 동일시에 관한 프로이트의 아이디어를 가지고 옴으로써 사랑을 아버지의 이름에 연결시킨다는 점이다. "사랑이 존재하는 것은 아버지의 이름이 트리스켈의 셋을 가지고 버클을 만든다[세 차원이 서로를 지탱하게 한다]는 점 때문이다."[127] 보로매우스 매듭이 성적 비관계의 테제에 완벽히 부합한다는 점을 상기하자. 보로매우스 매듭에서는 어떤 두 고리도 연결되지 않는다. 둘은 오직 하나(의 매듭)와 셋(의 고리)의 결합으로 지탱될 수 있다. 이렇게 보로매우스 매듭은 사랑이라는 이름으로 성적 비관계를 다루는 부성적 기능을 지칭한다. 부성적 기능은 성적 비관계의 구멍을 메우고 이 구멍을 사랑으로 덮어씌운다. 나아가 그것은 또한 보로매우스 매듭을 구조화함으로써 영원한 사랑을 규정한다. "보로매우스 매듭은 오직 다음과 같은 사실에 대한 번역입니다. 사랑은, 우리가 영원한 것이라 규정할 수 있는 사랑은 아버지의 기능에 관련됩니다."[128] 그러나 영원한 사랑은 부성적 기

---

127 Lacan, *SXXII*, 1975년 4월 15일 수업(미출간).

128 Lacan, *SXXIII*, p. 130.

능에 의해 공식화되는 담론적 허구에 다름 아니다. 오히려 아버지의 이름과의 동일시는 양가감정의 출현에 기반을 제공한다. 아버지에 대한 소년의 동일시는, 오이디푸스 콤플렉스의 맥락에서 어머니에 대한 대상 리비도 집중과 나란히 존재하고, 따라서 적대적인 색채를 띠게 된다. 이상화된 아버지처럼 되고 싶은 소망은 어머니를 독점하기 위해 아버지를 제거하려는 공격적인 소망으로 대체된다. 프로이트가 지적하듯, "사실 동일시는 처음부터 양가적이어서, 부드러운 애정 표현으로 바뀔 수도 있지만 누군가를 제거하고 싶은 원망으로 바뀔 수도 있다."[129] 이러한 입장을 확장시키면서 라캉은 동일시에 의해 지지되는 사랑은 애증에 다름 아님을 지적한다. "보로매우스 매듭으로 인해 우리는 우리에게 본질적인 최초의 진리를 손에 넣게 됩니다. 그것은 사랑이 애증(hain-amoration)이라는 것입니다."[130] 토마스 아퀴나스와 달리, 정신분석은 사랑이 타인의 안녕(velle bonum alicui)에 관련되는 것은 어느 한계선까지일 뿐이라고 말한다. 또 엄밀히 말해 프로이트가 말하듯 마치 부드러움이 적대로 변하듯 사랑이 증오로 바뀌는 것이 아니다. 사랑이 곧 애증이다. 사랑에 빠짐(enamouré)과 증오(haine)가 결합되어 있는 애증 말이다. 이것은 심지어 정신분석의 최초의 진리의 위상을 갖는다.[131] 사랑이 아버지에 대한 동일시에 근거해 있는 한 사랑은 애증이다.

『세미나 22권』이 나머지 세 고리를 결합시키는 네 번째 고리로서의 아버지의 이름을 다룬다면, 라캉은 곧 이 네 번째 고리의 이름을 증환(sinthome)으로 재명명한다. 증환의 기원과 출처는 보로매우스 매듭이 실패할 가능성에 있다. 보로매우스 매듭의 풀림은 정신병의 발발과 주체의 붕괴에 상응하기 때문에, 주체성에 대한 보충적인 지지대가 필요하다.

---

129 프로이트, 『문명 속의 불만』, 김석희 옮김, 열린책들, 2004년, 115쪽

130 Lacan, *SXXII*, 1975년 4월 15일 수업 (미출간).

131 이미 『세미나 8권』에서 라캉은 "사랑이 증오와 근원적이고 양가적으로 결합되어 있는 것은 자명합니다"라고 지적한 바 있다(*SVIII*, p. 16).

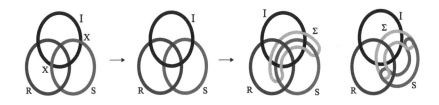

　　보로매우스 매듭에서 세 개의 고리는 둘씩 연결되지 않음에도 불구하고 결합을 유지한다. 그러나 매듭은 실패할 수 있다. 위 그림의 첫 번째 이미지가 보여 주듯, 이러한 실패는 가령 두 개의 지점(X)에서 일어날 수 있다. 세 영역이 결합되기 위해서는 상징계가 두 지점에서 상상계의 위를 통과해야만 했다. 그러나 상징계는 (두 번째 이미지가 보여 주듯) 실제로 상상계의 아래를 통과한다. 이로 인해 매듭은 형성되지 않고 보로매우스 매듭은 붕괴된다. 세 영역이 단순히 겹쳐져 있을 뿐이기 때문이다. 이러한 실패한 보로매우스 매듭을 수선하기 위해서는 증환(Σ)이라는 보충적인 매듭이 상징계에 부가되어야 한다. 그런데 실상 증환은 상징계뿐만 아니라 전체 구조를 지탱한다. 매듭이 풀어질 가능성에 노출된 세 고리의 결합을 유지시키는 것은 네 번째 고리인 증환이다. 주목할 만하게도 위의 마지막 이미지는 상징계와 증환이 새로운 상징계를 구성한다는 것을 보여 준다. 라캉은 이를 "새로운 유형의 S를 제공하는 Σ + S"[132]로 지칭한다. 사실 이러한 결과는 우연이 아닌데 왜냐하면 오직 상징계만이 둘로 양분될 수 있기 때문이다. 즉 기표의 변별적 네트워크로서의 상징계와 주이상스를 함유하는 독특한 문자로서의 상징계로 말이다. 달리 말해 무의식에는 두 가지 측면, 즉 분석 가능한 상징적 측면과 분석 불가능한 실재적 측면이 있다. 또 달리 말해 증상에도 두 가지 유형, 즉 분석 작업을 통해 해소되는 증상과 주체성의 필요 불가결한 지지대로 긍정되는 증환이 있다. 증환의 임상적 의의는 무의식이 단순히 가정되거나 주어지는 것이 아니라 구축되거나 재형성될 수 있다는 데에 있다. 이렇게 증환적 매듭은 새로운 상징계의 가능성을, 따라서 주체

---

132 Jacques Lacan, "Conférences et entretiens dans les universités nord-américaines", 1975년 12월 2일 MIT에서의 강연.

성의 변화를 시사한다.

증환적 매듭은 또한 아버지의 이름의 위상 변화를 함축한다. 라캉은 종종 증환과 아버지의 이름을 동일시한다. "아버지는 이러한 네 번째 요소입니다. 그것이 없다면 상징계, 상상계, 실재의 매듭에서 아무것도 가능하지 않습니다."[133] 그러나 아버지의 이름은 더 이상 보로매우스 매듭을 구조화하는 작용을 지칭하지 않는다. 아버지의 이름은 새로운 상징적 질서를 건설하기 위한 명명 행위 안에서 활용될 재료이며, 아버지 자신이 증상적인 인물로 나타난다. 여기서 요점은 아버지의 이름으로부터 권력을 박탈하는 것이 아니다. 우리는 아버지의 이름을 요령껏 활용할 수 있을 것이며, 따라서 아버지의 이름의 권력 바깥에서 살아갈 수 있을 것이다. 라캉이 말하듯, "성공적인 정신분석은 아버지의 이름이 우회될 수 있음을 입증한다. 우리는 아버지의 이름을 활용하는 한에서 그것을 우회할 수 있다."[134]

그렇다면 증환은 사랑에 관해 어떤 함의를 가질까? 증환은 성적 비관계의 지양을 통해 하나의 성과 다른 성 사이에서 관계를 조직한다. 증환은 비관계의 관계의 동인이다. 라캉이 말하듯, "증환이 있는 한에서, 즉 다른 성이 증환에 의해 지탱되는 한에서, 관계가 있습니다."[135] 여기서 핵심적인 질문을 제기해 보자. 이 관계는 팔루스 함수와 담론 작용에 의해 규제되는가? 답변은 긍정적인 것으로 보인다. 왜냐하면 라캉은 같은 세미나에서 여자를 남자의 증상으로 보는 자신의 기존 입장을 반복하기 때문이다. 여자가 남자의 증상이라면, 남자는 여자의 재난이다.[136] 여자가 남자의 증상인 것은 타자적인 성(l'Autresexe/the Other sex)으로서의 여자가 팔루스적 주이상스라는 남성적 증상으로 인해 대상 a로 환원되기 때문이다. 그리고 남자가 여자의 재난인 것은 남자가 여자로 하여금 팔루스 함수 너머의 과도한 주이상스에 직면하게 함으로써 정신병적 삽

---

133 Lacan, *SXXIII*, p. 147.

134 같은 책, p. 116.

135 같은 책, p. 84.

136 같은 책, p. 84.

화를 유발할 수 있기 때문이다. 그렇다면 설령 증환적 매듭이 관계를 지지한다 하더라도, 이 관계는 여전히 기존의 법과 담론에 의해 구조화된 것으로 드러난다. 왜냐하면 증상(여자)과 재난(남자) 사이의 비대칭적인 관계가 결국 팔루스 함수에 의해 영향을 받기 때문이다. 이러한 입장은 증환이 새로운 상징적 질서의 매개자로 기능한다는 입장과 일관되지 않는다는 점에 주목하자. 그런데 사실 증환은 팔루스 함수와 같은 수준에 놓일 수 없다. 왜냐하면 증환은 팔루스 함수가 무너지는 지점에서 그것을 보충하기 위해 기능하기 때문이다. 이러한 난점으로부터의 유일한 출구는 남자가 하나의 증환이며 여자도 또 다른 증환이 되는 "상호 증환적 관계(rapport intersinthomatique/intersinthomatic relation)"에 있으며, 라캉은 이것에 대해 이렇게 말한다. "'그'라는 증환과 '그녀'라는 증환이 있습니다. 이것이 소위 성관계로부터 남아 있는 전부입니다. 성관계는 상호 증환적 관계입니다."[137] 1978년의 '그'라는 증환(sinthome il) 및 '그녀'라는 증환(sinthome elle)과, 『세미나 14권』의 '그'라는 남자(homme il) 및 '그녀'라는 남자(homme elle) 사이의 차이에 주목하라. 후자의 경우 남자(homme)가 '그'와 '그녀' 둘 다에 포함되어 있다. 이는 남자와 여자의 관계 자체가 남성적으로 구조화된다는 것을 뜻한다. 이 관계가 언어, 담론, 팔루스 함수, 부성적 기능에 의해 확립되는 한에서 말이다. 반면 전자의 경우 공통분모는 증환이며, 이것은 상호 증환적 관계가 더 이상 비관계의 구멍에 대한 규범적인 구멍마개가 아님을 뜻한다. 오히려 상호 증환적 관계는 성적 비관계의 아포리아(aporia)를 보존한다. 동시에 그것은 비담론적, 비팔루스적, 비부성적 관계를 건설하는데, 이것이 곧 정신분석이 다루는 사랑의 게임의 규칙일 것이다. 이런 점에서 상호 증환적 관계는 사랑에 대한 정신분석적 재창안의 고유명이다.

상호 증환적 관계는 단독성의 결합과 같다. 라캉의 단독성 개념이 S+Σ(무의식에 증환을 덧붙인 것)으로 정의된다는 점에 주목하자. "무의식이 증환에 매듭지어지는 한에서—이것은 각 개인에게 독특한 것인데—우리는 조이스가 개인적

---

137 Jacques Lacan, "Conclusions –Congress de L'École Freudienne de Paris" in *Lettres de l'École*, 1979, no. 25, Vol. II, p. 220(1978년 7월 9일).

인 것과 동일시한다고 말할 수 있습니다."[138] 상호 증환적 관계는 각각의 성이 자신의 무의식적 구조를 재구조화하고 (자신의 개별적 주체성을 억압하기보다는) 자신의 개별적 주체성과 뒤얽힌 새로운 상징적 질서를 건설하는 과정을 요구한다. 남자-증환이라는 단독성이 되기 위해서 남자는 팔루스적 주이상스에 근거한 자신의 무의식적 구조를 훈습해야 하고, 보편성으로서의 여자가 존재하지 않음을(여자가 팔루스 함수에 따라 정의될 수 없음을) 받아들여야 한다. 여자-증환이라는 단독성이 되기 위해서 여자는 상징적 질서의 관점에서 결정 불가능한 자신의 모호한 입장을 훈습해야 하고, 예외적인 팔루스에 대한 유혹적 환상을 경계해야 한다. 이후에 남아 있는 것이 바로 사랑의 규칙을 창안하는 과제와 두 개의 (혹은 그 이상의) 단독성을 결합하는 문제이다. 이는 매우 어려운 일이고, 그래서 상호 증환적 관계로서의 사랑은 매우 드물다. 오히려 사랑은 대개 양립 불가능한 증상 간의 적대적 갈등으로 종결된다. 증상에 대한 증환적 주체화나 증환적 관계의 형성으로 이어지기는커녕 말이다. 여기서 분석의 끝이라는 문제가 증환과 사랑 간의 상관관계를 해명하고 입증하는 데에 도움이 된다. 사실 분석의 끝, 증환, 사랑은 밀접히 상호 연관된 문제이다. 정신분석이 사랑의 문제에 관련된다면, 그것은 분석 작업의 목표로서의 분석의 끝이 사랑하기의 새로운 방식을 창안하는 것으로 정의될 수 있다는 점에서 그러하다. 또 사랑하기의 새로운 방식은 주체성의 변화를 통해서 가능하고, 주체성의 변화가 바로 분석의 끝에서 도래하는 것이다. 이런 점에서 라캉적 분석의 끝 중 하나가 "자신의 증환과의 거리를 둔 동일시"라는 점에 주목할 필요가 있다. 왜냐하면 자기자신의 증환과 능숙하지만 신중한 방식으로 동일시할 수 없는 사람이 다른 누군가와 상호 증환적 사랑에 이를 수는 없기 때문이다.[139]

---

138 Lacan, *SXXIII*, p. 147.

139 그렇지만 증환적 주체성이 필연적으로 상호 증환적 관계로 이어지지 않는다는 점에 주목하자. 가령 조이스의 경우처럼 말이다. 조이스는 그 자신의 증환적 주체성에도 불구하고 자신의 아내 노라와 상호 증환적 관계에 도달하지 않았다. 노라에 대한 조이스의 관계는 그의 무의식에 근거한 성관계인데, 그의 무의식에서 노라는 주체적 단독성으로 인정되기보다는 조이스에게 꼭 맞는 "장갑"과 같은 것으로 환원된다. 조이스에게 노라는 여성에 대한 일반 관념(대상

요컨대 매듭 이론은 사랑이 더 이상 상상적 자아, 상징적 결여, 실재적 주이 상스에 관련되는 것이 아니라 증환적 단독성에 관련됨을 시사한다. 사랑은 "증환이라는 바이러스를 소통하는 방법"[140]에 대한 하나의 독창적인 해법이다. 사랑은 나 자신의 증환을 구축하는 것이며, 다른 증환을 하나의 단독성으로 포용하는 것이며, 증환적 단독성을 결합하는 것이다. 사랑은 무의식적 증상을 훈습하고 새로운 상징적 질서를 연마하면서 성적 비관계를 지양하는 상호 증환적 관계를 창조하는 것이다. 상호 증환적 관계로서의 사랑은 더 이상 아버지의 이름의 작용에 의존하지 않으며 양가감정으로서의 사랑을 넘어선다. 앞서 보로매우스 매듭과 함께 사랑이 곧 애증이라는 정신분석의 최초의 진리가 단언되었다. 이제 증환적 매듭과 함께 이러한 최초의 진리는 전복되고 사랑(과 분석의 끝)에 관한 새로운 경구가 출현한다. "당신의 증환과 동일시하고, 상호 증환적 관계를 창조하라!"

바디우는 매듭을 통해 사랑을 다루지 않는다. 비록 바디우가 주소, 전수, 기입이라는 상호의존적 요소들을 통해 철학적 제도의 개념을 정의할 때 보로매우스 매듭을 활용하기는 하지만, 이는 사랑의 문제에 직접 관련되지 않는다. 또 『주체의 이론』에서의 라캉적 보로매우스 매듭에 대한 바디우의 비판과 보로매우스 매듭을 통한 코뮤니즘 이념의 공식화는 정치적 사안에 관련된다(이 점은 3장에서 논의될 것이다). 그러나 사랑의 윤리에 대한 보로매우스적 매듭을 재구성하는 것은 가능하다. 바디우적 사랑이 주체적 윤리를 통해서만 가능한 한에서 말이다.

인권, 희생자 및 소수자 담론, 생명윤리, 타자에 대한 레비나스적 책임, 자본주의적 민주주의, 문화 상대주의와 같은 동시대 윤리적 이데올로기에 거슬러

화할 수 있는 장갑)에 들어맞는 특수한 경우일 뿐이다. "조이스에게는 한 명의 여자만 있습니다. 그녀는 언제나 동일한 모델을 따르며, 그는 몹시 혐오하면서 이 장갑을 낄 뿐입니다"(SXXIII, p. 68). 여기서 주목할 점은 분석의 끝을 표시하는 증환이 새로운 사랑의 성공을 보장하거나 사랑의 원칙을 주입하지 않는다는 것이다. 정신분석은 사랑의 이상적 형상을 규정하기보다는 사랑의 수수께끼를 보존하기를 선호한다. 우리는 마지막 장에서 이 점으로 되돌아올 것이다.

140 Lacan, "Conclusions–Congress de L'École Freudienne de Paris", p. 220.

서 바디우는 "진리들의 윤리학"을 제창한다. 이러한 윤리학은 우선 상황의 의견에 대한 내재적 단절이자 상황의 지식에 대한 예측 불가능한 보충으로서의 사건에 근거한다. 윤리는 "도래하는 것"이 "있는 것"의 법칙에 의해 규제되는 인간 동물의 이해 관심에 구멍을 내기 때문에 가능하다. 두 번째로 이러한 윤리학은 새로운 상황을 구성하기 위해 사건의 관점으로부터 상황을 조사하는 과정으로서의 충실성에 근거한다. 이러한 충실성의 과정의 금언은 "계속하시오"이며, 이에 따라 인간 동물은 자신의 유한성을 초과하고 자신을 불멸적으로 만드는 것 안에서 인내한다. 끝으로 이러한 윤리학은 사건에 대한 충실성이 상황에서 생산하는 것으로서의 진리에 의해 구현된다. 상황의 객관적 언어에 구멍을 내는 진리가 주체에 의해 지탱될 때, 주체는 진리를 운반하는 언어, 주체적 언어를 발전시킨다. 이러한 언어는 상황의 언어를 점진적으로 재조직하고 새로운 상황을 구축할 힘을 갖는다. 따라서 진리들의 윤리학은 이렇게 선언한다. "다른 자들과 똑같은 인간 동물이지만, 그럼에도 진리의 사건적 과정에 의해 포착되고 전위된 '어떤 자'이기를 계속하라."[141]

사랑은 그 불규칙하고 변화무쌍한 성질로 인해 모든 윤리 형식을 문제화한다. 라캉은 이렇게 단언한다. "분석은 사랑을 윤리적 경험의 중심에 놓음으로써 사랑에 대해 매우 중요한 관점의 변화를 야기했습니다."[142] 정신분석은 법 없는 카오스로서의 에로스가 윤리학에 도전을 제기한다는 점에 주목한다. 사랑은 지배 규범으로서의 도덕 법칙에 아포리아를 제기한다. 비슷한 맥락에서 바디우 역시 사랑은 도덕 법칙을 따르지 않는다고 주장한다. 바디우적인 사랑의 윤리는 진리가 주체적 윤리에 의해 지지되는 한에서 진리들 중의 하나인 사랑 역시 윤리적 용어를 통해 특징지어질 수 있음을 시사한다. 정신분석이 에로스가 어떻게 윤리학에 문제를 제기하는지를 물음으로써 부정적인 방식으로 사랑의 윤리를 검토한다면, 바디우는 긍정적인 방식으로 사랑의 윤리를 발전

---

141 알랭 바디우, 『윤리학』, 이종영 옮김, 동문선, 2001년, 108쪽.

142 Jacques Lacan, *Seminar VII: The Ethics of Psychoanalysis, 1959-1960*, ed. Jacques-Alain Miller, trans. Dennis Porter, New York: Norton, 1992, p. 9.

시킨다. 진리로서의 사랑은 독특한 주체적 윤리로 인해 가능하다.

사랑의 윤리는 사건, 충실성, 진리로 이루어진 보로매우스 매듭을 통해 사유될 수 있다. 사건이 없다면, 충실성은 착수될 수 없고 진리는 생산될 수 없다. 이때 사랑은 기존 법칙의 반복, 가령 나르시시즘적 하나의 지배로 환원된다. 충실성이 없다면, 사건은 정교화될 수 없고 진리는 일관성을 잃는다. 이때 사랑은 가벼운 만남이나 덧없는 삽화로 환원된다. 진리가 없다면, 사건의 결과는 세계에 등록될 수 없으며 충실성은 무력한 것으로 남는다. 이때 사랑은 사랑의 무한을 창조할 능력이 없는 고립되고 메마른 둘로 환원된다. 만약 사건, 충실성, 진리 중 하나가 빠지면, 사랑의 윤리는 허물어지고, 진리로서의 사랑도 무너진다. 이런 점에서 진리들의 윤리학은 세 가지 요소 각각의 실패를 경계해야 하는데, 바디우는 그러한 실패를 세 종류의 악으로 정의한다. 이것은 사랑이 악의 문제에 밀접하게 관련됨을 뜻한다.

진리들의 윤리학은 인간 동물이 그 생물학적 성질이나 생명에 의해서는 어떤 본질적 가치도 갖지 않는다고 주장한다. 왜냐하면 그것의 가치는 오직 그것이 진리의 주체가 되고 또 진리의 주체가 되기를 계속하는지에 달려 있기 때문이다. 이런 점에서 삶이 선악 너머에 있다는 니체의 입장은 역전된다. 오히려 삶은 선악 아래에 있다. "선에 대해 고려하지 않는다면, 즉 진리에 대해 고려하지 않는다면 선과 악이 아직 미치지 못하는 곳에 있는 삶의 잔혹한 결백성만이 존재할 뿐이다."[143] 진리는 삶에 무관심하다. 철학적 범주로서의 진리와는 달리, 삶은 철학적 사유의 문제가 아니다. 그러나 악은 다른 문제다. 삶의 결백성을 논의 대상 바깥에 둠으로써 진리들의 윤리학은 악이 선만큼 중요하다고 말한다. 악은 선의 부재가 아니라 선으로부터 가능한 귀결이다. 악은 진리들의 실존 덕분에 존재하지만, 그럼에도 그것 고유의 주체를 동원하고 진리를 나름대로 재전유한다. 그렇다면 윤리학의 과제는 진리 과정 자체가 가능하게 만드는 악으로부터 진리 과정을 보호하는 것이다. 바디우는 세 가지 유형의 악, 즉

---

143 바디우, 『윤리학』, 76쪽.

시뮬라크르, 배반, 파국을 식별하고, 각각의 악을 사건, 충실성, 진리에 연결시킨다.

우선 사건은 상황의 공백을 호출하고 상황의 법칙에 의해 재현될 수 없는 것을 드러낸다. 대조적으로 시뮬라크르는 상황 안에 이미 존재하고 있는 특정 실체를 호출한다. 가령 나치즘은 신화적이고 민족주의적 실체로서의 "게르만"에 호소함으로써 정치적으로 혁명적인 시퀀스를 창설했다. 여기서 악은 유사-사건으로서의 시뮬라크르의 형태로 출현한다. 둘째, 진리 과정으로서의 충실성은 불확실한 경로를 따른다. 그것은 끊임없이 내부적인 위기에 노출되어 있으며, 이는 진리를 포기하거나 심지어 사후적으로 취소하려는 유혹으로 이어진다. 가령 과거에 자신이 실천했던 해방에의 투쟁을 적극적으로 철회하는 정치적 활동가를 떠올릴 수 있을 것이다. 여기서 악은 배반의 형태로 출현한다. 셋째, 진리는 상황의 현재 지식을 재조직할 힘을 갖고 있다. 이는 진리의 주체로 하여금 진리가 상황 전체를 장악하는 힘을 갖고 있기 때문에 진리에 대한 주체적 언어가 상황의 모든 요소들을 명명할 수 있다는 잘못된 믿음을 갖게 한다. 그러나 상황 안에는 명명될 수 없는 요소가 늘 적어도 하나는 존재한다. 가령 무모순성에 근거한 고전적인 수학적 패러다임에 맞서 괴델의 정리는 어떤 수학적 체계 내부에서는 그 체계의 모순을 입증할 수 없음을 보여 준다. 무모순성 자체는 수학에 의해 명명될 수 없는 것이다. 어떤 진리의 절대적인 힘에 대한 믿음을 가지고 명명 불가능한 것을 명명하는 것은 파국을 초래한다. 그러므로 사건-충실성-진리에 의해 구성되고 진리의 변형적 파생물로서의 악에 의해 도전을 받는 진리들의 윤리학은, 시뮬라크르에 대한 식별, 배반에 저항하는 용기, 파국에 대한 절제를 지지한다.

논의를 사랑의 맥락으로 옮겨 보자. 우선 사랑은 사건이 시뮬라크르일 때 유사물로 변한다. 인간 동물의 삶에서 사랑은 흔히 돈, 성, 외모, 커리어, 나아가 연애의 심리적, 사회적 코드 하에서 매력적인 것으로 분류될 수 있는 모든 특수한 성질에 관련되는 거짓-사건에 의해 작동된다. 대조적으로 사건으로서의 사랑은 공백이나 정의할 수 없는 X에 의해 작동된다. X는 사랑이 어떠한 기존 지식에 의해서도 포착되지 않게 한다. 아무리 들여다보아도 사랑은 끝내 비어 있는 채로 남을 것이다. 비록 사랑이 특정한 사람이나 사물을 겨냥하는 것처럼 보이더라도, 그것은 아무도 아닌 자 혹은 아무것도 아닌 것에 건네진다. 그리고 여기서 아무도 아닌 자 혹은 아무것도 아닌 것은 순수하게 부정적인 것이 아니라 지배적인 지식의 관점에서 확인될 수 없는 것을 가리킨다. 사랑의 윤리학은 이렇게 선언한다. "당신의 사랑을 충만이 아니라 공백에 의해 움직이시오." 이런 점에서 궁정풍 사랑에 대한 바디우의 비판을 예상해 볼 수 있다. 궁정풍 사랑이 귀부인의 상상화된 아름다움에 근거하는 한, 그것은 유사물로서의 사랑에 속한다. 첨언하자면 동일시에 근거한 모든 형태의 사랑(가령 아버지의 이름과의 동일시에 근거한 애증으로서의 사랑)은 유사물로서의 사랑에 속한다. 왜냐하면 동일시는 동일시될 어떤 실체가 있음을 전제하기 때문이다.

둘째, 사랑은 배반과 함께 말소된다. 충실성은 단순히 육체적, 정신적 헌신을 가리키지 않는다. 그것은 계속해서 사랑의 상황을 재발명하고 확장시키는 주체적 과정을 가리킨다. 연인들이 함께 살아가는 상황을 생각해 보자. 함께 사는 새로운 환경을 건설하기 위해 연인들은 필연적으로 협의하고 협력해야 한다. 여기에서는 심지어 아주 미세한 차이(가령 주행성과 야행성의 차이)마저도 갈등을 유발할 수 있고 사랑의 과정을 중단시킬 수 있다. 배반은 나아가 사랑에 대한 적극적 부정의 형식을 취하기도 한다. 함께 살아가는 문제를 감당할 수 없다고 느낀 연인들은 처음부터 사랑이 없었으며 서로가 서로에게 잘못된 사람이라고 말할지도 모른다. 따라서 배반은 사랑의 과정의 중단과 사랑의 실존에 대한 사후적 취소 모두를 암시한다. 차이에 대한 사랑의 유희를 거스르는 이러한 배반의 보다 깊은 원인은 무엇일까? 어째서 그토록 많은 사랑에서 차이는 적대의 형태로 출현할까? 바디우적 주체가 진리의 주체와 인간 동물로서의 자아로 분열되어 있음을 상기하자. 충실성을 가로막는 것은 제3자나 삼각관계가 아니라 사랑의 주체 안에 존속하는 자아다. "사랑의 난점은 확인된 어떤 적이라는 존재와 결부된 것이 아닙니다. 그것은 오히려 사랑의 절차 속에 내재합니다. …… 사랑의 적은 경쟁자가 아니라 바로 이기주의입니다."[144] 사랑의 주체로 하여금 사랑의 작업을 중단하게 하고 사랑의 실존을 철회하도록 부추기는 것은 이기적인 자아이다. 자아가 상상적인 방식으로 "작은 주인"의 역할을 한다는 점을 고려할 때, 충실성은 이 작은 주인을 초과하는 용기, 이상화에의 유혹 및 달콤한 기만과 투쟁하는 용기의 행위일 것이다. 사랑은 자아에 굴복하지 않을 용기, 둘의 가능성을 실험하는 과정에 헌신한 채로 남아 있으려는 용기를 필요로 한다. 따라서 사랑의 윤리학은 이렇게 선언한다. "배반에 대항하는 용기를 갖고 충실성의 과정을 계속하시오."

셋째, 사랑이 전체를 아우르는 힘을 갖고 있다고 여길 때 사랑은 괴물로 변한다. 괴델의 정리에서처럼, 진리의 관점에서 상황의 실재 전부를 명명하는 것은 불가능하다. 상황 안에는 명명 불가능한 요소가 적어도 하나는 존재한다. 명명 불가능한 것에 대한 명명을 강제함으로써 진리는 파국이 되고, 진리의 주체는 독단주의에 빠진다. 여기서 바디우는 라캉에게 가까이 접근하는데, 왜냐하면 어떤 진리로도 명명 불가능한 것은 라캉적 실재에 근거해 있기 때문이다. (기존 지식의 힘에 의해서가 아니라) 진리의 힘에 의해서 재현될 수 없는 전체화 불가능한 파편으로서의 실재에 말이다. "말하자면 그 용어(명명될 수 없는 것)는 영원화될 수 없는 것이고, 불사적 존재에 의해 접근될 수 없는 것이다. 그러한 의미에서 그것은 상황의 **순수한 실재**의 상징, 진리 없는 그 삶의 상징이다."[145] 사랑의 진리에 있어서의 명명 불가능한 것에 관해 바디우는 이렇게 말한다. "사랑에 있어서 성적 향유 그 자체는 진리(둘에 대한 진리)의 힘을 벗어나 있다."[146] 주이상스는 둘의 힘에 의해 접근 불가능하다. 왜냐하면 그것은 하나와 둘이 구분 불가능한 충동의 탈주체적 만족을 드러내기 때문이다. 주이상스에서 우리는 어떤 육체가 향유하고 혹은 향유하고 있지 않은지(잘 향유하고 있는지 혹은 잘못 향유하고 있든지 간에) 식별할 수 없다. 주이상스는 우리로 하여금 둘의 힘을 망각하

---

144 바디우, 『사랑예찬』, 71쪽.

145 바디우, 『윤리학』, 105쪽.

146 같은 곳.

게 하고, 변덕스러운 하나에 대한 환상을 강화한다. 주이상스는 사랑의 주체에 속하지 않고 충동의 육체에 속한다. 주이상스는 진리의 문제가 아니라 실재의 문제이다. 둘의 무대가 사랑의 무한의 창조를 겨냥하는 한편, 이러한 창조는 그것이 실재의 예외적 지점을 존중하는 한에서만 가능하다. 사랑의 둘은 주이상스를 다루는 데에 무력하고, 주이상스를 다루는 최선의 길은 주이상스를 강제로 명명하려 하지 말고 그저 내버려 두는 것이다. 삶이 선과 악이 미치지 못하는 곳에 있는 한에서 우리는 주이상스를 놓아주어야 한다. 주이상스는 사랑이 억지로 말하려 해서는 안 될 것에 해당한다. 사랑의 주체는 주이상스에 침묵해야 한다.[147]

요컨대 진리로서의 사랑은 윤리학에 의해 지탱된다. 사랑의 윤리학은 사건, 충실성, 진리가 보로매우스 매듭의 형태로 존재하기를 요구한다. 그러나 라캉이 보로매우스 매듭이 실패할 가능성을 다루는 것처럼, 바디우에게도 언제나 악의 위험이 도사리고 있다. 만남은 가벼운 만남으로서의 거짓-사건일지도 모른다. 차이의 창조적 유희로서의 충실성은 자아의 주인 노릇에 굴복하면서 배반될 수도 있다. 둘의 힘은 명명 불가능한 주이상스를 명명하려고 시도할지도 모른다. 라캉은 실패한 보로매우스 매듭을 수리하기 위한 시도로 증환을 제시한다. 증환은 주체적 일관성에 필수 불가결하고, 따라서 분석에 의해 해석되고 제거되어야 할 증상과는 달리 치료 불가능한 중핵으로 인정되어야 한다. 유사한 방식으로, 사랑에 대한 바디우적 윤리학에서 악의 세 가지 형식은 사랑의 윤리학을 유지하기 위해 일종의 증환으로서 네 번째 요소가 필요하다는 점을 제기한다. 이 네 번째 요소는 "성애 윤리(erothics=eros + ethics)"라 불릴 수 있을 것이며, 이는 사랑이 어떻게 분리 불가능한 방식으로 윤리학과 뒤얽히는지를 가리킨다. 사랑의 윤리학이 사건, 충실성, 진리의 보로매우스 매듭을 형성한다

---

147 나중에 바디우는 명명 불가능한 것이라는 개념을 철회하는데, 이는 그 개념이 진리가 유한하다는 인상―바디우로서는 반드시 반박해야 하는―을 주기 때문이다. 이 점은 라캉과 바디우의 뒤얽힘의 측면에서 의미심장하다. 즉 바디우 자신이 후기 바디우(명명 불가능한 것의 부정)와 보다 라캉적인 초기 바디우(명명 불가능한 것의 긍정) 사이에서 내적으로 분열되어 있는 것이다.

면, 성애 윤리는 보로매우스 매듭의 실패를 보충하는 증환적 매듭을 형성한다. 사랑의 윤리학이 사랑에 대한 철학적 개념화를 다룬다면, 성애 윤리는 사랑에 대한 철학적 공리와 (유사물, 주인으로서의 자아, 주이상스를 통한) 사랑의 악에 대한 정신분석적 비판을 다룬다. 확장된 형태의 사랑의 윤리학인 성애 윤리는 우리로 하여금 라캉과 바디우의 뒤얽힘을 통해 사랑에 접근할 것을 요구한다.

비록 바디우가 사랑의 이상적인 형식(사랑에 대한 성의 종속, 사랑의 둘과 무한의 결합, 세계의 한계를 넘어서는 사랑의 주체 등)을 제안하는 것처럼 보이지만, 그의 윤리학은 사랑의 악에 대한 인정을 통해 라캉과 만난다. "사랑은 모든 악의 원천이다."[148] 사랑의 악에 대한 비관주의와 사랑의 선에 대한 낙관주의라는 이분법은 성립하지 않는다. 악이 없다면 사랑의 윤리학은 의의를 상실한다. 사랑에서의 악의 현존이 우리를 급진적인 만남, 불굴의 충실성, 둘의 절제된 힘으로 향하게 하는 것이다. 사랑은 악과 씨름함으로써 스스로를 완성한다. 시몬 베유(Simone Weil)가 쓰듯, "사랑에 있어서 악은 지성에 있어서의 신비와 같다."[149] 지성이 신비를 통해 스스로를 넘어서듯이, 사랑은 악을 통해 스스로를 넘어선다. 사랑은 악이라는 내적인 과잉에 연루되어 있다. 순수한 선으로서의 사랑이 환영적이라면, 순수한 악으로서의 사랑은 파괴적이다. 사랑은 선악 너머에 있다기보다는 선악 사이에 있는 것이다.

2-6 사랑의 공백

이번 장의 도입부에서 필자는 라캉과 바디우 모두 사랑에 대해 형식적인 접근을 취하지만, 라캉이 사랑의 실재에 초점을 맞추고 바디우가 사랑의 진리

---

148 Lacan, *SIX*, 1962년 2월 21일 수업(미출간).

149 시몬 이유, 『중력과 은총』, 윤진 옮김, 사회평론, 1999년, 120쪽.

에 초점을 맞추기 때문에 그들은 서로 불화하기도 한다고 지적했다. 그리고 필자는 어떻게 라캉과 바디우가 다섯 가지 사안에 대해서 의견이 일치하고 갈리는지를 검토했다. 그 결과를 요약해 보자.

성별화 공식과 관련해서, 라캉이 성적 비관계를 표명하기 위해 팔루스 함수를 활용한다면, 바디우는 사랑의 주체적 보편성을 표명하기 위해 인류 함수를 활용한다. 수와 관련해서, 라캉이 환상, 성적 비관계, 사랑의 병리성을 시사하기 위해 "하나 같은 것," "그들/둘," "둘 바깥에 있다/제 정신이 아니다"와 같은 공식들을 활용한다면, 바디우는 욕망하는 하나를 넘어서서 무한으로 확장되는 둘의 무대를 옹호한다. 양상과 관련해서, 라캉이 불가능성을 성적 비관계에, 우연성을 만남에, 필연성을 팔루스와 증상에, 가능성을 담론에 연결한다면, 바디우는 우연성을 만남에, 운명을 사랑의 선언과 충실성에 연결한다. 위상학과 관련하여, 라캉이 욕망의 교착상태와 주이상스의 상실에 근거하여 토러스적 사랑을 표명한다면, 바디우는 성적 이원성의 지점이 포함된 위상학적 세계와 만남이라는 초위상학적 사건을 시사한다. 매듭 이론과 관련해서, 라캉이 신적인 사랑, 궁정풍 사랑, 마조히즘적 사랑에 비판적으로 관여하기 위해 올림픽 매듭을 활용하고, 애증으로서의 사랑을 단언하기 위해 보로매우스 매듭을 활용하고, 상호 증환적 관계를 표명하기 위해 증환적 매듭을 활용한다면, 바디우는 사건, 충실성, 진리로 이루어진 보로매우스 매듭을 통해 사랑의 윤리학을 제시하고, 사랑 안에 내재한 악을 돌파할 필요성을 역설한다.

그렇다면 우리는 라캉과 바디우의 뒤얽힘을 통해 이렇게 말할 수 있다. 사랑은 성적 비관계의 난관으로 인해 곤란에 빠지지만 인류의 진리로서의 보편성을 간직한다. 사랑의 둘은 그 병리성으로 인해 실패하지만 동시에 무한으로 확장될 잠재력을 지닌다. 운명으로서의 사랑은 증상을 충실히 훈습함으로써 구축될 수 있다. 사랑은 세계 안의 상실에 의해 구성되지만 동시에 또 다른 세계를 창조할 가능성을 갖는 만남에 의해서도 구성된다. 사랑의 주체에게는 정신병의 발발에 대항해서 다양한 종류의 사랑에 관여하고—이 점은 곧 논의될 것이다—독특한 윤리학을 정교화하는 일이 장려된다. 좀 더 압축적으로 말하자면, 라캉적 실재와 사랑 간의 연관성이 성적 비관계, 접근 불가능한 둘, 증상, 상실, 정신병으로 이루어진다면, 바디우적 진리와 사랑 간의 연관성은 사랑의 보편성, 무한의 둘, 운명, 만남, 윤리학으로 이루어진다.

여기서 라캉과 바디우가 사용하는 형식적 장치와 사랑 간의 관계를 보다 면밀히 검토해 보자. 형식적인 것과 사랑 간의 관계에 대한 검토가 없다면, 실재와 진리가 사랑 자체를 압도할 것이며, 사랑은 실재와 진리라는 문제들에 종속될 것이다. 지금까지 살펴봤듯, 사랑에 대한 라캉의 접근과 바디우의 접근은 형식주의로 특징지어진다. 그러나 그들의 접근은 또한 탈-형식적인 것 혹은 초-형식적인 것(라캉에게는 실재, 바디우에게는 진리)에도 근거한다. 가령 일원성 안의 삼원성이 이원성에 선행된다는 보로매우스적 아이디어를 번역한 한 가지 귀결인 라캉의 사랑의 공식(2 = 1 v 3, "둘은 하나와 셋으로 인수 분해될 수 있다")은 실재로서의 성적 비관계를 지지하고 강화하기 위해 고안되었다. 그러나 여기서 키를 쥐고 있는 것은 사랑이 아니라 실재이다. 바디우에 대해 말하자면, 그는 사랑의 수학을 창안할 것을 주장하지만, 궁극적으로는 철학적 진리가 사랑을 정의하는 것을 허용한다. 여기서도 키를 쥐고 있는 것은 사랑의 진리라기보다는 진리로서의 사랑이며, 진리에 대한 사랑으로서의 철학이다. 이런 점에서 필자는 형식적인 것과 실재/진리 간의 연관이 한편으로는 사랑을 소외시키면서 다른 한편으로는 형식적인 것과 사랑 간의 관계를 철저히 탐구하지 않는 것은 아닌지를 비판적으로 살펴볼 것을 제안한다. 다시 말해서 어떻게 라캉과 바디우의 (초)형식주의가 사랑 사유를 혁신하는지에 관한 논의를 어떻게 사랑이 형식주의에 수수께끼를 제기하는지에 관한 논의를 통해 보충할 것이다. 이를 통해 필자는 사랑에 대한 실재와 진리의 지배를 경계하면서 사랑에 속하는 것을 사랑에 돌려주고자 할 것이다. 이를 위해 우선 어떻게 사랑이, 라캉과 바디우의 사랑에 관한 문제제기에 의해 탐구되지 않은 방식으로, 형식적인 것과 입체적인 관계를 갖는지 보여 줄 것이다. 이는 사랑으로 하여금 라캉적 실재와 바디우적 진리를 넘어서게 할 것이며, 어떻게 사랑이 형식주의뿐만 아니라 초형식적인 실재와 진리에 의해서도 규정되기 힘들고 환원될 수 없는 채로 남아 있는지를 보여 줄 것이다. 우리의 테제는 다음과 같다. 사랑에 대한 어떠한 형식적 접근에서도 일차적인 것은 공백이며, 실재와 진리는 오히려 사랑의 공백을 다루는 두 가지 방식이다.

성별화 공식부터 시작해 보자. 비록 라캉과 바디우가 성별화의 지렛대로 서로 다른 함수를 사용하고 있지만, 양자 모두 동일한 기표 혹은 입장을 사용한다. 남자와 여자가 그것이다. 여기서 문제는 사랑이 남자와 여자의 이원성을 무효화할 잠재력을 갖고 있는지의 여부, 그리고 다른 유형의 정신분석학적, 철학적 성별화 공식을 소환할 잠재력을 갖고 있는지의 여부이다. 라캉에게 남자와 여자는 기표에 불과하다. 이는 성별화가 상징적 질서에 의존하는 한편, 성적 차이 그 자체는 실재의 차원에 놓여 있음을 뜻한다. 성적 차이는 상징적 질서 안의 말하는 존재가 이해하거나 숙달할 수 없는 무언가이다. 성적 차이라는 형식 속에서의 성은 영원히 충격적이고 외상적으로 남아 있다. 성은 실재를 상징화할 수 없는 채로 상징계에 거주하는 말하는 존재에게 끊임없이 출몰한다. 따라서 남자와 여자는 고통받는 주체이다. 여기서 또 다른 고통받는 주체, 즉 트랜스젠더를 거론해 보자. 정신분석이 일차적으로 관심을 갖는 것은 트랜스젠더의 소수자로서의 사회적 위상이나 트랜스젠더에 대한 사회 정치적 차별이 아니다. 트랜스젠더에 대한 정신분석의 관심은 트랜스젠더가 프로이트적 충동을 체화하는 주체라는 사실로부터 연원한다. 충동은 순수하게 육체적이지도 않고 순수하게 정신적이지도 않다. 충동은 성 안에서의 육체와 정신의 접점 및 간극에서 유래한다. 트랜스젠더는 육체적 기관과 정신적 성향이 일치하지 않는 이다. 트랜스젠더는 우리가 현실적이고 외부적인 압력은 회피할 수 있지만 내적 충동의 압력으로부터는 숨을 곳이 없다는 프로이트의 아이디어를, 그리고 그 누구도 미치고 싶어서 미칠 수는 없다는 라캉의 경구를 그 어떤 주체보다도 더 잘 입증한다. 트랜스젠더는 되고 싶어서 될 수 있는 것이 아니며, 트랜스젠더는 도망칠 수 없는 내면의 간극을 가지고 살아야 하며, 이는 대개 육체적 기관을 직접 변형하는 것으로 종결된다. 이런 점에서 트랜스젠더의 고통은 정신병자의 고통과 유사하다. 동시에 양자 간에는 차이점이 있는데, 정신병자가 담론적 공간 바깥에 거주한다면, 트랜스젠더는 담론적 공간의 틈새, 즉 남자와 여자의 사이에 존재한다. 트랜스젠더의 사랑은 복잡한 문제이다. 프로이트와 라캉 모두 사랑은 성과 아무런 관련이 없다고 지적한 바 있다. 달리 말해 성이 다형 도착적이고 사랑이 다형적인 한, 우리는 사랑에 관련된 것과 성에 관련된 것 사이의 인과적이고 논리적인 연관성을 찾을 수 없다. 트랜스젠더는 사랑과 성 간의 아포리아적 관계를 체현하는데, 왜냐하면 트랜스젠더의 사랑은 오직 성의 변형이라는 대가를 통해서만 성과 연결될 수 있기 때문이다. 이러한 대가가 없다면 트랜스젠더의 사랑은 소위 "플라토닉한" 것, 즉 성과 분리된 것이 된다. 이런 점에서 트랜스젠더는 사랑과 성이 연결될 가능성의 조건을 탐색하고 수행한다. 트랜스젠더는 사랑과 성 간의 연관성에 대한 초월론적 비판을 환기한다. 트랜스젠더의 실존은 사랑과 성의 사이를 구성한다. 라캉에게 성과 사랑을 매개하는 것은 팔루스 함수이다. 그러나 트랜스젠더는 이 함수에 들어맞지 않는데 왜냐하면 트랜스젠더는 성과 사랑 간의 연관성 자체를 심문하기 때문이다. 따라서 트랜스젠더는 별도의 함수를 요청한다. 여기서 라캉이 프로이트의 신화적 아버지를 비판했다는 사실을 상기하자.[150] 아버지는 이미 거세된 존재이다. 예외적인 아버지란 없다. 예외와 전체를 결합하는 아버지의 논리는 의심스럽다. 왜냐하면 예외란 신화적으로 부과되거나 혹은 가부장적으로 구성되는 것이기 때문이다. 팔루스 함수는 겉보기에 필연적이지만 결국 우연적인 성격을 지녔음을 상기하자. 팔루스 함수를 통해 성별화를 다루는 것은 우연적인 담론적 활동이며, 영원한 진리와는 거리가 멀다.

따라서 남자와 여자를 배치하는 팔루스 함수 자체에 이질적인 트랜스젠더의 입장과 관련하여 대안적인 성별화 공식을 떠올려 보자. 이 공식에서 두 가지 성적 입장은 남자와 여자가 아니라 "시스젠더(성에 있어서 육체와 정신의 일치)"

---

150 동시에 라캉이 다음과 같은 사실을 냉정하게 인정했음에 유념하자. "무의식에 반(反)팔루스적인 성질을 지닌 흔적이란 존재하지 않습니다."(*Television*, p. 134) 그렇다면 분석 작업의 관건은 기존 무의식의 팔루스적 구조를 다른 종류의 구조로, 가령 증환적 구조로 변형시키는 것이다.

와 "트랜스젠더(불일치)"일 것이다. 이 공식의 지렛대는 팔루스 함수가 아니라 육체와 정신의 간극이다. 이 공식은 보편 양화사와 실존 양화사가 아니라 다수 자와 소수자의 작용소를 사용한다. 트랜스젠더는 육체와 정신 간의 간극 때문에 내재적인 소수자일 뿐만 아니라 사회적 관습에 대항하는 외재적인 소수자이기도 하다. 역설적인 것은 소수자에 관한 공식이 사랑에 대한 보편적인 통찰을 제공한다는 점이다. 사랑에 헌신하는 트랜스젠더는 다음과 같은 점을 그 누구보다 뼈저리게 통감할 것이다. 사랑에서 우리는 우리 자신의 내면적 간극뿐만 아니라 세계와의 갈등도 다루어야 한다. 사랑에 빠지는 것(fall-in-love)은 이방인(for-eign-er)이 되는 것이다. 사랑은 자기 자신을 스스로에 대해 그리고 세계에 대해 이방인으로 위치시키고 구성하는 일이다.

바디우로 넘어가자. 바디우의 성별화 공식의 핵심은 사랑이 성적인 것을 개조할 수 있다는 것이다. 바디우에게 "성적 사랑"은 모순적인 용어인데, 왜냐하면 성이 존재와 현재 상태의 층위에 놓여 있는 반면, 사랑은 사건과 진리의 층위에 놓여 있기 때문이다. 성적인 것은 사랑에 선행하지 않는다. 오히려 사랑이 성적인 것에 스며들어 성적인 것을 재구조화한다. 바디우적 성별화는 인간 동물의 생물학적 속성의 문제도, 라캉적 팔루스 함수의 문제도 아니며, 진리의 주체화의 문제이다. 남자가 분석적인 은유화를 통해 진리 절차들을 붙잡는다면, 여자는 사랑이 종합적인 역할을 하는 매듭짓기를 통해 진리 절차들을 붙잡는다. 이미 언급했듯, 바디우의 성별화 공식은 팔루스 함수에 대한 비판과 진리의 주체의 표명을 겨냥한다. 그러나 우리는 사랑에 관한 바디우의 입장을 확장시킬 수 있는 대안적인 사랑의 성별화 공식을 떠올려 볼 수 있을 것이다. 폴리아모리(polyamory)라고 하는 독특한 사랑의 체제를 거론하면서 말이다.

폴리아모리는 진실, 신뢰, 헌신의 가치를 존중하는 다수의 파트너 사이에서 일어나는 포괄적이고, 장기적이고, 비-소유적인 사랑의 방식이다. 폴리아모리의 핵심은 "컴퍼션(compersion)", 즉 내 연인의 애정 관계를 바라보고 느끼는 기쁨과 행복감에 있다. 폴리아모리스트는 자신의 연인이 다른 이를 사랑하는 것을 사랑의 상실이 아니라 사랑의 확장으로 여긴다. 달리 말해 폴리아모리는 질투를 정복하는 사랑의 실천이다. 『프루스트와 기호들』에서 들뢰즈는 내 연인은 내가 간파할 수 없는 세계에 관여한다고 말한다.[151] 이 알려지지 않은 세계에 내 연인의 또 다른 사랑이 있을지도 모른다. 그래서 질투는 프루스트적 사랑의 기호의 핵심이다. 일단 질투가 형성되면, 연인의 사랑의 기호는 더욱 더 모호하고 심지어는 기만적인 것으로 나타난다. 그러면 나는 내 연인이 나를 두고 바람을 피우고 있다는 확신을 갖게 되고, 이러한 확실성은 곧 증오로 변한다. 바디우는 미간행 세미나에서 실재의 시험 안에 있는 역설적 요소를 다루는 두 가지 방식이라는 관점에서 질투와 사랑을 대비시킨다.[152] 모든 진리 과정에서 우리는 어떤 역설적인 요소를 경험하는데, 그 요소는 내부와 외부가 위상학적으로 구분되지 않는 성격을 갖는다. 바디우에 따르면 프루스트는 첫 번째 방식, 즉 이 요소를 다루는 허무주의적 방식을 예증한다. 사랑과 관련해서 말하자면, 이 방식에서 우리는 타자의 내부 혹은 외부에 끊임없이 강박적으로 집착하고 그것을 과도하게 의식한다. 우리는 타자의 내면성 혹은 진정성이 실상은 형식성이나 겉치레가 아닌지 의심하는 것이다. 여기서 질투는 사랑을 압도한다. 두 번째 방식은 그 요소를 변증법적으로 다룬다. 즉 그것은 그 요소를 진리 과정의 구축을 위한 장소 자체로 간주한다. 우리는 내부와 외부 간의 피할 수 없는 간극에 의해 좌절하고 상처받기보다는 그 간극을 받아들이고 헤쳐 나간다. 요컨대 바디우적 사랑은 위상학적 실재의 시험을 사랑의 실패의 증거가 아니라 사랑의 실정적 재료로 바라본다. 그리고 이것이 폴리아모리스트가 시도하는 것이다. 폴리아모리스트는 사랑에서 알려지지 않은 세계가 비밀스럽게 현존한다는 점을 받아들임으로써, 나아가 일종의 맞불 전략을 통해 잘 알려지지 않는 세계를 공개함으로써 질투를 넘어서고자 시도한다. 폴리아모리는 타자의 내부/외부의 모호함을 사랑의 끝의 신호로 간주하기보다는 그것을 직시

---

151 질 들뢰즈, 『프루스트와 기호들』, 서동욱·이충민 옮김, 민음사, 1997년, 30쪽.

152 Alain Badiou, *L'immanence des vérités* (2): *Séminaire d'Alain Baidou, 2014-2015*, 2014년 11월 10일(미출간). www.entretemps.asso.fr/Badiou/14-15.htm에서 볼 수 있다.

하고 한발 더 나아가려고 고심한다. 폴리아모리는 종종 있을 법한 파국[153]의 위험을 무릅쓰고 질투를 극복하려고 한다는 점에서 윤리적일 뿐만 아니라 타자의 내부/외부는 타자 그 자신에게조차 문제적이라서 우리가 그것을 대면하고 공유할 필요가 있다는 사실을 인정한다는 점에서 논리적이기도 하다.[154] 진실로 마음을 움직이는 새로운 사랑이 생긴다면, 폴리아모리스트는 질투와 일대일 유대라는 명목 하에 비난하거나 억압하지 않고, 사랑의 확장 가능성을 지지하면서 그 사랑을 인정하고 축하한다. 사랑에 대한 허무주의적 비전이 연인의 알 수 없는 세계가 사랑을 위협한다는 난점에 낙심한다면, 사랑에 대한 변증법적 비전은 끊임없는 재구축에 열려 있는 새로운 사랑의 과정을 구축하기 위해 그 알 수 없는 세계를 통과해야 할 지점으로 변환시킨다. 그리고 이는 컴퍼션에 입각한 폴리아모리의 핵심과 정확히 일치한다. 실제로 사랑이 성적인 것을 개조한다는 바디우의 입장을 실행에 옮길 수 있는 데에 폴리아모리보다 더 나은 사랑의 실천은 없다. 폴리아모리에서 중요한 것은 성적인 몸 혹은 사랑의 몸을 소유할 독점적 권한이 아니라 사랑에 대한 급진적으로 열려 있고 윤리적인 태도이다. 사랑의 적은 제3자가 아니라 자아라는 바디우의 발언에도 주목할 필요가 있는데, 왜냐하면 질투야말로 연인을 배타적으로 소유하려는 능력에 대한 자아의 환영적인 믿음에 근거하기 때문이다. 또 라캉이 질투를 "질투주이상스"로 정의하는 점을 상기하자. 연인이 나보다 더 많이 향유한다고 믿는 자아의 상상적인 환영에 거슬러서, 그리고 연인이 나보다 더 많이 향유해서는 안 된다는 자아의 권력 지향적 요구에 거슬러서 폴리아모리스트는 마음의 거역할 수 없는 움직임이라는 실재를 통과함으로써 연인의 기쁨을 너그러이

---

153 이 점에 관해 토마스 빈터베르그(Thomas Vinterberg) 감독의 〈사랑의 시대(Kollektivet)〉(2016)를 참고해 보자. 영화는 1970년대 덴마크에서 부상했던 실험적인 공동체 생활을 묘사한다. 동거 중이던 안나와 에릭은 안나의 제안에 따라 코뮌을 조직한다. 그런데 안나가 확장된 가족과의 삶에 적응해 나가는 한편, 에릭은 또 다른 일대일 연애 관계에 접어든다. 코뮌은 에릭이 자신의 새 파트너를 코뮌에 데리고 올 때 위기를 맞는다. 안나는 에릭과 그의 새 동반자와 코뮌에서 같이 살려고 시도했지만 끝내 에릭과의 친밀한 관계의 부재에 큰 상실감을 느끼고 코뮌에서 홀로 탈퇴한다.

154 이집트인들의 비밀은 이집트인들 자신에게도 비밀이었다는 헤겔의 발언을 상기하자.

환영한다. 폴리아모리스트에게는 사랑하는 기쁨의 공유가 자아의 질투 주이 상스의 소유를 압도한다. 현대사회에서는 일부다처제와 일처다부제를 행하는 몇몇 부족 집단을 제외하면 독점적 일부일처제[모노가미(monogamy)]가 사랑의 공동체의 법으로 기능한다. 역사가들은 인간 동물의 짝짓기가 난교에서 모노가미로 이동했다고 말한다. 그러나 이러한 이동이 진보나 발전된 문명에 해당하는지는 불확실하다. 문명은 초자아와 이드 간의 증가하는 갈등으로 인해 실패할 운명이라는 프로이트의 지적처럼, 규범화된 모노가미는 종종 비극적이고 위선적인 간통으로 이어진다. 여기서 폴리아모리는 난교에 대한 변증법적 이중 부정을 통해 출현한다. 날 것의 실재로서의 난교에 대한 첫 번째 부정이 법으로서의 모노가미에 도달한다면, 난교에 대한 이중 부정은 동물적인 혼돈과 위선적인 법 너머에서 전대미문의 사랑의 가능성을 창조한다.

대안적인 사랑의 성별화 공식을 떠올려 보자. 여기에서 두 입장은 모노가미스트와 폴리아모리스트이다. 이 공식의 지렛대는 연인의 알려지지 않은 세계나 사랑의 억제할 수 없는 개방성과 같은 실재의 시험이다. 모노가미스트의 입장은 혼인법을 통해 사랑의 억제할 수 없는 개방성을 위선적으로 또 헛되이 억압하는 것과 억압된 것이 간통의 비밀이나 질투에 압도된 사랑의 형태로 회귀하는 것으로 이루어진다. 반면 폴리아모리스트의 입장은 각자의 세계를 있는 그대로 소통하고 사랑이 관습과 제도로 환원되지 않는다는 것을 인정함으로써 컴퍼션의 공동체를 구축하는 노고로 이루어진다. 이러한 공식에 따르면 사랑은 존재하는 법의 부과가 아니라 독특한 규칙의 창안이다. 바디우의 언어유희를 사용하자면, 사랑에서 중요한 것은 사랑 안에 있는 실재적인 "틈(battement)"을 헤쳐 나가고 심장의 "고동(battement)"을 간직하는 고된 임무이다. 사랑의 틈이 있었던 곳에, 늘 새로운 고동이 와야 하는 것이다.

두 번째 이슈인 사랑의 수적 성질로 넘어가자. 라캉과 바디우 모두 수를 통해 사랑에 접근하는 한편, 그들은 또한 "그들/둘"이나 과정적 둘을 통해 수학적인 수를 굴절시키고 재개념화한다. 사랑에 대한 이러한 (초)수적인 접근이 그들의 테제(성적 비관계나 진리 과정)를 위해 정당화될 수 있는 한편, 수와 사랑 간의 관계는 다루어지지 않는다. 이 점에 대해 살펴보자. 사랑의 둘이 라캉과 바디우의 뒤얽힘을 다루기 위한 기준점의 역할을 할 수 있기는 하지만, 사실 라캉은 사랑을 묘사하기 위해 많은 수를 사용한다.

하나부터 살펴보자. 라캉에게는 하나 대신에 하나 같은 것이 있다. 라캉 정신분석은 아리스토파네스의 신화와 프로이트의 에로스에 거슬러서 온전한 하나의 허구를 폭로한다. 하나가 되기를 욕망하는 모든 사랑의 정념은 상상적 무지의 효과일 뿐이다. 오히려 환상이 작용한 결과로 하나 같은 것이 있다. 하지만 분석가는 독단적으로 하나에 반대하지 않으며 그럴 수도 없다. 왜냐하면 분석가는 분석자가 사랑의 하나를 이루기를 시도하면서 그로부터 고통을 겪는 수많은 임상 사례를 일상적으로 마주하기 때문이다. 따라서 분석 작업은 분석자로 하여금 사랑의 하나에 대한 환상을 고통스럽게 재연하는 것에서 하나 같은 것과의 만남으로 이동하는 것을 가능하게 하는 데에 있다. 그 다음으로, 앞서 지적했듯, 라캉은 사랑의 둘에 대해서는 회의적이다. 사랑의 둘은 신비하고, 병리적이고, 접근 불가능한 것으로 여겨진다. 임상적 관점에서 볼 때 자아와 상상적 타자에 의해 구성되는 둘은 셋의 조정자로서의 상징적 타자에 의해 극복되거나 규제되어야 한다. 상상적 관계가 상호 간의 공격성과 나르시시즘적 환영에 뿌리박혀 있는 한에서 말이다. 사실 제삼자로서의 타자는 이미 상상적인 이항에 진입해 있다. 팔루스가 아이와 어머니의 이자 관계에 관여하는 것처럼 말이다. 사랑의 맥락에서도 남녀의 성관계는 팔루스를 근거로 해서 조정되어야 하는데, 이는 인간이 성교를 위한 본능적인 지식을 결여하기 때문이다. 끝으로 보로매우스 매듭은 삼원성이 둘에 선행함을 제안함으로써 그러한 문제의식을 강화한다. 둘은 본질적으로 접근 불가능하게 남아 있는데, 이는 둘이 하나와 셋의 결합에 의해 생산되기 때문이다. 이렇게 우리는 둘에 선행하는 셋으로 이동한다. 그러나 셋에도 문제는 있다. 기성의 법을 대표하는 셋은 만병통치약이 아니다. 두 자아 간의 제3자로서의 타자는 불완전하다. 매개체로서의 팔루스 함수는 여성적 주이상스를 명명할 수 없다. 남녀의 담론적 유대가 성적 비관계의 난관을 무화시킬 수는 없다. 아버지의 이름의 규제적 역할을 신뢰할 수도 있겠지만, 그 역할 역시 종종 실패한다. 여기서 조이스적 증환이 셋의 실패를 보충하고 주체적 구조를 안정화하는 사례로 등장한다. 넷의 필요성이 부상하는 것이다. 주목할 점은 라캉이 보로매우스 매듭과 증환적 매듭의 아이디어를 예시(豫示)하면서 1960년에 이미 넷의 필요성을 거론했다는 사실이다. "셋이 없다면 둘은 있을 수 없습니다. 그리고 저는 셋이 넷, 사자 관계를 포함해야 한다고 생각합니다. …… 정신병자의 모든 심리가 발달되는 것은 어떤 항이 거부될 수 있는 한에서입니다. 말의 기본 체계를 모종의 거리나 관계의 차원에서 유지하는 항 말입니다. 무언가가 상실되어 있고 대체와 '기표화'에 대한 그의 실재적 노력은 필사적으로 그것을 겨냥합니다."[155] 셋이 없다면 둘은 없다. 그러나 셋은 넷을 포함해야 한다. 정신병자의 구조는 셋의 조정자로서의 아버지의 이름이라는 특권적 기표("어떤 항")가 상실되어 있음을 보여 준다. 정신병의 발발에 대비해서 주체는 자신의 주체성을 안정화하고 오작동하는 셋을 대체할 수 있는 추가적인 도구를 창안하는 데에 뛰어든다. 셋이 비틀거리는 곳에 넷이 도래해야 한다. 오직 증환적 넷만이 주체의 신체 이미지, 무의식, 주이상스의 독특한 매듭을 만듦으로써 주체를 준안정적인 상태에서 지탱할 수 있다. 사랑에 관련해서 말하자면, 이미 구성된 법에 의존하는 셋으로서의 사랑이 있었던 곳에, 법을 활용함으로써 법을 넘어서는 넷으로서의 사랑이 도래해야 한다. 요컨대 사랑에 대한 라캉적인 수적 분석은 다음과 같다. 환상 속의 하나에 대한 분석은 우리를 접근 불가능한 둘로 이끌고, 둘은 규제적인 셋으로부터 도움을 받아야 하지만, 셋이 종종 실패하기 때문에 보충적인 넷이 와야 한다. 여기서 문제는 넷의 정체성이다.

『라캉: 사랑에 관해(Lacan on Love)』에서 브루스 핑크(Bruce Fink)는 이렇게 쓴다. "오난과 나르키소스에게는 하나로 충분하다. 아리스토파네스에게는 하나가 되는 둘이 필요하다. 키에르케고어에게 있어서 우리는 삼각관계 안의 타자를 사랑하고, 그래서 라캉에게 그런 것처럼 셋이 필요하다. 그런데 프로이트가

---

155 Lacan, *SVII*, pp. 65-66.

기록을 세운다. 프로이트에게는 적어도 여섯, 즉 두 명의 파트너와 그들 각자의 부모가 필요하기 때문이다."[156] 핑크의 수는 라캉적 하나, 둘, 셋처럼 양화 가능하다. 관건은 사랑이 실존하기 위해 필요한 사람의 수이다. 대조적으로 증환의 수준에서 관건은 인칭적일 수도 있고 비인칭적일 수도 있으며, 주체적일 수도 있고 대상적일 수도 있다. 관건은 어떤 양화 불가능한 세계에 관련될 수도 있다. 조이스에게 증환의 역할을 했던 문학적 글쓰기의 세계처럼 말이다. 바디우에게 과학적 탐구, 정치적 활동, 사랑의 충실성은 증환의 역할을 할 수 있을 것이다. 그러나 모든 증환이 조이스나 바디우에게 그러하듯 비범해야 할 필요는 없다. 주체의 구조를 정신병의 발발이라는 치명적인 사건으로부터 보호하고 부성적 기능의 결함을 대체할 수 있는 어떤 X로도 충분할 것이다. 다만 그 어떤 X의 양화 가능성은 필연적인 것이 아니다. 넷을 대표하는 증환은 하나의 세계를 담고 있을지도 모른다. 상호 증환적 관계는 그 관계 안의 주체가 품고 있는 두 세계의 뒤얽힘을 담고 있을 수 있다. 넷 혹은 넷의 결합과 함께, 사랑에서 초수적인 차원이 부상한다. 이렇게 사랑에 대한 수적 접근은 초수적인 결과를 낳는다. 수학적인 의미에서의 모든 수(자연수이든 실수이든)는 이산적이다. 반면 사랑의 수는 내포적이다. 형식주의의 수가 분석적 단위를 통해 작용하는 한편, 사랑의 수는 내포적인 정확성을 통해 작용한다. 증환적인 넷은 넷을 초과하는 층위를 내포하는 특수한 **수**이다. 증환적 넷의 요점은 단순히 사랑이 수를 통해 규정 불가능하다는 것이 아니다. 요점은 사랑이 스스로를 특수한 수에 위치시키면서도 수적인 시퀀스를 탈구시킨다는 것이다. 이것이 연인들이 왜 그토록 기념일을 심각하게 여기는지를 설명해 준다. 기념일은 특정한 수가 사랑을 증명한다는 의미나 믿음 때문에 중요한 것이 아니라 그 수에 내포되어 있는 세계 때문에 중요하다.

바디우와 함께 우리는 이러한 사유의 노선을 확장시킬 수 있다. 앞서 논의했듯, 바디우적 사랑의 수적 시퀀스는 하나, 둘, 무한이다. 사랑의 둘이 성적인

---

156 Bruce Fink, *Lacan on Love: An Exploration of Lacan's Seminar VIII, Transference*, Cambridge: Polity, 2016, p. 200.

하나를 단절시키고 사랑의 주체적 무한을 구축하기 위해 세계의 감각적 무한을 경험한다. 여기서 쟁점은 이 세계의 무한을 어떻게 생각하는가이다. 비록 바디우가 자신의 형식주의에 반해서 현상학적이고 경험적인 방식으로 세계의 무한을 거론하지만, 그럼에도 우리는 세계의 무한에 대한 형식적 분석을 시도해 볼 수 있을 것이다. 세계의 무한은 대상 간의 복잡한 관계로 구성된 다수이다. 이 다수의 윤곽을 구체화하기 하기 위해 『존재와 사건』에서 사용된 주요 정리와 공리를 참고하자. 멱집합(冪集合) 공리는 어떤 주어진 다수의 부분집합이 최초의 다수보다 수적으로 더 크다는 것을 증명한다. 그런데 이 공리가 무한의 수준에서 운용될 때 우리는 전자의 다수가 후자의 다수보다 얼마나 더 큰지 측정할 수 없다. 어떤 집합과 그것의 멱집합 사이의 간극은 수적인 용어를 통해서는 측정 불가능하다. 이런 점에서 세계의 무한은 계산 불가능한 초과로 출현한다. 또 W_0의 부분집합의 집합이 W_0다음에 오는 W_1과 같다고 상정하는 연속체 가설에 반대하면서, 이스턴의 정리는 W_0의 부분집합의 집합이 W_0 다음에 오는 어떤 기수와도 같다는 것을 증명한다. 그러므로 무한의 수준에 놓인 시퀀스는 시퀀스가 어긋난(out of sequence) 시퀀스이다. 초과는 위계나 질서를 통해서 규범화되거나 길들여질 수 없다. 수적인 것은 바디우가 "방황하는 초과(excès errant/errant excess)"라 부르는 것을 포함하고, 이는 존재론의 난관을 증명한다. 집합론에 의해 관리될 수 없는 다수의 실재는 집합론의 내부에서 마치 유령처럼 출몰한다. 세계의 무한은 세계에 고유한 초과에 의해 가로질러진다. 주목할 점은 바로 이 지점에서 대상적이고 세계적인 차원이 주체적인 차원으로 연결된다는 것이다. 바디우는 이렇게 말한다. "선택의 거의 완벽한 자의성을 용납해야 한다, 객관성[대상성]의 패러다임 자체인 양은 순수한 주관성[주체성]으로 이어진다 등 이것들이 바로 내가 기꺼이 칸토어-괴델-코헨-이스턴 증상이라고 부르고자 하는 것이다. 존재론은 난국 속에서 사유가 항상 자신을 나누어야 하는 지점을 드러낸다."[157] 대상성[객관성] 안의 간극에

---

157 알랭 바디우, 『존재와 사건』, 조형준 옮김, 새물결, 2013년, 454쪽.

대한 대상적인[객관적인] 해법이 없기 때문에 이 간극에 대해서는 주체적인 선택만 있을 수 있다. 세계의 무한은 그것이 필연적으로 방황하는 초과를 포함한다는 점에서 증상적이다. 이 방황하는 초과는 주체적 수준에서만 다루어질 수 있다. 증상적인 세계의 무한은 주체의 결단을 필요로 한다.

여기서 사랑의 둘로 되돌아가 보자. 사랑의 둘은, 절뚝거림이 계속되는 한에서, 온갖 종류의 세계의 무한을 경험하게 마련이다. 문제는 세계의 무한이 반드시 사랑의 과정을 정교화하는 데에 도움이 되지 않는다는 것이다. 가령 동시대 무한의 주요 조직체 중 하나인 돈은 사랑과 불편한 관계를 갖는다. 사랑의 과정은 돈에 의해 지배당해서는 안 되지만, 동시에 돈을 무화할 수는 없다. 사랑이 성적인 것을 재구성할 필요가 있는 것처럼, 사랑은 돈을 재구성할 필요가 있다. 이런 점에서 사랑의 둘이 진리로 기능한다고 말하는 것은 무엇보다 둘이 세계의 무한을 갖고 자기 고유의 무한을 만든다는 것을 뜻한다. 사랑의 둘의 지속 가능성은 세계의 무한을 창조적으로 둘에 병합시키는 주체적 능력에 의존한다. 그러므로 바디우의 둘 또한 라캉의 넷처럼 내포적이다. 과정적 둘이 자기 고유의 무한을 구축하는 한에서, 둘은 이미 세계의 무한을 주체적인 방식으로 내포해야 한다. 둘은 실재의 시험으로서의 세계 안의 방황하는 초과를 헤쳐 나가야 한다. 초과에 종속되기보다 초과를 재배치하기 하기 위해서 말이다. 수적인 것과 사랑의 관계의 측면에서 볼 때 바디우적 둘은 라캉적 넷과 유사한 메시지를 제시한다. 사랑은 단순히 수를 통해 규정 불가능한 것이 아니다. 사랑은 세계가 부과하는 수적인 난관을 충실하게 통과하는 **수**에 기입될 수 있다. 요컨대 사랑의 수는 초수적인 수이다.

세 번째 문제는 사랑의 양상이다. 라캉과 바디우 모두 양상을 통해 사랑을 다루는 한편; 양상과 사랑의 문제는 더 깊이 고찰될 수 있다. 그러한 고찰의 한 가지 방식을 제시해 보자. 앞서 논의했듯 라캉은 글쓰기와 부정을 통해서 양상을 재개념화한다. 출발점은 "쓰이지 않기를 그치지 않는" 성적 비관계이다. 사랑은 불가능성에 근거한다. 성적 비관계는 사랑의 구조적 기원이다. 그 다음에 사랑의 발생적 기원으로서의 만남이 있다. 『세미나 20권』에서 사랑은 환영에 관련되는데, 이는 만남이 우리에게 쓰이지 않기를 그치지 않는 것이 쓰이지 않기를 그치는 인상을 가져다주기 때문이다.[158] 만남은 사랑을 성적 비관계로부터 우연적인 신기루처럼 출현하게 만든다. 그 다음에 운명으로서의 사랑이 있다. 아무리 연인들이 우연히 만나더라도 마치 그들이 함께 할 예정이었던 것 같은 모종의 현상학적 의미가 출현한다. 사랑은 사후적으로 비관계로부터 필연적인 유대를 창설한다. 따라서 사랑의 시퀀스는 다음과 같다. 불가능성 → 우연성 → 필연성.

그런데 『세미나 21권』에서 라캉은 또 다른 시퀀스, 즉 필연성 → 불가능성을 제시한다. "불가능성, 즉 쓰이지 않기를 그치지 않는 것과의 만남을 필연적으로 만드는 것은 쓰이기를 그치지 않는 것, 즉 필연성입니다."[159] 이 발언을 독해하는 한 가지 방식을 제기해 보자. 『세미나 24권』에서 라캉은 필연성을 증상과 동일시한다. 따라서 증상은 연인들로 하여금 성적 비관계에 직면하게 한다. 그런데 비록 증상이 주체의 특이한 중핵을 이루지만, 연인들은 자주 타자의 증상이나 자신의 증상과 만났을 때 뒷걸음질 친다.("너 원래 이런 사람이었니?" 혹은 "이런 나와 함께하면 당신이 힘들어질 거야") 증상은 연인들의 조화로운 관계에 장애물로 작용한다. 증상은 연인들에게 성관계란 없다는 사실을 필연적으로 상기시킨다.

가능성을 통해 또 다른 시퀀스, 즉 우연성 → 가능성을 제시할 수도 있다. 가능성은 담론의 기능을 지칭한다. 사랑의 문맥에서 가능성은 결혼을 지칭한다. 사랑은 만남으로 시작해서 결혼할 가능성으로 이어진다. 그러나 결혼은 자주 사랑의 보조물이 아니라 사랑의 대체물로 변한다. 결혼은 현실, 돈, 가족을 내세움으로써 사랑이 물러서게 만든다. 그러나 결혼이 연인들이 주체적 수준에서 증상을 공유하는 것을 보장하지는 않는다. 결혼은 사랑의 실재적 구성 요소인 증상을 억압할지도 모른다. 의심의 여지없이 연인들은 절뚝거림이라는 사랑의 행로에서 피로를 느낀다. 문제는 이 피로감이 그들로 하여금 사랑의 과정

---

158 Lacan, *SXX*, p. 145.

159 Lacan, *SXXI*, 1974년 1월 8일 수업(미출간).

을 재발명하는 데로 이끌기보다는 결혼에 의지하도록 이끌 때 일어난다. 마치 결혼이 사랑의 생동감을 보장하는 안전망인 것처럼 말이다. 여기서 결혼은 사랑을 천천히 좀먹고 결국 삼켜 버리는 사랑의 유사물로 기능한다.

　이러한 양상의 시퀀스에서 주목할 것은 아리스토텔레스의 양상 논리와 라캉적 양상 논리 간의 차이이다. 전자에서 각각의 양상은 독립적이고, 한 양상에서 다른 양상으로의 이행은 외적으로 일어난다. 후자에서는 각각의 양상이 글쓰기와 부정에 의해 구성되기 때문에 뒤얽혀 있으며, 한 양상에서 다른 양상으로의 이행은 부정의 조작과 함께 내적으로 일어난다. 가령 "쓰이지 않기를 그치지 않는 것"에서 "쓰이지 않기를 그치는 것"으로의 이행에서는 두 개의 부정 중 하나가 삭제된다. "쓰이지 않기를 그치는 것"에서 "쓰이기를 그치지 않는 것"으로의 이행에서는 부정이 자리를 옮긴다. 아리스토텔레스의 양상 논리가 네 가지 요소를 대립시키는 한편, 라캉의 양상 논리는 그것들 간에 상호작용을 유발한다. 형식적인 양상 논리와는 달리 각각의 양상이 글쓰기를 공유하면서도 부정의 작용으로 인해 달라지는 사랑의 양상 논리는 변형에 열려져 있다. 이러한 변형의 가능성은 "사랑이 이러한 양상의 불확실성에 대한 좋은 시험임"[160]을 입증한다. 바디우가 라캉적 실재에 관여하기 위해 시험이라는 용어를 사용한다는 점을 상기하자. 사랑은 양상 논리에 대해 실재의 역할을 한다. 사랑은 각각의 양상이 고정된 정체성이 없으며 쉽게 다른 양상으로 변화할 수 있음을 보여 준다. 사랑을 네 조각으로 나눔으로써 사랑을 분석하는 양상적 형식주의에 대해 사랑은 변칙적인 양상 논리를 제시한다. 사랑은 특정한 양상이나 양상의 시퀀스에 속하지 않는다. 그것은 각각의 양상 사이에 침투해서 양상의 변형을 촉발한다. 라캉은 이렇게 말한다. "양상들은 참된 것들이며 심지어 정확한 글쓰기를 통해 정의 가능하기도 합니다. 그것들은 사랑에 대한 입증을 사분화합니다. 그것들 중 하나에 의해 지혜라 불리는 것을 근거 짓는 방식으로 말입니다. 다만 지혜는 어떤 식으로도 사랑에 대한 이러한 고찰들에서 유래하

---

160 같은 곳.

는 것일 수 없습니다. 지혜는 오직 다른 곳으로부터 존재할 뿐입니다. 왜냐하면 사랑에서 지혜는 아무런 쓸모가 없기 때문입니다."[161] 지혜, 더 정확히 말해 양상 논리에 입각한 지혜는 사랑에서 아무런 쓸모가 없다. 사랑을 사분화하는 형식논리는 무익한 것으로 남는다. 사랑은 양상을 통해서 입증 불가능한 것으로 남는다. 사랑은 양상의 분류 체계에 구멍을 내는 것이다.

구체적인 예를 들어 보자. 문학의 영역에서 성적 비관계의 테제를 생생하게 묘사한 마르그리트 뒤라스의 『죽음에 이르는 병』에서 남자는 여자를 만나기도 전에 그녀를 상실한다. 그들의 만남은 남자 안에 있는 주체적 결여를 드러낼 뿐이다. 남자는 여자가 아니라 자신의 무의식적 구조를 만나고, 따라서 그들 간의 불가능한 관계와 만난다. 그들의 만남은 비관계를 실현하는 기회에 다름 아니다. 이 경우에 양상적 시퀀스는 다음과 같이 순환적이다. 우연성 ↔ 불가능성. 양상의 이러한 혼란이 일어나는 까닭은 사랑이, 우리의 용어를 사용하자면, 우연성과 불가능성의 사이이기 때문이다. 사이-양상으로서의 사랑은 양상의 뒤얽힘을 야기한다. 요컨대 사랑에 대한 라캉의 양상적 접근은 사랑이 전례 없고 사분화할 수 없는 양상임을 보여 준다.

양상과 사랑 간의 불편한 관계는 바디우에게도 마찬가지이지만, 라캉과는 다른 방향에서 그러하다. 바디우에게 사랑의 만남은 일상적 삶의 경로의 필연적 법칙 너머에 있는 우연한 사건이다. 동시에 바디우는 우연성의 힘을 사랑의 과정(둘의 선언으로 시작해서 주체적 충실성과 함께 지속되는 과정)을 통해 정복하는 것의 중요성을 강조한다. 여기서 우리는 이미 양상 간의 혼합을 인식할 수 있다. 설령 사랑의 과정의 핵심이 우연 너머에서 운명을 세공하는 데에 있다 하더라도, 그 과정은 선결적이지도 않고 필연적이지 않다. 바디우적 둘은 하나와 둘 간의 동요를 통해 사랑의 무한을 세공하는 과정을 지칭한다. 사랑의 과정은 온갖 우여곡절을 포함하는 사행적(斜行的)이고 불확실한 여정이다. 이런 점에서 사랑의 운명은 우연성과 필연성 간의 구분을 흐릿하게 만든다. 비슷한 문제가

---

161 같은 곳.

우연성에도 적용된다. 사랑의 만남이란 자기중심적 하나의 관점에서는 불가능으로 여겨졌던 그 무엇이다. 만남은 가능성과 불가능성 간의 구분이 법의 산물이라는 사실을 상기시킨다. 사랑의 주체가 불가능한 사건의 결과를 정교화하는 한, 가능성과 불가능성의 구분은 재편된다. 이런 점에서 사랑은 가능성과 불가능성의 구분도 흐릿하게 한다. 나아가 사랑이 전례 없는 양상에 관여함을 보여 주는 바디우적 개념이 있는데, 그것은 두 번째 만남이다(두 번째 만남이 고르와 도린의 사랑과 관련해서 논의되는 5장을 참고하라). 두 번째 만남은 사랑에 빠졌던 동반자와 다시 사랑에 빠지는 경우를 가리킨다. 두 번째 만남은 법에 의해 일어나지 않기 때문에 우연성에 속한다. 동시에 두 번째 만남은 전-사건적 일상적 세계가 아니라 후-사건적 주체적 세계로부터 유래하기 때문에 운명에 속한다. 두 번째 만남은 가능성과 불가능성과도 복잡한 관계를 갖고 있다. 사랑의 과정이 이미 가능성과 불가능성의 재배치에 관여된 이상, 두 번째 만남은, 충실한 사랑의 과정의 비범한 효과로서, 가능성과 불가능성의 재배치를 한층 더 조정한다. 이런 점에서 두 번째 만남은 모든 양상에 관련되지만, 어떤 특정 양상 안에도 설정될 수 없다. 두 번째 만남은 어떤 양상에도 속하지 않음으로써 모든 양상에 속한다. 그것은 양상 간의 구분을 흐릿하게 하는 것이 아니라 양상 간의 미구분을 한곳에 규합한다. 그것은 비양상적인 것을 독특한 양상으로 결정화한다. 라캉과 뒤라스가 말하는, 만남에 선행하는 상실(주체적 결여와 성적 비관계에 상관적인 상실)과는 달리, 두 번째 만남은 설명 불가능한 새로움을 가능하게 하는 "상실의 숙달"[162]이다. 두 번째 만남은 사랑의 무한이 베푸는 선물, 불가능하고 필연적이고 우연적으로 가능한 은총이다. 여기서 재차 사랑은 양상 논리로 규정되지 않는다. 두 번째 만남과 더불어 사랑은 주체적 무한의 미증유의 양상이 된다.

---

162 『주체의 이론』에서 바디우는 주체에 대한 라캉의 구조 중심적 관념을 비판한다. 라캉에게 있어서 상실에 대한 주체의 무지는 같은 장소에서 똑같은 행동을 반복하게 만든다. 바디우는 주체의 다른 측면을 표명하는데, 여기서 주체는 상실을 숙달하는 파괴를 통해 반복 불가능한 힘과 새로움을 소환할 수 있다. Badiou, *Theory of the Subject*, pp. 132-147.

네 번째 이슈인 사랑의 위상학으로 넘어가자. 앞서 논의했듯 라캉은 토러스를 통해 설명될 수 있는 정신분석학적 위상학을 창안한다. 토러스는 하나의 구조를 형상화하는데, 거기서 신경증적 주체는 욕망에 대한 무지로 구성되며 사랑에의 요구를 지속적으로 반복한다. 토러스는 또한 말하는 존재가 기표의 작용으로 인해 주이상스의 상실로부터 고통스러워하는 토러스적 세계를 보여준다. 이를 사랑의 문제와 연결시킴으로써 우리는 토러스적 사랑이라는 용어를 만들었다. 토러스적 사랑은 기원적인 상실과 그 상실에서 연원하는 무의식적 반복(데카르트의 경험을 떠올리자)으로 구조화되는 사랑을 지칭한다. 그러나 이것이 사랑에 대한 정신분석적 비관론을 확증하는 것은 아니다. 왜냐하면 바로 이 지점에서 분석 작업이 주체의 변화를 유발하고 사랑의 재창안을 장려하기 위해 개입하기 때문이다. 욕망에 대한 신경증적 난관은 욕망의 지지대로서의 환상에 대한 분석을 통해 다루어질 수 있다. 그리고 환상에 대한 분석은 환상에 대한 가로지르기로 이어지는데, 여기서 환상 안에서 통합되었던 주체는 자신의 분열을 경험한다. 즉 그는 주체적 궁핍을 통해 대상 a로 환원되는 경험을 통과한다. 주체는 자신의 주체적 진실이 환상적 정체성이 아니라 실재적 상실에 있음을 깨닫게 된다. 여기서 욕망의 주체의 탄생이 가능해지며, 이는 새로운 사랑하기의 방식에 대한 탐색에 상관적이다. 주체는 결여와 상실에도 불구하고, 아니 오히려 결여와 상실의 프리즘을 통해서 사랑하는 법을 배운다. 다른 성을 대상으로 환원하는 환상에 기대지 않고서 말이다. 남자가 팔루스적 주이상스에 근거한 환상을 포기할 때, 여자는 그의 증상이 아니라 단독성으로서의 "여자-증환"이 된다. 여자가 상징적 권위에 대한 환상을 포기할 때, 남자는 그녀의 이상이 아니라 단독성으로서의 "남자-증환"이 된다. 여기서 새로운 종류의 사랑을 위한 공간이 열린다. 요컨대 토러스적 세계에 거주하는 인간은 토러스적인 방식으로 사랑을 한다. 그러나 토러스적 세계가 유일한 세계인 것은 아니다. 만약 정신분석의 대의가 분석자로 하여금 자신의 주체적 구조를 깨달아 가고 새로운 사랑하기의 방식에 관여하도록 지지하는 데에 있다면 말이다. 따라서 세계가 토러스적이라는 라캉의 발언을 "불모의 땅, 그러나 완전히 그렇지는 않은"[163]이라고 말하는 베케트를 따라서 다시 써보자. 세계는 토러스적이지만, 완전히 그렇지는 않다. 사랑은 토러스적이지만, 우리는 환상과 상실에서 자유로운 사랑을 열망하면서 토러스적 세계에 이질적인 가능성을 향해 나아갈 수 있다. 라캉에 따르면, "어떤 근본적인 위상학이 우리로 하여금 사랑에 대해 이치에 맞는 어떤 것도 말하지 못하게 막는다."[164] 그러나 좀 더 정확히 말해 우리가 사랑에 대해 이치에 맞는 어떤 것도 말할 수 없다면, 이것은 위상학 때문에 아니라 사랑 때문이다. 논리(logos)로부터, 따라서 위상학(topo-logy)으로부터 일탈하는 사랑 때문에 말이다. 사랑은 토포스(topos)에 대한 로고스로 환원될 수 없는 것이다.

사랑과 위상학 간의 불편한 관계는 바디우에게도 마찬가지이다. 바디우에게 세계는 지점으로 인해 위상학적이다. 하나의 지점은 세계 안의 무한을 둘로 응축시킨다. 주체적인 몸이 둘 중에 올바른 것을 선택함으로써 지점의 시험을 통과하는 한에서 진리 과정은 유지될 수 있다. 이것은 세계가 변화를 향한 잠재력을 내부에 갖고 있음을 뜻한다. 만약 주체가 이 시험을 통과한다면, 이질적인 토포스가 한 점 한 점 전개될 것이다. 만약 지점이 세계를 위상학적으로 만든다면, 지점의 돌파로서의 진리는 기존의 세계를 변화시킬 것이다. 따라서 지점을 함유하고 있는 바디우적 세계는 위상학적인 동시에 이소적(異所的, het-erotopic)이다. 그런데 사랑의 맥락에서 지점은 성적 차이이다. 실재의 시험으로서의 성적 차이는 세계를 위상학적으로 만든다. 만약 주체가 이 시험을 통과하면, 사랑의 과정을 지탱하는 세계가 도래할 것이다. 어떤 지점도 없는 세계, 가령 자본주의적 자기동일성을 고취하는 동시대 세계는 사랑에서의 성적 차이를 삭제하고, 이에 사랑은 시장 논리에 사로잡힌 성과 성적 만족에 사로잡힌 몸으로 환원될 수 있다. 그러나 지점이 없는 세계는 이데올로기적 산물에 다름 아니다. 또 다른 세계에의 가능성을 함유하고 있는 지점은 늘 존재한다. 지점

---

163 바디우, 『베케트에 대하여』, 73쪽.

164 Lacan, *SVIII*, p. 43.

으로 인해 사랑은 이질적인 토포스에의 계기가 된다. 나아가 세계는 사건-장소로 인해 변화에 열려 있다. 사건이 세계 안에서 뿐만 아니라 세계에 대하여 일어나기 때문에 기존 세계는 변화할 수 있다. 사랑의 문제에 적용시켜 보자면, 만남으로서 사건-장소는 기존 세계의 법칙을 단절시킨다. 우리의 삶에서는 전례 없는 만남이 반드시 몇 차례 찾아오게 마련이다. 주체가 이러한 사건의 흔적을 체화하고 사건의 결과를 정교화하는지의 여부는 오로지 주체 자신의 몫이다. 사건이 삽화적인 해프닝이 될지 최대치의 결과를 동반한 강한 단독성(순수한 의미에서의 "사건")이 될지는 주체에게 달려 있다. 분명한 것은 주체의 삶을 변화시킬 사랑의 만남이 세계 안에 존재한다는 점이다. "모든 인간 동물은 자신의 짧은 실존 동안에 진리의 주체적 현재를 체화할 기회를 몇 차례 부여받는다."[165] 우리는 하나의 세계에서 다른 세계로 이동한다. 사건적 만남으로 인해 우리는 외로움의 세계에서 사랑의 세계로 이동한다. 세계 안에서 세계의 법칙에 부합하지 않는 무언가가 세계에 대해 일어난다. 그래서 사건은 비인칭적인 사건이나 신적인 은총이 아니라 "셀 수 없는 출현이라는 순수하게 논리적인 은총"[166]이다. 이런 점에서 지점과 사건 모두 바디우적 사랑을 위상학으로 환원 불가능하게 만든다. 성적 차이라는 지점과 사랑의 만남이라는 사건이 우리에게 또 다른 세계에 접근할 기회를 제공하는 한, 사랑과 위상학은 서로 불화하는 관계에 놓인다. 주체가 성적 차이를 통과하고 만남의 결과를 정교화하는 한, 사랑은 위상학적 잠재력과 이소적 창조력 사이에 걸쳐져 있다. 사랑은 세계 안의 틈을 표시하고 세계의 변화를 유발하면서 위상학적 역설을 빚어내는 것이다.

마지막 테마인 매듭과 사랑의 관계로 넘어가자. 앞서 논의했듯, 라캉이 세 가지 종류의 매듭을 통해 사랑에 접근한다면, 바디우는 보로매우스적 삼원성을 가지고 사랑의 윤리학을 표명한다. 이것은 그들 모두 사랑의 주체성 문제에

---

165 Badiou, *Logics of Worlds*, p. 514.,

166 같은 책, p. 513.

연루된다는 것을 뜻하는데, 왜냐하면 매듭은 주체성의 형상과 구조를 분석하기 위한 형식적 도구의 역할을 하기 때문이다. 그러나 사랑은 또한 탈주체화의 문제이기도 하다. 사랑은 때때로 주체를 정신병의 심연으로 이끌거나 주체를 사라지게 만든다. "정신병자에게는 주체로서의 그를 폐지하는 사랑 관계가 있을 수 있습니다"[167]라고 말한 라캉의 진단을 확장하면서 우리는 어떤 연인도—그/그녀가 정신병적이든 신경증적이든—자신이 폐지되는 경험을 한다고 말할 수 있을 것이다. 라캉에게 매듭은 주체성의 지지대로 간주되고, 매듭이 풀리는 사건은 정신병의 발발로 간주된다. 앞서 다룬 세 유형의 매듭이 주체가 정신병 및 탈주체화와 갖는 관계를 통해 구분될 수 있다는 점에 주목해 보자.

올림픽 매듭에서는 중간 고리가 빠지면 전체 구조가 무너지게 된다. 문제는 사랑이 중간 고리의 위치에 놓인다는 것, 그리고 주체가 쉽사리 중간에(사랑에) 빠진다는 것이다. 사랑이 불발할 때, 즉 중간 고리가 무너질 때, 주체는 정신병의 발발에 직면한다. 따라서 올림픽 매듭은 사랑의 주체가 사랑의 환자임을 시사한다. 사랑의 주체는 사랑을 당하는 주체이다(The subject of love is subject to love). 보로매우스 매듭은 올림픽 매듭보다 좀 더 안정적인 구조를 갖는다. 그러나 보로매우스 매듭의 주체성 역시 정신병으로부터 완벽히 안전한 것은 아닌데 왜냐하면 매듭이 실패할 수 있기 때문이다. 나아가 보로매우스 매듭의 주체성과 사랑의 관계는 위태롭고 불확실한 것으로 남아 있는데, 이는 보로매우스 매듭에 상관적인 사랑의 종류가 정신분석의 최초 진리로서의 애증이고, 애증은 종종 주체를 극단적인 지점으로 몰고 가면서 격렬하고 파괴적인 방식으로 분출되기 때문이다. 마지막으로 우리가 증환적 매듭을 어떤 완성된 결과가 아니라 정신병의 발발에 대항해서 스스로를 건설하는 주체적 과정으로 여긴다면, 이러한 시도 역시 실패할 수 있음은 분명하다. 조이스의 경우 그의 글쓰기는 주체성의 매듭이 풀릴 위험을 막아 주고 어긋난 매듭을 교정하는 증환의 역할을 했다. 그러나 모든 글쓰기가 조이스의 증환처럼 탁월하게 건설적이고

---

167 Jacques Lacan, *Seminar III: The Psychoses, 1955-1956*, ed. Jacques-Alain Miller, trans. Russell Grigg, New York: Norton, 1997, p. 253.

지속적이지는 않다. 1976년에 라캉이 생탄(Saint-Anne) 병원에서 "라캉적인 정신병"으로서 다루었던 제라르 프리모(Gérard Primeau)[168]의 사례를 보자. 프리모는 그가 말하는 "밀어닥치는 목소리(phrase imposée)"과 "사고 전파(thought broadcasting)"로 고통받는 정신분열증자이다. 불수의적으로 출현하는 무의미하고 파편적인 목소리에 대해 프리모는 자기 자신의 문장을 덧붙임으로써 대응한다(가령 프리모는 이렇게 쓴다. "푸른 새들은 나를 죽이고 싶어 하지(자생적 사고)만, 그러나 사랑은 스러지지 않는다(내성적 사고)"[169]). 밀어닥치는 목소리에 대한 프리모의 의지적인 반작용에도 불구하고 프리모에 대한 라캉의 진단은 비관적이다. 조이스의 경우와는 달리, 프리모의 증환적 글쓰기는 정신병적 실재의 침투에 대항해서 그의 주체성을 유지하는 데에 실패한다. 라캉은 프리모가 주체성을 회복할 길이 없다고 결론 내린다. 요컨대 자기 안정화의 증환적 과정이라고 해서 모두다 성공적인 것은 아니다.

이런 점에서 매듭 이론이 주체성의 구조와 형상을 탐구하는 한편, 매듭 이론은 또한 그 이면, 즉 탈주체적이고 매듭이 풀리는 효과를 간접적으로 다룬다. 이것은 우리를 광기로서의 사랑이라는 고전적인 관념으로 인도한다. 라캉은 정신병과 사랑을 직접적으로 연결시킴으로써 이러한 아이디어를 지지한 바 있다. "정신병은 소위 '사랑'의 성취와 관련된 것에서의 일종의 파산(faillite/bankruptcy)입니다."[170] 사랑의 성취에서 가장 어려운 것은 사랑의 주체가 되는 것인데, 이는 사랑이 본질적으로 탈주체적이고, 주체를 자기 바깥에 있게 만들기 때문이다. 사랑의 주체가 되는 것은 사랑의 탈주체적 효과를 겪어 내는 과정을 필요로 한다. 이것이 실패할 때, 주체화의 파국으로서의 정신병이 발발한다. 사랑은 정신병의 위기를 감수할 것을 요구한다. 그러나 사랑의 정신병은 환청, 망상, 이인증, 해리, 비현실감 같은 임상적 현상처럼 요란하고 떠들썩하

168 국역본에서는 제라르 루카로 소개되어 있다.

169 자크 라캉, 『라캉, 환자와의 대화』, 고바야시 요시키 편저, 이정민 옮김, 에디투스, 2014년, 37쪽.

170 Jacques Lacan, "Conférences et entretiens dans les universités nord-américaines". 1975년 11월 24일, 예일 대학교 강연.

고 현저하지 않다. 사랑은 종종 우리의 삶을 소리 없이 전복시킨다. 어떤 난리법석도 없이 사랑은 삶에 묵직한 변화를 야기한다. 이런 점에서 사랑의 주체의 상황은 "보통 정신병(psychose ordinaire/ordinary psychosis)"이라는 임상적 범주, 즉 잠재적인 불안정 구조가 어떤 외견상의 증상도 보여 주지 않는 준안정적 정신병에 비견될 수 있다. 사랑은 보통 정신병과 닮은 고요한 재난(calm calamity)이다. 나아가 정신병의 또 다른 이름이 자유라는 점에 주목하자. 라캉적 자유가 급진적인 것은 그 자유가 정신병으로부터 분리 불가능하기 때문이다. 진정한 자유는 광기를 동반한다. "자유로운 사람이란 미친 사람입니다. …… 그는 대상 a를 통해 타자라는 장소에 매달리지 않습니다. 그는 대상 a를 자기 수중에 갖고 있습니다."[171] 라캉적 자유는 이미 결정된 시스템 안에서의 소외의 형태를 띠는 자본주의적 자유처럼 강박적이지도 않고, 신의 사랑에 대한 자기 종속으로서의 스피노자적 자유처럼 도착적이지도 않다. 그것은, 키에르케고어의 용어를 쓰자면, 가능성의 가능성, 어떤 법칙에도 물들지 않은 고삐 풀린 가능성, 상징적 타자를 우회하는 외상적 실재에 대한 대면이다. 사랑은 자유와 광기라는 곤란한 쌍둥이를 붙들고 씨름하는 것이다. 요컨대 사랑이 독특한 광기의 유형이라는 고전적 테제는 라캉을 통해서 확증될 수 있다. 사랑이 탈주체적 효과를 가진 한에서, 사랑은 요란하거나 고요한 광기이다. 여기서 매듭 이론을 통한 사랑의 묘사는 매듭 이론의 이면에 해당하는 매듭의 붕괴에 직면한다. 사랑은 주체화의 필요성과 주체화의 불가능성에 걸쳐져 있다. 사랑은 탈주체적인 것을 주체화하는 것이다. 사랑은 매듭이 풀릴 위험을 감수하며 독특한 매듭을 만드는 것이다. 마치 고르디우스의 매듭(Gordian knot)과 알렉산드로스 대왕의 매듭에 대한 절단 사이를 통과하듯 말이다.

바디우에게 진리로서의 사랑은 특수한 윤리에 의해서만 지지될 수 있다. 앞서 논의했듯 이러한 윤리는 사건, 충실성, 진리로 이루어진 보로매우스 구조를 갖는다. 그러나 이 윤리에는 악이라는 형태의 실패가 내재되어 있다. 사건을

---

171 Jacques Lacan, "La formation du psychiatre et la psychanalyse", 1967년 11월 10일, 앙리 에(Henry Ey)가 이끄는 연구 집단에서의 강연.

거짓-사건으로서의 시뮬라크르와 구분하는 것이 어려울 수 있다. 충실성은 사랑의 절뚝거림을 포기하고 배반의 유혹에 빠질 수 있다. 진리는 둘의 절대적인 힘을 단언함으로써 파국에 빠질 수 있다. 사랑의 윤리는 필히 이러한 세 가지 형태의 악의 도래에 노출된다. 그러므로 그것은 내부의 적에 경계를 늦추지 말아야 한다. 시뮬라크르에 대한 식별, 배반에 거스르는 용기, 파국에 대한 절제를 추구하면서 말이다. 그러나 이러한 내부의 적 덕분에 사랑은 도덕이 아니라 윤리를 수반한다. 다시 말해 악이 있기 때문에 사랑은 기성의 규범이 아니라 주체적 과정에 근거하는 것이다. 요점은 "간음하지 말라"가 아니라 "삶의 일상적 경로를 초과하는 것에 충실하라"이다. 요점은 "혼인법을 준수하라"가 아니라 "당신을 가로지르는 단절과 계속 함께하라"이다. 사랑의 도덕이 사랑에서의 선과 악의 엄격한 구분에 근거한다면, 사랑의 성애 윤리(erothics)는 사랑에서의 선과 악의 분리 불가능성에 대한 일관된 고민에 근거한다.

그러나 이러한 윤리는 그것을 뒤쫓는 사랑의 주체에게 대가를 지불할 것을 강제한다. 탈주체화가 바로 그 대가의 이름이다. 비록 바디우적 윤리학이 진리들에 대한 주체적 윤리를 표명하려고 하지만, 그것은 그 이면, 즉 주체의 사라짐에 연루된다. 개념적인 수준에서 바디우적 주체는 진리의 파편, 무한한 진리의 유한한 윤곽이다. 이것은 사랑의 진리가 보호될 수 있는 한에서, 진리에 참여하는 개인의 정체성과 특수성은 이차적인 문제임을 뜻한다. 주체는 자신이 복무하는 진리를 위해 스스로의 사라짐을 기꺼이 감수해야 하는 것이다. 더 정확히 말해, 사랑의 주체는 자기 자신이 아니라 사랑 자체에 우선순위를 둔다고 선언하는 한에서만 사랑의 주체일 수 있다. 사랑의 주체가 보기에 진리를 위한 자신의 희생은 비극적 희생이 아니라 대의를 지닌 충실성이다. 가령 죽음의 정념이 아니라 주체적 일관성으로서의 사랑을 위해 목숨을 거는 연인들에게 죽음은 종점이 아니라 사랑을 밀고 나가는 하나의 지점이다(고르와 도린의 동반 자살을 논의하는 5장을 참고하라). 이는 또한 바디우 철학과 일맥상통하는데, 거기서 죽음은 그 아이러니한 광채를 상실한다. 죽음은 실존의 수준에서 일어나는 등급의 변화, 세계의 법칙에 의해 측정되는 강도의 변화에 다름 아니다. 죽음은 존재론적 수준에 닿지 못하고 순수한 다수로서의 존재의 구성에 영향을 주거나 그 구성을 손상시킬 수 없다. 라캉의 실재적인 죽음 충동과 달리, 바디우적 죽음은 지점으로서의 실재의 시련에도 해당하지 않으며, 상징적 법칙의 견지에서 본 위상 변화일 따름이다. 죽음은 정원 외적(surnuméraire/surnumerary) 사건이 아니라 이미 결정되어 있는 출현이다. 이는 어째서 진리로서의 사랑이 때때로 죽음에 무관심한지를 설명해 준다. 바디우식으로 사랑하는 이에게 사랑받는 이의 죽음은 끝이 아니다. 죽은 연인은 오히려 상징적 법칙 너머에서 사랑의 진리의 구성물로서 불멸한다. 죽은 연인은 사랑하는 이와 함께한다. 지울 수 없는 무한의 파편으로서 말이다.

여기서 다음과 같은 질문을 제기해 보자. 사랑의 주체가 사랑의 진리에 참여하고 헌신하는 가운데 사라질지도 모른다는 사실이 그 주체를 영웅적으로 만드는가? 적어도 바디우적 연인이 극히 드물고 예외적이라는 것은 사실이 아닌가? 바르트에 따르면 사랑의 주체의 사라짐은 영웅적인 파토스와는 이질적이다. 사랑은 "절망 또는 충족감으로 사랑하는 사람에게 나타나는 사라짐의 충동"[172]을 동반한다. 때로 사랑의 주체는 "상처 또는 행복감으로 **수렁에 빠지고 싶은 충동**"에 사로잡힌다. 주목할 점은 이러한 사라짐의 충동에 어떠한 장엄한 기미도 없다는 것이다. 오히려 사라짐에는 미묘한 부드러움이 스며든다. "때로 불행 또는 기쁨이 어떤 소요도, 더 이상 어떤 감정의 격분도 일으킴이 없이 그냥 내게로 떨어진다. 그러면 나는 분해되는 게 아니라 용해되어진다. 넘어지고, 가라앉고, 녹여진다. …… 그것은 엄숙한 것이라곤 전혀 없는, 정확히 말해 **부드러움**(douceur)이란 것이다."[173] 사랑의 주체는 내재적 악과 씨름하는 윤리적 상황에 있을 뿐만 아니라 사라짐의 부드러운 심연을 끌어안는 원(元)윤리적 상황에 있는 셈이다. 사라짐의 감각은 사랑의 과정에 내재적이다. 요컨대 바디우적 사랑도 매듭의 주체성이 매듭이 풀리는 탈주체화와 나란히 가고 또

---

172 바르트, 『사랑의 단상』, 25쪽.

173 같은 책, 26쪽.

그것에 의해 완성되는 지점으로 우리를 데려간다. 사랑은 윤리적 매듭의 형성이 원(元)윤리적 사라짐의 탈주체적 감각과 동시에 일어나게 하고, 이 감각은 장엄한 영웅주의가 아니라 불가해한 부드러움이다.

지금까지 우리는 사랑과 수학의 불편한 관계를 사랑에 대한 라캉적, 바디우적 관점을 통해 또 그것을 넘어서서 논의했다. 라캉과 바디우 모두 사랑이 형식화와 형식화의 난관이 만나는 곳에 위치한다는 점을 잘 알고 있는 한편, 그들은 그 문제에 대한 상세한 분석에 관여하지 않고, 그 문제로부터 주목할 만한 귀결을 끌어내지도 않는다. 두 저자의 저술에서 그러한 탐구가 부재한 이유는 그들이 결국 사랑의 실재나 사랑의 진리에 초점을 맞추기 때문이다. 우리가 보기에 이러한 제스처는 실재나 진리를 사랑보다 우선시할 위험이 있다. 성적 비관계, 둘의 접근 불가능성, 증상, 상실, 정신병과 같은 실재의 심급들이 사랑을 압도할 수 있다. 보편성, 둘의 무대, 충실성, 만남, 윤리학과 같은 진리의 형상들이 사랑을 압도할 수 있다. 그러나 우리에게 사랑은 실재나 진리에 의해서도 환원되지 않는 수수께끼로 남아 있다. 중요한 것은 "실재나 진리에게 속하는 것을 실재나 진리의 몫으로 돌리고, 사랑에게 속하는 것을 사랑의 몫으로 돌리는 것"이다. 우리는 사랑의 실재나 사랑의 진리 너머에서 사랑에 고유하게 속하는 것을 사랑의 공백이라 부를 것이다. 라캉과 바디우에서 우리는 주체의 공백(결여와 상실로서의 주체)이나 존재의 공백(비일관적 다수로서의 공집합)에 대해서는 많은 논의를 찾아볼 수 있지만, 사랑의 공백에 대해서는 그렇지 않다.

사랑의 공백을 두 가지 층위에서 명료화하면서 결론을 내자. 우선 사랑의 공백은 어째서 사랑이 수학적-형식적 접근과 불편한 관계를 갖는지를 요약하는 개념이다. 사랑은 시스젠더와 트랜스젠더와 같은 대안적인 성적 입장을 생산함으로써 성별화 공식을 복수화한다. 사랑은 라캉적 넷이나 바디우적 둘과 같이 함축적인 수를 제시함으로써 수적인 것의 시퀀스를 뒤흔든다. 사랑은 만남에 선행하는 상실이나 두 번째 만남과 같이 전례 없는 양상을 유발함으로써 양상 논리를 어지럽힌다. 사랑은 토러스적 세계를 탈전체화하고 이소적 사건을 도입함으로써 위상학이 스스로의 한계를 넘어가도록 강제한다. 사랑은 정신병이나 사라짐의 형태로 매듭이 풀릴 가능성에 관해 매듭 이론에 이의를 제기한다. 이런 점에서 형식적인 것과 사랑의 관계는 단순히 가능성과 불가능성의 문제가 아니다. 사랑의 공백과 함께 우리는 단순히 사랑의 형식주의를 승인하거나 거부하는 것이 아니다. 사랑의 공백은 형식적인 것을 복수화하고, 형식적인 것의 순서를 탈구시키고, 전례 없는 형식을 제시하고, 형식적인 것이 스스로를 넘어서게 하고, 형식적인 것의 부각되지 않은 이면을 노출한다. 사랑의 공백은 사랑에 대한 수학적인 접근이 부딪히는 장애물이 아니라 그것이 지울 수 없는 흔적이다. 사랑의 공백은 수학과 사랑의 사생아이다(The amorous void is a love child of mathematics and love).

또한 사랑의 공백은 사랑의 실재와 사랑의 진리가, 헤겔『논리학』의 개념을 사용하자면, 사랑의 "내적 모순(Widerspruch an sich)"의 두 가지 외재화에 다름 아님을 뜻한다. 사랑의 공백은 사랑이 자기 자신에게 모순적이기 때문에 우리가 사랑을 재현, 증명, 정의할 수 없다는 사실을 가리킨다. 사랑의 공백으로 인해 사랑은 어떤 동일성과 차이의 상호작용에도 선행하는 차이 그 자체, 내적으로 모순적인 차이가 된다. 사랑의 공백이라는 근본적인 모순에 비교할 때 사랑의 실재와 사랑의 진리의 모순은 파생적이고 부차적이다. 그러나 사랑의 공백은 또한 헤겔에게서 벗어나기도 한다. 헤겔에게는 "해결된 모순이 긍정성과 부정성의 통합으로서의 근거, 본질이다."[174] 반면 우리에게 사랑의 실재와 사랑의 진리 간의 모순은 어떤 해결도 찾지 않으며, 통합을 이루지도 않는다. 근거지어지기보다는 아무런 근거가 없는 사랑의 공백으로 인해 모순은 해결 불가능한 심연으로 남는다. 사랑의 공백은 사랑의 실재와 사랑의 진리 간의 절대적인 사이이다. 사랑의 실재와 사랑의 진리에서 사유되지 않은 채로 남아 있는 것이 사랑의 공백을 이룬다. 라캉은 사랑의 공백에 충실했을 것이다. 사랑에 대한 수학적 말하기에 지칠 줄 모르고 관여했던 한 명의 분석가로서 이렇게 고백했을 때 말이다. "우리는 사랑에 대해 어리석고 비참한 방식으로밖에 말

---

174 Hegel, *The Science of Logic*, ed. and trans. George Di Giovanni, Cambridge: Cambridge University Press, 2010, p. 378.

할 수 없습니다."[175] 결국 수학적 말하기란 마치 엄밀한 백치처럼 사랑에 접근하는 방식이다. 바디우 또한 사랑의 공백에 충실했을 것임에 틀림없다. 그가 철학자로서 철학의 논리 및 윤리가 진리의 범주를 현존이 아니라 공백으로 유지하는 것[176]이라는 그 자신의 원칙을 따랐다면 말이다. 사랑의 진리가 공백으로서의 사랑을 침해하는 것은 진리의 사랑(철학)에 재난을 초래할 뿐이다. 요컨대 사랑은 수학이 사랑에 관해 말할 때 "빛이 있으라(fiat lux)"가 아니라 "공백이 있으라(fiat vacuum)"고 선언한다. 철학적인 사랑의 수학과 정신분석적인 사랑의 수학 모두에게 사랑은 피할 수 없는 공백(unavoidable void)이다.

175 Jacques Lacan, *The Knowledge of the Psychoanalyst: Seven Talks at Saint-Anne,* trans. Corman Gallagher, 1972년 2월 3일(비공식 미출간 원고).

176 바디우, 『조건들』, 86-92쪽.

3장

정치와 사랑

정치와 사랑 사이에는 수수께끼 같은 관계가 존재한다. 라캉과 바디우의 관점에서 이 관계를 고찰하기 위해서는 세 가지 선결 문제를 고려해야 한다. 우선 정치와 사랑이 너무나 이접적이기에 둘 사이에는 어떠한 관계도 없다는 주장이 있을 수 있다. 사실 『존재와 사건』에서 바디우 자신이 그러한 입장을 암시하기도 한다. 정치가 진리의 집단적 유형에 속한다면, 사랑은 진리의 개인적 유형에 속한다고 말함으로써 말이다. 정치가 어떤 집단이 지배적인 권력 구조 너머에서 스스로를 조직화하는 능력을 보여 주는 반면, 사랑은 개인적 진리의 국지적 실현이다. 왜냐하면 사랑은 "문제의 개인들 말고는 **아무도** 그것에 **관심을 갖지** 않기 때문이다."[1] 정치와 사랑은 이접적이고, 서로 다른 유형의 진리들이다. 라캉에게 사랑은 정신분석의 핵심으로 간주된다. "분석실은, 설령 편안하고 안락하더라도, 사랑을 나누는 침대에 다름 아닙니다."[2] 문제는 분석실이 어떤 정치적 소동에도 무관심한 부르주아의 개인 침실로 기능할 수 있다는 점이다. 라캉은 또한 "치안[경찰]이 모든 정치적인 것의 근저에 있다"[3]고 말한 바

---

1 바디우, 『존재와 사건』, 546쪽.

2 Lacan, *SVIII*, P. 15.

3 Jacques Lacan, *Seminar XII: Crucial Problems for Psychoanalysis, 1964-1965*, 1965년 5월 13일 수업(미출간).

있다[치안(police)과 정치(politics)의 구분은 향후 자크 랑시에르(Jacques Rancière)에 의해 발전된다]. 그렇다면 정치와 사랑은 경찰이 카우치에서의 성추행이나 카우치 바깥의 무고 사건을 조사할 때를 제외하고는 만나지 않는다. 공공질서의 유지로서의 정치와 사적 쾌락의 비밀로서의 사랑 사이에는 아무런 관계가 없는 것이다. 두 번째로, 정치와 사랑의 관계가 있다 하더라도 이 관계가 해방적이거나 혁명적인 정치를 도모하지 않는다는 주장이 있을 수 있다. 한나 아렌트가 지적하듯, "사랑은 본질상 무세계적이다. 드물기 때문이 아니라 바로 이 무세계성 때문에 사랑은 정치와 무관할 뿐만 아니라 반정치적이며, 아마 반정치적인 모든 인간의 힘 중에서 가장 강력할 것이다."[4] 무세계성의 상태에 있는 사랑의 주체를 떠올려 보자. 그의 혁명은 첫눈에 반함을 통해 개시되고, 그의 유토피아는 재회의 약속으로 성취되며, 그의 강제수용소는 리비도라는 감옥으로 체현된다. 자기 실존의 "예외상태"를 경험하면서 사랑의 주체는 해방의 정치에 무관심할 뿐만 아니라 해방의 정치에 저항하기도 하는 어떤 모호한 열정에 사로잡힌다. 파비앙 타르비(Fabien Tarby)와의 인터뷰에서 바디우는 아렌트에게 동의한다고 말한다. 사랑이 집단의 영역에 적용되면 사랑은 신이나 독재자의 초월적 권위에 봉사하는 도구로 악용될 수 있다. 집단의 수준에서의 사랑은 "사랑과 공포의 식별 불가능성"[5]에 이른다. 이 점은 라캉과 관련해서도 마찬가지이다. 라캉을 추종하는 정신분석협회는 라캉을 S1, 즉 주인 기표로 사랑할 위험이 있다. 정치적 맥락에서도 마찬가지이다. 기성 체제를 전복시키고자 하는 혁명운동에서 혁명가들이 열망하는 것은 주인이다.[6] 사랑은 지배, 통치, 억압, 권력, 주인의 논리를 의도적으로 또 부지불식간에 미화하기 위해 사용될 수 있다. 마지막으로 라캉과 바디우 간의 논쟁이라는 문제가 있는데, 이 논쟁의 틀은 바디우에 의해 형성된다. 바디우가 어떤 동시대 철학자도 라캉과 그의 반철학과 씨름해야 한다고 주장하는 한편, 그는 또한 라캉을 보수적 회의주의

---

4   한나 아렌트, 『인간의 조건』, 이진우 옮김, 한길사, 2017년, 339쪽.

5   알랭 바디우·파비앙 타르비, 『철학과 사건』, 서용순 옮김, 오월의 봄, 2015년, 70–71쪽.

6   Lacan, *SXVII*, p. 207.

를 극복할 수 없었던 관념론적 변증론자로 간주하기도 한다. "회의적인 부르주아인 라캉은 하늘 아래 새로운 것은 없다는 위험한 확신을 퍼뜨리기도 한다."[7] 그도 그럴 것이, 기의, 세계관, 구체(球體)적 전체와 같은 상상적 형성물의 영향을 언급하면서 라캉은 이렇게 단언한다. "상황이 급진적으로 변하지 않는 한, 분석 담화—분석 담화를 그 탈중심성 속에서 유지하기란 매우 어려운 일인데—는 그 어떤 것도 결코 전복시킬 수 없습니다."[8] 분석가의 욕망에 의해 지탱되는 정신분석의 주된 목표는 탈중심성의 담화로서의 무의식을 유지하는 것이다. 이 목표를 이루는 것도 버거워 보이는 상황에서 급진적 전복의 조건을 다루는 것은 시기상조이며 가당찮은 일로 여겨질 수 있다. 그리고 이러한 입장은 상황이 급진적으로 변할 수 있다고 말하는 해방의 정치에 관한 바디우의 확신에 상반되고, 또 그러한 해방의 정치를 개념적 일관성을 갖고 포착하려는 철학적 노고에 관한 바디우의 이념에도 맞지 않는다. 나아가 나르시시즘, 욕망, 주이상스, 성, 증상, 환상, 죽음 충동과 같은 정신분석의 관념들은 모두 이미 구성된 정체성의 반복에 얽매이는 인간 동물을 묘사하는데, 이는 새로운 그 무엇으로서의 바디우적 진리의 주체에 필적하지 못한다. 이로 인해 바디우는 철학적이고 정치적인 수준에서 일관되게 라캉에 대한 비판에 착수한다. 그러므로 존재와 앎에 대한 고르기아스의 논변을 원용하여 혹자는 이렇게 주장할 수 있다. 첫째, 정치와 사랑 간에는 아무런 관련이 없고, 둘째, 설령 둘 사이에 관계가 있다 하더라도 이 관계는 인류의 해방에 관련되지 않고, 셋째, 설령 그 관계가 해방적이라 하더라도 그 관계가 라캉과 바디우의 뒤얽힘을 통해서는 사유될 수 없다.

이러한 주장에 문헌학적, 이론적 근거가 있음을 인정하는 한편, 이번 장에서 우리는 이러한 주장을 다음과 같은 주장으로 보충하고자 한다. 정치와 사랑은 상호 관련되어 있으며, 정치와 사랑 간의 해방적인 매듭은 어떤 조건에서는

---

7 Alain Badiou, *The Adventure of French Philosophy*, trans. Bruno Bosteels, New York: Verso, 2012, p. 12.

8 Lacan, *SXX*, p. 42.

가능하며, 라캉과 바디우의 뒤얽힘은 그러한 매듭에 유효하다. 사랑과 정치가 이질적인 영역임을, 사랑이 해방과 양가적인 관련이 있음을, 라캉적 정치와 바디우적 정치 간에 간극이 있음을 부인하지 않으면서, 이번 장에서 필자는 라캉과 바디우의 뒤얽힘을 통해 정치와 사랑 간의 수수께끼 같은 매듭을 탐구한다. 이를 위해 우선 라캉의 담론 이론과 바디우의 민주주의적 유물론 비판을 통해 동시대 사랑의 위기를 분석한다. 이러한 분석은 사랑이 특수한 정치적 맥락에 의해 결정되고, 사랑이 권력의 매개체로 작용할 수 있음을 보여 줄 것이다. 두 번째로 우리는 라캉의 행위화와 바디우의 소요(騷擾)에 관한 논의를 통해 아랍의 봄(Arab Spring)에서의 모하메드 부아지지(Mohamed Bouazizi)의 주체성과 대중 저항운동을 검토한다. 이러한 검토는 재발명된 우애(philia)로서의 사랑—상상적인 것을 향한 치명적이고 맹목적인 정념이 아닌 "실재에 대한 열정"—이 기존 정치체제에 균열을 내고 정치적 변화의 기폭제로 작용함을 설명한다. 세 번째로 순교의 행위와 대중운동으로는 긍정적이고 지속적인 정치적 변화를 이끌어 내기에 충분하지 않음을 지적하면서 우리는 어떻게 공동체의 조직화라는 문제가 라캉적 비전체와 바디우의 코뮤니즘 이념에 의해 다루어질 수 있는지 살펴본다. 이러한 분석은 정치와 사랑 간의 해방적인 매듭으로 조직되는 공동체의 실재적 형상을 그려 보게 해줄 것이다. 네 번째로 필자는 라캉과 쉬잔 호멜(Suzanne Hommel)의 분석 세션과 폴 토마스 앤더슨(Paul Thomas Anderson)의 「매그놀리아(Magnolia)」(1999)에 대한 바디우의 비평을 통해 인류와 사랑의 연결고리에 대해 논의한다. 여기에서 인류와 사랑의 연결고리는 종교적이거나 도덕적인 계율이 아니라 인류의 부서진 마음과 외로운 형상에 대한 긴급한 호소로 나타나며, 오직 증환적 주체와 진리의 주체의 드문 출현만이 사랑의 인류의 가능성을 조명할 수 있다는 점이 입증된다. 나아가 결론에서 필자는 정치와 사랑 간의 수수께끼 같은 매듭이 "탈권력(impouvoir/unpower)"으로 요약될 수 있음을 주장하는데, 이에 따르면 사랑은 권력과 무력의 독특한 결합체이다.

3-1 동시대 사랑의 위기

정치와 사랑 간의 매듭을 동시대 문맥에서 고려할 때 우선 눈에 띠는 문제는 사랑의 위기이다. 오늘날 사랑은 많은 정치적 조건에 둘러싸여 있고 위협받고 있는데, 그중에 자본주의는 가장 중대한 조건 중 하나에 해당한다. 라캉의 담론 이론은 어떻게 사랑이 자본주의 담론에 의해 구성되는지를 분석할 수 있게 해주고, 바디우의 철학은 민주주의 유물론 안에서 사랑에 어떤 일이 일어나는지를 해명할 수 있게 해준다. 『사랑예찬』에서 바디우는 해방적인 맥락에서 정치와 사랑을 결합시킬 수 있는 두 가지 철학적-정치적 관념이 있다고 말한다. 그것은 코뮤니즘과 박애이다. 바디우에게 코뮤니즘은 유토피아가 아니라 불가능한 것으로의 실재이며, 따라서 그것은 가능성과 불가능성의 경계를 재분절하는 주체적 과정에 의해 지탱된다. 만약 코뮤니즘이 유토피아적이라면, 이것은 어떻게 글로벌 자본주의가 동시대 정치의 영역에서 모든 가능성을 장악하고 있는지를 증명할 뿐이다. 한편 자본주의가 정치와 경제 모두에 영향을 준다는 점을 인지하고 있으면서도 바디우는 정치가 주체적이라면 경제는 대상적이라고 말하면서 양자를 구별한다.[9] 그러나 문제는 자본주의가 주이상스의 마법에 걸린 특정 유형의 주체성을 동원함으로써 코뮤니즘적 주체, 즉 정치적인 사랑의 주체를 폐지한다는 점이다. 따라서 일종의 정치경제학적 비판의 필요성이 제기되고, 이 지점에서 우리는 라캉의 담론 분석에 주목할 수 있다.

우선 담론의 일반적 특징부터 살펴보자. 1972년 루뱅에서의 강연에서 라캉은 담론을 이렇게 정의한다. "저는 언어 안에서 언어의 자원—물론 넓은 점에서 보면 다른 많은 자원이 있지만—을 고정시키고, 결정화하고, 사용하는 어떤 것을 담론이라 부릅니다. 담론은 자원을 사용하고, 그리하여 말하는 존재 간에

---

9 Alain Badiou, "Eleven points inspired by the situation in Greece", trans. David Broder, Libération, 2015년 7월 8일 기사. www.liberation.fr/planete/2015/07/08/onze-notes-inspirees-de-la-situation-grecque_1345294에서 볼 수 있다.

사회적 유대가 기능합니다."[10] 라캉의 담론 이론은 그의 언어적 정신분석을 사회 정치적 층위로 확장시킨 것이다. 마치 개별 주체가 언어처럼 구조화된 무의식에 의해 결정되는 것처럼, 집단적 사회 정치적 현실은 담론에 의해 구성된다. 담론은 기표의 네트워크와 인간관계의 네트워크에 걸쳐져 있다. 두 가지 요소가 담론에서 핵심적인 역할을 하는데, 그것은 언어와 주이상스이다.

우선 담론은 언어를 기반으로 해서 사회적 유대를 만든다. 언어의 사용으로 인해 안정된 상호주체적 관계(가령 선생님과 학생, 남편과 아내)가 확립된다. "[사회를] 지배하는 것은 언어 실천입니다."[11] 담론은 언어를 통해 특정 주체적 관계를 (재)생산하는 구조로 작용한다. 그리고 라캉에게 언어는 두 가지 요소로 구성된다. 주인 기표인 S1과, 기표들의 네트워크이며 라캉이 지식(savoir/knowledge)이라 부르는 S2가 그것이다. 지식은 일련의 기표들을 연결시키고 나아가 기표 전체를 가정함으로써 구축되고, 이러한 전체는 예외적인 기표에 의해 방향이 설정되고 정박된다. S1과 S2가 있는 곳에는 주체 또한 형성되는데, 왜냐하면 주체는 기표의 효과로서 생산되기 때문이다. 어떤 자율적인 주체가 언어를 사용하는 것이 아니라 언어라는 자율적인 질서가 주체를 결정하는 것이다. 여기서 라캉의 공식을 상기하자. 기표는 어떤 주체를 다른 기표에게 재현한다. 주체는 두 기표 사이에서 분열되어($) 있다.

둘째, 담론은 주이상스와 양가적인 관계를 갖는다. 한편으로, 담론은 "주이상스의 금지에 근거한다."[12] 담론은 수수께끼 같고, 사라지고, 명명 불가능한 주이상스를 다룰 수 없기 때문에 주이상스로부터 거리를 두려는 경향이 있다. 다른 한편으로, 주이상스의 금지에도 불구하고 담론은 장악될 수 없는 어떤 잔여에 연루될 수밖에 없는데, 이것이 *a*의 형식으로 출현하는 잉여 주이상스 (plus-de-jouir/surplus jouissance)이다. 잉여 주이상스는 말하는 존재가 일차적인

---

10 Jacques Lacan, "Conférence de Louvain suivie d'un entretien avec Françoise Wolff" in *Jacques Lacan parle*, www.youtube.com/watch?v=-HBnLAK4_Cc에서 볼 수 있다.

11 Lacan, *SXVII, p. 207*.

12 같은 책, p. 176.

주이상스를 포기하고 상징적 거세를 겪음으로써 얻을 수 있는 것이다. 잉여 주이상스는 언어가 승인하는 부수적인 주이상스의 획득과 일차적인 주이상스의 상실 모두를 대변한다. 여기서 언어와 주이상스 간의 이항 대립은 흐릿해진다. 잉여 주이상스는 언어의 사용이 우리에게 허용하는 한 토막의 주이상스이다. 그것은 우리가 근본적인 상실을 받아들이는 한에서 즐길 수 있는 보상적인 잔여물이다. 이것이 또한 담론의 체계 안에서 생산이 상실과 동일시되는 이유이기도 하다. 라캉이 말하듯, "언어에 해당하는 그 어떤 것도 잉여 주이상스가 구현하는 상실을 생산하는 데에까지 나아감으로써만 주이상스를 획득한다."[13] 그럼에도 불구하고 이 잔여에는 사건적인 측면이 있다. 왜냐하면 그것은 언어 실천의 예측 불가능한 효과로서 생산되기 때문이다. 따라서 일차적인 주이상스가 담론에 의해 필연적으로 억압되는 반면, 잉여 주이상스는 실재의 요소로서 우연히 격발된다. 요컨대 언어와 주이상스라는 특징을 갖는 담론은 결과적으로 기표에 의해 결정되는 주체와 주이상스의 대상에도 관련된다. 결국 담론은 네 가지 요소, S1(주인 기표), S2(지식), $(분열된 주체), a(잉여 주이상스)로 이루어진다.

또 담론에는 네 가지 서로 다른 자리가 있다. 행위자(agent), 타자(other), 진리(truth), 생산물/상실(product/loss)이 그것이다.

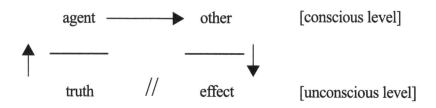

13 같은 책, p. 124.

Discours du Maître

$$\begin{array}{ccc} S_1 & \rightarrow & S_2 \\ \dfrac{}{\$} & \diagdown\!\!\!\diagup & \dfrac{}{a} \end{array}$$

Discours de l'Université

$$\begin{array}{ccc} S_2 & \rightarrow & a \\ \dfrac{}{S_1} & \diagdown\!\!\!\diagup & \dfrac{}{\$} \end{array}$$

Discours de l'Hystérique

$$\begin{array}{ccc} \$ & \rightarrow & S_1 \\ \dfrac{}{a} & \diagdown\!\!\!\diagup & \dfrac{}{S_2} \end{array}$$

Discours de l'Analyste

$$\begin{array}{ccc} a & \rightarrow & \$ \\ \dfrac{}{S_2} & \diagdown\!\!\!\diagup & \dfrac{}{S_1} \end{array}$$

Discours de Capitaliste

$$\begin{array}{ccc} \$ & & S_2 \\ \dfrac{}{S_1} & \diagdown\!\!\!\diagup & \dfrac{}{a} \end{array}$$

담론의 상단부는 지배적인 위치에 있는 행위자가 타자에게 말을 건넨다는 점을 보여 준다. 하단부는 행위자의 담화가 타자에게 닿았을 때 우연적인 생산물이 발생되고, 행위자의 담화는 사실 그가 알지 못하는 어떤 진리에 의해 추동된다는 점을 보여 준다. 상단부가 의식의 영역이라면 하단부는 무의식의 영역에 가깝다. 생산물은 통제 불가능하고 진리는 숨겨져 있다는 점에서 말이다. 결과적으로 행위자와 타자 간의 소통에는 구조적인 실패가 예정되어 있다. 달리 말해 행위자와 타자 사이에는 아무런 관계가 없으며, 라캉은 그 관계를 불가능성이라 부른다. 동시에 진리와 생산물 사이에도 아무런 관계가 없으며, 라캉은 이를 무력함이라 부른다. 행위자와 타자 간의 유대는 불가능성하고, 진리와 생산물 간의 유대는 무력하다. 따라서 담론에는 두 가지 이접 관계가 있다. 사랑에서 한 가지 사례를 들어 보자. 자신의 사랑을 표현하기 위해 사랑하는 이는 행위자로서 타자로서의 연인에게 메시지를 보낸다. 연인은 이 메시지를 오해하고 나아가 그 메시지에 관한 '강한 오독(strong misreading)'을 만들어 내는데, 이는 연인 그 자신에게조차 불투명한 의미를 갖는다. 생산물로서의 이러한 오독은 사랑하는 이의 마음과는 아무런 관련성을 갖지 않으며, 나아가 사랑하는 이가 스스로의 마음을 잘 알지 못함은 물론이다. 따라서 사랑하는 이와 연인 사이에는 불가능한 관계가 있고, 사랑하는 이의 마음과 그의 메시지에 대한 연인의 오독 사이에는 무력한 관계가 있다.

1960년대 후반과 1970년대 초반 사이의 세미나에서 라캉은 자본가를 현대의 주인으로 간주하고, 자본주의 담론을 대학 담론에 연결시키고, 끝내 자본주의 담론을 자신의 네 가지 담론에 대해 하나의 변칙을 이루는 것으로 공식화한다. 주인의 주요한 특징은 그가 자기동일적인 행세를 한다는 데에 있다. 주인은 초월적인 "나" 혹은 의식적인 자아로서 무의식의 논리와 주체의 분열에 저항한다. "주인 노릇을 하는 것은 스스로를 일의적으로[하나의 목소리를 지닌 이로](univoque/univocal) 여기는 것이다."[14] (대조적으로 정신분석은 우리에게 두 개의 목소리가 있음을 강조한다.) 주인 담론에서 주인(행위자)은 일하는 방법에 관한 지식을 갖춘 노예(타자)에게 일하라는 명령을 내린다. 그러나 이러한 명령은 결국 주인의 주이상스가 상실되는 결과를 낳는다. 스스로 일하지 않는 주인은 근본적인 상실의 보상물로서의 잉여 주이상스를 획득하는 데에 만족해야 한다. 라캉이 잉여 주이상스의 논리에 걸맞게 생산과 상실을 나란히 놓는다는 점을 상기하자. "단지 주인으로서 성취를 이룸으로써 그[주인]는 무언가를 상실한다."[15] 나아가 주인의 진리는 분열된 주체($)이다. 주인은 거세로부터 면제된 어떤 전능한 인물이 아니다. 담론 안에서는 그 누구도 거세를 피할 수 없다. "주인은 거세되어 있다."[16] 끝으로 주인의 주체성의 분열과 그의 욕망의 원인은 서로 이접적이다($ ▲ a). 그래서 주인 담론은 무의식적 환상을 우선 구축하고 서서히 돌파하기보다는 오히려 환상을 처음부터 배제한다. 이는 주인으로 하여금 주체의 분열이라는 정신분석의 진리에 완전히 눈이 멀게 만든다.

주인 담론의 요소들을 반시계 방향으로 돌리면 대학 담론이 형성된다. 이러한 형식적 조작은 자본가나 관료와 같은 새로운 주인의 출현에 대응된다. 대학 담론은 다음과 같은 점을 보여 준다. 자신의 분열을 은폐하는 자기동일성으로 특징지어지는 고전적 주인과 달리, 오늘날의 주인은 숨겨진 자기동일적 권위(S2 아래에 S1이 있다)에 의해 추동되는 지식 전체인 S2를 육화하고 준수한다. 주

---

14 Lacan, *SXVII*, p 103.

15 같은 책, p. 107.

16 같은 책, p. 97.

인은 더 이상 직접 개인적인 권력을 행사하지 않고 모든 것을 알고 있으며 객관적이고 중립적인 지식 뒤에 스스로를 감춘다. 은폐된 주인 기표에 의해 뒷받침되는 지식은 "계속 더 많은 지식을 추구하라"고 명령한다. 대학 담론에서 지식을 박탈당하고 지식 체계에 의해 착취당하는 타자는 학생이며, 라캉은 대상 a에 대한 암시를 덧붙여 학생을 "astudé/astudied"[17]라고 부른다. 돈과 학점을 교환하면서 학생은 기존 지식에 의해 호출되고 소외된다($S2 \to a$).[18] 그러나 비록 학생이 교과서 지식의 찌꺼기로 간주될 수 있다 하더라도, 그의 분열된 주체성은 여전히 생산된다(a 아래에서 $가 생산된다). "우리가 대학의 방식대로 사유할 때 생산하는 것은 논문입니다."[19] 논문은 지배적인 지식에 의해 각인되는 동시에 그 지배적인 지식으로 환원될 수 없는 학생의 주체성을 구현한다. 그러나 이러한 주체성은 은폐된 주인 기표에 아무런 영향을 미치지 못한다($S1 \blacktriangle \$$). 자기동일적 주인에 근거한 객관적 지식은 학생의 고유한 주체성과 아무런 관련이 없다. 다음 절에서 우리는 주체성이 더 이상 단순히 타자의 생산물로 소외되지 않고 스스로를 시스템의 증상으로서의 행위자로 만드는 담론, 즉 히스테리 담론이 어떻게 혁명적인 주체성과 연결되는지를 살펴볼 것이다.

이번 절의 논의에서 중요한 것은 라캉이 마르크스의 노동 상품화와 잉여가치 착취를 참고하면서 대학 담론을 자본주의 담론과 명시적으로 동일시한다는 점이다. "잉여 주이상스는 더 이상 잉여 주이상스가 아니라 단순히 축적되고 있는 모든 것 안에 기입되거나 그로부터 연역되는 가치로 기입될 뿐입니다."[20] 이것은 $S2 \to a$에 대한 설명으로 독해될 수 있다. S2는 지식의 전체로서

---

17 같은 책, p. 105.

18 학생은 대타자라는 기존 지식을 경유하지 않을 수 없다. 라캉의 다음 발언을 참고하라. 비록 대상 a가 "대타자라는 장소에서 일어나는 상징화로 환원 불가능한 잔여이기는 하지만, 그럼에도 그것은 대타자에 의존합니다. 그렇지 않다면 대상 a가 어떻게 구성될 수 있을까요?" Jacques Lacan, *Seminar X: Anxiety, 1962-1963*, ed. Jacques-Alain Miller, trans. Adrian Price, Cambridge: Polity, 2016, p. 330.

19 Lacan, *SXVII*, p 191.

20 같은 책, p. 80.

의 자본주의 체계를 상징한다. a는 이 체계의 치하에 놓이는 모든 실재적 요소를 상징한다. 어떤 점에서 이것은 자본주의의 천재성을 설명한다. 지구상에 혹은 우주상에 존재하는 그 어떤 것도 인간과 자연, 물질과 비물질에 상관없이 전체화된 체계 하에 포섭될 수 있다. a가 대타자로 환원 불가능하지만 대타자에 의해 구성된다는 점을 상기하자. 비록 자본주의 가치체계가 a를 명확하게 측정할 수는 없지만, 그럼에도 별 어려움 없이 그럭저럭 측정해 낸다. 이것이 우리가 "노동자를 하나의 가치 단위로"[21] 여길 수 있는 이유이다. S2가 축적되는 가치체계라는 새로운 주인을 상징한다면, a는 고대의 노예를 대체하는 노예, 즉 "그들 자신이 생산품에 해당하는"[22] 새로운 노예를 상징한다. 고대의 노예가 강제로 매매되었다면, 현대의 노동자는 자기 프로모션을 통해 자발적으로 스스로를 팔기로 결정한다. 나아가 대학 담론의 S2가 자기동일적 주인을 품고 있음을 상기하자. "시장은 주인 기표에 연결되어 있다."[23] 자본주의 가치체계는 시장의 자기동일적 논리에 의해 지탱되고 추동된다(S2 아래에 S1이 있다). 자본주의는 시장이 은밀한 주인으로 기능하는 담론이다. 마지막으로, 자기동일적 시장과 교환가치에 의해 규정되는 노동자의 주체성은 서로 이접적이다 (S1 ▲ \$). 그리고 이는 필연적으로 극심한 경제적 불평등을 초래한다. 시장을 점유한 소수와 가치에 점유당한 노동자 간에는 구조적으로 아무런 유대나 연대가 없기 때문이다.

대학 담론과 자본주의 담론의 동일시는 마침내 자본주의 담론에 대한 독자적인 공식화로 이어진다. 자본주의 담론을 주인 담론의 대체물로 지칭하면서 라캉은 자본주의의 위기가 공공연한 일이 되었다고 말한다. 자본주의가 너무 빨리 움직여서 스스로를 소진시킨다는 점에서 말이다.[24] 우리의 논의에서 중요

---

21 같은 책, p. 81.

22 같은 책, p. 32.

23 같은 책, p. 92.

24 Jacques Lacan, "Discours de Jacques Lacan à l'Université de Milan le 12 mai 1972" in *Lacan in Italia, 1953-1978: En Italie Lacan*, Milan: La Salamandra, 1978, pp. 32-55.

한 것은 자본주의의 위기가 아니라 어떻게 지배적인 담론으로서의 자본주의가 사랑의 위기를 초래할 정도로 사랑에 영향을 주는지의 문제이다.

자본주의 담론의 성격을 살펴보자. 그것은 다른 담론과 비교할 때 현저히 이질적이다. 여타의 담론에서 행위자는 자율적으로 행동하고 명령하는 누군가가 아니다. 오히려 행위자는 빗금 아래의 무의식적 진리에 입각해서 행동하게 된다. 자본주의 담론에서 행위자 위치에는 분열된 주체가 놓여 있다. 그러나 이 행위자는 자신의 진리에 따라, 자신의 진리에 의해 추동되어 움직이지 않는다. 오히려 그는 빗금을 가로질러서 자기 자신의 진리(S1)와 관계를 맺는다(최초의 화살표가 왼쪽의 행위자에서 오른쪽의 타자를 향하는 다른 담론에서와 달리, 자본주의 담론에서 최초의 화살표는 $에서 S1로 빗금을 가로질러 이동한다). 여타의 담론에서는 무의식적 진리에 의해 추동되는 행위자가 타자와 관계하고, 이를 통해 예측 불가능한 생산물이 형성된다면, 이러한 점은 자본주의 담론에 적용되지 않는다. 분열된 주체는 자신의 무의식적 진리로서의 주인 기표를 직접 다룬다. 그리고 이 진리는 지식으로서의 타자와 관계하고, 이것이 생산된/상실된 대상을 낳는다. 중요한 것은 여타의 담론이 행위자와 타자 간의 이접 및 진리와 생산된/상실된 대상 간의 이접으로 특징지어지는 반면, 자본주의 담론에는 어떠한 이접도 존재하지 않는다. 대신에 항들 사이에는 끊어지지 않는 접속이 형성되어 있다. 이러한 초연결 상태에서는 누가 행위자이고 타자인지, 무엇이 생산물이고 진리인지 식별할 수 없다. 두 개의 핵심적인 이접 대신에 오직 단절되지 않는 순환만 지각될 뿐이다. 자본주의 담론의 화살표 흐름 안에서 ∞의 형상을 읽어 내자. 우리는 이를 자본주의적 악무한이라 부를 수 있을 것이다. 이 악무한은 자본의 고삐 풀린 유동으로 출현한다.

식별할 수 있는 행위자나 특정할 만한 이접이 없는 자본주의 담론에서는 오직 자기 폐쇄적인 운동이 있을 뿐이다. 오히려 이 운동이 행위자이자 타자이고, 진리이자 생산/상실이며, 주인 기표와 지식으로 나타나고, 분열된 주체이자 생산/상실의 대상으로 나타난다. 마르크스에게 이 운동은 돈과 상품의 형태로 번갈아 가면서 출현하는 가치, 자기 초월적으로 재생산하는 가치의 운동이다. 잉여가치를 기존의 전체 가치에 재삽입하는 신비한 능력을 지닌 가치야 말로 자본주의의 유일한 주체이다. "그런데 사실 여기서는 가치가 과정의 주체인데, 이 과정에서 가치는 끊임없이 돈과 상품의 형태를 취하면서 자신의 크기를 변화시키고, 원래의 가치로부터 잉여가치를 방출하고, 그래서 스스로를 독립적으로 가치화한다."[25] 자본에 의해 주체와 실체는 하나가 된다. 자본은 어떤 이접적인 틈도 없이 무한한 순환을 비주체적으로 주체화하는 주체이다. 자본은 밀폐된 주이상스의 회로와 축적을 통해 아무것도 알지 못한 채 스스로 향유한다. 가치의 자기 증식이 있는 곳에 주이상스의 범람이 있다. 자본주의 담론은 주이상스의 마법에 걸린 유사 정신병적 주체를 생산한다. 속박 없는 주이상스를 자신의 운명으로 구현하는 자본주의적 주체와 탈주체적인 자본의 유동을 제외하고는 어떠한 주체도 없다. 들뢰즈와 가타리의 용어를 쓰자면 자본주의는 탈영토화되고 재영토화하는 흐름으로서 일상적으로 분열증적 광기를 촉발한다. 이렇게 동시대 세계는 사랑의 주체를 향유하는 모나드로 대체시킨다. 동시대 사랑의 위기는 주체가 이미 주이상스로 유복하기에 사랑할 이유를 찾지 못한다는 데에 있다. 사랑의 주체와 자본주의적 주체를 개념적으로 구분하자면, 전자는 실체 없는 주체(sujet sans substance/subject without substance)이고, 후자는 실체로서의 주체(sujet comme substance/subject as substance)이다. 자본주의적 주체는 자신의 정체성이 주이상스라는 실체로 가득 채워진 주체이며, 사랑의 주체는 자신의 정체성이 우연한 만남에 의해 비워지고 사랑의 과정에 의해 재형성되는 주체이다. 그렇다고 해서 자본주의와 사랑이 완전히 양립 불가능하다고 할 수는 없다. 자본주의에서도 연인들은 분명 존재한다. 문제는 동시대 자본주의 체제에서 사랑하는 이가 어떻게 출현하는가이다.

여기서 바디우가 "미틱(Meetic)"과 관련하여 동시대 사랑에 대해 내린 진단을 살펴보자. 프랑스의 온라인 데이팅 시스템인 미틱은 "고통 없는 완벽한 사랑"과 "사랑에 빠지지 않고서 사랑하기"와 같은 슬로건을 내세운다. 바디우에

---

25 Karl Marx, *Capital, Vol. 1*, London: Penguin Books, 1976, p. 255.

따르면 오늘날 사랑은 다음과 같은 이데올로기로 인해 위협에 처해 있다. "사랑이란 쓸데없는 위험에 불과하다."[26] 소셜 데이팅 시장의 부상과 함께 사랑은 종종 일종의 안전 보험상품이나 어떤 위험한 정열도 없는 성적 쾌락으로 환원된다. 모든 것은 통제, 배치, 매개된다. 우연한 만남은 파트너 선택 시스템의 알고리즘에 의해 미리 프로그램화된다. 어떠한 객관적 지식에도 저항하는 사랑의 미지수, 뭐라 규정할 수 없는 X는 각자의 이상형에 대한 환상을 충족시킬 수 있는 명확한 성질로 대체된다. 문제는, 라캉이 말하듯, 사랑-보험은 본질적으로 증오-보험이라는 점이다.[27] "전사자 제로"의 사랑은 실패하게 마련이다. 거짓 만남이나 이상적 이미지에 의해 유발된 사랑은 주체적인 노고의 과정인 사랑을 지탱할 수 없기 때문이다. 일단 파트너의 독특한 주체성이 드러나면, 사랑으로 여겨졌던 것은 증오로 드러날 것이다. 그렇다면 이는 기술적이고 상업적으로 계산된 시스템이 만남에서 헤어짐에 이르는 사랑의 과정 전부를 조직함을 뜻한다. 자본은 아무런 위험부담 없는 사랑의 경험을 매매하는 주체를 생산하면서 실제로는 보이지 않는 주체로 작용한다. 자본이 만나고, 선택하고, 사랑의 과정을 거친다. 사랑은 아웃소싱의 문제가 되기에 "나는 당신을 사랑해"라는 말은 적실성을 잃게 된다. 아마 우리는 "인간이 말을 하는 것이 아니라 인간 안에서 또 인간을 통해서 그것이 말한다"[28]라는 라캉의 발언을 개조해서 "그것이 사랑한다"고, 사랑의 주체는 폐제되었다고 말할 수 있을 것이다. 그러나 둘 사이에는 차이가 있다. 기표와 관련된 존재의 결여가 상상적인 자아를 탈중심화하는 '그것이 말한다'와 달리, '그것이 사랑한다'는 자본주의적 주이상스의 마법에 걸린 자아를 다시 중심에 옮겨 놓기 때문이다. 실제로 자본주의적 사랑은 자아 동조적(ego-syntonic)이다. '그것이 사랑하는' 덕분에 '나는 즐기기만' 하면 되기 때문이다. 자본주의적 주이상스는 또한 사랑을 일회용 제품으로 여기도록 하는 초자아적 명령을 가동시킨다. 당신은 최적화된 알고리즘 체

26 바디우, 『사랑예찬』, 20쪽.

27 Lacan, "L'étourdit" in *Autres écrits*, p. 476.

28 Lacan, *Écrits*, p. 689.

계에 의해 인도되는 한에서 어떤 다른 파트너/제품도 구할 수 있다. 당신은 사랑하기 위해 일단 즐기기만 하면 된다.

1974년에 라캉은 이렇게 말한다. "다음과 같은 하나의 사회적 증상만 있을 뿐입니다. 모든 개인은 실제로 프롤레타리아입니다."[29] 이러한 관찰을 동시대 사랑의 위기에 연결시켜 보자. 자본주의 체제에서 흔한 주체적 입장은 불확실성(precariousness)과 프롤레타리아(proletariat)의 합성어로서의 "프레카리아트(precariat)"이다. 불확실한 주체적 과정을 견디는 것을 감당할 여유가 없는 사람들은 사랑 보험에 뛰어든다. 삶의 불안정성에 지쳐 버린 사람들은 무기력하게 사랑 보험에 의존한다. 경쟁 체제 속에서 고립된 사람들은 가벼운 만남으로 기분을 전환하기 위해 온라인 은신처를 찾는다. 미틱은 사랑에 대해 자본주의가 갖는 구성적 효과를 보여 주는 사회적 증상이다. 미틱은 특정 유형의 사랑의 주체, 즉 주이상스의 회로로서의 자본주의에 포획된 주체를 생산한다. 첨언하자면 사실 자본주의는 증상, 환상, 기표, 욕망, 무의식과 같은 핵심적인 정신분석적 범주 전부에 영향을 미친다. 애플루엔저[affluenza: 풍요(affluent)와 인플루엔자(influenza)의 결합]나 오니오마니아(oniomania: 쇼핑 중독)와 같은 새로운 증상, 성공적인 인생과 연애에 대한 환상, 유명 브랜드의 세계를 구성하는 기표, 시장이라는 대타자의 욕망에 저당 잡힌 욕망, 자본주의적 무의식 등에 관련되면서 말이다. 자본주의적 사랑의 방식은 정신분석이 임상적으로 또 정치적으로 개입하도록 요구되는 이슈들에 밀접하게 연결되어 있다. 4장에서 우리는 자본주의에 의해 유발되는 증상이 사랑에 깊은 영향을 주는 사례를 살펴볼 것이며, 여기서는 다음의 논점을 확인하면서 일단락을 맺자. 라캉의 자본주의적 담론은 동시대 사랑이 자본의 권력이라는 문제를 회피할 수 없음을 시사하고, 자본의 권력은 주이상스의 주권과 이 주이상스의 하수인인 프레카리아트의 생산으로 구현된다.

---

29 Jacques Lacan, "La Troisième" given at the VII Congress of the EFP in Rome, 1974년 10월 31일. www.valas.fr/Jacques-Lacan-La-Troisième-en-français-en-espagnol-en-allemand,011에서 볼 수 있다.

바디우의 관점에서 바라본 정치와 사랑의 동시대 연결고리로 넘어가자. 바디우에 따르면 동시대 세계는 그가 "민주주의적 유물론(matérialisme démocratique/democratic materialism)"이라 부르는 것, 즉 "오직 몸과 언어만 있을 뿐"[30]이라는 이데올로기에 빠져 있다. 한편에는 각자의 몸이 있으며, 이 몸은 성에 이끌리고, 죽음에 이를 운명이며, 인권이라는 추상적인 명목으로 보호되고, 생명공학의 실험 대상이 된다. 다른 한편으로 세계에는 다수의 언어가 있는데, 이 언어의 상관물이 곧 다양한 문화, 종교, 민족, 성적 지향이며, 이 모든 것은 정체성 중심적이고 공동체 중심적인 특수성을 분별하고 강화하는 법에 근거한다. 요컨대 인간 동물의 몸과 이 몸에 법으로 기입된 언어만 존재하는 것이다.

몸과 언어를 세계 안에 있는 모든 것으로 바라보는 민주주의적 유물론은 진리와 같은 것은 없다고 선언한다. 동물적이고 말하는 몸이 불멸적인 진리의 주체의 물질적 지지대가 되도록 강제하는 예술, 과학, 정치, 사랑이란 없다. 최선의 경우 진리의 대응물 혹은 시뮬라크르로서의 문화, 기술, 경영, 성이 있으며, 이 모든 것은 시장의 논리에 잘 맞아 떨어진다.[31] 이런 점에서 민주주의적 유물론은 허울뿐인 민주주의의 정치적 변형물이다. 민주주의적 유물론의 정치적 현실을 이루는 것이 곧 금융 과두제에 의해 지탱되는 의회 자본주의 체제이다. [민주주의가 민중(demos)의 지배(cracy)임에 비해] 지배하는 것은 민중이 아니라 자본이며, 자본은 민중을 사로잡고 평등주의적 정치를 향한 민중의 힘을 무력화한다.

민주주의적 유물론의 최우선 가치는 개인의 자유이다(이에 대항해서 철학은 자유와 규율이 구분되지 않는 지점에서 진리를 통해 구현되는 행복을 옹호한다). 사랑에 적용될 때 이 자유는 무엇보다 성적 자유이며, 이는 곧 민주주의적 유물론의 이상이다. 개인은 성적 취향에 따라 향유의 육체를 갖고 최대한의 성적 쾌락을 누릴 권리가 있다. 미틱이 제공하는 위험부담이 없는 사랑은 이러한 이상에 적합하

---

30 Badiou, *Logics of Worlds*, p. 1.,

31 알랭 바디우, 『사도 바울』, 현성환 옮김, 새물결, 2008년, 29쪽.

다. 누구나 미리 프로그램화된 만남을 구매할 수 있고, 누구나 고통스러운 사랑의 노고 없이 성적 쾌락을 향유할 수 있다. 민주주의적 유물론은 성적 자유가 "욕망(몸)과 언어적으로 우리를 금지하거나 자극하는 법의 접합점에 놓여 있다"[32]고 말한다.

위험부담 없는 사랑의 이중적인 메커니즘을 떠올려 보자. 한편으로 이 시스템은 개인이 시스템에 속하는 한에서 개인의 욕망을 민주주의적으로 계산한다. 다른 한편으로 이 시스템은 계산 불가능하고 위험부담 있는 사랑의 가능성을 무익한 열정으로 배제한다. 따라서 몸이 욕망하는 것이 허용되는 동시에 금지되는 것은 몸이 법에 기입된 한에서이다. 그 몸에서는 아무것도 실재적으로 일어나지 않는데, 이는 법의 매개 때문이다. 그 결과 성적 자유는 종종 허무주의적 무기력과 함께 간다. "모든 동물은 성교 후에 슬프다(Omne animal triste post coitum)"는 격언처럼 말이다. 성적 자유의 저변은 창백하고 우울해 보인다. 민주주의적 유물론이 성적 자유를 지배 규범으로 상정하는 세계는, 바디우의 용어를 쓰자면, 긴장 없는(무조의) 세계에 해당한다. "'성의 세계'는 완전히 긴장이 없는 세계로 세워진다."[33] 2장에서 살펴봤듯, 긴장 없는 세계는 세계의 가능성을 압축하는 둘의 심급이 없을 때 출현한다. 거기서는 만남에 의해서만 창설될 수 있는 둘, 즉 성적 차이의 둘이 도래하지 않는다. 성적 자유는 사랑의 만남을 알지 못하는데, 이는 그것이 체계가 매개하는 거짓 만남을 양산하기 때문이다. 성의 세계는 복잡한 동시에 동질적이며, 위축된 동시에 비대하다. 거기에는 내기를 걸 만한 것이 없고, 급진적인 결단을 요구하는 지점도 없다. 지점이 없기에 진리가 없으며, 둘의 무대가 창조하는 사랑의 세계 또한 없다.

민주주의적 유물론은 라캉적 관점에서도 다루어질 수 있다. 사실 몸과 언어의 관계는 전형적인 라캉적 테마이다. 라캉의 몸은 자연적으로 주어진 것이 아니라 상징적으로 구성된다. 몸은 타자 안에 기입되고 기표 연쇄에 의해 구성된

---

32 Badiou, *Logics of Worlds*, p. 34.,

33 같은 책, p. 421

다. "몸은 기표의 작용을 통해 타자의 기반을 마련한다."[34] 한편, 『세계의 논리』의 목적은 몸에 대한 새로운 개념, 즉 주체화 가능한 몸 혹은 진리의 몸의 개념을 제시하는 데에 있다. 진리의 몸은 언어에 기입된 몸이 아니라 사건의 흔적을 육화한 몸이다. 따라서 바디우가 『세계의 논리』 끝부분에서 라캉적 몸을 비판적으로 검토하는 것은 우연이 아니다. 물론 한편으로 라캉은 민주주의적 유물론을 넘어선다. 왜냐하면 라캉은 몸과 언어뿐만 아니라 진리 또한 존재한다는 것을 받아들이기 때문이다. 몸이 기표 연쇄에 기입되면서 무의식이 정립된다. 무의식은 기표의 네트워크로 이루어진 일종의 지식이다. 그러나 이 지식은 자신이 다룰 수 없는 어떤 것을 중심으로 조직된다. 무의식의 중심에는 구멍이 있다. 그것은 성이라는 구멍이다. 성관계의 불가능성으로서의 성은 심리적 진리의 영역이며, 어떠한 지식에도 저항한다. "그 본질에 있어서 급진적인 차이로서의 성은 건드려지지 않은 채로 남아 있으며 지식을 외면한다."[35] 그러므로 바디우가 인정하듯 라캉은 민주주의적 유물론자가 아니다. "우리는 진리라는 예외로 몸과 언어를 포섭한다는 테마와 관련하여 확고부동한 라캉주의자이다."[36] 동시에 바디우는 라캉과 자신의 거리를 명확히 한다. 바디우에 따르면 라캉에게는 두 가지 서로 다른 몸이 있다. 살아 있고 대상적인 몸으로서 우리가 갖고 있는 몸과 언어의 수용에서 유래하는 증상적인 몸이 그것이다. 두 번째 몸의 사례는 남자의 증상으로서의 여자라는 테제에서 발견될 수 있다. 언어적, 팔루스적 무의식의 구조는 여자를 남자의 증상으로 환원한다. 바디우는 이러한 증상적/언어적 몸이 "(비록 드물지언정) 진리의 현재적 과정의 발생"이 아니라 "인간 동물의 하부구조"에 연결되어 있다고 주장한다.[37] 앞서 살펴봤듯, "현재"란 몸이 세계 안의 지점을 다룰 수 있는 한에서 전개될 수 있는 사건의 흔적의 결과를 가리킨다. 현재란 몸이 세계의 시험을 극복하는 한에서 그 몸에 육

---

34 같은 책, p. 477.

35 Lacan, *SXII*, 1965년 5월 19일 수업 (미출간).

36 Badiou, *Logics of Worlds*, p. 479.

37 같은 책, p. 481.

화된 사건적 진리가 기존의 세계를 새로운 세계로 변화시키는 과정이다. 늘 과거를 살아가는 증상적/언어적 몸은 사건적 현재에 이르지 못한다.

따라서 라캉적 지평은 구조의 진리와 언어적 각인에 묶인 유한한 인간 동물에 한정되어 있다. 바디우는 육체에 대한 언어적 각인은 우리를 마주치자마자 헤엄쳐 와서 우리가 먹이를 줄 때까지 기다리는 거북이에서도 발견될 수 있다고 말한다. 이에 맞서 바디우는 사건적 현재의 진리와, 언어 안에서 거주하는 것이 아니라 진리를 육화하는 독특성을 갖는 초인간적 주체를 주장한다. 그럼에도 불구하고 바디우는 라캉이 민주주의적 유물론자가 아니라고 확언하는데, 이것은 라캉적 몸이 통합되지 않고 분열되어 있다는 점에서이다. 살아 있는 동물과 말하는 동물 간의 분열이든 인간 동물과 진리의 주체 간의 분열이든 간에, 몸의 분열은 통합되고 건강한 자아—아름다운 로맨스에 관여할 수 있으며 자유주의적이고 교양 있는 시민만이 가지는 것으로 전제되는—에 대한 민주주의적 유물론의 추구를 와해시킨다. 이런 점에서 라캉의 증상적 몸과 바디우의 사랑의 몸은 개인의 성적 자유에 의해 지탱되는 강한 자아의 나르시시즘만 알 뿐인 민주주의적 유물론에게 전례 없는 사랑의 차원을 제시한다. 라캉과 바디우는 그들의 내적 차이에도 불구하고 민주주의적 유물론에 대항하는 공동전선을 형성한다. 이것은 오늘날 사랑을 재발명하는 것이 그토록 긴급하다는 것을 뜻한다.

라캉은 "무의식은 곧 정치"[38]라고 말한 바 있다. 이 발언을 독해하는 한 가지 방식은 무의식이 기성 체제에 의해 구성된다고 보는 것이다. 정치와 사랑의 동시대 매듭은 자본주의 담론과 민주주의적 유물론을 통해 다루어질 수 있다. 오늘날 사랑은 주이상스의 회로와 성적 자유의 관할 아래에 있다. 사랑은 지배 규범에 예속되어 계산적으로 거래되고 (사이비)민주주의적으로 향유된다. 이런 점에서 라캉이 무의식 자체를 주인 담론으로 간주한 것은 옳은 일이었다. 무의식 자체가 기성 권력에 편입되고 종속될 수 있기 때문이다. 그러나 라캉의 이

---

38 Jacques Lacan, *Seminar XIV: The Logic of Fantasy, 1966-1967*, 1967년 5월 10일 수업(미출간).

발언을 독해하는 다른 방식이 있다. 무의식은 또한 실재적 변화를 통해서 재구성될 수 있다. 여기서 우리는 바디우를 따라 정치적인 것(le politique/the political)과 정치(la politique/politics)의 구분을 도입할 수 있을 것이다. "정치적인 것은 사건의 구멍으로서의 정치가 구멍을 내는 허구 외에 그 어떤 것도 아니었다."[39] 사건적 정치는 정치적인 것의 허구에 구멍을 낸다. 무의식은 예측 불가능한 사건에 의해 재구조화될 수 있다는 의미에서 정치적이다. 자본주의적 민주주의에서는 정치와 사랑 간에 해방적이지 않은 방식으로 구성된 매듭이 실존한다. 그렇지만 다른 상황도 가능하지 않을까? 정치와 사랑 간에 또 다른 매듭, 즉 사건적 정치와 사랑 간의 매듭이 있을 수 있을까?

3-2 우애의 재발명

모든 것에 스며드는 자본이나 도구화된 성과 같은 법칙에 의해 구성되는 사랑이 기성 권력의 매개로 작용하는 반면, 정치와 사랑의 어떤 연결고리는 권력을 파열시킬 수도 있다. 이러한 연결고리를 실현하는 한 가지 방식이 정치적 우애(politike philia)이다. 아리스토텔레스에게 우애(필리아)는 성애(에로스)보다 더 가치가 있는데, 이것은 우애가 배타적이지 않기 때문이다. 또 아리스토텔레스는 우애가 유용성, 쾌락, 선에 근거할 수 있다고 말한다. 『세미나 20권』에서 라캉은 우애가 성적 차이 바깥에서 혹은 성 너머에서 최고선과의 견딜 수 없는 관계를 용감하게 견디는 두 주체 간의 유대의 가능성을 재현한다고 말한다.[40] 성적 유대의 필연성에 관련되는 팔루스 함수와 달리, 우애는 비(非)성적인 유대의 가능성에 관련된다. 이러한 유대는 어떤 주체 사이에서도 만들어질 수

39   Alain Badiou, *Peut-on penser la politique?* Paris: Seuil, 1985, p. 12.

40   Lacan, *SXX*, p. 85.

있기에 라캉적인 우애가 반드시 남성 중심적인 혹은 남근 중심주의적(phallogo-centric)인 것은 아니다. 나아가 관건이 "견딜 수 없는 것을 견디는 것"인 한, 우애는 상상적인 것이 아니라 불가능성으로서의 실재에 속한 행위이다. 나중에 우리는 바디우 역시 우애를 실재에 연결시킨다는 점을 살펴볼 것이다. 결국 라캉과 바디우 모두 실재의 관점에서 아리스토텔레스의 우애를 재개념화한다. 이번 절에서는 정치적 실재가 극명하게 드러난 사례인 튀니지 혁명을 우애의 재발명의 측면에서 살펴보자.

모든 혁명에는 명확한 사회 정치적 요인이 있다. 중동 전체에 커다란 대중 봉기의 흐름을 유발한 튀니지 혁명 또한 예외는 아니다. 상승하는 물가, 30퍼센트에 육박하는 실업률과 같은 경제적 요인과, 벤 알리(Ben Ali)의 계속되는 독재와 부패한 관료제와 같은 정치적 요인의 결합이 혁명을 유발한 동기로 작용했다. 그러나 혁명이 일어나려면 사회적 요인들만으로는 충분하지 않다. 주체적 차원 또한 요구되며, 정신분석은 이 지점에 주목한다. 여기서는 히스테리 담론과 분석가 담론을 통해 혁명의 주체성을 다루어 보자.[41]

히스테리 담론은 담론의 행위자로 기능하는 분열된 주체를 핵심 위치에 둔다. 분열된 주체는 증상으로 특징지어지고, 증상은 히스테리증자의 주이상스의 독특한 양상, 불안정한 정체성, 불만족스러운 욕망을 드러낸다. 정치적 맥락에서 이 주체는 기존 사회 정치적 구조를 일거에 전복시키려는 과도한 열정으로 특징지어진다. 히스테리 담론의 구조가 보여 주듯, 변화의 동력은 주인 기표나 지식이 아니라 주체에 있다. 히스테리 담론은 모든 변화가 주체적 행동과 사유를 필요로 한다는 것을 시사한다. 라캉에게 혁명이란 한 가지 담론에서 다른 담론으로의 불가피한 이행에 다름 아니다. 히스테리 담론이 주인 담론을 시계 방향으로 한 번 돌림으로써 출현한다는 점에 주목하자. 히스테리 담론은 분열된 주체성을 전면화함으로써 주인의 권위에 이의를 제기하는 (일상적인 의미와 라캉적인 의미에서) 혁명의 담론이다.

---

41 튀니지 혁명과 부아지지의 순교적 주체성에 대한 분석으로 다음을 참고하라. 맹정현, 「혁명의 불투명한 원인」, 『문학과 사회』, Vol. 24, 제2호, 통권 94호(2011), 252–262쪽.

히스테리 담론에서 화살표의 흐름을 따라가 보자. 특정한 증상을 지닌 히스테리증자는 단순히 히스테리에 대한 일반적 지식을 열거하면서 그녀의 진리에 도달하는 데에 실패하는 주인 기표로서의 분석가를 추궁한다. 거북이를 따라잡을 수 없는 아킬레우스처럼 히스테리증자는 끝없이 "그게 아니라"고 반복하면서 분석가의 모든 해결책에 저항한다. 어떤 것도 타자의 권위적인 지식에 포착되지 않는 히스테리증자의 고통을 누그러뜨릴 수 없다. 어떤 것도 타자에게 접근 불가능한 채로 남아 타자의 소중한 대상이 되려는 히스테리증자의 욕망을 만족시킬 수 없다. 히스테리증자는 타자가 더 잘 알기를 요구하지만, 궁극적으로 타자의 지식은 히스테리의 진리와 아무런 관계를 갖지 않는다(a ▲ S2). 여기서 a가 타자에 의해 구성된다는 점을 상기하자. 히스테리증자는 타자의 욕망 대상이 되기를 욕망한다. 도라(Dora)의 히스테리가 남자에 의해 욕망되는 대상으로서의 여성성을 욕망한 것처럼 말이다. 이런 점에서 히스테리증자는 주인과 양가적인 관계를 갖는다. 비록 히스테리증자는 노예가 아니지만, 그녀의 저항은 이상화된 주인에 대한 열망과 혼재되어 있다. 히스테리증자는 모든 아버지를 무능력한 아버지로 바꾸어 버리는 방식으로 이상화된 아버지를 원한다. 히스테리증자는 그녀의 증상이라는 형태로 주인의 실패를 노출하는 한편, 주인의 자기동일적 권력을 내면화한다. 히스테리증자는 주인이 더 강력하고 전지적이기를 원하는 만큼 그에게 더욱 더 강력하게 요구하고 이의를 제기한다. 이러한 제스처 뒤에는 지배에 대한 전도된 욕망이 도사리고 있다. "히스테리증자가 원하는 것은 주인, 그녀가 군림할 수 있는 주인이다."[42] 히스테리 담론의 방향을 결정하는 것은 주인이 아니라 히스테리증자이며, 여기서 그녀는 사실 분열된 주체라기보다는 오히려 주인의 권력을 능가하는 까다로운 대상이다. 혁명가들이 주인을 원한다는 자신의 발언에 라캉은 이렇게 덧붙일 수 있었을 것이다. "그들이 군림할 수 있는 주인"을 원한다고 말이다. 혁명가의 저항은 종종 은폐된 지배욕에 의해 추동된다. 권력에의 욕망이 극복되지

---

42 Lacan, *SXVII*, p. 129.

않는 한, 히스테리 담론은 절반 정도만 혁명적이다. 라캉이 "정치에 있어서 초자아의 기능으로의 이행, 사유의 경력에 있어서 이상적인 것의 역할로의 이행"[43]을 지적하면서 혁명에 회의적인 태도를 보이는 것은 이러한 문맥에서이다. 히스테리적 혁명은 코페르니쿠스적이고 프로이트적이지 않다. 주인이 여전히 중심에 상상적인 이상향으로 남아 있다는 점에서 말이다. "태양계의 태양이 다시 중심에 놓이는 상황에서 그 무엇이 혁명적입니까? …… 태양의 형상은 우리가 변하지 않은 채로 남아 있는 주인 기표를 떠올리는 데에 충분합니다."[44] 반대로 진정한 혁명이란 히스테리의 욕망과 결합되는 내면화된 권력욕에 대항해서 스스로를 탈중심화하는 노련함과 경계심을 갖춘 주체성을 필요로 한다. 요컨대 히스테리 담론은 정치적 우애를 재창안하는 데에 충분하지 않다.

비록 모든 혁명이 지배에의 히스테리적 욕망으로부터 완전히 자유로울 수 없지만, 튀니지 혁명에는 이러한 욕망으로부터 절대적인 예외가 되는 한 가지 주체성이 존재한다. 그것은 분신한 청년 모하메드 부아지지(Mohamed Bouazizi)의 주체성이다. 가족 전부의 생계를 책임지는 거리 행상인이었던 부아지지는 행상 허가서가 없다는 이유로 경찰관에게 폭행당한 뒤 자신의 몸에 불을 질렀다. 부아지지라는 고유명은 혁명의 발발이 단순히 실업이나 독재와 같은 사회정치적 요인에만 기인할 수 없음을 증명한다. 주체적 차원의 전례 없는 행위가 있어야 하는데, 이것은 라캉의 "행위화(passage à l'act/passage to the act)"를 연상시킨다. 프로이트에게 행동화(agieren/acting out)는 신경증자가 억압된 기억이나 환상을 기억하지 않으면서 행동으로 표출하는 것을 의미한다. 가령 분석자는 자신의 유아적인 소망을 분석가 앞에서 말로 하지 않고 무의식적으로 행동화할 수 있다. 라캉은 행동화와 행위화를 구분함으로써 프로이트를 발전시킨다. 행동화가 분석가에게 보내는 상징적 메시지를 지칭한다면, 행위화는 "a(주체는

---

43 Lacan, "Radiophonie" in *Autres écrits*, ed. Jacques-Alain Miller, Paris: Seuil, 2001, p. 420.

44 같은 책, p. 421.

a로 환원되는데)에 대한 주체의 절대적 동일시"를 지칭한다.[45] 행동화는 타자에 대한 시위를 동반한 호소에 관련되며, 따라서 타자로부터의 인정에 대한 욕망의 좌표 안에서 움직인다. 대조적으로 행위화는 주체가 타자를 무시하면서 돌발적으로 실재적인 대상이 되는 것을 가리킨다. 라캉이 제시하는 연극 관련 은유가 둘 간의 차이를 명시하는 데에 도움이 된다. 행동화는 무대 위에서 배우가 하는 진실하면서 허구적인 행동, 진정성 있으면서 미리 짜인 행동이다. 반면 행위화는 배우가 무대에서 추락하거나 관객이 바깥에서 무대로 뛰어드는 것, 즉 무대에서 보이지 않던 잔여물이 갑작스럽게 출현하는 것과 같다. 부아지지의 행위는 단순히 그의 수레를 몰수한 경찰관이나 그의 민원을 들어 주지 않은 경찰청장에 대한 시위가 아니다. 그의 행위는 그의 요구에 마땅히 응답해야 하고 또 응답할 것으로 기대되는 정부 당국이라는 타자에 대한 주체적인 불만이 아니다. 그것은 타자로부터의 급진적인 퇴장을 호출하는 비참한 대상과의 사건적인 과잉 동일시이다.

여기서 타자는 부아지지의 사회적, 심리적 현실을 구성했던 다양한 수준의 법에 관련될 것이다. 그것은 우선 시디 부지드(Sidi Bouzid)의 정치적 현실을 가리키는데, 그 도시의 불문율은 거리 행상으로 생계를 이어가기 위해서는 경찰관에게 뇌물을 줘야만 한다고 규정한다. 정치는 어디에도 없으며, 부패한 치안만 도처에 있던 것이다. 두 번째로 경제적 현실이 있는데 이 현실의 규범은 벤 알리의 독재 정치를 암묵적으로 지원하는 굴지의 프랑스 대기업을 위해 일하지 않는 한 가족을 부양하기란 불가능하다고 규정한다. 오늘날 세계경제는 "중간 보스"와 민주주의적이고 개입주의적이며 과두제적인 "대부"의 공조 속에서 관리되고 있는 셈이다. 세 번째로 이슬람 전통이 있는데, 이 전통의 율법에 따르면 자살은 설령 그것이 정치적 저항으로 표출된다 하더라도 여전히 금지된다. 아니나 다를까 부아지지의 자살은 이슬람 집단 내부에서 논쟁거리가되었다. 이러한 다양한 수준의 타자에 대한 급진적인 무관심 속에서 부아지지

---

45 Lacan, *SX*, p. 111.

는 스스로를 지울 수 없는 증거, 즉 사회적 현실의 법을 유예하고 전복하는 가운데 버려지고 소름끼치는 어떤 것이 있다는 증거로 만든다. 그 어떤 것이란 그 자신의 육체이다. 이 육체는 현존하는 정치적 부패, 경제적 불안정, 종교적 전통에 기입될 수 있으면서도 그것들에 의해 재현 불가능하다. 현실 속에 아무런 출구가 없는 것처럼 보일 때 부아지지는 실재 안의 출구를 강제적으로 설정하고, 거기서는 영광스러운 아름다움으로서의 육체가 아니라 버려지면서 소멸되는 육체만이 타자의 법에 대한 순수한 저항의 지점으로 작용할 수 있다는 것을 보여 줬다. 분신하는 주체성은 타자의 점진적인 변화를 기다릴 여유가 없다. 모든 것은 새롭게, 지금 여기서, 갑자기 또 즉각적으로 시작해야 한다. 그러나 새롭게 시작하기 위해서는 우선 폐기물이 소각되어야 한다. 현실의 내적 모순을 자기 실존의 구제 불가능한 참혹함으로 구현한 부아지지는 무대의 폐허가 됨으로써 무대가 끝났음을 선언한다. 아랍의 봄의 순교자는 이렇게 태어났고 또 계속해서 죽음으로부터 귀환해서 아랍 세계의 수많은 지역에서 또 다른 순교자를 호출했다.

우리의 논의에서 중요한 것은 이러한 순교의 주체성이 분석가 담론을 통해서 독해될 수 있는가의 문제이다. 분석가 담론의 화살표를 처음부터 따라가 보자. 분석가 담론에서는 분석가가 욕망의 원인의 기능을 구현하는데, 이 원인은 분석자로 하여금 스스로를 환상 너머에서의 새로운 욕망의 주체로 정립하도록, 또 자신의 주체적 분열을 훈습하도록 지지한다($a \rightarrow \$$). 그리고 분석 작업은 분석자의 증상적인 주이상스를 담고 있는 특정한 주인 기표의 생산으로 이어진다($\$ \rightarrow S1$). 그러나 이 기표는 나머지 기표를 지배할 수 없는데, 이는 진리와 생산물 간의 이접 때문이다($S2 \blacktriangle S1$). 주인 기표는 더 이상 기존에 구성된 의미 작용을 안정시키는 주춧돌로 작용할 수 없다. 오히려 주인 기표의 무의미함이 드러나고, 주인 기표에 부착된 주이상스는 상징화된다. 이런 점에서 부아지지의 사례는 분석가 담론이 우리에게 시사하는 것과는 정반대에 해당한다. 임상적 차원에서 부아지지의 행위화는 분석가가 세션 중에 피해야 할 사건 사고에 해당한다. 정신병적 행위 앞에서 분석가는 최소한의 개입에 그쳐야 한다. 주체

가 곤욕스러운 주이상스의 마법을 피하면서 망상적 은유에서라도 스스로의 상징적 위치를 설정할 수 있도록 말이다. 나아가 지식의 차원을 무시하는 부아지지의 충동적인 행위화와 달리, 분석가 담론은 욕망의 원인으로서의 분석가의 기능이 분석자의 꿈, 실수, 증상으로부터 취합되고 구성되는 지식에 의해 지탱된다($S2 \rightarrow a$)고 본다. 이 지식은 분석자의 주체적 실재에 따라 제각기 독특하다. 실재에 대한 이러한 지식은 이론적으로 부과되거나 체계적으로 적용될 수 있는 전체화 가능한 지식이 아니라 늘 의문시되는 한줌의 지식이다. 설령 이러한 지식이 진리의 자리를 차지하기는 하지만, 여전히 그것은 파편적이고 불완전한 지식이다. 이 때문에 라캉은 정신분석이 다루는 진리를 가변 진리(varité)[다양성(variété)과 진리(vérité)을 결합한 신조어]로 명명한다. 서로 상이한 증상과 주이상스가 확인되는 독특한 사례만 있을 뿐이며, 분석가는 상상적으로 전체화된 지식의 실행 너머에서 각각의 독특한 사례를 다루기 위해 정신분석 자체를 재발명할 책임이 있다.

사실 부아지지의 주체성은 라캉 정신분석이 말하는 이상적 주체성 가운데 하나와 닮았다. 그것은 성인(聖人)이다. 『텔레비지옹』에서 분석가의 위치와 성인의 위치를 동일시하면서 라캉은 이렇게 말한다. "분명히 말씀드리자면 성인의 과업은 카리타스(자애, caritas)가 아닙니다. 오히려 그는 찌꺼기(déchet)로서의 역할을 합니다. 그의 과업은 찌꺼기애(décharite)의 실천입니다."[46] 아시시의 성 프란체스코(St. Francis of Assisi)의 "성스러운 가난"이나 마더 데레사의 "단순한 길"이 대중을 끌어당긴다면, 이는 대중이 숭고한 자애에 매혹되기 때문일 것이다. 그런데 이러한 자애는 신에게 소명을 받은 선택된 소수만이 실천할 수 있는 것이다. 한편 동시대 마케팅 전략("이 제품을 구매하시는 순간 당신은 아프리카의 아이를 도와주고 있습니다")으로 인해 우리는 일상적으로 자애를 실천하도록 종용된다. 구조적 불평등을 재생산하는 글로벌 기업이 얻는 막대한 수익을 망각하면서 말이다. 성인의 경우 사람들은 자선을 이상화하거나 자선으로부터 거리

---

46 Lacan, *Television*, p. 15.

를 둔다. 기업 마케팅의 경우 자선은 손쉽고 계산적인 것이 된다. 자선의 이러한 두 가지 판본에 대항해서 성인은 자애[카리타스]를 찌꺼기애로 재발명해야하며, 찌꺼기애는 어떠한 카루스(소중함/높은 가치, carus)의 스펙타클도 결여한다. 한편, 비록 성인이 주이상스의 찌꺼기의 위치를 차지하기는 하지만, 성인 역시향유한다. 성인은 자신의 기이한 주이상스를 간직한다. 다만 이 주이상스의 외양이 예쁘지 않을 뿐이다. 일체의 영광, 미, 아우라, 독선으로부터 멀리 떨어진성인의 주이상스는 오히려 경악과 역겨움을 유발한다. 부아지지의 육체가 불타는 장면에서처럼 말이다. 성인이 자애를 실천하는 것이 아니라 자애가 성인을 괴롭힌다. 자애는 성인 고유의 억제할 수 없는 증상이다. 성인은 "분배적 정의 따위는 개의치 않는다."[47] 자애를 베푸는 것은 성인의 증상적 행위이다. 성인은 행위가 주체적 궁핍을 경험하도록 강제하는 수수께끼 같은 윤리에 사로잡힌다. 비슷한 맥락에서 부아지지의 행위는 자기의식적 투사로서 체제의 변혁을 겨냥한 것이 아니다. 부아지지로서는 자신을 연소될 수 있는 고깃덩어리로 만들면서 체제의 증상적인 얼룩이 되는 것으로 충분했다. 증상의 성스러운윤리를 전유하면서 부아지지는 다음과 같은 경구에 충실했다. "찌꺼기로서의 *a*가 있었던 곳에, 행위화를 감행하는 내가 도래해야 한다."

부아지지의 혁명적 행위는 튀니지와 다른 많은 국가에서 대중 시위를 유발했다. 사회 정치적 요소가 주된 원인으로 작용했겠지만, 정신분석은 시위에 참여하는 것 역시 특정한 논리를 따른다는 점에 주목한다. 평범한 시민이 시위자가 될 때, 여기에는 어떤 메커니즘이 있으며, 우리는 이것을 정동의 정치라 부를 수 있다. 라캉적 관점에서 주요한 정치적 정동 중 하나는 수치이다. 라캉은자신의 가르침에 정동 문제가 제외되어 있다는 비판에 대해 우리를 속이는 법이 없는 실재적 정동으로서의 불안을 통해 정동의 문제를 다루었다고 말하곤했다. 여기서는 우리를 속이는 법이 없는 실재의 또 다른 정동으로 수치를 떠올려 보자. 부아지지의 분신에 마주한 아랍 세계의 보통 사람들은 그 상황에서

---

47 같은 책, 16쪽.

아무것도 하지 않고 있다는 수치를 느꼈을 것이다. 라캉에 따르면 "수치(honte)
는 수치 존재론(hontologie)을 낳는다."[48] 수치는 각성 효과를 통해 존재의 밑바
닥을 격렬하게 뒤흔든다. 그 각성 효과는 상황이 지금처럼 계속되어서는 안 된
다는 점을 알린다. 수치는 이렇게 선언한다. "안주하는 존재 너머에서 지금 행
동하라, 그렇지 않으면 존재가 부패할 것이다." 수치는 현재 상태의 반복으로
서의 존재론의 동어반복을 파열시키도록 강제한다. 이상적 이미지와의 동일
시가 나르시시즘이나 독재를 지탱하는 반면, 행위와의 동일시는 행동하지 않
고 있다는 수치, 비겁하게 목숨을 부지하고 있다는 수치를 유발한다. 라캉이
말하듯, 목숨을 부지하고 있다는 수치는 실재에 관련된다.[49] 수치라는 실재적
정동이 전달되고 증폭될 때 사람들은 집회를 열고 거리에서 행진한다. 수많은
분신 시도가 다른 국가에서 연달아 일어났다. 수치의 감염을 통해 부아지지의
행위는 순교자로 이루어진 소수자 집단을 창설했고 시위자로 이루어진 대중
운동을 유발했다. 구조가 거리로 나온 것이다. 스피노자에 따르면 수치는 "다
른 이들이 비난하는 것으로 상상되는 우리 자신의 행동에 대한 관념을 동반하
는 슬픔"[50]으로 정의된다. 그러나 아랍의 봄의 모든 참여자는 이러한 정의를 받
아들이지 않을 것이다. 수치는 다른 이들이 비난한다고 "상상"되는 어떤 행동
에 관련되는 것이 아니다. 왜냐하면 그것은 상상적인 것을 넘어서기 때문이다.
나아가 수치는 반드시 다른 이들의 비난에 근거해서 유발되는 것은 아니다. 행
위화가 타자의 인정에 대한 욕망을 무시하는 것처럼, 수치는 타자의 시선에 대
한 고려 바깥에서 작용할 수 있다. 그것은 타자가 부과하는 초자아적 시선에
의해 구성되는 내면화된 죄책감을 넘어설 수 있다. 요컨대 수치는 상상적이지
도 상징적이지도 않은 실재의 정동이다. 현실의 모순이 한 젊은이의 개인적 비
극으로 축소되어서는 안 된다는 생각, 또 현재 상태에 대한 대안이 긴급히 착
수되어야 한다는 생각에 대한 실재의 정동 말이다. 튀니지 국민들의 집단적 수

---

48 Lacan, *SXVII*, p. 180.

49 같은 책, p. 183.

50 Spinoza, *Ethics*, p. 109.

치는 그들이 젊은이를 죽게 내버려 두었거나 그를 돕기 위해 아무런 일도 하지 않았다는 죄책감에서 유래하지 않는다. 수치는 그들 자신의 참혹한 현실을 환기하고 그들로 하여금 행위화의 사건적 강도를 나눌 수 있게 해준다. 대중을 통해 흘러가는 수치는 그들로 하여금 현재의 상태를 참지 않도록 강제하고, 모든 이가 참을 수 없는 것에 조금씩 책임지게 만드는 것이다.

지배 규범으로서의 정치적인 것과 정치적인 것에 대한 예외적 구멍으로서의 정치에 대한 바디우의 구분을 상기해 보자. 수치는 정치적인 것이 아니라 정치의 정동이다. "수치의 차원이 우리에게 주인 기표가 유래하는 구멍을 상기시킨다"[51]는 점에서 말이다. 우리는 수치가 역능의 감소로서의 슬픔에 속한다는 점에 대해 스피노자에게 동의할 수 있다. 그러나 다음과 같은 역설을 첨언하자. 대중이 역능의 감소를 받아들이고 곱씹음에 따라 수치는 또한 기성 권력에 구멍을 낸다. 수치는 모든 지배 형식을 구멍으로 되돌아가게 하면서 집단적인 정치적 활동을 촉발하는 반란 속의 슬픔이다.

요컨대 혁명의 논리는 순교의 주체성이 실천하는 사건적 행위화와 그 사건적 행위로 인해 수치 속에서 일깨워진 대중의 집단적 주체화로 이루어진다. 토마스 아퀴나스에게 사랑은 "타인의 안녕을 원하는 것(velle bonum alicui)"과 관련된다. 이에 대해 라캉은 모든 이타주의가 나르시시즘을 감추고 있으며 우리는 (상상적인) 타자의 안녕을 통해 우리 자신의 안녕을 사랑한다고 말한다. 나아가 애증으로서의 사랑은 이타주의적 사랑에 걸림돌로 작용한다. 단순히 말해 "모든 사람이 형제가 되도록 하는 데에 우리가 쏟아붓는 에너지가 우리가 형제가 아니라는 사실을 매우 명확하게 입증한다."[52] 우애가 형성될 가능성은 본질적으로 제한되어 있다. 우리의 논의는 다른 가능성을 보여 준다. 튀니지 혁명이 보여 주는 것은 종종 이러한 에너지가 나르시시즘과 애증 너머에서 출현한다는 점이다. 엄밀히 말해 혁명의 우애는 아퀴나스와 라캉의 대립 너머에서 우애

---

51 Lacan, *SXVII*, p. 189.

52 Lacan, *SXVII*, p. 114.

를 재발명한다. 우애는 타인의 안녕(well-being)이나 나 자신의 안녕의 전도된 형식에 관한 것이 아니다. 그것은 어떤 사라지는 존재의 "잘못된 죽음(ill-dying)"과 우리 자신의 수치스럽고 "잘못된 존재(ill-being)"에 관한 것이다. 우애는 비참한 대상의 잘못된 죽음에 대한 집단적 공감이 있을 때에 재발명된다. 아랍의 봄은 우애란 전례 없는 유대를 정립하는 대중의 유적 능력이라는 점을 보여 준다. 그 유대 안에서 실재에 세례를 받은 순교적 주체의 잘못된 죽음은 급진적 변화의 신호탄으로 이해되고 공유된다.

라캉이 부아지지와 대중의 혁명적 주체성에 대한 정신분석적 접근을 가능하게 해주는 한편, 바디우는 아랍의 봄 자체에 대한 거시적인 진단을 제공한다. 2011년 이집트 혁명의 여파 속에서 바디우는 자신의 정치적 비전에 근거해서 아랍의 봄이 함축했던 가능성과 한계를 냉철히 분석한다. 우선 (바디우가 부아지지의 주체성을 직접 다루지는 않지만) 『세계의 논리』가 제시하는 주체의 윤리학을 통해 부아지지의 주체성에 대한 분석을 시도해 보자.

바디우에게도 주체화의 문제는 정동의 문제에 직접적으로 연결된다. 인간 동물의 몸은 특수한 정동을 다룸으로써 진리의 주체가 된다. 또 진리 과정의 지속 여부는 주체가 정동을 충실하게 통합하는지에 달려 있다. 바디우는 네 가지 주체적 정동을 제시한다. 공포, 불안, 용기, 정의가 그것이다. 주체의 윤리는 기존의 세계를 변화시키기 위해 이 모든 정동들을 종합하는 데에 놓여 있다. 이 정동들은 몸이 "지점"과 "열림"을 다루는 방식에 따라 구분된다. 지점이 과거의 세계와 새로운 세계 사이에 놓인 불연속성을, 따라서 격렬한 갈등을 대변한다면, 열림은 옛것과 새것 사이의 연속성을, 따라서 평화로운 협상을 대변한다. 진리의 주체에게 지점과 열림은 똑같이 중요하다. 각각의 정동을 좀 더 자세히 살펴보자.

공포는 "거대한 지점에 대한 욕망"[53]을 지칭한다. 공포는 그에 수반되는 막

---

53 Badiou, *Logics of Worlds*, p. 86.,

대한 결과와 더불어 세계를 일거에 변화시킬 잠재력이 있는 급진적인 불연속성에 관련된다. 불안은 "지점에 대한 두려움" 혹은 "연속성에 대한 욕망"[54]을 지칭한다. 그것은 어떠한 단절도 감수하지 않고 퇴행적으로 세계로 돌아가는 것, 결단의 불확실한 결과에 대한 동요 섞인 반응이다. 용기는 "지점의 복수성에 대한 수용"[55]을 지칭한다. 그것은 세계가 변화의 내재적인 가능성을 품고 있다는 사실에 대한 긍정이다. 마지막으로 정의는 "주체가 지점과 열림의 지속적인 뒤얽힘이 되려고 욕망하는 것"[56]을 지칭한다. 정의는 불연속성과 연속성 간의 등가를 구축한다. 정의는 격렬한 불연속성의 가능성 앞에서 물러서지도 않고, 평화로운 연속성의 가능성을 도외시하지도 않는다. 옛것과 새것을 묶음으로써 정의는 변화의 동력으로 작용한다. 중요한 것은 진리 과정과 진리 주체의 구축에 있어서 이 네 가지 정동이 똑같이 요구된다는 점이다. 공포와 불안을 하나의 악으로 배척하는 것은 극단적인 단견에 불과하다. 『윤리학』이 진리로부터 출현할 수 있는 악에 대항해서 진리를 수호해야 한다고 격려하는 것처럼, 『세계의 논리』는 공포와 불안을 받아들이면서 용기와 정의로 향하라고 촉구한다. 요컨대 "관건이 인간 동물의 [진리에 대한] 육화일 때, 주체의 윤리는 다음과 같은 것으로 귀결된다. 과정의 지속을 승인하는 정동의 질서를 하나하나 찾아가는 것."[57] 윤리는 어떻게 몸이 진리 과정을 지속시키기 위해 정동의 규율을 조직함으로써 세계의 지점을 다루는지에 관련된다.

분명 부아지지의 분신은 공포의 행위에 속한다. 우리는 이러한 공포가 정치적-리비도적 충동의 과도한 폭발과 같다고 말할 수 있을 것이다. 분신 행위는 세계를 일거에 변화시키려는 무의식적 충동에 근거한다. 이 충동이 외부 세계로 방출될 수 없을 때 그것은 방향을 바꾸어서 몸에 작용한다. 충동이 현실에서 출구를 찾을 수 없을 때 그것은 주체적 실재의 수준에서 발산된다. 혁명의

---

54 같은 책, p. 86.

55 같은 책, p. 86.

56 같은 책, p. 86.

57 같은 책, p. 88.

순교자의 논리에 따르면 세계가 주체에게 가한 일상적인 비참함과 사회적인 불평등은 주체가 자신의 몸에 가하는 공포로 전환된다. 혁명의 순교자는 정동의 통합적인 배치를 조직하지 않으면서 스스로를 순수한 공포에 병합시킨다. 순교자는 세계의 공포를 받아들이는 공포의 몸이다. 순교자는 연속성에 대한 불안한 욕망을 갖지 않으며 전례 없는 불연속성의 지점을 단언한다. 순교자는 복수의 지점을 받아들이지 않으며 하나의 지점에 뛰어든다. 순교자는 지점과 열림 간의 긴장을 유지하지 않으며 오로지 거대한 지점에만 복무한다. 부아지지의 행위가 튀니지 혁명의 동력이 되었다면, 그것은 그 행위가 거대한 지점 안에 있는 실재의 공포를 드러냈기 때문이다.

라캉은 분노를 상징적 질서와 실재의 응답 간의 불일치에 대한 주체의 반응으로 지칭한 바 있다.[58] 부아지지의 행위는 튀니지의 사회 정치적 질서와 이 질서에 있어서 일종의 불가능성이었던 것 간의 간극을 열어젖혔다. 튀니지 대중의 분개(indignation)는 기존의 법칙에 짓밟힌 한 젊은이의 모욕(indignity)의 상관물이다. 섬뜩한 모욕의 형상이 타올랐던 곳에 집단의 분노가 도래한다. 부아지지의 행위는 정치적 사건의 영도(zero degree)를 구성한다. 그것은 튀니지의 대중 시위라는 사건을 유발한 원(元)사건이다. 부아지지의 행위가 발산한 강도는 너무나 거대했기에 그것은 대중이 실재와 상징계 간의 간극을 목격하고 그 간극의 귀결을 이끌어 내도록 강제했다.

이런 점에서 부아지지의 행위는 바디우적 주체와 그 윤리에 대해 주목할 만한 예외가 된다. 그것은 역사적 사건으로서의 대중 봉기가 지도자나 당이 아니라 원사건적 행위를 통해 공포를 수용한 주체에 의해 유발될 수 있음을 보여 준다. 분신의 주체는 후-사건적이지도 않고 바디우적 의미에서 사건에 의해 생산되지도 않는다. 분신의 주체는 "어떠한 주체화에도 필요한 대중운동은 그것이 사라지는 한에서만 하나의 원인"[59]이라는 『주체의 이론』의 입장에 들어

---

58 Lacan, *SVII*, p. 103.

59 Badiou, *Theory of the Subject*, p. 322.

맞지 않는다. 사건적 대중운동이 주체화의 효과를 가진 것이 아니다. 오히려 주체가 스스로에게 부과한 공포 속에서 자신을 기념비적으로 사건화한다. 그리고 주체적 정동의 질서를 조직하는 과업이 차후의 시위자와 대중운동에게 남겨진다.

아랍의 봄에 대한 거시적인 분석으로 넘어가자. 정치적인 것과의 분리에도 불구하고 정치란 어떤 통합된 실체로 존재하지 않는다. 오히려 역사는 우리에게 정치에서는 오직 해방의 시퀀스들, 즉 사건의 발발과 함께 시작해서 그 결과의 고갈과 함께 종결되는 시퀀스들만 있음을 말한다. 바디우를 따라 우리는 프랑스혁명과 파리코뮌에 이르는 하나의 정치적 시퀀스와 10월 혁명에서 68혁명에 이르는 또 다른 시퀀스를 식별할 수 있을 것이다. 이것은 1980년에서 현재 시점까지의 세계가 정치적 시퀀스에 관여하고 있지 않음을 의미한다. 그 세계가 과두적 자본주의와 명목상의 민주주의의 결합으로 이루어진 통치나 관리의 논리에 의해 규정되는 한에서 말이다. 그렇다고 해서 이것이 그 세계에 해방의 정치의 어떠한 흔적, 움직임, 증상도 없음을 뜻하지는 않는다. 사실 우리는 바디우가 "간헐기(période intervallaire/intervallic period)"라 부르는 시기, 격렬한 폭동이 몇몇 정치적 가능성을 노출하지만 해방의 이념에 의해 지지되는 긍정적이고 조직적인 정치가 출현하지 않는 시기를 통과하고 있다.[60]

바디우는 중동의 소요를 "전-정치적 사건"으로 간주한다. 그것은 장차 도래할 사건—세계혁명과 그에 충실한 강력한 정치적 시퀀스로 이루어진—의 기반을 마련하는 사건이다. 한편으로 이 사건은 상황이 현재와 같은 방식으로 계속되어서는 안 된다는 광범위한 확신을 보여 준다. 그러나 다른 한편으로 그것은 현재 체제에 대한 어떤 창의적인 대안도 제시하지 못한다. 그럼에도 불구하고 아랍의 봄은 역사가 언제나 몇몇 예측 불가능한 사건, 설령 정치적이지는 않을지언정 적어도 전-정치적 사건을 함유하고 있음을 증명한다. 해방의 정치의 시퀀스를 영원 회귀의 형식으로 품고 있는 역사는 대중운동으로 인해 일깨

---

60 Alain Badiou, *The Rebirth of History*, trans. Gregory Elliott, London: Verso, 2012, p. 40.

워진다. 역사를 구하는 것은 지배적인 세계가 아니라 예외적인 간극과 균열이다. 이런 점에서 "간헐기에서 소요는 해방의 역사의 수호자이다."[61] 바디우는 세 가지 형식의 소요(émeute/riot)를 다룬다. 직접적 소요, 잠재적 소요, 역사적 소요가 그것이다. 직접적 소요는 국가의 폭정에 대한 저항이며, 파괴적이고 허무주의적이며, 모방을 통해 확산되고, 참여자들이 거주하는 특정 장소에서 일어난다. 튀니지 혁명 역시 초기 단계에서는 공권력이 연루되어 있는 부아지지의 죽음에 대한 대중의 반응이었다는 점에서 직접적 소요였다. 프랑스의 연금개혁 시위와 같은 잠재적 소요에서 소요의 규모는 더 광범위해 진다. 국가와 노조가 제기한 사회적 계층화를 거부하면서 시위는 노동자와 비노동자(은퇴자, 실업자, 지식인, 학생) 모두를 집결시키고, 이를 통해 새로운 대중적 통일체를 구축하고 공유된 사건의 지점을 점유한다. 끝으로 완전히 전개된 아랍의 봄과 같은 역사적 소요는 직접적 소요를 전-정치적 사건으로 변형시키는 특징을 갖는다.

역사적 소요를 좀 더 자세히 살펴보자. 역사적 소요에서 소요의 지점은 광장, 공장, 대학과 같은 특정한 장소를 넘어선다. 예멘 혁명의 경우에 우리는 소요가 일어나는 캠프가 사나 대학교(Sana'a University)에서 살레(Saleh) 대통령궁까지 점차 팽창되는 것을 볼 수 있다. 유혈 투쟁과 무수한 사상자를 딛고서 말이다. 역사적 소요에서는 일시적 해프닝으로 여겨진 것이 격렬한 열정을 발산하는 지속적인 집회로 변화하고, 수개월이나 수년 간 지속된다. 역사적 소요에서는 일상적 삶 속의 성적, 경제적, 세대적, 인종적, 문화적, 종교적 범주에 따라 나뉘어졌던 대중이 새로운 역동적인 통일체를 만든다. 가령 거기서 우리는 무슬림교도와 콥트교도가 각자의 예배를 번갈아가면서 지내면서 서로의 예배를 보호하는 장면을 볼 수 있다. 역사적 소요는 직접적 소요의 허무주의적 무질서로부터 하나의 공유된 구호를 만들어 낸다. 가령 우리는 이집트 타흐리르 광장(Tahrir Square)에 모인 모든 이가 무바락(Mubarak) 대통령이나 그와 친분이 있는 서방세계가 아니라 본인들이 이집트임을 선언하면서 함께 행진하는 것

---

61 같은 책, p. 41.

을 볼 수 있다.

형식적으로 말하자면 역사적 소요는 강화, 수축, 국지화로 이루어진다. 급진적 변화에 대한 사건적 정열로서의 강화는 모든 이가 지배적인 세계의 규범을 파열시키는 방식으로 행동하고 사유하게 만든다. 그러나 강화는 지속될 수 없다. 그것은 나타나자마자 사라진다. 정열은 즉각 소진되는 것이다. 그럼에도 불구하고 그 강도는 때때로 세계에 초역사적 효과를 남긴다. 그래서 우리는 가령 고대의 스파르타쿠스(Spartacus)를 재활성화하는 시퀀스들[투생 루베르튀르(Toussaint L'ouverture)의 검은 스파르타쿠스나 로자 룩셈부르크(Rosa Luxembourg)의 스파르타쿠스단]을 목도할 수 있는 것이다. 수축은 대중 전부를 재현하는 다면적인 소수의 형성으로서, "사람들의 유적 존재의 한 가지 표본"[62]의 출현을 유발한다. 소요는 대중을 분열시키는 사회적 범주를 중단시키고, 이를 통해 차별적인 사회적 실존 너머에서 평등한 존재를 추출한다. 사실 소요의 참여자들은 숫자상으로는 소수이다. 그러나 대중의 일반의지를 강렬하게 재현할 뿐만 아니라 현재 상황을 변혁시킬 수도 있는 것 역시 이 소수이다. 끝으로 국지화란 소요가 스스로를 위치시킬 수 있는 장소의 설립을 지칭한다. 장소 없는 소요는 삽화적이고 허무주의적이고 무법적인 분출로 그치게 된다. 소요는 특정 장소에 정박됨으로써 보편적인 호소력을 갖게 된다. 장소가 더 견고하고 광범위해질수록 소요의 전망은 더 밝아진다.

그러나 아랍의 봄은 비록 하나의 역사적 소요임에도 불구하고 반체제적인 역사적 소요를 일관적으로 조직화된 정치로 변화시키는 데에 성공하지 못했다. 일깨워진 역사는 진정한 정치, 즉 강화, 수축, 국지화의 효과를 보존할 수 있는 조직의 구성을 필요로 하는 정치에 이르지 못했다. 사건적인 대중 봉기는 그 가능성을 긍정적인 방식으로 확장할 수 있는 충실성 없이 일시적인 것에 그쳤다. 아랍의 봄에 결여된 것은 소요 이후의 해방의 정치를 조직하는 이념이었다. 바디우의 진단에 따르면 "지금으로서는 이러한 저항들은 소요에 대한

---

62 같은 책, p. 91.

충실성이 조직될 수 있는 근거가 되는 이념을 발생시키지 못하고 있다."[63] 현재까지도 상황은 완전히 안정되지 않았다. 오직 창조적인 정치조직만이 씨름할 수 있는 이슈가 산적해 있다. 비록 많은 국가에서 독재는 종식되었지만, 독재자가 사라진 자리를 차지하고 있는 정치적 기득권과 군대가 남아 있다. 새로운 헌법이 창설되어야 하며, 가난과 실업이 만연해 있다. 수니파와 시아파 간의 갈등은 여전히 뿌리 깊다. 급진 무장단체 이슬람국가(IS)의 출현은 대중에게 추가적인 위협이 되었다. 서방 국가들은 소요에 좀 더 문명화된 민주주의에 대한 욕망이라는 꼬리표를 붙였다. 좀 더 문명화된 민주주의란 자본주의적 민주주의의 규범으로의 병합을, 따라서 역사적 소요의 알려지지 않은 정치적 가능성의 축소를 뜻하는 것임에도 말이다. 그러므로 아랍의 봄은 1970년 이후의 간헐기가 이제 종료되었을지도 모른다는 사실을 시사하는 한편, 그것은 또한 사건과 이념의 정치적 결합체가 얼마나 드물고 어려운지를 시사한다. 지배 체제에 반항하고 그것을 전복시키기란 너무 쉬운 법이다. 진정한 문제는 기성 체제가 사건의 발발과 함께 무너지는 그 시점부터 긍정적인 프로그램과 집합적인 규율을 조직하는 것이다.

결론을 내자. 부아지지의 사례와 아랍의 봄은 정치와 사랑 간의 해방적 매듭을 예시한다. 스스로를 사건화하는 공포의 행위와 전–정치적 사건으로서의 역사적 소요가 바디우가 "실재에 대한 열정(la passion du réel/the passion for the real)"이라 부르는 것에 속한다는 점에서 말이다. 대다수의 경우 열정은 상상적인 산물, 즉 정념이다. 그러나 상상계가 통합할 수 없고 상징계가 의미화할 수 없는 실재에 열정이 부착될 때에 열정은 비범한 것이 된다. 그것은 현실의 자연스러운 사태가 재현할 수 없는 것에 대한 예외적인 헌신을 구성하고, 기존 세계의 반복과 재생산을 중단시킨다. 자유, 평등, 박애 가운데 열정은 박애에 해당한다. "박애에 대해 말하자면, 박애는 단지 실재적인 것 그 자체요, 경험의

63 같은 책, p. 47.

새로움에 대한 유일한 주체적 증언입니다."[64] 실재에 대한 박애의 열정이 없다면, 새로운 정치적 시퀀스는 개방될 수 없다. 불가능한 것을 공유하는 우애를 재창안하지 않는다면, 정치 자체가 불가능해진다.

그러나 부아지지의 행위가 공포에 치우쳐 있으며 따라서 정동의 통합적 질서라는 주체의 윤리를 구축하지 못했다는 점과 중동의 대중운동이 이념의 제시와 조직의 구축을 제안하지 못했다는 점을 고려할 때, 부아지지의 행위와 대중운동은 파괴적인 정화로 남는다. 파괴가 적대와 죽음의 지배를 함축한다면, 정화는 실재에 대한 자기동일적 개념화, 즉 어떤 실체적이고, 목적론적이며, 만능열쇠와 같은 해방의 형식이 존재한다는 관점을 함축한다. 따라서 혁명의 정념은 소름끼치는 분신을 유일하게 유효한 저항의 형식으로 여기고 극단적인 형태의 반체제 봉기를 정치의 궁극적 형식으로 여길 위험을 무릅쓴다. 이 경우 열정은 허무주의적 불꽃에 의해서 지탱되는 상호 파괴적 망상으로 변할 수 있고, 실재는 주인의 권력에 의해 전유되는 배제의 메커니즘으로 변할 수 있다. 여기서 바디우는 우리가 또 다른 길, 즉 창조적인 벗어나기[감산](soustraction/subtraction)의 길에 관여할 것을 제안한다. 그것은 "테러가 지닌 절정의 매력에 양보하지 않으면서 실재에 대한 열정을 유지하고자 하는 길"[65]이다. 이 길은 또한 라캉적인 혁명의 논리에 대한 보충이라는 측면에서도 중요하다. 정치와 사랑 간의 해방적인 연결고리를 구축하기 위해서는 행위화(아무리 그것이 성인다운 일이더라도)와 수치(아무리 그것이 실재적이더라도)에만 의존할 수 없다. 부아지지의 주체성과 아랍 대중을 통해 드러나는 혁명의 논리는 어떻게 실재에 대한 열정을 창조적으로 운용할 수 있는지의 문제를 남겨 놓는다. 우리는 실재적 변화를 위해 혁명의 열광을 담아낼 수 있는 새로운 질서에 대한 제안을 시도해야 한다. 이러한 질서를 다루는 한 가지 방식으로 공동체의 문제를 검토해 보자.

---

64 바디우, 『세기』, 185쪽.

65 같은 책, 127쪽.

3-3 공동체

1968년 5월의 시위자들을 "사건에 걸맞는" 용기를 지닌 이들로 묘사하면서 라캉은 시위자들이 "몇몇 시점에서 그들의 동지들과 절대적으로 결속(soudé/bound)되어 있다는 느낌에 휩싸인다"[66]고 말한다. 예멘 혁명의 경우 우리는 시위대의 앞줄에 있는 이들이 몸으로 군대의 포격을 막아 내면서 부상당하거나 사망하게 되자 뒷줄에 있는 이들에 의해 업힌 채 병원으로 호송되는 장면을 볼 수 있다. 서로가 결속되어 있다는 느낌, "절대적 공동체의 느낌"이 혁명에 참여한 이들을 사로잡은 것이다.

여기서 우리는 관계에 관한 세 가지 라캉적인 개념화를 구별할 수 있을 것이다. 성적 비관계라고 할 때의 관계(rapport/relation), 담론적이고 언어적인 유대라고 할 때의 유대(lien/link), 그리고 막 거론된 결속(soudure/binding)이 그것이다. 정치적 메커니즘으로서의 결속은 혁명가들이 죽음의 공포에 대항해서 불굴의 동지애에 근거한 공동체를 형성할 수 있게 해준다. 그러나 문제는 이 공동체가 일시적으로만 존속한다는 점이다. 나아가 이 공동체는 (아무리 강렬한 것이라 하더라도) "느낌"에 근거하고 있기 때문에 상상적인 산물일 수 있다. 상상적인 공동체와 상황의 실재 간의 간극이 벌어지면, 시위자들은 혁명 이후의 운동을 착수하는 데에 실패하게 되거나, 혁명의 동지애는 마치 첫눈에 반함이 종종 실망으로 변하는 것처럼 자조적인 우울로 변할 것이다. 이런 점에서 공동체 문제에 대한 라캉의 진정한 기여는 해방의 상황의 순간적인 분출의 수준이 아니라 해방을 방해하는 미시 정치적 측면—일상적이지만 좀처럼 분석되지 않는—의 수준에 있다. 라캉과 함께 우리는 어떻게 이상적인 공동체를 이룰 것인가가 아니라 왜 공동체가 증상적인지, 왜 모든 공동체가 그 구조적인 실패에 직면하게 되는지 고찰할 수 있다. 달리 말해 우리는 비전체(pas-tout/not-all)의 공동체를

---

66 Jacques Lacan, *Seminar XV: The Psychoanalytic Act, 1967-1968*, 1968년 5월 15일 수업(미출간).

다룰 수 있는 것이다.

세미나 내내 라캉은 다양한 문맥에서 일관되게 전체성을 비판한다. 아이가 거울 앞에서 하나의 전체성으로 바라보는 자기 육체의 이미지는 육체를 파편적으로 만드는 다수의 충동을 숨기고 있다. 어머니의 육체 전체는 젖가슴이라는 부분 대상으로 대체된다. 기표의 주체는 온전하지 않으며 빗금 그어져 있다. 성관계는 조화로운 전체를 만들지 않는다. 혹자는 또한 전체성의 여하한 관념도 해체하는 괴델의 불완전성 정리와 칸토어의 실무한을 떠올릴 수 있을 것이다. 전체성은 수학적으로 불가능하고 모순적이다. 따라서 라캉은 분석가가 어떠한 전체의 이념도 신뢰해서는 안 된다고 강조한다.[67] 우리의 논의에서 중요한 것은 이러한 비판이 정치적 수준에서도 개진된다는 점이다. "지식이 어떤 전체를 만든다는 이념은 정치적인 것 자체에 내재적입니다."[68] 정치적인 것에 대한 정신분석적 비판은 전체성에 입각한 모든 공동체에도 마찬가지로 적용된다. 다섯 가지 수준에서 이 점을 자세히 살펴보자.

첫째, 전체화된 공동체는 자기동일성의 권력에 의해 만들어진다. 개인적인 나르시시즘이 어떤 외부 대상을 환원하는 자기 이미지에 근거한다면, 집단적인 나르시시즘은 어떤 외집단도 배제하는 내집단의 자기응집성에 근거한다. 이것이 바로 프로이트가 "작은 차이의 나르시시즘(narcissism of minor differences)"이라는 용어로 지적했던 것이다. "공격 본능을 발산할 수 있는 대상이 남아 있는 한, 상당수의 사람들을 사랑으로 단결시키는 것은 그리 어렵지 않다."[69] 서로 인접한 국가나 민족 간의 갈등에서 드러나듯, 설령 두 공동체가 많은 공통점을 갖고 있다 하더라도, 각각의 공동체는 자신의 정체성을 단언함으로써 사소한 차이에 근거한 갈등을 일으키고 그러한 갈등을 통해 더욱 더 기존 정체성을 강화한다. 집단적 나르시시즘은 어떻게 내부적인 수준에서의 사랑과 외부적인 수준에서의 공격성이 상호의존적인지를 보여 준다. 이질적인 타자는

---

67 Lacan, *SXIII*, 1966년 5월 11일 수업(미출간).

68 Lacan, *SXVII*, p. 31.

69 지그문트 프로이트, 『문명 속의 불만』, 김석희 옮김, 열린책들, 2004년, 292쪽

적이나 희생양으로 간주될 것이며, 공동체 간의 적대는 끊이지 않는다. 만약 공격성을 방출할 외부 집단이 없다면, 적대는 집단 내부로 스며들 것이다. 그리고 이는 집단 구성원들을 상호 간에 공격적으로 만들고, 따라서 내부 집단의 응집성은 위협받고 집단은 결국 와해된다. 내집단과 외집단의 차별에 근거한 집단적 나르시시즘은 공동체의 자가면역 질환처럼 작용한다. 전체화된 공동체는 외적으로 적대적이고 내적으로 자기부정적이다. 전체화된 공동체는 왜 결속을 형성하는 힘으로서의 에로스(삶 충동)와 결속을 해체하는 힘으로서의 타나토스(죽음 충동)가 공존하는지를 증명한다. 전체화된 공동체는 사랑과 증오, 연결과 분리를 뒤섞이게 만든다. 전체화된 공동체는 사랑의 공동체란 없으며, 오직 애증의 공동체만 있음을 함축한다.

둘째, 전체화된 공동체는 비관계에 대한 부인에서 유래한다. 라캉에게는 성적 비관계 외에도 또 다른 주목할 만한 비관계가 있다(우리는 이 비관계가 성적 비관계의 변형물이라고 말할 수 있을 것이다). 여타의 세 가지 담론에서 우리는 S1과 S2가 연결되어 있음을 알 수 있다. 이러한 연결고리의 존재는 주인 기표가 전체화된 지식을 안정화하고 기존에 구성된 의미작용을 재생산함으로써 권력을 행사한다는 것을 뜻한다. 이에 반해 분석가 담론에서는 S1과 S2의 연결이 차단되어 있다(S2 ▲ S1). 즉 담론의 생산물로서의 주인 기표, 분석 작업을 통해 발화된 주인 기표는 분석가의 지식으로 환원되거나 통합될 수 없다. 이는 분석자가 기존에 구성된 의미작용에 의지할 수 없음을 뜻한다. 달리 말해 분석자는 안다고 가정된 주체를 언제까지나 믿을 수 없다. 분석자는 스스로의 힘으로 자신의 주체적 진실에 도달해야 한다. 안다고 가정된 주체는 분석가가 아니라 분석자의 무의식이며, 분석자는 환상을 가로지르고, 치명적인 주이상스를 상징화하고, 새로운 사랑하기와 욕망하기의 방식을 창안해야 한다. 즉 분석가와 분석자 간에는 아무런 관계도 존재하지 않는다. 분석 작업은 관계의 불가능성이 갖는 역설적인 추동력에 근거한다. 결국 분석 작업의 관건은 S1과 S2의 관계의 무력성으로부터 분석가와 분석자의 관계의 불가능성으로 이행하는 데에 있다. 이러한 비관계의 급진성은 기존 의미작용의 무화에 있다. 가령 2016년 브라질 올림픽이 리오데자네이로에서 개최되었을 때 지역 시민들은 건강보험 축소를 유발할 올림픽 개최에 대해 반대 시위를 벌였다. 대조적으로 브라질 국가는 규범적인 의미작용(대규모 지구촌 축제 혹은 올림픽 개최의 낙수 효과)을 지지하면서 사람들 간의 조화로운 관계를 강조했다. 그러나 그 관계는 단지 내적인 교착상태를 은폐할 뿐이다. 바디우가 말하듯, "국가는 자신이 표현하고자 하는 사회적 유대에 기반하는 것이 아니라 자신이 금지하는 탈유대에 기반하고 있다."[70] 전체화된 공동체로서의 브라질 국가는 그 토대에 위치한 모순을 억압함으로써 규범적인 의미작용으로서의 성공적인 올림픽을 개최하기 위해 통합의 겉치레에 의거했다. 이렇듯 전체화된 공동체는 근본적인 비관계를 사회적 관계로 환원함으로써 작동한다.

셋째, 전체화된 공동체는 상징적 기능에 의해 구성된다. 상징계는 그 구조적인 실패로 특징지어진다. 말이 결코 완전히 사물을 재현할 수 없는 한에서 말이다. 상징계와 실재 간에는 필연적인 간극이 존재한다. 그럼에도 불구하고 상징계는 사회적 현실 속에서 가치의 단위로 잘 작동한다. 가령 우리는 주민번호가 부여되지 않는 시민권을 상상하기 어렵다. 상징계는 결코 완전한 질서로 존재하지 않지만 실재를 일관된 통일성으로 재현함으로써 효율적으로 기능한다. 문제는 우리가 종종 상징계를 실재로 착각한다는 점이다. 그러나 라캉이 말하듯, "우리가 오직 기표에서만 발견하는 하나의 사용은 결코 실재의 통일성을 정초하지 않는다."[71] 실재는 상징적 기능에서 빠져나간다. 사라지고, 파편적이며, 비실체적인 탈존(ex-sistence)으로서의 실재는 상징적 질서에 의해 접근 불가능하기 때문이다. 달리 말해 "실수로서의 무의식[une bévue; 하나의 실수라는 뜻으로, 프로이트의 무의식(Das Unbewusste)과 발음이 유사한 라캉의 신조어]은 거짓된 전체이다."[72] 상징적 무의식은 전체처럼 보이기는 하지만, 실재의 파편을 은폐하고 있는 거짓된 전체이다.

---

70 바디우, 『존재와 사건』, 186쪽(수정해서 옮김).

71 Lacan, *Television*, p. 133.

72 Lacan, *SXXIV*, 1976년 12월 14일 수업(미출간).

거짓된 전체로서의 상징계의 실패를 여성적 입장보다 잘 보여 주는 것은 없다. 기표의 네트워크로서의 상징계는 현존 대 부재와 같은 이항대립으로 구성된다. 그러나 여자는 "중심과 부재 사이에" 위치해 있기에 이항대립에서 벗어난다. 여자는 팔루스 함수에 대해 불확정적인데, 이는 여자가 담론적 기능의 내부와 외부에 동시에 위치하기 때문이다. 여자는 비전체의 주체이다. 정치적 맥락에서, 리오데자네이로의 경우를 예로 들어 말하자면, 리오의 파벨라(fave-la)는 흡사 여자의 위치를 차지한다. 올림픽을 위해 화려한 시설이 건설되는 한편, 파벨라의 주민들은 일상적인 비참함과 만성적인 절망 속에서 살아간다. 도시의 주거지 분리 현상이 심각해짐에 따라 주민들은 무허가 건물에 불법 거주하면서 리오 전 지역에서 나오는 생활폐기물 및 산업 쓰레기를 뒤지며 연명한다. 파벨라에서 자라난 아이들의 꿈은 마약 판매자나 폭력배가 되는 것이고, 이는 결국 한 공동체의 상징적 질서로부터 소외된 요소가 그 공동체에 대한 실재적인 괴물로 회귀한다는 사실을 보여 준다. 파벨라의 주민들은 브라질 올림픽의 관점에서 볼 때 어떠한 상징적 가치나 실존의 강도도 갖지 않는다. 그들은 단순히 축제에 초대받지 않는 손님이 아니라 축제 주최 측에게 포착되지 않는 내부적인 식객이다. 파벨라는 올림픽의 상징적 통일성을 허구적인 것으로 만듦으로써 올림픽의 실재적인 맹점을 표시한다.

넷째, 전체화된 공동체는 증상의 병리학을 알지 못한다. 공동체 문제를 다루는 많은 현대 사상가에게 죽음은 핵심적인 문제이다. 바타이유에 따르면, "살아 있는 자가 그의 동류가 죽어가는 것을 본다면, 그는 **자신 바깥에서** 존속할 수 있을 뿐이다."[73] 이와 관련해서 우리는 부아지지 이후 아랍 세계에서 일어난 연쇄적인 분신 시도를 떠올려 볼 수 있을 것이다. 탈자적인(ecstatic) 강도로서의 죽음은 살아 있는 자를 탈중심화한다. 블랑쇼에게 죽음을 맞이하는 이는 "나"나 "당신"이 아니라 언제나 "사람들"이다. 죽음은 비인칭적 사건이다. 죽음은 그 구성원들을 명시할 수 없는 어떤 불확정적인 공동체를 설립한다. 낭

---

73 모리스 블랑쇼·장-뤽 낭시, 『밝힐 수 없는 공동체/마주한 공동체』, 박준상 옮김, 문학과 지성사, 2005년, 23쪽.

시에게 있어서 "공동체가 스스로를 드러내는 것은 죽음을 통해서"이고, 그 역도 마찬가지이다.[74] 타자에로의 노출을 통해 자기동일적 주체를 깨트리는 죽음은 "함께-있음"의 형식을 구성한다.

라캉이 종종 기표의 효과로서의 주체를 죽음을 향한 존재와 동일시한다는 점을 지적하면서 이 사상가들에 의해 거론된 죽음의 공동체를 라캉적인 증상의 공동체로 대체해 보자. 증상은 각 주체의 불투명하면서도 독특한 진실을 구성한다. 주체는 알지 못한 채로 자기 주체성 특유의 중핵으로서의 증상을 반복한다. 여기서 중요한 것은 공동체의 구성이 다른 주체의 증상에 대한 각 주체의 태도에 달려 있다는 점, 그리고 증상은 공동체 형성에 양가적인 관련이 있다는 점이다. 증상은 공동체의 형성을 좌초시킬 수도 있고, 전례 없는 공동체의 형성을 야기할 수도 있다. 주체를 이미 내부로부터 탈구시키는 증상은 또 다른 증상을 지닌 또 다른 주체와 함께 살아가는 데에 심각한 장애물로 작용할 수 있다. 그러나 위기가 기회이듯, 주체들이 제 나름의 증상을 노출, 전개, 재형성함으로써 주체적 실재의 수준에서 서로 교류한다면 단독적인 공동체를 형성할 가능성이 개방된다. 이 경우 증상은 전례 없는 관계를 건설할 기회를 제공하는 동시에 종종 증상을 억압하는 규범적인 사회적 관계를 뛰어넘고 모든 전체화된 공동체를 깨트린다. 공동체를 형성하는 것은 증상을 도외시하는 것이 아니라 (자기 자신의 것이든 다른 주체의 것이든) 증상과 함께하고 증상을 공유하는 것이다.

우리의 논의에서 중요한 것은 위의 네 가지 항목이 증환 개념으로 수렴된다는 점이다. 증환은 어떠한 동일성 중심적 논리도 유예시키고, 비관계의 난관을 받아들이고, 상징계의 실패를 보충하고, 주체의 실재적 단독성을 지탱한다. 따라서 전체성에 대한 정신분석적 비판은 증환적 공동체에 대한 제안으로 마무리된다. 사실 라캉이 자신의 파리 프로이트 학파(École Freudienne de Paris, 1964-1980)를 통해 실험한 것 역시 분석가 공동체라는 증환적 공동체다. 1967년에

---

74 장-뤽 낭시, 『무위의 공동체』, 박준상 옮김, 인간사랑, 2010년, 44-45쪽.

라캉은 그의 학파가 오직 "연구 프로젝트"에 근거해서만 회원을 받아들이며 "이력이나 자격 요건을 전혀 고려하지 않는다"고 단언한다.[75] 분석가는 외적인 인정에 의해 자신의 권위를 얻지 않는다. 분석가는 환상을 가로지르는 분석 경험을 제시하고 주체적 실재를 통과하고 새로운 주체성의 형성을 체험함으로써 스스로를 승인하고, 스스로에게 권위를 부여한다. 라캉은 이를 통과(la passe/the pass)라 부른다. 분석가 공동체는 감히 무의식을 받아들이는 법을 배우고 실재와의 공조 하에 통과를 겨냥하는 모든 이에게 열려 있다.

그러나 1972년에 라캉은 이렇게 말한다. "제 프로젝트에는 희망이 없어 보입니다. 정신분석가들이 하나의 집단을 형성해야 한다는 것은 불가능하기 때문입니다. 그럼에도 불구하고 정신분석적 담론이야말로 집단의 필연성이 비워진 사회적 유대를 형성할 수 있습니다."[76] 정신분석가들은 그들의 강한 개성이나 이론적 불일치 때문이 아니라 개인과 무의식 간의 분열 때문에 집단을 형성할 수 없다. 분석가들은 그 분열을 추적하는 이들이며, 그들은 자신들이 집단을 형성할 수 없다는 사실을 꿰뚫고 있다. 분석가 공동체를 만드는 것은 근원적으로 불가능하다. 라캉 학파 역시 불가능성을 실천하려고 시도한 조직이었던 셈이다. 여기서 집단 효과와 담론 효과의 구분에 주목하자. 필연적인 유대에 근거한 집단 효과가 담론 효과를 능가한다면, 분석가 공동체는 특권적인 상징적 권위자와 그 제자들로 이루어진 전체화된 공동체가 된다. 오직 무의식과 실재에 구현된 담론 효과에 대한 각 분석가의 충실성만이 적어도 불가능성의 공동체에 대한 시도가 가능한지의 여부를 결정한다. 라캉 학파 또한 그것의 담론 효과가 집단 효과를 극복하는 한에서만 불가능성을 수행할 수 있다. 여기서 우리는 문제의 핵심에 도달한다. 담론 효과가 집단 효과를 능가하는 불가능성의 공동체는 상호 증환적 관계와 밀접히 관련된다. 상호 증환적 관계가 정확히 필연성의 권력을 깨트리고 관계의 불가능성을 헤쳐 나가는 관계라는

---

75 Jacques Lacan, "Proposition du 9 octobre 1967 sur le psychanalyste de l'École" in *Autres écrits*, ed. Jacques-Alain Miller, Paris: Seuil, 2001, p. 244.

76 Lacan, "L'étourdit" in *Autres écrits*, p. 474.

점에서 말이다. 상호 증환적 관계로 이루어진 공동체를 증환적 공동체라고 부르자. 증환적 공동체는 그 자체의 비(非)공동체성과 씨름하는 공동체, 비전체의 논리에 헌신할 의향이 있는 모든 이에게 열린 공동체, 혹은 바타이유의 표현을 빌리자면 아무런 공동체를 갖지 않은 이들의 공동체이다. 증환적 공동체에는 관계와 비관계 사이에 엄밀한 등가성이 있을 것이며, 집단주의에 관련된 동일성 중심적 규범을 넘어서는 틈새에서의 연합이 있을 것이며, 이러한 연합은 무법적 혼돈과 독재적 질서 모두를 지양하면서 구성될 것이다.

1980년에 파리 프로이트 학파는 라캉 자신에 의해 해산되었다. 아마 라캉은 자신의 학파가 담론 효과에 대한 집단 효과의 우위를 피할 수 없음을 목격했을 것이다. 학파가 전체화의 외설적 효과에 굴복한 것이다. 라캉은 말한다. "저는 그들을 어떤 전체성으로 만들지 않을 것입니다. 전체란 없습니다."[77] 결국 분석가 공동체는 증환적 공동체는커녕 비전체의 공동체로 존속하는 데에도 실패했다. 이런 점에서 증환적 공동체는 하나의 가설이다. 원리적으로 증환적 공동체보다 정치와 사랑 간의 해방적 연결고리를 더 잘 담아낼 수 있는 조직은 없을 것이다. 거기서는 모든 주체가 기존 상징계, 수수께끼 같은 실재, 나르시시즘적 상상계와 대면하여 자신의 주체성을 재형성하고 서로 간에 증환적 단독성의 수준에서 교류한다는 점에서 말이다. 그러나 현실적으로는 분석가 공동체조차 상상적 전체성으로 환원되는 경향이 있다. 그러나 이것이 우리가 증환적 공동체의 실패에 낙담할 수밖에 없음을 뜻하지는 않는다. 전체화된 공동체에 대한 비판은 공동체의 형성 논리를 탐구하는 정신분석의 역할을 더욱 더 적실한 것으로 만든다. 요컨대 그 비판은 다음과 같이 요약될 수 있다. "당신의 공동체를 증환의 수준에서는 아닐지언정 비전체의 수준에서 유지하라. 모든 전체성에로의 퇴행을 엄중히 경계하면서."

바디우적 공동체로 넘어가자. 앞서 살펴봤듯 아랍의 봄에 대한 바디우의 비

---

77 Lacan, *Television*, p. 133.

판적 논평은 아랍의 봄이 지속적이고 조직적인 형태로 대중운동을 담아내고 지지할 이념을 결여하고 있다는 점에 관련된다. 바디우에게 그러한 일을 이루어 낼 수 있는 유일한 이념은 "코뮤니즘 이념(L'Idée du communisme/The Idea of communism)"이다. 공동체 문제를 통해 정치와 사랑 간의 해방적 매듭을 사유하는 것은 곧 코뮤니즘의 문제를 다루는 것이다. 이것이 소위 "사랑의 정치"에 대한 회의에도 불구하고 바디우가 이렇게 말하는 이유일 것이다. "['코뮤니즘'이라는] 단어는 [해방의 정치의] 가능성의 새로운 조건들을 사랑에 결부시킵니다."[78]

우선 코뮤니즘 이념을 살펴보고 해방의 정치에 대한 수적인 형식화(이 형식화는 그 이념을 보충해 줄 것이다)로 넘어가자. 라캉의 세 가지 질서를 원용하면서 바디우는 코뮤니즘 이념을 "특수한 실재적 진리가 역사의 상징적 운동으로 상상적으로 투사되는 주체적 작용"[79]으로 정의한다. 코뮤니즘 이념은 정치적 실재, 역사적 상징계, 이념적 상상계와 관련된다. 우선 정치적인 것도 현실 정치도 아닌 정치 그 자체는 단독적 사건과 그 결과의 구축으로서의 진리로 이루어진다. 정치는 상징적인 법이 그것을 재현할 수 없다는 점에서 실재적이다. 그 다음으로 역사는 서사적 허구와 국가의 법이 규정하는 재현적 구조로 특징지어진다. 역사는 국가의 법이 가능한 것과 불가능한 것의 구분을 규정한다는 점에서 상징적이다. 세 번째로 이데올로기(ideology)는 바디우에 의해 이념(idea)에 관한 것으로 재정의된다. 이념의 역할은 어떤 개인의 몸이 주체가 되는 것을 지지하는 데에 있다. 이데올로기는 그것이 주체로 하여금 진리의 주체로 일관되게 존재하는 것을 허용한다는 점에서 상상적이다. 말할 필요도 없이 이러한 세 가지 질서는 보로매우스 논리를 따른다. 정치, 역사, 이데올로기는 상호의 존적이다. 정치적 실재가 이념적인/상상적인 방식으로 역사적 상징계로 투영된다. 코뮤니즘 이념은 하나의 거대한 가설이다. 그 이념이 한 개인의 일상적

---

78 바디우, 『사랑예찬』, 81쪽.

79 Alain Badiou, *The Communist Hypothesis*, trans. David Macey and Steve Corcoran, London: Verso, 2010, p. 245.

삶이 동시대 자본주의적 민주주의 체제의 역사적 법칙에 의해 규정되고 그 법칙이 당면한 다양한 증상적인 위기에 영향을 받는 가운데 그 개인이 그러한 법칙 내부로부터 저항하면서 정치적 변화의 예외적 주체가 될 수 있는지의 질문을 제기한다는 점에서 말이다.

여기서 주목할 것은 우리가 라캉적 관점에서 코뮤니즘 이념을 살펴볼 경우 우리는 라캉과 바디우의 뒤얽힘에, 보다 구체적으로 말해, 라캉적 증환과 바디우적 이념의 뒤얽힘에 도달한다는 점이다. 형식적 수준에서 보면 코뮤니즘 이념이 세 가지 질서를 통합하는 주체적 작용인 이상 그것은 증환과 유사하다. 그러나 바디우는 "창조"와 "증환"을 엄격하게 구분한다.[80] 창조가 진리의 주체의 초인간적 몸에 속한다면, 증환은 인간 동물의 증상적 몸에 속한다. 여기서는 창조와 증환의 공존 문제를 토론의 여지가 있는 것으로 남겨 두도록 하자. 다만 일단 코뮤니즘 이념이 증환이 아니라고 가정해 보자. 이 경우 형식적 수준에서 코뮤니즘 이념을 구체화하는 데에는 오직 한 가지 방식만 존재한다. 매듭 이론에 관한 절에서 살펴봤듯, 보로매우스 매듭에서는 아버지의 이름이 세 가지 질서를 서로 맞물리게 한다. 특정 고리로 등장하지는 않지만 아버지의 이름의 보이지 않는 작용은 보로매우스 매듭에 일관성을 부여한다. 이 경우 코뮤니즘 이념은 곧 아버지의 이름에 해당한다. 그러나 부성적 권위와 코뮤니즘 이념 사이에 연결고리가 있는가의 문제에 대한 바디우의 답변은 부정적일 것이다. 왜냐하면 오늘날 코뮤니즘은 영웅적인 혁명가 아버지가 아니라 불확실한 운명에 처한 청년의 문제이기 때문이다. 달리 말해 19세기의 코뮤니즘은 나이브하고 충분히 조직되지 않았고, 20세기의 코뮤니즘은 폭력적이고 국가주의

---

80 증환과 이념의 뒤얽힘이 순수한 라캉주의나 바디우 자신에게는 터무니없을지도 모르는 한편, 그럼에도 그것은 바디우의 논점과 코뮤니즘에 대한 사유 일반 모두를 확장시키는 유용한 도구의 역할을 할 수 있다. 가령 『공산주의의 현실성(The Actuality of Communism)』에서 브루노 보스틸스(Bruno Bosteels)는 "이념"과 결합한 코뮤니즘은 철학자의 전유물이자 "사변적 좌익주의"의 산물로 남는다고 비판한다. 증환적 이념으로서의 코뮤니즘이 이러한 비판에 대한 응답이 될 수 있다. 증환적 이념으로서의 코뮤니즘은 코뮤니즘이 철학에 의해 독점되고 이론적 허풍으로 전락하는 것을 방지한다. 증환적 이념을 통한 코뮤니즘에 대한 접근은 코뮤니즘 문제를 더욱 열려 있고 뚜렷하게 만든다.

적이었다. 그래서 두 가지 운동 모두 완전한 실패로 귀결되었다. 코뮤니즘 운동에서 아버지의 역할은 종결된 것이다.

오늘날 코뮤니즘 운동은 이전 운동의 실패를 철저히 상기함으로써 새로운 틀에 대한 창안을 고민해야 한다. 아버지는 자신의 실패의 흔적만을 남기고 사라졌으며, 이는 동시대 코뮤니스트가 처한 당혹스러운 주체적 입장을 보여 준다. 그리고 이것은 우리를 코뮤니즘 이념이 증환과 동격이라는 가설로 데리고 간다. 실제로 증환에 대한 바디우의 기각에도 불구하고 코뮤니즘 이념은 증환과 동등한 위상을 갖는다. 라캉에게 네 번째 고리로서의 증환은 대개의 경우 상징계의 실패를, 더 넓게는 세 가지 질서 중 하나의 실패를 보충하기 위해 필요하다. 조이스적 증환을 거론하기 직전인 『세미나 22권』에서 라캉은 증환을 프로이트적 삼항에 연결시킨다. 상상적 보충(억제)으로서의 증환, 상징적 보충(증상)으로서의 증환, 실재적 보충(불안)으로서의 증환이 그것이다.

여기서 바디우의 세 가지 질서 또한 실패에 열려 있다는 점에 주목하자. 정치적 실재는 자기동일적 전체성으로서의 실재에 대한 파괴적 열정으로 범람할 수 있으며, 이는 자기 차이적 가능성으로서의 실재에 대한 감산적(벗어나는) 열정을 도외시한다. 역사적 상징계는 독재자 개인에 대한 숭배에서처럼 소수의 지도자에 의해 지배될 수 있다. 실제로 역사를 만드는 것은 대중임에도 말이다. 이념적 상상계는 개인이 정치적 실재를 역사적 상징계로 투사하는 과정을 구현하지 않기로 결정하거나 혹은 설령 그 과정을 구현한 이후일지라도 진리의 주체가 그 과정을 충실히 추구하지 않고 그 과정을 배반함에 따라 위협받을 수 있다. 이러한 가능성들은 코뮤니즘 이념이 각각의 질서의 실패를 보충하는 증환으로 기능할 것을 요구한다. 그런데 이는 코뮤니즘이 실패한 유토피아 기획일 수밖에 없는 운명임을 뜻하지 않는다. 오히려 실패는 코뮤니즘 이념의 작용에 본질적이고 그 작용과 분리 불가능하다. 실패는 필수 불가결한 정치적 범주이다. 바디우가 단언하듯, "실패하는 것은 아무것도 아니며, 실패는 항상 일어난다. 실패는 정치의 범주이다. …… 정치에서 실패는 일관성에 통합된다."[81]

이 지점에서 일관성을 상세히 논의할 필요가 있다. 일관성은 사실 라캉과 바디우의 뒤얽힘을 분절하는 것을 허용하는 데에 있어서 핵심이 된다. 『주체의 이론』에서 바디우는 결여와 파괴를 통해 라캉과 바디우 자신 사이에 명확한 경계선을 긋는다. "라캉과 우리의 모든 논쟁은 라캉이 제한하는 구분, 즉 결여의 과정과 파괴의 과정 사이의 구분이다."[82] 결여가 법에 의해 조직되고 지정되는 장소에서 부재한 무언가를 가리킨다면, 파괴는 기존의 법 너머의 초과와 새로운 질서의 구성을 뜻한다. 결여가 장소의 논리를 따른다면, 파괴는 힘의 논리를 따른다. 비록 라캉이 장소와 힘, 구조와 역사 모두를 다루지만, 궁극적으로 라캉에게는 장소와 구조가 힘과 역사보다 더 근본적이다. "라캉에게 있어서 법에 대한 초과를 실행할 수단은 희미하게 기입되어 있을 뿐이다."[83] 바디우의 이러한 비판은 보로매우스적 일관성으로서의 라캉적 실재에 대한 또 다른 비판으로 이어진다. 보로매우스적 일관성이 그 구조적 상호의존성 때문에 "약한" 일관성이라고 지적하면서 바디우는 "강한" 일관성, 즉 갈등적이고 파괴적인 일관성을 요청한다. 보로매우스적 실재라기보다는 정치적 실재로 간주되는 이러한 일관성은 상상계의 부재라는 특징을 갖는다. "주체의 실재는 **상상계의 매개가 없는** 일관성을 보증한다."[84] 대조적으로 라캉의 일관성은 약한 일관성인데, 이는 그 일관성이 상상계에 의해 오염된 실재이기 때문이다.

그리고 여기에는 정치적 귀결이 수반된다. 라캉은 "일관성을 상상계로, 코뮤니즘을 유토피아로, 혁명을 같은 것[동일자]의 대수학의 구조적 공허함으로 추락하도록 놓아 둔다."[85] 대수학이 동일성이 식별될 수 있는 요소의 장소에 관련된다면, 위상학은 탈동일적인 근방의 힘에 관련된다. 라캉이 알아보지 못한

---

81 Badiou, *Theory of the Subject*, p. 322.

82 같은 책, p. 131.

83 같은 책, p. 233.

84 같은 책, p. 246.

85 같은 책, p. 246.

것은 장소의 대수학적 연결이 힘의 위상학적 초과를 길들일 수 없다는 점이다. 그러므로 라캉적 변증법은 구조적 반복을 중단시키고 새로운 구조에 대한 역사적 재구성을 향하는 코뮤니스트 주체를 표명하기에는 너무나 보수적이다. 바디우는 일관된 상상계, 고집스러운 상징계, 탈존하는 실재로 구성된 보로매우스적 주체와 파괴가 법 너머의 초과로부터 새로운 일관성을 생산하는 혁명적 주체를 대비시킨다. 라캉적 주체가 "실재가 탈존하는 일관된 반복"에 머무른다면, 바디우적 주체는 "실재가 초과하는 파괴적 일관성"을 구현한다.[86] 요컨대 (초과하는 실재와 새로운 상징계에 근거하는) 바디우적 일관성이 파괴적인 반면, 라캉적 일관성은 상상적이다.

하지만 이러한 이론적 차이는 코뮤니즘 이념에 대한 공식화와 함께 희미해진다. 이제 바디우는 코뮤니스트 주체성을 상상계가 제외된 결합체, 즉 실재와 상징계의 결합체—사실 이는 정신병적 탈주체화에 상응할 것이다—가 아니라 상상계가 포함된 보로매우스 구조에 연결시킨다. 동시에 일관성은 실재를 상징계로 투사하는 주체의 이념적, 상상적 일관성으로 재정의된다. 우리의 논의에서 중요한 것은 일관성이 상상계에 연결된다면, 증환은 실재적 비일관성을 통해 상상적 일관성을 단절시키는 것인 동시에 세 질서를 결합시킴으로써 새로운 일관성을 가능하게 한다는 점이다. 이런 점에서 증환은 주체성의 (비)일관성으로 명명될 수 있다. 주체성의 지지대로서의 증환은 주체성의 구조에 최소한의 일관성 혹은 일관성 아닌 일관성을 부여하는 것이다.

그렇다면 초기 바디우의 입장을 증환이 일관성과 실패의 역설적인 결합을 허용한다는 논점을 통해 보충해 보자. 반복하건대 "정치에서 실패는 일관성에 통합된다." 앞서 살펴봤듯 이러한 실패는 형식적일 뿐만 아니라(보로매우스 매듭의 실패) 실천적이기도 하다(해방의 정치의 범주로서의 실패). 정치적 실재나 역사적 상징계나 이념적 상상계 중 어떤 한 영역의 실패는 최소한의 일관성을 부여하는 코뮤니즘 이념으로서의 증환에 통합되어야 한다. 수많은 실패와 더불어 계

---

86 같은 책, p. 239.

속하는 것은 자기 자신의 포기 행위를 정치 자체의 한계로 단정하지 않음으로써 정치와 윤리를 혼동하지 않는 투사로 굳건히 남아 있을 때에 가능하다. 코뮤니즘 이념을 품은 주체를 망가뜨리는 것은 결국 정치 그 자체로서의 실패가 아니라 그 자신의 윤리의 실패이다. 코뮤니즘에 대한 진정한 반대자는 자본가가 아니라 한때 열정적이었으나 지금은 포기하고 중단하는 코뮤니스트이다. 마르크스와 엥겔스가 『독일 이데올로기』에서 썼듯, 코뮤니즘은 현재 상태 너머의 이상적 상태가 아니라 현재 상태의 내부에서 그것에 맞서는 실재적 운동을 가리킨다. "우리에게 코뮤니즘은 설립되어야 할 사태도, 현실이 그에 걸맞게 조정되어야 할 이상향도 아니다. 우리는 코뮤니즘을 현재의 상태를 폐지하는 실재적 운동이라 부른다."[87] 코뮤니즘은 인류사에서 간헐적이지만 끝없이 지속되는 하나의 운동이다. 운동의 간헐성이 코뮤니즘이 본질적인 실패를 동반한다는 사실을 가리킨다면, 운동의 끝없음은 윤리가 충실히 추구되는 한 코뮤니즘은 소생한다는 사실을 가리킨다. 주체가 이념을 따르기를 멈추거나 본질적 실패를 직면하는 데에 실패함으로써 증환을 억압할 때, 코뮤니즘은 더 이상 존재하지 않는다.

어떤 이들은 코뮤니즘이 자본주의의 잠재적 반면이라는 도착인 주장에 만족하는 한편, 어떤 이들은 영원한 미완결 운동으로서의 코뮤니즘이 동시대 세계에서도 여전히 진행 중이라고 지적할지 모른다. 협동조합, 노동자 협의체, 비영리조직, 사회적 경제, 연대 경제, 대안적 금융 서비스, 재분배 네트워크, 공정무역, 생태정치, 커먼즈 지식, 자율적이고 탈중심화된 지역공동체와 같은 다양한 운동을 고려해 보자. 이러한 사례들이 자본주의적 불평등과 국가권력이라는 지배 규범에 저항하려고 시도하는 한편, 그러한 시도의 실패 또한 뚜렷하게 드러난다. 빈민 자활을 목적으로 하는 대안적 금융 서비스는 종종 수익성을 다투는 모델로 변한다. 노동자 협의체는 워킹 푸어의 진정한 곤경을 놓친다. 협동조합은 글로벌 경제위기로부터 자유롭지 않다. 지역공동체는 전문성과

---

87 Karl Marx and Friedrich Engels, *The German Ideology, part 1*, ed. C. J. Arthur, New York: International Publishers, 1970, pp. 56-57.

조직력을 결여하기 쉽다. 안데스의 아이유 공동체(Ayllu)와 인도의 케랄라(Kera-la)와 같은 비서구 공동체들 역시 코뮤니스트 공동체의 모범적인 모델이 됨에도 불구하고 나름의 고민을 안고 있다. 아이유 공동체는 생산수단의 집단적 통제와 윤번제 정치체제(즉 어떤 타이틀도 없는 이들의 통치)라는 특징을 갖는다. 케랄라는 교육과 의료에서의 인민계획캠페인(People's Plan Campaign), 풀뿌리 민주주의 조직, 판차야트(Panchayat, 전통적 지방자치 조직)와 제도 정당 간의 공조라는 특징을 갖는다. 이 공동체들이 자본과 국가로부터 상대적으로 독립적인 한편, 그것들은 높은 수준의 성적 불평등이 존재하는 남성 중심적 공동체이다. 이 공동체들은, 데리다의 용어를 쓰자면, (남성적) 우정의 정치의 산물이다. 이런 점에서 코뮤니스트 공동체란 없다. 기성 권력 구조 너머에 도달하려고 하는 운동으로서의 코뮤니즘만 있을 뿐이다. 그리고 이 운동을 주체적 수준에서 지탱하기 위해서는 그것에 내재적인 실패를 보충하는 코뮤니즘 이념이 요구된다. 코뮤니즘 운동이 코뮤니스트 공동체라는 접근 불가능한 공백 주위를 회전하는 고갈될 수 없는 충동이라면, 코뮤니즘 이념은 주체적 일관성을 설립하기 위해 그러한 충동을 명명한 것에 해당한다. 달리 말해 한편에는 코뮤니즘이라는 억제할 수 없는 비주체적 충동이 있고, 다른 한편에는 그 충동에 최소한의 일관성을 부여하는 주체적 지지대로서의 증환적 이념이 있다. 이러한 두 측면이 결합되어야 한다. 충동 없는 이념은 공허하고, 이념 없는 충동은 맹목적이기 때문이다.

지그문트 바우만이 지적하듯, 동시대 정치의 곤경은 보이지 않는 글로벌 엘리트와 자기 폐쇄적인 지역적 정체성의 결합에서 유래한다.[88] 세계화는 초국가적이고 과두적인 엘리트가 그들의 권력을 국제적으로 또 은밀한 방식으로 행사하는 것을 허용한다. 동시에 우리는 고립주의, 지역주의, 안보와 국경 및 치안의 강화를 목도하고 있는데, 이는 난민, 핵무기, 테러리즘, 환경, 생명공학, 테크놀로지의 문제에 대한 국제적 공동 행위를 무력화한다. 아마 여기에 바디

---

88 지그문트 바우만, 『리퀴드 러브』, 권태우·조형준 옮김, 새물결, 2013년, 228-234쪽.

우적 코뮤니즘 이념을 확장시킬 필요성이 있을 것이다. 코뮤니즘 이념은 오늘날 개인의 단기적 주체화가 아니라 인류의 장기적인 주체적 과정의 문제이다. 그것은 인류 공동체가 서구와 비서구, 초기 자본주의와 후기 자본주의를 막론하고 당면한 전 지구적 과제와 씨름하기 위해 증환적 이념이라는 주체적 지지대를 보유할 수 있을 것인지의 문제이다. 동시대 인류 공동체는 어느 때보다 그 본질적인 실패를 완전히 인정하는 동시에 코뮤니즘 운동을 소생시켜야 하는 과제에 직면하고 있다.

바디우는 종종 "만약 코뮤니즘 가설이 옳지 않고 실행 가능하지 않다면 이것은 인류가 개미나 족제비와 크게 다를 바 없음을 뜻한다"[89]는 사르트르의 말을 인용한다. 인간성과 동물성이 같다면 여기에는 반드시 맥락과 조건이 있다. 어떤 세계의 특정 법칙(초월성)만이 인간성과 동물성을 같게 만들 수 있다. 바디우에게 민주주의적 유물론의 위력은 해방의 공동체를 형성하려는 어떠한 급진적 가능성도 배제한 채 주체적 개방성을 동물적 인간성으로 환원하는 데에 있다. 민주주의적 인권이라는 수세적 피난처에 의해 보호받는 경제적 인간 (Homo Economicus)은 소비의 자유, 의견 교환, 수익 경쟁, 즉각적 만족, 생존 위기에 의해 구성되는 동물성과 다르지 않다. 인간성에 특정 정체성이 부여되자마자 인간성은 인간성을 개방된 것으로 만드는 주체성과의 접점을 잃어버린다. 우리의 논의에서 인간성을 개방된 것으로 만드는 것이란 곧 인간성이 라캉적 측면과 바디우적 측면이 뒤얽힌 비인간적 가능성을 끌어안을 수 있다고 보는 것이다. 해방에의 충동을 지닌 인류는 착취, 지배, 격리, 차별 없는 공동체를 건설하는 과정에 끊임없이 전념할 것이다. 그렇지만 이 과정에서 인류는 내적인 교착상태로 가득한 우여곡절에 직면한다. 공동체의 한 가지 논리로서의 코뮤니즘은 그 운동성을 이념의 보충을 통해 정교화하는 과정을 필요로 한다. 코뮤니즘은 인간성이 해방에의 열정이나 그 열정에 대한 증환적 주체화 덕분에

---

89 Alain Badiou, "Is the word 'Communism' forever doomed?" (Henry Street Settlement, Harry de Jur Playhouse, New York City, November 6, 2003). www.lacan.com/essays/?page_id=323에서 볼 수 있다.

그 어떤 동물성으로도 환원될 수 없음을 증명한다. 여기서 라캉의 비전체의 공동체는 바디우의 코뮤니즘 이념과 결합된다. 코뮤니즘은 인간 공동체의 위대하고 치명적인 증상이다. 인간은 비인간적으로 열려져 있으며, 따라서 함께하기를 욕망하고, 더 나은 방식으로 함께하기를 모색한다.

3-4 인류

사랑의 종교인 기독교는 아가페를 정치와 사랑 간의 해방적 매듭으로 제안한다. 에로스가 자기중심적이고 조건적인 경향이 있는 반면, 아가페는 무욕적이고 무조건적이다. 아가페가 그리스도의 십자가형을 통해 죄 많은 인류를 용서하는 신으로부터 유래하는 한에서 말이다. 기독교적 주체가 은혜로운 아가페라는 복을 거저 받았으니, 그 주체 역시 신, 이웃, 심지어 적을 사랑함으로써 아가페를 실천할 의무가 있다. 아가페는 인류가 법에 의존할지도 모르지만 결국 사랑을 향해 나아가야 한다고 말한다. 그러나 사랑과 법의 뒤얽힌 관계는 여전히 문제적이다. 프로이트가 지적하듯, 현대인에게 이웃 사랑은 문화적 초자아로 출현한다. 아가페는 억압적인 계율로 환원될 수 있다. 그럼으로써 그것은 법의 상관물인 죄의식을 발생시킨다. 나아가 아가페는 비범한 성인(聖人)에게만 관련되는 행위로 간주된다. 사랑이 종종 맹목적인 공격성과 일방적인 충동을 수반한다는 점을 고려할 때, 사랑이 공격성의 만족을 극복할 수 있는지는 확실치 않다. 현대적 세속화는 이웃 사랑을 제도적 도그마나 공허한 도덕성으로 격하시켰다. 오늘날 기독교적 아가페와 그 보편성은 퇴색한 것일까? 우리는 기독교적 패러다임 너머에서 여전히 정치와 사랑 간의 해방적 매듭으로서의 보편적 사랑을 말할 수 있을까? 인류와 사랑의 연결고리는 무엇일까? 이번 절에서는 이러한 질문에 대한 라캉적, 바디우적 답변을 제시해 보자.

제라르 밀러(Gérard Miller)가 제작한 라캉에 관한 다큐멘터리에서 정신분석가 수잔 호멜(Suzanne Hommel)은 1974년에 라캉과 함께 했던 분석 세션 중 하나를 이렇게 회고한다.

어느 날 한 세션에서 저는 제 꿈에 대해 말했어요. 저는 라캉에게 제가 매일 5시 정각에 깨는데 아침 5시는 게슈타포(Gestapo)가 유대인을 잡으러 오는 시간이었다고 말했어요. 그러자 라캉은 의자에서 일어나서 저에게 다가왔어요. 그는 내 뺨을 부드럽게 어루만졌어요. 저는 그걸 '피부에 닿은 손길[제스타포](geste à peau/skin gesture)'로 이해했어요. 얼마나 부드러운 손길이던지! 그건 정말 부드러웠어요. 그런 갑작스러운 행동이 제 고통을 줄이지는 못했지만 그건 분명 제 고통을 변형시켰어요. 40년이 지나 제가 당신에게 말하는 지금도 저는 여전히 제 뺨에 닿은 그 손길을 느낄 수 있어요. 그건 인류에 대한 호소 같은 손길이었어요.[90]

정신분석 담론은 고유하다. 정신분석 담론은 분석가 담론을 포함한 모든 다른 담론과도 구별되기 때문이다. 정신분석 담론은 분석가도 분석자도 주인 노릇을 하지 않는 담론이다. 오히려 정신분석 담론이 분석가와 분석자를 생산한다. 이 담론의 행위자는 두 유형의 말하기, 즉 분석자의 요구와 분석가의 해석에 다름 아니다. 분석자의 요구는 지울 수 없는 트라우마나 만성적인 증상에서 야기되는 고통의 치료에 관련된다. 호멜은 분석이 그녀가 전쟁으로 인해 입은 고통을 없앨 수 있는지에 대해 라캉에게 물었다. 여기서 우리는 정신분석 담론의 또 다른 주춧돌을 볼 수 있는데, 그것은 분석가의 현존이 지탱하는 전이이다. 나의 고통의 무의식적 진실을 통찰할 수 있고 나를 고통으로부터 해방시킬 수 있는 어떤 타자가 있을지도 모른다는 예상이 이미 정신분석 담론에 토대를 제공한다. 그러나 치료에 관한 야심에 대한 프로이트의 비판적 지적과 부합하게도 라캉은 호멜에게 그녀가 평생 그 고통을 안고 가야 할 거라고 답변한다. 『세미나 7권』에서 라캉은 분석의 진정한 종결이 "인간적 조건의 현실과 대면

---

90 *Rendez-vous chez Lacan*, dir. Gérard Miller, Paris: Éditions Montparnasse, 2011. www.youtube. com/watch?v=VA‑SXCGwLvY에서 볼 수 있다.

하는 것"[91]에 관련된다고 말한다. 여기서 인간적 조건이란 프로이트가 말한 무력감(Hiflosigkeit/helplessness)을 지칭하는데, 이 무력감은 너무나 급진적이어서 그것은 우리를 위험에 대한 무방비 상태로 만든다. 무력감 속에는 위험신호라는 최소한의 보호장치도 없다. 위험신호가 외상적 경험의 재발을 회피하기 위해 불안이 전달하는 것인 한에서 말이다. 분석의 끝은 치료되는 것이 아니라 스스로의 무력감과 대면하는 것에 있다.

분석의 끝에 도달하기 위해 정신분석 담론은 분석자가 특수한 윤리를 고수할 것을 요구한다. 그것은 무의식의 계시에 도움이 되는, 검열이나 편견 없는 자유연상의 윤리이다. 분석은 단순히 무의식을 의식화하는 것이 아니라 무의식을 말로 담아내는 것이다. 이 규칙을 따르지 않으면서 무의식에 의해 속지 않으려 하는 이들은 방황하게 될 뿐이다. 분석자는 오히려 무의식에 의해 충실하게 속아야 한다. 이에 나란히, 분석가의 윤리 및 어떤 정념도 배제한 분석적 중립성은 분석가가 지닌 독특한 욕망, 즉 무의식을 계속해서 개방함으로써 정신분석 담론을 유지하려는 욕망에 의해서만 지탱될 수 있다. "담론의 구조에 따라 게임을 하는 것 외에 다른 윤리는 없습니다."[92] 따라서 호멜은 세션에서 꿈에 대해 이야기하고, 그 꿈은 라캉과 함께 한 그녀의 분석 작업에서 중요한 지점으로 작용한다.

그녀의 트라우마의 메커니즘은 무엇일까? 호멜은 어린 시절에 전쟁과 나치 점령기를 겪었다. 게슈타포라는 실재는 그녀의 심리적 현실에 침투하여 구멍을 냈다. 그것은 그녀의 삶에서 지울 수 없는 간극을 야기했다. 게슈타포는 외상적 간극으로서 작용할 뿐만 아니라 외상 이후에도 그녀의 심리 구조를 재구성했다. "게슈타포"와 "5시 정각"은 호멜의 재구성된 심리적 구조를 지배하는 주인 기표가 되었다. 호멜이 라캉에게 자신의 경험에 대해 이야기할 당시에는 게슈타포가 존재하지 않았다. 그럼에도 게슈타포가 집에 쳐들어왔던 5시 정각

---

91 Lacan, *SVII*, p. 303.

92 Lacan, *SXXII*, 1974년 11월 19일 수업(미출간).

이면 게슈타포는 어김없이 그녀의 무의식으로 걸어 들어왔고 잠을 깨는 증상을 통해 그녀의 육체에 흔적을 남겼다. 그녀의 육체가 5시에 깨는 행위를 무의식적으로 반복하는 것은 "5시 정각"이라는 기표가 그녀의 주이상스를 구조화하면서 명령을 내리기 때문이다. 외상 후 주체로서의 호멜은 의식적인 개인도 적응성의 유기체도 아니다. 그녀의 몸이 특정 기표에 의해 기입됨에 따라, 그녀는 무의식의 주체로 살아간다. 우리는 『세미나 11권』에서 라캉이 어떤 아기에 대한 자신의 경험을 서술하는 한 대목에서 이와 유사한 메커니즘을 찾을 수 있다. 그 아기는 라캉에게 함께 있어 주기를 요구했지만, 라캉은 아기의 눈앞에서 반복적으로 사라졌다. 그러자 라캉의 사라짐은 아기에게 트라우마가 되었다. 그러나 동시에 라캉은 그 아기에게 "살아있는 기표"[93]가 되었다. 기표로서의 라캉은 아기의 심리적 현실을 구조화하는 주인 기표가 된 것이다. 요컨대 트라우마는 실재의 침투와 함께 시작해서 증상적 주이상스를 동반하는 주인 기표의 창설로 종결된다. 트라우마의 영향은 실재와 상징계 양자에 걸쳐져 있다. 생탄 병원의 채플 강연에서 라캉은 이렇게 말한다. "상징계의 힘에 관해 말하자면, 그것은 증명될 필요가 없습니다. 상징계는 힘 그 자체입니다. 언어의 출현에 선행하는 힘의 흔적은 세계에 존재하지 않습니다."[94] 기표의 위력에 관여하기 위해 정신분석은 동일한 수준, 즉 기표의 수준에서 개입한다.

정신분석은 기표의 실천이다. 『세미나 20권』에서 라캉은 기표의 역할이 양가적임을 명시한다. 한편으로 "기표는 주이상스의 원인"[95]이다. 5시 기상에 관한 호멜의 증상적 주이상스는 게슈타포와 5시 정각이라는 기표에 의해 활성화된다. 우리는 몇몇 기표에 근거해서 자기 파괴적 행위와 사고를 무의식적으로 반복한다. 다른 한편으로 "기표는 주이상스를 중지시킨다."[96] 후기 라캉이 기표의 이러한 두 번째 역할을 지칭하기 위해 사용하는 용어 중 하나가 "라랑

---

93 Lacan, *SXI*, p. 63.

94 Lacan, *Talking to Brick Walls*, p. 32.

95 Lacan, *SXX*, p. 24.

96 같은 곳.

그(lalangue)"이다. 라랑그는 언어의 분절되지 않은 물질성뿐만 아니라 주이상스를 상징화하는 분석적 도구를 지칭하기도 한다. "라랑그는 주이상스를 교화(문명화, civilise/civilize)합니다."[97] 라랑그는 해석에서 중요한 역할을 하는데, 그것은 기존에 설정된 의미를 강화하기보다는 언어적 물질성 안의 모호성을 작동시킨다. 해석에서 라랑그는 분석자의 증상적 실재를 예측 불가능하게 건드리고 분석자로 하여금 그 실재를 주체화하도록 지원하는 효과를 갖는다. 라캉은 이렇게 말한다. "모호성이 우리가[분석가들이] 증상에 대항하는 무기로 갖고 있는 전부입니다. …… 사실 해석은 모호한 것을 통해서만 작용합니다. 기표 안에 공명하는 무언가가 있어야 하는 것입니다."[98] 호멜의 경우 그녀의 실재적 무의식과 공명하는 특수한 기표는 "제스타포[피부에 닿은 손길](geste à peau)"이다. 제스타포는 게슈타포라는 주인 기표에 담긴 증상적 주이상스를 변형시킨다. 기표가 변형 효과를 갖는 것은 언어가 다수의 의미작용을 발생시키고 모든 언표행위가 모호함을 동반하기 때문이다. 호멜의 무의식은 지배적인 의미작용, 즉 게슈타포가 연상시키는 죽음의 공포에 대한 "주이상스적 의미(joui-sense/enjoyed meaning)"에 의해 구조화되었다. 게슈타포와 제스타포가 서로 공명하면서 나란히 놓이게 되자, 게슈타포는 주인 기표로서의 가치를 상실하는데, 이는 게슈타포의 의미 없는 실재가 노출되고, 게슈타포의 지배적인 의미작용이 중단되기 때문이다. 동시에 주이상스의 반복은 근거를 상실하고 그 허상을 노출한다. 물론 주인 기표와 그 파괴적 효과는 완전히 지워질 수 없다. 그러나 주체에 대한 주인 기표의 효과는 주체에 대한 또 다른 기표 효과의 매개를 통해 변화될 수 있다. 호멜의 표현을 빌리자면, "그런 갑작스러운 행동이 제 고통을 줄이지는 못했지만 그건 분명히 제 고통을 변형시켰어요." 이러한 변형이 가능한 것은 분석 작업이 언어 안의 모호성을 억압하기보다는 지지하기 때문

---

97 Jacques Lacan, "La Troisième" given at the VII Congress of the EFP in Rome, 1974년 10월 31일. www.valas.fr/Jacques-Lacan-La-Troisième-en-français-en-espagnol-en-allemand,011에서 볼 수 있다.

98 Lacan, *SXXIII*, p. 9.

이다. 모호성은 기존의 무의식적 구조가 영원한 것이 아니라 변화에 열려 있음을 환기시킨다. 이 점은 정신분석의 작동 원리를 해명해 준다. 한편으로 정신분석은 어떻게 무의식이 주인 기표의 반복적인 동원과 그에 상응하는 자기 파괴적 주이상스의 재생산 안에서 보수적인지를 냉정하게 인정한다. 다른 한편으로 정신분석은 무의식이 기표의 네트워크에 의해 구성되는 한에서 어떻게 변화의 가능성이 무의식에 내재해 있는지를 드러낸다. 기표는 그것이 주이상스와 주이상스적 의미로 충전될 때 우리를 학대할 수도 있으며, 그것이 증상적 실재를 노출시키고 진정시키고 변형시킬 때 우리를 해방할 수도 있는 것이다.

여기서 구성된 무의식 바깥에서 새롭게 창안된 기표가 우리에게 실재의 문을 열어 줄 것이라는 라캉의 발언에 주목하자.[99] 호멜과의 분석 작업을 배경으로 독해해 볼 때 이러한 실재는 주이상스로서의 실재나 수학화 가능한 것으로서의 실재를 가리키지 않는다. 그것은 임상적 개입을 통한 주체적 변화의 실재적 가능성을 가리킨다. 무의식에서 관건은 창조나 파괴가 아니라 재형성이다. 설령 그것이 아무리 더디고 우회적이라 하더라도 말이다. 호멜과 라캉의 세션은 기표의 동종요법(기표에 의해 각인된 지점을 기표로 움직이는 실천)으로서의 정신분석이 언어 안의 모호성을 장려하고 주인 기표의 작동을 중지시키고 실재 안의 새로운 기표를 도입함으로써 무의식을 재구성할 수 있음을 보여 준다.

호멜의 사례는 분석의 끝이라는 측면에서도 주목할 만하다. 심리치료는 증상의 제거를 궁극적인 목표로 간주한다. 정신분석의 경우에도 비록 그것이 치료에의 야심이나 회복에의 욕망에 의해 지탱되는 것은 아니지만, 분석가가 분석자의 증상을 제거하는 것은 가능하고 또 장려할 만하다. 라캉도 이러한 가능성을 부인하지는 않는다. "증상은 실재적입니다. 증상은 심지어 유일하게 실재적인 것이며, 다시 말해 실재 안에 의미를 보존합니다. 바로 이런 이유로 정신분석가는 운이 좋을 경우 실재 안에 있는 증상을 해소하기 위해 상징적으로

---

99 Lacan, *SXXIV*, 1977년 5월 17일 수업(미출간).

개입할 수 있습니다."[100] 운이 좋다면 분석가는 상징적 개입을 통해 증상의 무의미를 드러냄으로써 굳어진 의미를 지닌 실재적 증상을 해체시킬 수 있다. 그러나 이런 일은 호멜에게는 일어나지 않았다. 제스타포를 통해 게슈타포를 동요시키고 호멜의 주이상스를 교화하는 라캉의 기표적 개입에도 불구하고 우리는 호멜이 자신의 증상으로부터 치유되었다고 말할 수 없다. 무의식은 무화의 논리가 아니라 잠복의 논리를 따른다. 잠복된 증상은 종종 재출현한다. 라캉이 말했듯, 호멜은 평생 자신의 증상에 맞서 싸워야 한다. 오히려 분석을 통해 고통을 제거하려는 것 자체가 호멜의 환상을 이루었으며 라캉은 그녀에게 이러한 치료에 관한 환상을 가로지를 계기를 제공했다고 말할 수 있을 것이다. 치료는 분석의 파생적인 효과에 다름 아니다. 분석의 진정한 끝은 치유되는 것이 아니라 무의식적 증상을 다루는 법을 아는(savoir y faire avec/know how to deal with) 데에 있다. 정신이 쇠약한 동물인 인간은 무의식을 다루는 법을 잘 알지 못하고, 그래서 자신의 주이상스를 반복하고 주인 기표에 봉사한다. 무의식적 증상을 다루는 요령을 터득하는 것은 주체가 자신의 은밀한 불완전함을 받아들이고 내밀한 약점을 헤쳐 나가는 과정을 필요로 한다. 이 때문에 정신분석은 하나의 반철학(antiphilosophie/antiphilosophy)이다. 정신분석은 체계적인 이론이나 일반적인 지침이 아니라 구체적인 삶 속에 드러나는 무의식적 주체의 곤궁과 그 곤궁을 풀어 나가는 요령에 초점을 맞춘다. "무언가를 다루는 법을 아는 것은 전문 지식을 쌓는 것과는 다릅니다. …… 우리는 어떤 개념으로 사물을 붙잡지 않습니다."[101] 분석자에서 분석가로의 이행이 분석의 끝에 도달하는 방법임을 고려할 때, 호멜이 지금 분석가로 활동하고 있다는 사실은 의미심장하다. 분석가로서의 그녀는 자신의 증상을 견디고 관리하는 독특하고 창의적인 해법을 발견했음이 틀림없다.

라캉이 1975년 예일 대학교에서의 강연에서 말하듯, "분석가로 훈련받는

---

100 Lacan, *SXXIV*, 1977년 3월 15일 수업(미출간).

101 Lacan, *SXXIV*, 1977년 1월 11일 수업(미출간).

것"은 증상을 제거할 치료 능력을 획득하는 것이 아니라 "어떻게 증상이 스스로를 완성시키는지를 보는 것"과 같다.[102] 증상의 자기완성 과정에 대한 목격자가 되는 것은 우선 자신의 증상을 철저히 주체화하는 과정을 필요로 한다. 이러한 과정을 통해 완성된 증상의 형태를 증환으로 명명하자. 무의식적 증상을 다루는 법을 아는 과정은 뒤엉킨 주체적 매듭을 인지하고 매듭을 풀거나 다시 묶어서 증환적인 주체적 구조를 만드는 과정과 같다. "분석은 증환—저는 증상을 이렇게 씁니다—으로부터 자유로워지는 데에 있지 않습니다. 분석은 우리가 왜 증상에 얽히게 되는지를 아는 데에 있습니다."[103] 분석의 끝은 증상의 완성으로서의 증환의 구축에 있다. 여기서 우리는 "S(기존 상징계) + Σ(증환)"이라는 라캉의 공식을 상기해야 한다. 그 공식은 새로운 상징적 질서를 만드는 데에 있어서 증환이 갖는 핵심적 역할을 시사한다. 우리가 기존의 상징계 때문에 증상에 얽히게 되는 한편, 상징계를 재구조화하는 방식을 창안함으로써 증상을 증환으로 변형시키는 것은 가능하다. 분석의 끝은 증환으로부터 자유로워지는 것이 아니라 기존의 법 너머에서 주체성의 환원 불가능한 중핵을 끝까지 밀고 나가는 데에 있다. 라캉이 사용하는 정확한 용어가 "증환과의 동일시"인 한편, 이러한 동일시는 동일시에 관련되면서도 동일시에서 벗어난다. 증환과의 동일시는 법과의 탈(脫)동일시인 동시에 전례 없는 주체성과의 동일시이다. 그것은 새로운 주체성의 형성이면서 이전 주체성의 변형이다. 분석가로서의 호멜의 자기 승인 혹은 그녀의 분석의 끝은 증상을 제거함으로써가 아니라 어떻게 그녀가 지울 수 없는 증상을 자신의 증환적 주체성의 토대로 변형시키고 완성시키는지를 증언함으로써 확증된다.

　그렇다면 이러한 임상 사례는 분석 행위, 인류, 사랑 간의 연관성에 대해 어떤 함의를 갖고 있을까? 분석 작업에서 분석가는 분석자의 말을 듣거나, 침묵하거나, 해석을 제공하는데, 이 모든 것은 넓은 의미에서의 분석 행위에 속한

---

102 Jacques Lacan, "Conférences et entretiens dans les universités nord-américaines" 1975년 11월 24일, 예일 대학교 강연.

103 Lacan, *SXXV*, 1978년 1월 10일 수업(미출간).

다. 라캉은 분석 행위가 무엇보다 기표적 개입, 기표를 갖고 하는 행위임을 명시한다. 제스타포에서 주목할 것은 그것이 기표적 개입인 동시에 물리적 행위라는 점이다. 라캉의 행위는 단순히 게슈타포와 제스타포 간의 언어유희가 아니다. 라캉은 실제로 호멜의 뺨을 부드럽게 만졌다. 말하자면 그것은 이중화된 분석 행위, 즉 언어적인 것과 육체적인 것에 걸쳐져 있는 분석 행위다. 분석가의 말하기/행위는 "마음속 깊은 곳(tripes/guts)에 닿아야 하고,"[104] "물결[모성](vagues/waves, the equivocal)을 일으켜야 한다."[105] 40년이 지났지만 호멜은 여전히 자신의 뺨에 닿은 라캉의 손길을 느낄 수 있다. 라캉의 행위는 호멜의 마음속 깊이 들어가고 그녀에게 지울 수 없는 파장을 남겼다. 그 행위가 모호성을 통해 그녀의 외상적 고통을 변형시켰을 뿐만 아니라 그녀가 분석가가 되는 데에 계기를 제공했을 것이라는 점에서 말이다.

호멜이 말하듯, 이러한 분석 행위는 인류에 대한 호소이기도 했다. 비록 라캉이 인류와 사랑이라는 논점을 다루지는 않지만, 그 논점과 관련된 귀결을 도출해 보자. 바디우에 따르면 정치와 사랑의 교차점을 인상적으로 표현할 수 있는 예술 장르가 있는데, 그것은 연극이다. 라캉과 호멜의 세션은 흡사 단막극의 한 장면으로 읽힐 수 있다. 주역 배우, 즉 분석 작업을 하는 인물은 호멜이다. 조연은 라캉이며, 그는 무의식의 구멍 안으로 뛰어든다. "분석에서 행위화가 있을 때를 제외하고는 어떠한 장면도 없습니다. 프롬프터 박스(배우가 대사를 잊었을 때 대사를 상기시켜 주는 프롬프터가 들어갈 수 있도록 무대 끝에 만든 상자 모양의 작은 공간)의 구멍 안으로 뛰어드는 것을 제외하고는 어떠한 행위화도 없습니다. 여기서 프롬프터 박스는 물론 주체의 무의식입니다."[106] 외상적 장면은 주체의 심리적 현실에 구멍을 만든다. 무의식은 실재적 외상이라는 재현 불가능한 구멍에 대한 해석과 반작용으로 구성된다. 일단 무의식이 구성되면, 그것은 자기를

---

104 Lacan, *SXXI*, 1974년 2월 19일 수업(미출간).

105 Jacques Lacan, "Conférences et entretiens dans les universités nord-américaines", 1975년 11월 24일, 예일 대학교 강연.

106 같은 곳.

재생산하는 시스템으로 작동한다. 호멜의 경우, "외상적 구멍(troumatique)"은 전쟁으로 유발되었고, 그녀의 무의식은 5시에 깨는 육체적 증상을 반복한다. 조연인 라캉은 행위화를 통해 이러한 전쟁 외상증 안으로 뛰어든다. 이러한 행위화는 자기 소멸적이며, 거기에서 분석가는 종교적 계율의 자애(caritas)가 아니라 찌꺼기애(décharité)로 기능한다. 연극의 장막이 내려오면 관객은 이러한 분석/애정 장면(analytic-amorous scene)이 남긴 메시지를 목격한다. 그것은 인류에의 호소이다. 기표 행위로서의 "말하기"가 진정한 사건을 이루지 못하고 법 내부에서의 변모(modification)로 남는다는 바디우의 입장과는 달리, 정신분석은 어떤 말하기는 분명 사건적 효과를 갖는다고 주장한다. 기표적이고 물리적인 행위로서의 제스타포는 인류에 대한 사건적 호소의 물결을 일으킨다. 이러한 사건의 함의를 사유하기 위해 비트겐슈타인이 1944년에 작성한 메모를 참고하자. "어떤 고통의 울부짖음도 한 사람의 울부짖음보다 더 클 수 없다. 또한 어떤 고통도 한 인간이 혼자 겪어야 하는 것보다 더 클 수 없다."[107] 비보편적이고 비권위주의적 실천으로서의 정신분석은 한 인간의 고통과 울부짖음을 다룬다. 치료가 아니라 증환의 구축에 초점을 맞추면서 말이다. 호멜의 사례에서 주목할 점은 한 인간의 고통이 나치의 유대인 학살이라는 소위 "인류에 대한 범죄"에 직접 연관된다는 사실이다. 여기서 엄밀해지자. 인류에 대한 범죄란 무슨 뜻일까? 인종학살만이 인류에 대한 범죄일까? 인류에 대한 범죄는 특정 종족이 다른 종족에게 가하는 것일까? 바디우가 지적하듯, 파시스트는 사유 불가능한 악이 아니라 특수한 주체성의 형식이다. 파시즘은 "모호한 주체(le sujet obscur/the obscure subject)"를 동원하는데, 이 주체의 몸은 진리의 몸을 부인함으로써 특정 혈통과 인종을 초월적이고 신화적인 몸으로 만든다.[108] 이 주체가 궁극적으로 겨냥하는 것은 자기 자신과 세계가 공멸하는 것이며, 따라서 그 주체는 죽음의 힘을 주인으로 섬긴다. 이런 점에서 게슈타포는 인류에 대한 범죄

---

107 Ludwig Wittgenstein, *Culture and Value*, ed. G. H. Von Wright, trans. Peter Winch, Chicago: University of Chicago Press, 1984, p. 45.

108 Badiou, *Logics of Worlds*, pp. 58-60.

가 아니라 인류 자신의 증상이다. 게슈타포는 인간 주체에 내재된 실재적 잠재성이 현실적으로 드러난 사례이다. 이런 점에서 정신분석이 다루는 인류의 종류는 사랑의 인류나 조화 속의 인류가 아니라 스스로에게 공격성, 폭력, 권력 투쟁을 부과하는 인류이다. 호멜의 사례는 인간 안의 치명적 비인간성이 한 사람을 통과할 수 있으며, 게슈타포라는 인류의 형상이 호소의 손길이라는 인류의 또 다른 형상과 나란히 놓일 수 있음을 보여 준다. 이것은 우리를 인류와 사랑에 관한 커다란 역설로 인도한다.

인도주의적 사랑, 세계주의적 사랑, 보편적 사랑과 같은 것은 없다. 이러한 명칭들은 공허한 구호로 끝나거나 도착적인 도그마로 전도될 소지가 있다. 최악의 경우 그 명칭들은 은밀하게 자기중심적인 권력 체계에 의해 오염되고 오용될 수 있다. 이런 이유로 정신분석은 사랑의 인류란 없다고 주장한다. 사랑하고 사랑받는 것은 오직 단독성일 뿐이다. 단독성에 대한 사랑이 없다면 인류에 대한 사랑은 없다. 단독성에 대한 사랑이 사랑의 인류의 가능성의 조건이 된다. 사랑의 단독성이 있는 곳에 사랑의 인류가 있을지도 모른다. 요컨대 인간의 비인간적 증상을 극복해 나가는 증환적 주체가 있는 곳에, 사랑의 인류가 있을지도 모른다. 비트겐슈타인은 이렇게 말한다. "이 고난 속에서 자기의 가슴을 움츠리지 않고 여는 사람은 구원의 수단을 가슴 속에 받아들인다."[109] 비트겐슈타인의 기독교적 구원의 테마를 구원의 불가능성이라는 정신분석적 실재의 테마로 대체하면서 결론을 내자. 인류는 스스로의 비인간성이라는 구제 불가능한 조건, 즉 인류가 인류 자신을 황폐하게 만들고 파괴할 수 있다는 실질적 가능성을 헤쳐 나가야 한다. 라캉과 호멜의 분석 작업은 이 구제 불가능한 조건이 어떤 주체의 마음을 통해 다루어질 수 있음을 보여 주는 모범적인 사례이다. 인류와 사랑의 정신분석적 매듭의 핵심은 무엇보다 나의 마음과 당신의 마음을 여는 것에서 시작된다. 금이 가고 폐허가 된 그 마음속으로 뛰어드는 행위, 그럼으로써 아무리 부서지고 연약할지라도 인류의 마음에 물결을

---

109 Wittgenstein, *Culture and Value*, p. 46.

자아내는 행위를 통해 말이다.

이번에는 인류와 사랑의 연결고리를 영화적 사례를 통해 구체화해 보자. LA에서 하루에 걸쳐 일어나는 일련의 상호 연관된 에피소드를 교차 편집으로 보여 주면서, 폴 토마스 앤더슨(Paul Thomas Anderson)의 〈매그놀리아(Magnolia)〉(1999)는 다양한 인물들을 등장시킨다. 모티베이셔널 스피커이자 픽업 아티스트 프랭크, 프랭크의 아버지이자 퀴즈쇼 〈아이들이 아는 것〉의 전직 프로듀셔 얼, 얼의 아내 린다, 퀴즈쇼의 진행자 지미, 지미의 딸 클라우디아, 경찰관 짐, 퀴즈쇼에 참가한 영재 스탠리, 과거에 퀴즈쇼에서 우승했던 도니가 그들이다. 이 인물들의 삶은 어떻게 무의식이 주체의 삶을 결정하는지를 보여 준다.

프랭크의 남성 우월주의와 여성혐오는 그 자신의 트라우마에 대한 방어 메커니즘으로 읽힐 수 있다. 어린 시절에 프랭크는 죽어 가는 어머니 곁에서 극도의 무력감을 느낀 적이 있다. 당시에 그의 아버지 얼은 프랭크와 그의 어머니의 곁에 함께 있지 않았다. 라캉의 용어로 말하자면 얼의 부성적 기능의 장애로 인해 프랭크는 정신병적 구조와 함께 살아왔으며, 그 구조에서 그는 여자를 지배하는 환상에 따라 남성다움을 과시하는 나르시시즘적 만족감에 의존해야 했다. 그러나 결국 영화는 아버지에 대한 프랭크의 양가감정이 순차적으로 폭발하는 장면을 제시한다. 그는 아버지에게 "죽어 버려"라고 말한 뒤에 곧 흐느끼며 덧붙인다. "가지 마세요."

얼의 사례는 어떻게 팔루스적 남자가 욕망과 사랑을 혼동하고 마는지를 보여 준다. 젊고 똑똑한 사업가였던 그는 아내 린다를 두고 바람을 폈다. 자신이 "대단한 무언가(something)"임을 증명하려고 말이다. 정신분석에서 이 무언가는 전능성에 관한 환영적 이미지로서의 팔루스다. 팔루스를 지닌(phallophore) 남자는 사랑을 할 능력이 없는데, 왜냐하면 그는 자신의 연인을 욕망의 대상으로 환원하고 결여로서의 사랑에 대해 무지하기 때문이다. 임종에 다다른 얼은 이제 자신이 상실한 사랑에 대해 회한 가득한 한 늙은이일 뿐이다.

사랑 없이 돈 때문에 얼과 결혼하고 바람을 피운 린다는 어떻게 여자가 마찬가지로 팔루스적 논리에 예속될 수 있는지를 보여 준다. 린다는 얼의 진정한 주체성이 아니라 오직 얼이 가진 것에만 관심이 있었다. 그녀의 사랑은 소유에 근거한 상상적인 것이다. 이것이 얼의 임박한 죽음이라는 실재적 사건이 린다를 공황 상태에 빠트리는 이유이다. 그녀는 얼이 죽고 난 이후에 얼의 육체를 어떻게 감당해야 할지와 관련하여 극도의 불안에 시달린다. 결국 그녀는 얼과 정말로 사랑에 빠졌다고 히스테리적인 고백을 한다. 그러나 이 한발 늦은 사랑은 끝내 린다를 자살 시도로 이끈다.

클라우디아의 마약 중독과 매춘은 그녀의 아버지 지미의 부성적 기능의 장애에 대한 대체물로 작용하고, 이런 점에서 그녀의 사례는 프랭크의 사례와 유사하다. 그녀의 아버지는 그녀를 만나서 화해하려고 시도하지만, 그녀는 즉각 아버지를 내쫓고 마약을 투여한다. 한편 클라우디아의 사례는 프랭크의 사례보다 더 병리적으로 보이는데, 이는 아버지에 대한 공격성의 강도라는 측면에서뿐만 아니라 그녀의 육체 이미지와의 안정된 관계의 부재라는 측면에서도 그러하다. 『젊은 예술가의 초상』의 스티븐 디덜러스(Stephen Dedalus)가 자신의 육체 이미지가 한 꺼풀씩 벗겨져 나가는 느낌을 받는 것처럼 클라우디아에게는 자신의 육체 이미지가 결여되어 있고, 이는 그녀의 육체를 중독적인 주이상스의 매개체로 환원한다. 그녀는 육체 이미지를 통해서가 아니라 비주체적 충동을 통해서 스스로와 관계하는 것이다. 그녀가 코카인에 탐닉할 때 그녀의 유일한 파트너는 스스로의 육체이며, 그 육체는 자기 파괴를 반복한다.

스탠리의 사례는 어떻게 아이의 주체성이 타자의 욕망에 의해 구성되는지를 보여 준다. 여기서 타자는 그의 아버지와 미디어로 대변된다. 아버지의 일상적인 사랑 표현에도 불구하고 스탠리는 정서적으로 돌봄을 받지 못했다. 그의 아버지가 원하는 전부는 스탠리가 그의 환상 대상, 즉 퀴즈쇼의 우승자가 되는 것이다. 또한 미디어가 갖고 있는 영재에 대한 외설적인 관음증으로 인해 스탠리는 사람들이 입을 딱 벌리고 하나의 스펙터클처럼 바라보는 대상으로 환원된다. 이러한 타자의 욕망은 스탠리로 하여금 친구나 가족과의 교류 없이 퀴즈쇼만을 위해 학교에서 혼자 공부만 하도록 만들었다. 따라서 스탠리가 퀴즈쇼 도중에 바지에 오줌을 싸는 것은 우연이 아니다. 타자가 우리를 소외시키는 효과를 우회하여 실재가 돌발적으로 분출한 것이다. 스탠리의 육체는 타자에게 반항하는 것이 아니라 타자를 무시함으로써 증상을 드러낸다. 결국 스탠리는 쇼 진행자 지미와 관객에게 이렇게 말한다. "저는 눈에 띄는 장난감이 아니에요." 스탠리는 아버지에게도 이렇게 단언한다. "아빠, 저에게 좀 잘하세요."

과거에 퀴즈쇼의 우승자였지만 지금은 해고된 판매원인 도니는 자신이 치아 교정을 받으면 남자 바텐더에게 사랑을 받을 것이라고 생각한다. 여기서 재차 사랑은 상징계에 의해 승인받은 상상계, 즉 타자의 관점에서 사랑할 만한 것으로 여겨지는 나 자신의 이미지에 의해 지배된다. 그러나 이러한 상상적인 사랑의 효과 자체는 상상적인 것이 아니라 실재적이다. 즉 도니는 자신이 일했던 가게에서 돈을 훔치려고 시도하지만 짐에 의해 붙잡힌다. 교정을 하느냐 마느냐가 사랑하고 사랑받을 가능성을 결정하는 도니는 결국 사랑에 대해 이렇게 신음하며 고통스러워한다. "나는 정말로 누군가에게 줄 사랑을 갖고 있는데, 다만 그걸 어디다 두어야 할지 모르겠어요." 도니가 보지 못하는 것은 가질 수 있는 것으로서의 사랑이야말로 상상적인 사랑이며 이것이 주체를 꼼짝 못하게 한다는 점이다.

짐의 사례는 어떻게 법이 실재를 알지 못하지만 결국 실재에 압도되는지를 보여 준다. 짐이 꼬마 래퍼 딕슨을 처음 만났을 때 짐은 딕슨이 범인을 찾는 것을 도와주겠다는 제안을 무시한다. 딕슨의 랩에 포함된 비속어에 대해 훈계만 하면서 말이다. 그러나 아이러니하게도 이 랩은 짐과 장차 세계에 일어날 것에 대한 진실을 담고 있다. "당신은 스스로 잘났다고 생각하지. 엉덩이에 권총집을 차고. …… 그런 자아를 조심해. 햇볕이 없을 때 선하신 주(Lord)는 비를 내리지." (우리는 곧 이 비에 대해 논의할 것이다.) 실제로 딕슨은 나중에 짐이 총을 잃어버리게 만드는 장본인이다. 경찰관으로서의 짐의 자존심을 무너뜨리면서 말이다. (짐의 자아의 붕괴는 클라우디아와의 만남에 의해 가속화된다.) 법은 실재의 목소리를 들으려 하지 않지만, 실재는 늘 경종을 울리고 있다.

이 인물들의 삶은 도니가 말하는 다음과 같은 정신분석적 경구로 요약될 수 있다. "우리는 과거를 잊어도, 과거는 우리를 잊지 않는다." 그러나 이 경구가 무의식의 정의에 완전히 부합하는 것은 아닌데, 왜냐하면 무의식은 시간적으로뿐만 아니라 구조적으로도 형성되기 때문이다. 무의식은 가족적, 사회문화적, 팔루스적, 담론적, 이데올로기적 틀에 의해 공시적으로 또 통시적으로 구성된다. 그리고 이렇게 구성된 무의식은 역으로 사랑하는 방식에 영향을 미치는데, 이 점은 등장인물들에게 현저히 드러난다. 실제로 〈매그놀리아〉는 폭넓은 사랑의 양상을 보여 준다. 나르시시즘적이고 과시적인 남성다움에 대한 여성혐오자의 방어적인 사랑, 능력 있는 팔루스에 대한 똑똑한 젊은이의 사랑, 돈에 대한 젊은 여인의 사랑, 아이를 환상 대상으로 여기는 아버지의 어긋난 사랑, 마약에 대한 치명적 사랑, 교정을 한 자기 이미지에 대한 사랑, 법의 수호자라는 직업과 정체성에 대한 보수적 사랑이 그것이다. 그러나 아이러니하게도 등장인물들은 사랑 속에 있지 않다. 오히려 그들 모두는 철저한 고독 속에 있다. 픽업 아티스트는 남성 청중으로 둘러싸여 있지만, 그들은 모두 성 간의 전쟁이라는 형태로 출현하는 고립의 논리에 세뇌당한 상태다. 젊은 아내는 늙은 남편 옆에 있지만 후회와 불안에 가득 차 있다. 아이는 아버지에 의해 학교와 집을 기계처럼 오간다. 매춘부는 약을 하느라 바쁘고, 경찰관은 사람들이 올바른 일을 하도록 지키느라 바쁘다. 그들은 모두 어떤 둘에 속해 있지만, 여전히 외롭다. 영화의 사운드트랙 〈하나(One)〉를 들어 보자. "하나는 당신이 만들 수 있는 제일 외로운 숫자. 둘은 하나만큼 나쁠 수 있지. 둘은 숫자 하나 이래로 가장 외로운 숫자." 외로운 상태는 둘 안에서도 변화하지 않고 멈추지 않는다. 또 다른 사운드트랙 〈깨닫다(Wise-up)〉의 가사처럼, "당신이 깨달을 때까지 그건 멈추지 않을 것이다." 기존의 무의식에 근거한 불구의 사랑은 고독과 크게 차이 나지 않는다.

영화의 많은 인물들의 무의식을 분석하는 데에 유용한 한 가지 테마는 아버지와 아들의 관계이다(얼과 프랭크, 스탠리와 그의 아버지, 도니와 그의 부모). 여기서 바디우의 「동시대를 사는 소년들의 장래에 관하여」를 참고해 보자. 프로이트의 「토템과 타부」와 「모세와 유일신교」에 대한 독해에 근거해서 바디우는 아버지와 아들의 관계가 세 단계로 접근될 수 있다고 말한다.[110] 우선 아들은 부족의 모든 여자를 향유하는 아버지를 살해한다. 그리고 죽은 아버지가 법의 형태로 회귀하자 아들은 죄의식 때문에 아버지에게 복종한다. 끝으로 십자가에 못 박힌 그리스도가 승천하여 아버지 하느님의 영광에 참여함으로써 심판의 하느님을 사랑의 하느님으로 대체하듯, 아들은 보편적 사랑의 메세지를 선포한다. 요컨대 아들의 육체는 자신이 아버지가 되기 위해 변증법적 입문 의례를 거친다. 그러나 바디우에 따르면 오늘날 이러한 입문 의례는 작동하지 않는데, 이는 동시대 세계에서는 부성성의 소멸 현상이 만연하기 때문이다. 향유하는 이는 더 이상 아버지가 아니라 아들 혹은 근육질의 육체이며, 이 육체는 안티 에이징(anti-aging) 이데올로기에 사로잡혀 좀처럼 늙지 않는다. 법은 더 이상 아버지 안에서 구현되지 않는다. 법은 아버지 외부에 시장의 형태로 존재한다. 시장의 법칙은 아들에게 자신을 아버지로 변형시킬 기회를 제공하지 않으며, 그를 수동적인 부동성 안에 고정시킨다. 또한 전통적으로 아들은 군대에 복무하고 집안의 가장이 되면서 입문 의례를 거쳤다. 그러나 오늘날 이러한 입문 방식들은 낡았거나 약화되었다. 아들은 초국가적 기업을 위해 일하거나 결혼하지 않고 포르노그래피를 즐기면서 어디에도 입문하지 않는 편을 택한다.

요컨대 프로이트의 도식은 오늘날의 상황에 들어맞지 않는다. 아들이 더 이상 아버지가 되지 않고, 영원한 청년이라는 현상이 동시대를 지배하기 때문이다. 부성성에의 입문 의례가 부재한 오늘날, 아들의 정체성은 불확실한 성격을 띠게 된다. 바디우에 따르면 아들의 몸에는 세 가지 가능성이 남아 있다. 첫째, 마약이나 포르노그래피와 같은 비-상징적인 입문 소재에 외롭게 탐닉한 아들은 어떠한 사랑의 이념도 없는 "도착된 몸(le corps perverti/the perverted body)"이 될 수 있다. 둘째, 고대의 법으로 돌아가고 전통 이데올로기에 헌신함으로써 아들은 파시스트, 테러리스트, 극단주의자의 형상으로 "희생된 몸(le corps sacri-

---

110 알랭 바디우, 『참된 삶』, 박성훈 옮김, 글항아리, 2018년, 68-70쪽.

fié/the sacrificed body)"이 될 수 있다. 셋째, 스스로를 자본주의의 유동에 위탁하고 시장의 상품으로 제공하면서 아들은 "능력 있는 몸(le corps méritant/the meritorious body)"이 될 수 있다. 그러나 이 모든 입문 방식들은 사실상 입문 아닌 입문이며, 진리를 육화하는 주체적 몸에 대한 입문과는 거리가 멀다.

〈매그놀리아〉의 인물들은 어떻게 오늘날의 아들딸이 세 가지 일탈적인 몸의 논리에 갇혀 있는지를 보여 준다. 프랭크의 쇼 〈유혹하고 파괴하라(Seduce and Destroy)〉는 성 간에 보살핌은커녕("정녕 여러분은 여러분이 힘들 때 그녀가 곁에 있을 거라고 생각하나요?") 사랑조차 존재하지 않는다는 허무주의적 사고방식을 주입한다. 그리고 이러한 성 간의 적대를 봉합하기 위해 여자에 대한 남자의 지배는 진화론적이라는 남성 우월주의 혹은 애인의 질투를 야기하는 데에 몇 명의 여자 사람 친구가 유용하다는 계산적인 조언이 등장한다. 과시적인 남성다움에 눈이 멀거나 과거의 연애에서 상처 입은 남성 관객들은 프랭크의 퍼포먼스에 환호하고, 성은 권력투쟁의 장으로 변모한다. 이렇게 프랭크의 사례는 희생된 몸이 성과 연애에서 작동하는 방식을 보여 준다.

클라우디아의 경우는 도착된 몸에 속한다. 그녀는 사랑의 둘에 대한 어떠한 이념도 갖고 있지 않다. 그녀의 파트너는 치명적이고 외롭게 향유될 마약과 섹스이다. 짐과의 첫 번째 데이트에서 클라우디아는 첫 번째 데이트의 불문율, 즉 각자가 정말 누구인지를 말하지 않는 것에 관한 불문율을 깨트리자는 제안을 한다. 이것은 급진적인 제스처이다. 사랑이 종종 주체적 실재보다는 표면적인 이미지를 향하게 되는 한에서 말이다. 그러나 짐이 자신의 주체적 실재를 알게 되면 자신을 싫어할 거라는 가능성에 압도당한 클라우디아는 짐을 버리고 도망친다. 이 장면은 오늘날 도착된 몸이 당면한 외로움의 딜레마를 잘 보여 준다. 그것은 상상계의 반복적인 피로감과 실재의 사적인 치명성 사이에서 한쪽을 선택할 수밖에 없는 딜레마이다. 한편으로 외로운 주체는 반복되는 시행착오 끝에 환멸을 자아내는 상상적인 사랑 너머에서 타자와 함께하기를 욕망한다. 그러나 다른 한편으로 주체는 자신의 실재적 주체성을 노출하고 그것을 파트너와 공유하기를 두려워한다. 결국 클라우디아는 "저는 당신에게 모든 것을 말할 테니 당신도 저에게 모든 걸 말해 주세요"라는 자신의 제안을 이행하는 데에 실패한다. 도착된 몸은 사랑의 만남의 결과를 도출해서 사랑의 과정에 착수할 능력을 박탈당한 몸이다. 증상의 보수성이 만남의 새로움을 능가하는 것이다.

(만남 이전의) 짐, 스탠리, 도니의 경우, 관건은 능력 있는 몸이다. 공개 구혼 광고를 낸 짐의 관심은 "차분하고, 지나치게 요구하지 않고, 서로 사랑하는" 연애, 즉 그의 일상적 삶의 경로와 경찰관이라는 그의 정체성에 부합하는 연애를 하는 데에 있었다. 마치 성공적인 커리어와 성숙한 연애가 행복한 삶을 정의하기라도 하듯 말이다. 그러나 모든 사랑의 만남이 규칙적인 패턴을 따르지도 않고 예측 가능하지도 않듯, 그는 마약 중독자이자 매춘부인 클라우디아를 만나고, 그녀에 대해 어떻게 할 것인지를 결정해야 한다. 스탠리와 도니에 관해 말하자면, 능력 있는 몸은 타고 나는 것이 아니라 만들어진다는 사실을 알 수 있다. 스탠리에게서 우리는 영재 퀴즈 챔피언이 되도록 강제로 훈련을 받은 능력 있는 몸은 곧 바지에 오줌을 쌈으로써 억압된 것은 되돌아온다는 것을 증명하는 증상적인 몸이기도 하다는 점을 알 수 있다. 도니에게서 우리는 어렸을 때 퀴즈쇼의 우승자가 됨으로써 부모의 기대를 충족시켜야 했던 성인은 치아 교정을 받을 능력이 있는 몸과 사랑의 몸을 헛되이 동일시한다는 점을 알 수 있다.

바디우에게 국가는 그 초월적인 법과 평가의 눈금을 갖고 우리 각자의 정체성을 부여하는 작용소의 역할을 한다. 이 법은 종종 가족에 의해 반영되고, 가족의 기준점은 부성적 기능이다. 그런데 〈매그놀리아〉의 메시지는 이 두 가지 법의 심급이 더 이상 아들과 딸이 누구인지 알려 주지 않는다는 것이다. 바디우가 말하듯, "정체성의 불안정성에 처한 오늘날의 아들들은 국가에 영향을 미치는 어떤 심오한 과정의 징후[증상]일 것이다."[111] 그렇다면 바디우에게 중요한 것은 어떻게 아들딸들이 새로운 질서를 창조할 수 있는지, 즉 어떻게 징후가 되는 것 너머에서 그들 나름의 부성성과 모성성을 창조할 수 있는지의

---

111 바디우, 『참된 삶』, 87쪽.

문제이다. 그것은 또한 어떻게 아들딸들이 자신들의 증상적 몸 너머에서 진리의 주체가 될 수 있는지의 문제이다. 이렇게 재차 라캉적 증상과 바디우적 진리의 뒤얽힘이 출현한다.

요컨대 증상적인 아들딸들은 아버지가 그들의 정체성을 고정할 수 없으며 그들의 트라우마, 불안, 주이상스, 외로움이 아버지의 법에 아포리아를 제기한다고 선언한다. 바디우가 〈매그놀리아〉에 관한 인터뷰에서 말하듯, 이 영화에 바울적인 요소가 있다면, 이는 영화가 "우리는 더 이상 아버지의 규범이 지배하는 세계에 살지 않고, 세계는 더 이상 그렇게 유지되지 않는다"[112]는 점을 보여 주기 때문이다.

부성성의 종결이 분명 중요한 축을 담당하고 있는 반면, 〈매그놀리아〉에 담긴 영화적 사유는 인류의 문제와 관련해서 정점에 도달한다. 영화에는 부분이 전체로 환원될 수 없는 바로크적 다수성 외에도 어떤 고전적 통일성이 담겨 있는데, 여기서 관건은 인류 자체이다. 〈매그놀리아〉에는 많은 고백 장면이 등장한다. 얼의 후회 고백, 프랭크의 애증 섞인 울음, 지미의 죽음 고백, 클라우디아와 짐이 서로에게 모든 것을 말하기로 한 약속, 도니의 사랑 고백, 스탠리의 돌봄에 대한 요구가 그것이다. 바디우는 전통 멜로드라마에서 등장인물의 고백이 관습적으로 갖는 치유의 역할과는 달리 〈매그놀리아〉에서는 어떤 과감한 고백도 부서진 공동체를 복구하지 못한다고 지적한다. 즉 영화는 "합산할 수 없고 한데 모이지 않을 인류"[113]를 제시한다. 얼은 프랭크의 용서를 받지 못하고 죽고, 프랭크의 울음은 그의 아버지에게 들리지 않는다. 딸과 화해하려는 지미의 최후의 시도는 딸의 공격성이 폭발하는 결과를 유발하고, 심지어 그의 아내도 죽어 가고 있는 지미를 버린다. 짐이 총을 잃어버린 것 때문에 웃음거리가 되는 데에 대한 두려움을 솔직히 고백한 데 반해, 클라우디아는 진실만을 말하자는 약속을 내버리고 도망친다. 도니의 사랑 고백은 사랑의 과정의 창설

112 알랭 바디우, 『알랭 바디우의 영화』, 김길훈·김건·진영민·이상훈 옮김, 한국문화사, 2015년, 282–283쪽.

113 바디우, 『알랭 바디우의 영화』, 270쪽.

이 아니라 그의 상상적 사랑을 성취하려는 범죄행위로 이어진다. 스탠리의 증상은 극적으로 노출되고, 스탠리가 보살핌을 요구함에도 불구하고 그의 아버지는 그저 낙담한 채로 아들에게 방에 들어가서 자라고 말할 뿐이다. 어떠한 공동체도 연결이 끊어진 상태로부터 회복되지 않는다. 인류는 심하게 찢겨진 공동체로 출현한다.

그런데 외로움이 사랑을 압도하는 것처럼 보이는 시점에서 영화는 일종의 서사적 반전, 즉 개구리비가 내리는 장면을 제시한다. 무언가가 외로움으로 가득 찬 세계에 일어나는 것이다. 무언가가 서로 간에 연결이 끊어진 인류에 도래한다. 출애굽기에서 야훼는 이집트의 우상숭배를 벌하고 유일신의 위엄을 드러내기 위해 열 가지 재앙을 내리는데, 개구리비는 그중 하나에 속한다. 감독은 이집트 재앙이라는 레퍼런스를 원래부터 염두에 둔 것은 아니었다. 그럼에도 이 장면은 서로 다른 인물들과 서로 다른 환경을 넘어서서 인류 전체에 대한 알레고리적 호소로 읽기에 충분하다. 우상숭배에 대한 경고를 외로움에 대한 경고로 대체하는 한에서 말이다. 개구리비는 모든 곳에 내리면서 찢겨진 인류 공동체에 경종을 울린다. 바디우에 따르면 〈매그놀리아〉의 테제는 "인류가 존재하는 한(인류가 존재하지 않을 위험이 있는데), 인류의 유일한 형상은 사랑이라는 것이다."[114] 한편으로 이 테제는 사랑이 없는 곳에는 오직 마약, 섹스, 돈, 커리어만 있을 뿐이며 그것들은 결국 외로움을 깊숙이 숨기고 있음을 알려주는 경고와 같다. 다른 한편으로 그 테제는 인류가 곧 사랑이라는 가설에 해당한다.

여기서 이 가설을 강하게 지지하는 유일한 인물이 바로 사랑의 주체로서의 짐이라는 사실에 주목하자. 짐은 상황의 정규적인 경로에서 우연적으로 벗어나는 경험을 한다. 경찰관이라는 그의 위치와 관련해서뿐만 아니라 삶을 살고 사랑하는 방식과 관련해서도 말이다. 짐은 공적으로 사건을 수사하면서 사적인 행동을 해서는 안 된다는 점을 숙지하고 있으면서도 클라우디아를 만나자

---

114 같은 책, 271쪽(수정해서 옮김).

데이트를 신청한다. 이 데이트 직전에 짐은 자신의 팔루스적 상징인 총을 분실한 상태였다. 다시 말해 그는 거세된 상태였다. 그리고 이제 커리어에 근거한 그의 기존의 무의식적 구조와 능력 있는 몸으로서의 그의 주체성은 변화의 계기를 맞이한다. 상상계에 근거한 사랑이 결여의 출현 앞에서 물러서는 반면, 짐은 클라우디아에게 총을 잃어버렸다고 말함으로써 결여를 노출시킨다. 사랑은 짐으로 하여금 실재에 대해 말하는 용기를 갖게 한 것이다. 클라우디아가 그를 떠난 후 짐은 도니의 절도를 적발하게 된다. 그러나 짐은 도니를 체포하지 않고 이렇게 말한다. "사람들은 때때로 용서받아야 한다." 이 시점에서 짐은 단순히 법의 수호자가 아니라 그의 직업의 "까다로운 부분," 즉 법과 용서의 흐릿한 경계선을 인정하고 사유하는 자이다. 사랑은 "해도 될 일과 해서는 안 될 일"에 대한 구분을 통해 상황을 판단하는 경찰관을 법적 시비를 넘어선 용서의 주체로 변화시킨다. 사랑이 법을 완성시킨다면, 그것은 용서를 경유해서이다.

데리다에 따르면 용서란 불가능성의 행위이다. 진정한 용서가 용서 불가능한 것을 용서하는 데에 있으며, 용서 가능한 것을 용서하는 것은 계산적인 거래나 전략적인 화해의 범주에 속하기 때문이다.[115] 짐의 용서는 어떤 점에서 진정한 용서일 수 있을까? 우선 짐이 (베풀어 줄 사랑이 너무 많음에도 어디에다 사랑을 두어야 할지를 모르는) 도니를 용서한다는 사실에 주목하자. 용서로서의 사랑은 불구의 사랑, 일탈의 사랑, 불발된 사랑을 끌어안는다. 용서는 사랑 없음에 기인한 실수와 일탈을 만회할 기회를 베풀어 준다. 또 마지막 장면에서 짐은 클라우디아에게 자신이 그녀를 포기하지 않을 것이라고 말한다. 이것은 장차 짐이 클라우디아가 마약을 했던 사실을 알게 되는 시점에 어떤 행동을 취할지를 결정해야 할 것임을 암시한다. 짐에게 이것은 사랑의 과정에 내포된 일종의 시험과 같다. 여기서 성 아우구스티누스의 공식을 참고해 보자. "그러므로 그 법은 곧 두려워하는 자를 위한 명령이며 사랑하는 자에게는 은총이다."[116] 법의 수호

---

115 Jacques Derrida, *On Cosmopolitanism and Forgiveness*, trans. Mark Dooley and Michael Hughes. London: Routledge, 2001, p. 32.

116 한나 아렌트, 『사랑 개념과 성 아우구스티누스』, 조안나 스코트·주디스 스타크 편집, 서유경

자로서의 짐은 기로에 서 있는데, 왜냐하면 클라우디아가 두려움을 갖고 명령에 복종하는 주체가 될지 은총 안에서 사랑을 하는 주체가 될지의 여부가 그에게 달려 있기 때문이다. 법과 위반의 변증법을 고려할 때, 만약 짐이 단순히 클라우디아로 하여금 법적 명령에 복종하게 만든다면, 그녀는 범죄를 또 다시 저저를 가능성이 크다. 오직 용서만이 명령-위반-처벌의 악순환을 중단시킬 수 있다. 짐은 용서를 통해 법을 사랑으로 완성시킬 책임이 있다. 영화의 마지막 이미지는 클라우디아의 미소를 보여 준다. 이는 클라우디아가 계산적으로나 법적으로가 아니라 무조건적으로 용서받을 것임을 암시하는 것일지도 모른다. 여기서 바디우가 제시한 영화의 테제를 확장시켜 보자. 인류의 형상이 사랑이 될 수 있는 것은 오직 인류가 용서할 줄 아는 한에서이다. 용서는 원(元)사랑의(archi-amorous) 행위이다. 용서는 사랑의 충실한 주체로서의 짐이 클라우디아의 주체적 실재를 인정하고 그녀로 하여금 코카인이 유발하는 도파민과 사랑이 자아내는 도파민 사이에서 선택하도록 길을 열어 줌으로써 그녀와 함께하는 사랑의 절뚝거림 속에서 노력하는 방식을 가리킨다.

요컨대 사랑의 만남 이전의 짐이 라캉적 팔루스 함수가 규정하는 능력 있는 몸을 구현한다면, 이제 그는 진리가 있기에 인류가 있다는 바디우적 인류 함수에 근거한 사랑의 주체가 된다. 짐은 여성적 입장에 위치해 있는데, 왜냐하면 인류 함수의 여성적 입장이 사랑으로 하여금 여타의 진리 과정을 지탱할 수 있게 해주고 나아가 보편성의 수호자로 기능하기 때문이다. 따라서 〈매그놀리아〉의 테제는 다음과 같다. 인류와 같은 것이 있을 수 있는지 없는지는 단 하나의 사랑의 주체에 달려 있다. 사랑의 주체가 있는 곳에 인류가 깃든다. 여기서 종교적 법으로서의 보편적 사랑은 뒤로 물러나야 하는데, 왜냐하면 관건은 법 너머에서의 사랑의 주체의 탄생이기 때문이다. 에리히 프롬(Erich Fromm)의 공식을 빌리자면, "만일 내가 참으로 한 사람을 사랑한다면 나는 모든 사람을 사랑하고 세계를 사랑하고 삶을 사랑하게 된다. 만약 내가 어떤 사람에게

옮김, 텍스트, 2013년, 164쪽.

'나는 당신을 사랑한다'고 말할 수 있다면 '나는 당신을 통해 모든 사람을 사랑하고 당신을 통해 세계를 사랑하고 당신을 통해 나 자신도 사랑한다'고 말할 수 있어야 한다."[117] 사랑 대상과의 관계가 아니라 세계 전체를 향한 방향 설정으로서의 사랑은 한 사람에 대한 사랑과 인류에 대한 사랑을 나란히 놓는다. 그렇다면 중요한 것은 누군가를 진정으로 사랑하는 일이 얼마나 어렵거나 심지어 불가능한지를 겸허히 인정하는 것이다. 누군가를 사랑하는 것은 각각의 연인이 자신이 여태 알아보지 못한 무의식적 구조를 인정하고, 자신의 내밀한 약점 및 증상과 씨름하고, 증환의 형태로 독특한 주체성을 정립하는 과정을 포함한다. 누군가를 사랑하는 것은 우리의 몸을 사건적인 만남에 통합시키는 예외적인 주체화뿐만 아니라 그 만남의 결과를 충실하고 창조적인 방식으로 이끌어 내는 지속적인 과정을 요구한다.

장차 짐은 클라우디아와 함께 노력해야 할 것이다. 그들의 만남의 결과를 도출하는 한 가지 방식으로서 그녀의 중독적인 주이상스를 상징화하고, 그녀의 범죄에 대해 법적 공권력이 아니라 무조건적 용서를 통해 접근하면서 말이다. 인류와 사랑의 가설적 동일시는 오로지 짐이 이러한 과제를 달성하는지와 관련해서만 정당화될 수 있다. 프롬에 따르면 그러한 동일시는 어떤 개인이 어머니의 보호에 대한 무기력한 애착과 아버지의 질서에 대한 예속적인 애착으로부터 자유로워질 때 가능하다. 마치 인류가 스스로를 신에 대한 애착으로부터 해방시키고 정의, 사랑, 용서와 같은 신적인 원리를 스스로에게 귀속시키듯 말이다. 한 사람과 인류 사이의 매개체로서의 사랑은 의존적인 아이를 독립적인 주체로 변형시키는 것을 조건으로 갖는다. 인류의 형상이 사랑일 수 있는 것은 사랑이 유아적 무력성이 아니라 무한한 잠재력일 때이고, 여기서 사랑은 나 자신, 타인, 세계, 인류를 교직한다.

이와 유사한 맥락에서 바디우는 영화에 대한 자신의 논평에 결론을 내린다. "세계가 아버지의 법을 더 이상 존중하지 않는 것처럼 보일 때, 무엇이 인류를

---

117 에리히 프롬, 『사랑의 기술』, 황문수 옮김, 문예출판사, 2006년, 70쪽.

하나의 세계로 결합되게 하는가? 그것은 더 이상 아버지의 법이 아니라 사랑의 우연적인 성격이다. 우리는 사랑으로 환원된다. 다른 것은 없으며, 사랑은 위험과 법의 부재를 동반한다."[118] 그러나 앞서 살펴봤듯, 사랑에 관한 바디우의 본질적인 문제의식은 사랑의 기적적이고 우연적인 성격이 아니라 수고스럽고 과정적인 성격에 관련되며, 이것이 우리로 하여금 수많은 위험을 받아들이고 법의 부재를 헤쳐 나갈 것을 장려한다. 바디우적 사랑의 주체의 희귀함과 관련해서 이 논점을 좀 더 발전시켜 보자.

『메타정치론』에서 바디우는 정치의 수적 시퀀스를 이렇게 제시한다. σ, ε, π(ε), π(π(ε)) ⟹ 1.[119] 시퀀스를 하나씩 독해해 보자. 우선 과학, 예술, 사랑과 같은 "귀족적인" 진리 과정과는 달리, 오직 정치만이 집합적인 것 혹은 모든 x를 다룬다. 즉 누구라도 어떤 정치적 사건의 조건 하에서 정치적 주체가 될 수 있다. 가령 스파르타쿠스라는 기표는 역사적으로 노예, 흑인, 프롤레타리아에 의해 공유되었지만, 특수한 정치적 사건 안에 있는 그 누구에 의해서도 잠재적으로 공유될 수 있다. 이런 점에서 정치적 상황은 무한한 기수 σ와 같다. 그 다음으로, 이 첫 번째 무한의 모든 부분 집합을 억압하고 통제하는 국가나 자본과 같은 작용소 ε이 있다. 여기서 바디우는 집합론의 초과점 정리에 의거하는데, 그 정리는 어떤 주어진 집합의 멱집합이 기존 집합을 측정 불가능할 정도로 초과한다고 말한다. 자본이나 국가의 힘은 최초의 정치적 상황보다 더 크다. 즉 언제나 최초의 (상황의) 무한보다 더 큰 두 번째 (상황 상태의) 무한이 존재한다. ε는 σ를 통제함으로써 상황에 대해서 고정되지 않고 방황하는 법의 역할을 한다. 그렇다면 정치는 이러한 방황하는 법을 고정시키고, 그 법의 비결정적 성격을 정치적 사건을 통해 결정하는 데에 있다. 이는 π(ε)로 표기된다. 끝으로, 해방적 정치의 함수 π는 한발 더 나아가 평등주의적 논리에 따라 새로운 하나를 생산한다. 방황하는 초과에 대해 양립 불가능하고 이질적인 것으로 남을 수

---

118 바디우, 『알랭 바디우의 영화』, 283쪽(수정해서 옮김).

119 알랭 바디우, 『메타정치론』, 김병욱·박성훈·박영진 옮김, 이학사, 2018년, 191쪽.

있는 유일한 수는 1이다. 새로운 평등주의 정치의 상징인 1은 모든 정치적 과정의 궁극적 목적지이다. 이는 $\pi(\pi(\varepsilon)) \Rightarrow 1$로 표기된다.

그런데 2장에서 살펴봤듯 사랑의 과정의 수적 시퀀스는 1, 2, 무한이다. 따라서 정치가 무한에서 1로 나아간다면, 사랑은 1에서 무한으로 나아간다. 이런 점에서 "정치는 사랑의 역(逆)이다. 혹은 사랑은 정치가 끝나는 곳에서 시작된다."[120] 그러나 정치가 사랑의 역이라는 테제는 논쟁의 여지가 있는데, 왜냐하면 사랑에서의 1과 정치에서의 1은 동일한 1이 아니기 때문이다. 자아라는 사랑의 하나가 전-사건적 시작점이라면, 평등주의적 생산이라는 정치적 하나는 후-사건적 종결점이다. 게다가 사랑이 정치가 끝나는 곳에서 시작된다는 것은 사랑이 상호 평등한 주체의 생산을 배경으로 해서 작동한다는 것을 뜻한다. 사랑이 평등주의적 주체 사이에서 시작한다고 관념적으로 희망할 수는 있지만, 이러한 생각은 사랑하는 이와 사랑받는 이 사이에서 사랑은 종종 불균등하게 분배된다는 사실에 의해 논박될 수 있다. 연인 중 한쪽이 다른 쪽보다 더 많이 사랑하며, 이러한 격차는 환원 불가능하다. 이러한 격차로 인해 자아에 근거한 상상적 사랑은 사랑받는 특권을 향한 권력투쟁으로 쉽사리 변질된다. 이를테면 더 많이 사랑하는 쪽은 패자이며, 이 패자는 더 약한 자아를 가진 것으로 여겨진다.[121] 그러므로 보다 적절한 테제는 다음과 같을 것이다. 사랑의 과정은 정치적 과정과 겹쳐진다. 이 경우 새롭게 생산된 평등주의적 하나는 사

---

120 바디우, 『메타정치론』, 191-192쪽.

121 그러나 어떤 사랑은 분명히 이러한 권력투쟁을 넘어선다. 아벨라르의 사랑의 공식을 참고해 보자. "우리 중에 누가 상대방을 더 많이 사랑하는지가 늘 불확실하게 남아있기를! 그렇게 우리 사이에는 늘 아름다운 경연이 벌어질 것이며, 거기서 우리 둘 다 승리할 것이오." (Constant J. Mews and Neville Chiavaroli, *The Lost Love Letters of Heloise and Abelard*, 2nd ed. New York: Palgrave Macmillan, 2008, p. 289) 이런 사랑은 적대적(antagonistic)이라기보다는 경합적(agonistic)이다. 거기에는 패자가 없다. 어느 쪽이든 다만 더 사랑하기를 욕망할 따름이다. 이런 사랑은 사랑하는 이와 사랑받는 이 혹은 더 사랑하는 것과 덜 사랑하는 것 간의 구분을 무력화한다. 이런 사랑은 능동적이지도 수동적이지도 않다. 데리다의 용어를 사용하자면 그것은 중간태로서의 "사랑-행위 혹은 사랑-상태(aimance/lovence)"이다. 사랑-행위 혹은 사랑-상태는 에라스테스(erastes)와 에로메노스(eromenos) 간의 비인칭적 사랑이며, 우리의 용어를 쓰자면, 사랑하는 것과 사랑받는 것의 사이(in-between)이다.

랑과 정치의 주체로서의 커플을 가리킨다.

실제로 사랑의 과정과 정치적 과정의 뒤얽힘은 사랑을 "최소한의 코뮤니즘"으로 간주하는 바디우의 테제를 지지해 준다. "어떤 사랑의 진정한 주체가 사랑을 구성하는 개인들의 만족이 아니라 커플의 변화[커플이 되는 것]이라고 인정한다면, 사랑은 이런 의미에서 코뮤니스트적이라고 할 수 있다."[122] 사랑은 자아중심적인 두 개인이 하나의 코뮤니스트 주체로 지양되는 것이다. 사랑의 과정에 관여한 두 분리된 개인은 새로운 정치적 하나가 되기 위해 애를 쓰고, 이는 정치/사랑의 진리에 대한 공동 주체, 최소한의 코뮤니즘의 주체적 단위로 이어진다. 물론 이것이 커플이 마치 혁명의 동지처럼 사유재산과 노동 분업의 철폐를 실현하고자 한다는 것을 뜻하지 않는다. 요점은 오히려 사랑에 대한 바디우적 비전이 귀족적이라는 데에 있다. 여기서 귀족적이란 사랑이 높은 사회적 지위를 가진 이들에게만 허용된다거나 사랑의 체제는 집합적이지 않다는 뜻이 아니다. 그것은 스피노자가 『에티카』의 결론에서 쓰듯 모든 고귀한 것들이 드물고 또 어렵다는 것을 뜻한다.

사랑의 주체는 드물다. 사랑이 법을 넘어서고, 법의 미진한 지점에 직면하고, 사랑 안의 법 없음을 다루도록 강제하는 한에서 말이다. 사랑의 과정은 사랑의 주체에게 보수적인 법의 작용과 맞서 싸우고, 법이 실패하는 영역에 관여하고, 위험과 고난으로 가득 찬 사랑의 무한의 창안에 용기 있게 투신하라는 규율을 부과한다. 모든 이가 사랑의 시험을 성공적으로 통과하는 것은 아니다. 더 정확히 말해 모든 이가 그 시험에 도전하겠다는 용기를 내는 것은 아니다. 그러나 그 시험의 무게를 기꺼이 짊어지려는 사랑의 주체만이 자신의 삶을 통해 인류가 곧 사랑이라는 가설을 지탱할 수 있을 것이다.

그렇다고 해서 바디우적 사랑의 주체의 희귀성이 곧 그런 주체가 불가능함을 뜻하는 것은 아니다. 연쇄 테러에 저항하고 희생자들을 추모하던 유럽의 시위자들은 "사랑이 증오보다 강하다"고 적힌 플래카드를 들었다. 이런 메시지

---

122 바디우, 『사랑예찬』, 97쪽.

가 테러리스트들에게만 향하는 것처럼 여겨질 수 있는 한편(그들의 잔혹한 폭력은 증오가 사랑을 지배한다는 점을 증명하는 것처럼 보인다), 시위자들에 의해서도 인지되지 못할지도 모르는 그 메시지의 급진성은 시위자들의 행동이 제국이 아니라 인류에게 건네진다는 데에 있다. 오직 인류만이 사랑을 환기할 수 있다. 제국이 식별 가능한 적에 대한 보복이나 국가보안의 강화를 통해 테러리즘에 반발하는 반면, 오직 인류만이 비폭력, 불복종, 집단행동을 통해 저항함으로써 사랑을 옹호할 수 있다. 제국이 문화적, 국가적 경계를 가로질러서 자본과 정보를 독점하면서도 여전히 '우리'와 '그들' 간의 구분을 고취하고, 나아가 인류에게 적대적 증오를 심어 준다면, 오직 인류만이 사랑의 보편화 가능한 잠재력을 지지하고 증오에 대한 사랑의 승리를 견인할 수 있다. 제국이 일종의 전도된 테러리즘으로서 사실상 테러리즘과 공모한다면, 오직 인류만이 그러한 은밀한 공모를 단절시키면서 새로운 길을 낼 수 있다. 이런 점에서 인류가 곧 사랑이라는 테제는 시위자들에게 단순히 가설이 아니라 실천, 즉 인류와 제국/국가/테러리즘 간의 구분 논리로 무장한 실천의 문제이다. 사랑의 이름으로 인류에게 말을 건네는 주체는 비록 소수일지언정 늘 존재하게 마련이다.

정치와 사랑에 대한 최근의 인터뷰에서 바디우는 정치와 사랑은 위기의 해소와 단독성의 구축이라는 측면에서 유사하다고 말한다.[123] 두 과정 모두 기존의 법(국가/아버지) 너머에서 실재의 상황(혁명/만남)을 다루고 이로부터 어떤 진리(코뮤니즘/둘의 무대)를 창안한다. 법 없는 실재와 창안된 진리 사이에서, 그리고 문제를 제기하는 난관(impasse)과 문제를 해소하는 통과(pass) 사이에서, 사랑은 인류를 창설하고, 각성시키고, 변형시킨다. 어떤 희귀한 주체가 법 바깥에서 사랑의 모험에 내기를 걸고 그것을 추구하는 곳에서 사랑은 인류의 지지대로 깃든다. 반복하건대, 인도주의적 사랑이나 보편적 사랑 같은 것은 없다. 오직 우리 각자가 떠맡아야 할 인류의 난점/요점(crux)으로서의 사랑만 있을

---

123 Alain Badiou, "Alain Badiou on politics, communism and love" interview by Costas Mavroidis, trans. David Broder, Verso, 23 May 2016. www.versobooks.com/blogs/2652-alain-badiou-on-politics-communism-and-love에서 볼 수 있다.

뿐이다.

3-5 사랑의 탈권력

이번 장의 도입부에서 우리는 하나의 명제를 도입했다. 그것은 라캉과 바디우의 뒤얽힘을 통해서 사유될 수 있는 정치와 사랑 간의 해방적인 연결고리란 없다는 것이다. 이번 절에서는 이 명제에 답변하면서 어떻게 정치와 사랑의 수수께끼 같은 매듭을 사유할 수 있는지 살펴보자.

정치와 사랑의 교차점의 핵심은 권력이다. 동시대 세계에 대한 비판은 오늘날 사랑이 성과 자본에 의해 매개되고 구성됨으로써 위기에 처해 있음을 시사한다. 여기서 사랑은 기성 권력의 자연스러운 매개체로 작용한다. 동시에 아랍의 봄에 대한 분석은 급진적인 행위와 대중운동이 주체적 형식으로 결합될 때 사랑은 실재에 대한 집합적 열정을 경유하여 혁명적 우애로 재발명된다. 여기서 사랑은 기성 권력을 파열하는 변화의 원동력으로 작용한다. 우리의 용어를 사용하자면 사랑은 권력의 보존과 권력의 전복 사이에 있다. 사랑은 친(親)정치적인 동시에 반(反)정치적이다. 정치가 해방적 과정의 간헐적이지만 끊이지 않는 시퀀스를 가리키는 한에서 말이다. 이런 점에서 도입부의 명제는 부분적으로만 유효하다. 정치와 사랑 간에는 어떠한 고정된, 일의적인, 확정적인 연결고리도 없다. 정치와 사랑의 연결고리는 결정 불가능하고 예측 불가능하다. 이 때문에 우리는 정치와 사랑의 매듭이라는 용어를 정치와 사랑의 연결고리라는 용어보다 더 선호한다. 매듭이 연결과 탈연결을 모두 함축하는 점에서 말이다.

그러나 이번 장의 세 번째 절과 네 번째 절이 보여 주듯, 정치와 사랑 간의 해방적인 연결고리가 만들어질 조건을 사유할 수는 있다. 비전체의 공동체가 바로 그러한 연결고리를 사유하려는 라캉적 시도이며, 코뮤니즘 이념이 그러한 연결고리를 사유하려는 바디우적 시도이다. 나아가 사랑은 인류 자체와 긴밀한 관련이 있다. 보편적 사랑이라는 공허한 도그마에 대항하면서, 기표에 대한 라캉적 실천이 인류의 마음속에 도사리고 있는 비인간성이 한 주체에게 유발한 외상적 증상을 다루게 해준다면, 인류 함수에 대한 바디우적 가설은 법에 얽매이지 않는 사랑에 관여하고 드문 사랑의 주체가 되는 데에 헌신할 것을 장려한다. 인류와 사랑 간의 긍정적 연결고리는 설립될 수 있다. 우리가 인류의 비인간성에 상처 입은 주체에 관한 분석 작업으로부터 무언가를 배울 수 있다면, 또 우리가 회귀한 주체화에 근거한 인류의 사랑의 형상에 관한 철학적 가설에 내기를 걸 수 있다면 말이다. 인류의 비인간적 힘의 오용은 기표의 실천을 통해 다루어질 수 있고, 인류의 사랑의 형상은 법 너머에서의 용서를 통해 그려질 수 있다. 그리고 증상적인 분석자가 증환적 주체가 되고 외로운 몸이 참된 사랑의 주체가 될 때 우리는 사랑의 해방적인 잠재력을, 사랑의 역설적인 힘의 출현을, 사랑이 가진 무력하고도 강력한 무게를 목도할 것이다.

이런 점에서 이번 절의 도입부에서 제기된 명제와는 달리, 정치와 사랑 간의 해방적인 연결고리는 라캉과 바디우의 뒤얽힘을 통해 사유될 수 있다. 비록 그들이 똑같은 문제에 대해 서로 다른 개념을 사용하고 서로 다른 관점을 세공하지만, 라캉과 바디우는 서로를 보충할 수 있다. 비록 라캉 정신분석이 불가피한 증상의 무력한 수용으로 특징지어지기에 보수주의로 향하며, 바디우의 철학이 도래할 새로움의 긍정으로 특징지어지기에 급진주의로 향한다는 프레임이 일반적인 수준에서는 그럴 듯해 보이지만, 이러한 프레임은 한계가 있다. 오히려 우리는 라캉과 함께 현존하는 난관에 대한 철저한 분석을 그 난관의 바깥으로 나가기 위한 필요조건으로 삼을 수 있는가 하면, 바디우와 함께 지속적인 주체적 투쟁을 요구하는 새로운 질서에 대한 일관된 성찰을 시도할 수 있다. 우리는 라캉과 함께 현실 속에서 숨겨진 문턱에 도달할 수 있고, 바디우와 함께 또 다른 세계로 향하면서 그 문턱을 넘어설 수 있다. 요컨대 정치와 사랑의 해방적인 연결고리를 표명하는 데에 있어서 라캉 없는 바디우는 공허하고 바디우 없는 라캉은 맹목적이다. 라캉이 바디우를 더 입체적으로 만들어 준다면, 바디우는 라캉을 한 걸음 더 나아갈 수 있게 해준다.

바디우는 『세계의 논리』에서 라캉과 거리를 둔다. 라캉적 실재는 "너무 덧없고, 너무 난폭하게 일회적이라서 그 결과를 지탱하기가 불가능하다. 실재가 우리의 증상의 희극을 지배하게 되는 이런 종류의 광적인 분출 효과는 궁극적으로 회의주의의 효과와 식별 불가능하다."[124] 좀 더 엄밀히 말해 라캉적 실재는 너무나 양가적이고 모호하기에 그 결과를 지탱하는 것은 늘 권장할 만한 일이 아니다. 왜냐하면 덧없는 실재가 종종 지울 수 없는 흔적을 남기고 호멜의 경우에서처럼 지속적인 결과를 갖는 증상의 형태로 되돌아오기 때문이다. 그러나 라캉은 또한 이러한 증상적 실재를 증환적 주체성으로 변형시키는 분석적 개입을 실천한다. 분석자로 하여금 증상의 파괴적 실재를 주체화하도록 지지하면서 말이다. 바디우의 두 번째 문장에 관해 말하자면, 그것은 우리가 앞서 살펴봤듯 어떤 긍정적인 이념에 대한 탐구도 없는 일시적인 대중 봉기에 대한 경계라는 맥락에서 이해될 수 있다. 그러나 이러한 종류의 광적인 분출이 바디우 자신이 말하는 역사의 재탄생의 계기로 작동하는 것 역시 사실이다. 나아가 증상의 희극에 관해서 말하자면, 희극이 본래 기존 권력을 희화화하고 팔루스의 실패를 증명하는 반체제적 장르라는 점에 주목하자. 증상의 실재적 희극은 현존하는 권력이 작용하는 곳을 정확히 보여 주고 팔루스 너머를 표시하기 위한 필요 불가결한 재료이다. 라캉에 관한 세미나에서 바디우는 "라캉의 최종적인 테제는 실재에 관해서는 어떠한 정치도 없다는 것이다"[125]라고 말한다. 실재의 정치와 같은 것은 없다. 왜냐하면 덧없는 분출에 입각한 정치는 아무리 강렬하다 하더라도 지속될 수 없기 때문이다. 바디우의 관점에서 볼 때 실재의 정치는 정치가 아니다. 그러나 증환의 정치, 즉 현존하는 권력이 비틀거리는 지점을 주체적으로 헤쳐 나가고 새로운 상징적 질서를 창안하는 정치는 다른 문제이다. 그리고 우리의 재구성에 따르면 바디우적 이념은 라캉적 증

124 Badiou, *Logics of Worlds*, p. 563.

125 Badiou, *Lacan: Anti-Philosophy* 3, p. 184.

환과 등가적이다. 바디우적 정치는 라캉적 정치에 의해 보충될 수 있고 또 보충되어야 한다. 그리고 이러한 보충이라는 전제 하에 라캉과 바디우의 뒤얽힘을 통해 정치와 사랑 간의 해방적인 연결고리는 사유될 수 있다.

이제 정치와 사랑 간의 수수께끼 같은 매듭에 대해 살펴보자. 정치와 사랑 간의 수수께끼 같은 매듭은 다음과 같이 압축적으로 표현될 수 있다. 사랑은, 장-뤽 마리옹(Jean-Luc Marion)의 개념을 사용하자면, "탈권력(impouvoir/unpower)"이다.[126] 우리의 용어를 사용하자면 사랑은 권력과 무력의 사이(metaxú/in-between)이다. 사랑의 탈권력은 사랑이 현존 권력에 대한 무력한 복종과 해방적 열정의 강력한 조직화 모두에 관련됨을 뜻한다. 언뜻 보기에 이것은 주권적 법이 갖는 권력(potestas)과 해방적 창조력이 갖는 역량(potentia)에 대한 스피노자의 구분과 일치하는 것처럼 보인다. 그러나 스피노자의 구분은 그 틀이 여전히 권력이라는 범주 주변을 맴돌고 있으며, 권력의 관념을 근본적인 수준에서 해체하거나 재구성하지 않는다는 한계가 있다. 권력이라는 틀 자체가 그대로 남아 있다면, 두 가지 경우가 번갈아 출현한다. 한편으로는 주권적 권력에 유리하도록 해방의 권력의 이름을 반동적으로 강탈하는 일이 있을 수 있고, 다른 한편으로는 해방의 권력을 주권적 권력으로 비극적으로 타락시키는 일이 있을 수 있다. 사랑의 탈권력은 이러한 딜레마를 돌파할 수 있게 해주는데, 왜냐하면 그것은 권력과 무력의 구분을 원천적으로 차단하기 때문이다. 사랑은 무력한 강력함이요 강력한 무력함이다. 이는 단순히 사랑이 그 정치적 가능성에 있어서 양가적임을, 즉 때로는 지배권력에 복무하고 때로는 지배권력을 단절시킨다는 것만을 뜻하지 않는다. 인류에 관한 절에서 살펴봤듯, 그것은 사랑의 해방적 잠재력조차도 늘 숨겨져 있고 잘 포착되지 않는다는 것을 뜻한다. 호멜의 경우에서처럼, 정신분석은 분석자의 증상을 제거하는 임상적 권력을 휘두르는 것이 아니라 분석자로 하여금 증상과 더불어 살 길에 대한 모색을 허용한다. 증환에 대한 치료가 없는 것처럼, 우리를 구원하는 임상이란 없다. 분석

---

126 Jean-Luc Marion, "Unpower" in Hent de Vries and Nils F. Schott, eds., *Love and Forgiveness For a More Just World*, New York: Columbia University Press, 2015, pp. 36-42.

가는 다만 기표의 실천으로서의 정신분석 담론 뒤에서 사라질 뿐이다. 그럼에도 하나의 무력한 실천으로서 이렇게 사라지는 행위가 주체적 변화를 촉발할 힘을 갖는다. 똑같은 논리가 〈매그놀리아〉의 짐에게도 적용된다. 원(元)사랑의 행위로서의 짐의 용서는 법의 경계 안에 놓이지 않는다. 경찰관으로서의 짐은 공권력의 종복이지만, 연인으로서의 짐은 사랑의 용서의 주체이다. 그리고 오직 용서라는 초법적 행위만이 클라우디아의 진정한 주체적 변화를 야기할 수 있다. 짐은 법을 넘어서는 법의 종복이기에, 그의 용서는 법의 관점에서 볼 때 헤아리기 어려운 성격을 갖는다. 요컨대 사랑의 해방적인 힘은 사랑의 쇠약한 무력함과 동시에 일어나는 것이다(The emancipatory power of love coincides with the emaciated powerlessness of love). 그런데 사랑의 해방적 잠재력은 제도 정치를 통해서 드러나지 않는다. 그것은 분석 상황이나 진리 과정과 같은 독특한 주체적 상황을 통해서만 출현한다. 관건은 주체화, 즉 증상을 훈습하고 진리의 주체가 되는 문제이다. 사랑의 해방적 잠재력이 포착되기 어려운 것은 주체의 탄생 외에는 달리 그것을 증명할 길이 없기 때문이다. 오로지 사랑/정치의(amorous-political) 주체만이 인류가 스스로의 비인간성을 다스려 나가고 고독의 지배 너머에서 사랑 안에 스스로의 형상을 기입함으로써 권력에서 자유로워질 수 있음을 증명할 수 있다.

사랑의 탈권력을 좀 더 상세히 정교화해 보자. 라캉과 함께 우리는 사랑이 자본주의적 주이상스와 상품화된 성으로 구성될 때 권력 지향적이라고 말할 수 있다. 주목할 만하게도 라캉은 자본주의적 주이상스의 주권이 거세의 거부에서 유래한다고 지적한다. "자본주의 담론을 차별화하는 것은 폐제(Verwerfung)입니다. 그것은 상징계의 모든 영역 바깥으로 무언가를 거부합니다. ……무엇을 거부하는 것일까요? 바로 거세입니다. 자본주의를 지지하는 어떤 질서, 어떤 담론도 우리가 사랑의 문제라고 부를 수 있는 것을 한쪽에 제쳐 둡니다."[127] 자본주의 담론은 상징적 질서 바깥의 정신병적 주체를 낳는데, 그들은

---

127 Lacan, *Talking to Brick Walls*, pp. 90-91.

고삐 풀린 자기 파괴적 주이상스에 휘둘린다. 그렇다면 분석적 개입은 자본주의적 주이상스를 규제하고 상징화하는 데에 있다. 『세미나 1권』의 초자아 개념("초자아는 법인 동시에 법의 파괴이다"[128])을 통해 문제를 좀 더 상세히 살펴보자. 사랑의 과정(the amorous process)과 사랑의 수익(the amorous proceeds)이 동일한 것이라고 말하는 자본주의적 도그마 혹은 "나는 사랑이 돈으로 환원될 수 없는 걸 잘 알지만, 그래도 일단 돈이 있어야……"와 같은 물신적인 믿음은 자본주의 담론이 합법적 규범과 법 없는 실재를 동시에 점유하고 있음을 시사한다. 자본주의 권력은 상징적 법과 초아자적 실재의 결합체를 구성한다.

이러한 결합체의 작동을 중단시키는 한 가지 방법이 자본주의 담론에 대해 비전체의 여성적 입장을 지지하는 것이다. 비전체의 주체는 자본주의 담론과 오직 부분적이고 제한된 관계만 맺으면서 자본주의적 주이상스에서 벗어나는 보충적 주이상스를 누릴 것이다. 비전체의 논리는 자본주의적 주이상스에 대해 내부적인 동시에 외부적이다. "여자 안에 담론을 벗어나는 무언가가 늘 존재하는"[129] 한에서 말이다. 여기서 중요한 것은 어떻게 사랑이 비전체의 논리를 따르는가이다. 두말할 필요 없이 동시대 사랑의 주체는 자본주의 체제 안에서 살아간다. 그럼에도 사랑은 자본주의 체제 안에 국지적인 구멍을 낼 수 있다. 사랑하는 이가 연인에게 선물을 주는 상황을 떠올려 보자. 선물을 받는 연인이 자신의 생물학적 성과 무관하게 여성적 입장을 차지한다면, 그 연인이 향유하는 것은 선물의 계산적 가치에 의해 규정되지 않는다. 연인은 오히려 그 선물이 야기하는 뭐라 말할 수 없는 것(je ne sais quoi)을 만나고 경험한다. 물론 자본주의적 주이상스는 여전히 그 선물 안에 담겨져 있을 것이다. 그러나 거기에는 무언가 가외의 것이 있으며, 이 가외의 것이 사랑의 선물의 핵심을 구성한다. 요점은 사랑이 말할 수 없고 신비로운 실재이며 담론의 법칙에 영향을 받지 않는다는 것이 아니라 사랑이 법 안에 남아 있는 동시에 법의 위력에서 벗어

---

128 Jacques Lacan, *Seminar I: Freud's Papers on Technique, 1953-1954*, ed. Jacques-Alain Miller, trans. John Forrester, Cambridge: Cambridge University Press, 1988, p. 102.

129 Lacan, *SXX*, p. 33.

난다는 것이다. 사랑은 단순히 담론 바깥에 있는 것이 아니라 담론 안팎에서 탈존한다. 사랑은 단지 법을 거스르는 것이 아니라 법에 대해 무위한다. 사랑은 그 자체를 따른다(Love is a law unto itelf). 사랑의 주체가 자본주의 체제에서 향유하는 것은 단순한 주이상스 이상의 것이다. 조이스의 이름에 대한 라캉의 언어유희를 원용해 보자. 사랑의 주체가 선물에서 경험하는 것은 담론적인 주이상스(discursive jouissance)뿐만 아니라 담론에서 탈선된 기쁨(excursive joy)이다. 이 기쁨은 모든 규범적인 법과 대량생산된 주이상스에 대해 하나의 수수께끼가 되면서도 사랑의 주체만이 알아볼 수 있고 전달할 수 있는 사랑의 기쁨이다. 이러한 기쁨의 향유(joy-ssance)는 자본주의에서 재현 불가능한 공백으로 남는다.

여기서 자본주의 담론이 사랑의 문제를 한쪽에 제쳐 두는 이유가 명확해진다. 거세를 환영적으로 기피하는 예외적 하나가 아니라 거세의 수용과 함께하는 여성적 비전체의 논리(2장을 참고)에서와는 달리, 자본주의는 사랑에서의 거세의 작용을 재현할 수 없기 때문에 사랑을 제쳐 둔다. 자본주의는 사랑이 소유와 재산이 아니라 결여와 상실에 건네진다는 점을 알지 못한다. 선물에서 관건은 상품 가치가 아니라 계산 불가능한 공백이다. 사랑의 공백은 주는 이와 받는 이로 하여금 주는 이 혹은 받는 이로서의 정체성을 잃어버리게 만든다. 시장의 논리가 주고받기의 논리를 지지하고 도모하는 반면, 사랑의 선물은 주는 이가 무언가를 주고 또 받는 이가 무언가를 받는다는 것을 뜻하지 않는다. 오히려 탐지 불가능한 공백이 양자에 스며들고, 주는 이와 받는 이 모두 아무도 아닌 이로 변화한다. 주는 이는 무언가를 주면서 사랑의 과정을 지탱할 기회를 얻게 된다. 받는 이는 무언가를 받으면서 자신이 사랑의 과정에 참여할 것이라는 승낙을 주게 된다. 주는 이와 받는 이 간의 구분은 흐릿해진다. 사랑은 아무도 아닌 이가 또 다른 아무도 아닌 이와 더불어 아무것도 아닌 것을 주고받는 것이다. 사랑과 결여를 같은 것으로 보는 라캉의 경구를 이렇게 고쳐 써보자. 우리는 설령 무언가 준다 하더라도 주지 않는 이가 됨으로써만 사랑할 수 있고, 설령 무언가 받는다 하더라도 받지 않는 이가 됨으로써만 사랑할 수 있다.[130] 사랑은 단지 어떤 것을 주고받는 것이 아니라 공백을 순환시키는 것이다. 설령 우리가 무언가를 주고 다른 이가 그것을 받는다 하더라도 말이다. 기쁨의 향유라는 공백은 자본주의적 주고받기의 논리에 의해 식별 불가능하다. 이런 점에서 비전체의 사랑의 주체는 자본주의 담론의 권력과 자본주의 담론의 무력을 가로지른다. 극작가 콜테스와 함께 사랑의 주체는 이렇게 선언할 것이다. "제로가 됩시다."[131] 사랑의 주체는 권력의 제로가 되고, 이 제로는 자본의 힘에 상처 입을 수 있는 동시에 그것에 무심하게 남아 있다. 사랑은 자본 앞에 무릎을 꿇을 수 있으면서도 푼돈에서 빛을 발할 수 있다. 이것이 라캉적 탈권력의 첫 번째 맥락이다.

라캉적 탈권력의 두 번째 맥락은 분석 행위, 분석 지식, 분석가 담론에 관련된다. 분석 행위는 분석가의 자기 금욕적 사라짐, 즉 안다고 가정된 주체에서 찌꺼기 같은 욕망의 원인으로 그의 위상이 추락하는 데에 있다. 그것은 분석가의 지식에 부착되고 전제된 권위를 사라지게 만들고 분석자로 하여금 고착된 동일시와 치명적 주이상스 너머에서 새로운 방식으로 욕망하는 과정을 매개한다. 나아가 그 행위는 주이상스를 교환할 수 있는 라랑그를 갖고 분석자의 무의식의 구멍으로 뛰어드는 것과 같다. 호멜의 경우 라캉의 분석 행위는 제스타포라는 새로운 기표를 갖고 게슈타포로 인한 트라우마 속으로 뛰어드는 것이다. 여기서 분석가로서의 라캉은 더 이상 권위 있는 인물이 아니라 기표 연쇄 안의 기능적 작용소이며, 이것은 호멜의 응결된 주인 기표를 모호성을 통해 와해시킨다. 이런 점에서 분석 행위는 지배 행위와는 근본적으로 이질적이다. "만약 정신분석이 우리에게 무언가를 드러낸다면, 그것은 정신분석이란 누군

---

130 라캉의 본래 구절은 다음과 같다. "우리는 설령 우리가 갖고 있다 하더라도 마치 갖고 있지 않은 것처럼 행동함으로써만 사랑할 수 있습니다."(*SVIII*, p. 357.)

131 베르나르마리 콜테스, 『목화밭의 고독 속에서』, 임수현 옮김, 민음사, 2005년, 69쪽. 우리의 논의에서 의미심장한 것은 콜테스의 희곡이 딜러와 손님 간의 거래라는 자본주의적 상황을 다룬다는 점이다. 또한 콜테스가 그리는 상황이 분석 상황과 유사하다는 점에도 주목하자. 분석 상황이 분석가가 제로 되기(안다고 가정된 주체에서 대상 *a*로의 이행)와 분석자의 제로 되기(환상의 횡단을 통한 주체적 분열) 사이에서 벌어지는 한에서 말이다.

가가 스스로를 온전한 주인이라고 말할 수 있는 그러한 행위가 아니라는 점입니다."[132] 분석 행위는 지배의 어떠한 형식과도 거리를 두면서 심리적 현실 안의 기성 권력의 해체를 겨냥한다.

비슷한 점이 분석 지식에도 적용된다. 분석자의 주체적 실재에 입각해서 세션 중에 서서히 취합되고 발전되는 분석 지식은 교조적이거나 설교적이지 않다. 이 지식이 일반 이론과 개별 사례의 교차점에 놓인 이상, 그것은 끊임없이 문제시되고 재구조화에 열려 있으며, 따라서 권력 담론의 대상이 될 수 없다. 하물며 분석 지식은 분석가나 분석자에게 속하지 않는다. 그것은 오히려 자유 연상과 해석적 단절을 통해 정신분석 담론 그 자체로부터 출현하는 익명적인 구성물이다. 분석 지식이 외부적으로 부과되는 것이 아니라 내부적으로 창안되는 한에서, 그것은 지식과 권력의 친밀한 연관성이라는 푸코적, 바타이유적 테마로부터 벗어난다. 이러한 벗어남은 어떤 사례의 특수성에 대해 분석가가 갖고 있는 상호 길항적인 두 가지 윤리적 태도에 의해 지지된다. 한편으로 분석가는 "사례(cas/case)"를 다룰 때 "그것을 사전에 어떤 선반(casier/pigeon-hole)에 꽂아 두어서는"[133] 안 된다. 다른 한편으로 분석가는 "분석가들은 자신들의 경험을 없앨 수 없다"[134]는 점을 냉정하게 받아들여야 한다. 사례의 특수성에 충실하는 것은 필요한 동시에 불가능한 일이며, 이것은 분석가의 지식을 영원히 미완결적이고 비권위주의적인 것으로 만든다. 라캉이 말하듯, "분석가가 전달할 수 있는 것은 무력함의 지식이다."[135]

여기서 중요한 것은 이러한 비(非)지배의 행위와 무력함의 지식이 분석자의 주체성에 지속적인 반향과 구조적 변형 효과를 가져온다는 점이다. 호멜은 여전히 라캉의 부드러운 손길을 느낄 수 있고, 이 손길은 그녀의 트라우마를 해

---

132 Lacan, *SXIV*, 1968년 1월 24일 수업(미출간).

133 Jacques Lacan, "Geneva Lecture on the Symptom" (1975), trans. Russell Grigg, *Analysis*, no. 1(Melbourne: Centre for Psychoanalytic Research, 1989), p. 11.

134 같은 곳.

135 Lacan, *Talking to Brick Walls*, p. 34.

소하기보다는 재형상화했다. 그것은 호멜로 하여금 지울 수 없는 증상과 함께 사는 법을 아는 증환적 주체성을 구축할 기회를 제공했다. 이러한 역설적인 힘은 정신분석이 기표의 실천이기 때문에 가능하다. 제스타포라는 새로운 기표가 외상적 실재에 대한 상징화를 유도하고, 게슈타포라는 기표에 부착된 주이상스적 의미(joui-sense)에 대한 애도를 가능하게 하는 것이다.

분석가 담론에 관해 말하자면, 우선 분석가 담론이 단순히 주인 담론에 반대되는 것이 아니라는 점에 주목하자. 분석자에게 주인 기표와 투쟁할 기회를 주는 분석가 담론은 "어떤 지배에의 소망, 적어도 어떤 선언된 지배에의 소망 반대편에 설정되어야 한다."[136] 동시에 분석가 담론은 "주인 담론이 되기 쉽다."[137] 이런 이유로 분석가 담론은 권력의 절대적인 바깥이나 순수한 외부란 없다는 점에 지속적으로 주의를 기울여야 한다. 분석가는 어떤 자임된 비(非)지배도 아이러니한 지배로 전환될 수 있다는 점에 기민하게 깨어 있어야 한다. 분석가는 임상 효과는 무력함이 은밀한 지배로 전도되는 것에 대한 경계에 의해서만 정당화될 수 있다는 원칙에 충실하게 남아 있어야 한다. 분석의 힘이 치료의 카리스마를 행사하는 것이 아니라 찌꺼기애(décharite)를 통해 사라지는 매개자가 되는 것에 있는 한에서 말이다. 1978년에 라캉은 이렇게 말한다. "네 가지 담론이 있습니다. 각각의 담론은 자신을 진리로 여깁니다. 오직 분석 담론만이 여기에서 예외가 됩니다. …… 이 담론은 지배를 배제합니다."[138] 분석 담론은 독특한 예외로서의 탈권력 담론이며, 그것은 외적 지배에 저항할 뿐만 아니라 지배에의 어떤 내면화된 욕망도 배제한다.

결론을 내자. 정신분석은 사랑과 독특한 관계를 갖는다. 라캉은 사랑이 "분석 경험을 토대로 창시되었던 모든 것의 핵심으로 작용한다"[139]고까지 말한다. 실제로 분석 작업은 분석자의 전이애로 인해 시작되고 유지될 수 있다. 나아가

---

136 Lacan, *SXVII*, p. 69.

137 같은 곳.

138 Jacques Lacan, "Lacan pour Vincenne!", *Ornicar?* 17/18, 1979, p. 278.

139 Lacan, *SXX*, p. 39.

몇몇 정신분석학파는 분석가의 지지, 돌봄, 사랑에의 능력을 강조하기도 한다. 그러나 라캉적 분석 행위, 지식, 담론이 공통적으로 도모하는 것은 사랑 그 자체가 아니라 사랑과 권력의 연결고리에 대한 엄격한 경계이다. 라캉 정신분석은 사랑에 대해 정통하지도 않으며 박식하지도 않다. 다만 그것은 비지배의 행위, 미완결의 지식, 자기 제한의 담론을 통해 독특한 교훈을 건네준다. 그것은 사랑의 진정한 장소는 권력과 무력함이 분간되지 않는 곳이라는 점이다. 사랑은 권력이나 무력함과 일의적인 관계를 맺기를 그치고, 탈권력과 관계한다. 사람들은 정신분석이 사랑의 실천이라고 말한다. 그러나 그것은 오직 그 사랑이 탈권력의 논리에 의해 지탱되는 한에서이다.

바디우의 경우에도 사건과 진리 과정이 탈권력과 긴밀한 관계를 맺는다. 우선 대중에 의한 우애의 사건적 재발명부터 살펴보자. 대중은 그들이 공포나 수치라는 정치적 정동에 의해 일깨워지기 전에는 문자 그대로 아무것도 아니었다. 그들은 상황 안의 공백 혹은 세계 안의 비실존의 위치를 차지했다. 그러나 모든 집합이 공백을 부분집합으로 포함하듯, 공백은 늘 상황 속에서 떠돈다. 그것은 다만 국가의 재현이라는 관점에서만 보이지 않는 것이다. 비슷하게도 세계 안의 비실존은 세계의 법칙이 문제의 비실존에게 제로의 강도를 부여한 결과일 뿐이다. 그런데 사건이란 비실존이 최대치의 강도를 분출하고 장기적인 귀결을 동반하는 실존으로 전환되는 것으로 특징지어진다. 사건은 세계의 초월성의 등급이 갖는 자의적인 성격을 드러내고 문제의 비실존적 다수성이 나머지 다수성과 동등한 위치에 놓일 수 있음을 증명한다. 사건은 비실존이 존재론적으로는 존재한다는 것과 세계 속에서 실존하게 된다는 것을 동시에 보여 준다. 혁명에서 재현되지 않던 대중은 재현 불가능의 힘을 가지고 스스로를 드러낸다. 이러한 힘은 다양한 실존을 계층화하는 차별의 논리를 깨트리는 유적 존재의 평등주의 논리에서 나온다. 혁명의 우애는 대중이 국가가 운용하는 지배권력의 논리, 즉 나이, 성, 지위, 부, 인종에 따라 개개인의 정체성을 규정하는 논리에서 벗어날 수 있음을 보여 준다. 대중은 위계의 구분 내부에서 또 위계의 구분에 거슬러서 수평적 연대를 통해 스스로를 재창안한다. "우리는 아무것도 아니었으나, 이제 우리 함께 모든 것이 되자!"고 집합적으로 선언하면서 말이다.

또 이러한 우애가 부아지지(Bouazizi)에 의해 영감을 받았음에 주목하자. 부아지지의 주체성은 무력한 사라짐과 강력한 자각의 유발로 이루어진다. 대중은 이러한 주체적 탈권력을 물려받고, 부아지지에게 함축된 공포의 정동은 급진적 변화의 계기로서의 거대한 지점(point)으로 향하면서 대중을 약한 동시에 강하게 만든다. 대중이 약한 까닭은 그들이 상황의 정규적인 상태에서 일탈하는 예외적 열정에 사로잡혀 있기 때문이다. 동시에 대중이 강한 까닭은 이러한 열정이 저항의 에너지를 생산하기 때문이다. 실재에 대한 열정에 몰입한 대중은 탈권력의 다수성을 실현한다.

그러나 섬뜩한 공포나 파괴적 열정이 바디우의 결론인 것은 아니다. 정치적 주체는 변덕스러운 열정의 순간적 분출 너머에서 현존하는 세계에 대한 재구성 과정에 착수해야 한다. 나아가 수많은 중대한 선택이 만들어지는 혁명 도중의 세계("긴장된 세계")와는 달리, 민주주의적 유물론이 지배하는 세계에서 대부분의 몸은 오로지 성적 향유와 소비의 자유의 법칙에 따라 실존한다. 동시대세계에서 자본과 성의 권력에 영향을 받지 않는 사랑은 좀처럼 찾기 힘들다. 또한 미틱 사이트가 암시하듯, "프레카리아트" 간의 사랑은 어떠한 위험도 없는 안전의 문제가 된다. 어떤 보증도 없는 주체적 모험이 되어야 할 사랑은 대상적 기준에 입각한 계산적 보험이 된다. 이러한 동시대 정세에 대한 궁극적인 바디우적 답변은 다음과 같다. 혁명의 우애를 정치적 시퀀스의 장기적인 구성으로 전환하기 위해서는, 혹은 자본주의적 민주주의의 주권에 결정적으로 저항하기 위해서는, 코뮤니즘의 이념을 갖고 공동체를 조직하는 대안적인 방식에 관여해야 한다. 다시 말해 정치적 진리 과정에 참여해야 한다.

그런데 바디우적 진리 또한 탈권력에 관련된다. 실재의 시련을 포함하는 불확실한 주체적 과정으로서의 진리는 강력하게 무한한 동시에 무력하게 명명 불가능하다. 초기 바디우는 명명 불가능한 것의 범주를 갖고 진리의 명명하는 힘에 한계를 설정한다. 진리로서의 사랑은 실재로서의 주이상스를 명명할 수 없다. 진리로서의 정치는 실재로서의 집합적인 것을 명명할 수 없다. 진리의 힘의 절대화는 악으로 귀결될 뿐이며, 진리의 윤리학은 이에 대항해서 절제된 것으로 남아야 한다. 이런 점에서 "진리의 힘은 또한 하나의 무력성이어야 하는 것이다."[140] 후기 바디우는 명명 불가능한 것의 범주를 철회하는데, 이는 그 범주가 갖고 있는 진리의 유한성에 대한 함의 때문이다. 그러나 이러한 입장 변화가 탈권력의 중요성을 퇴색시키는 것은 아니다. 우선 코뮤니즘에 대한 바디우의 접근은 탈권력의 논리를 따른다. 비록 후기 바디우가 정치적 진리가 침묵해야 하는 명명 불가능한 실재로서의 집합적인 것에 대한 초기의 접근을 제쳐 두고 코뮤니즘 이념을 공식화한다는 사실이 마치 진리의 무한한 힘에 대한 절대화로 (잘못) 읽힐지도 모르지만, 코뮤니즘 이념은 실상 탈권력과 깊은 연관이 있다. 코뮤니즘이 실정적인 정치적 범주로서의 실패로 특징지어지는 한에서 말이다.

앞서 논의했듯 이 실패는 상상적 유토피아로서의 코뮤니즘의 한계를 가리키는 것이 아니라 끊임없는 실패에도 불구하고 스스로를 반복하는 실재적 충동을 가리킨다. 정신분석에서 성공과 실패가 등가적인 것처럼[실수(parapraxis)는 무의식의 계시에 유용하다], 인간 공동체의 위대한 증환으로서의 코뮤니즘 이념은 간헐적이지만 끝날 수 없는 코뮤니즘 운동 안에서 코뮤니즘의 가능성과 불가능성이 구분될 수 없게 만든다. 벤야민의 "약한 메시아적 힘(schwach messainische Kraft)"을 원용하자면, 코뮤니즘 이념은 탈권력의 산물이고, 여기서 탈권력은 구원의 메시아주의가 결여된 약한 힘에 해당하지만, 모든 세대는 각기 나름의 방식으로 이 힘에 관여해 왔고 또 앞으로도 관여할 것이다. 권력이 결코 실패하지 않거나 혹은 오직 지배하기 위해서만 실패하는 척하는 반면, 탈권력은 "더 잘 실패하는(fail better)" 것밖에 알지 못한다. 결코 해방의 메시아가 도래하지 않음에도 불구하고 각 세대가 코뮤니즘에 관여하는 까닭은 코뮤니즘

---

140 바디우, 『윤리학』, 103쪽.

이란 더 나은 실패에 대한 명명 불가능한 충동이기 때문이다.

이런 점에서 바디우가 명명 불가능한 것과 무한한 진리를 모순적으로 간주할지도 모르는 한편, 코뮤니즘을 통해 본 탈권력은 이러한 모순을 해소한다. 탈권력은 명명 불가능한 것과 무한한 것이 서로를 함축하게 만든다.『조건들』의 한 구절을 참고해 보자. "비록 진리가 아무리 강력하더라도, 비록 진리와 관련하여 우리가 진실성들을 경험할 수 있다고 하더라도, 진리의 힘은 어떤 유일한 항에서 좌초한다. 그 항은 단번에 전능성을 무력함으로 추락시키고, 외양으로 드러난 진리에 대한 사랑, 즉 유적인 것에 대한 사랑을, 본질에 해당하는 명명 불가능한 것에 대한 사랑으로 이동시킨다."[141] 진리에 대한 바디우적 사랑은 종종 굳건히 통합된 것으로 드러나지만, 사실 둘로 쪼개져 있다. 유적인 것(무한)에 대한 사랑과 명명 불가능한 것에 대한 사랑으로 말이다. 우리의 용어를 사용하자면, 진리에 대한 사랑은 유적인 것에 대한 사랑과 명명 불가능한 것에 대한 사랑 사이(metaxú)에 있다. 탈권력은 진리에 대한 바디우적 사랑에 담긴 일종의 사이-진리로서, 유적인 것에 대한 사랑과 명명 불가능한 것에 대한 사랑을 뒤얽히게 한다.

탈권력은 또한 〈매그놀리아〉의 클라우디아와 짐과 관련해서 용서로 출현하기도 한다. 전통적인 입문 의례가 작동하지 않는 동시대 세계는 클라우디아의 도착된 몸과 짐의 능력 있는 몸을 생산한다. 클라우디아에게 사랑이 치명적 주이상스를 향유하는 외로움과 동일시된다면, 짐에게 사랑은 성공적인 커리어를 구축하는 외로움과 동일시된다. 그렇지만 〈매그놀리아〉는 클라우디아와의 사랑에 대한 짐의 헌신을 보여 주고, 클라우디아의 미소와 함께 끝난다. 만약 이 미소가 인류의 형상이 사랑이라는 가설을 증명한다면, 이것은 짐과 클라우디아가 드물고 험난한 사랑의 무대를 구축한다는 것을 뜻한다. 그들은 법과 위반/죄 사이의 변증법을 우회하면서 사랑이 법을 완성시킨다는 바울적 경구를 증언하고 살아 낸다. 이러한 사랑의 한 가지 핵심적 측면이 용서이다. 짐이

---

141 바디우,『조건들』, 283쪽.(약간 수정해서 옮김)

클라우디아를 용서할 때 그는 더 이상 법의 수호자가 아니라 사랑의 주체이다. 그의 용서는 주권이 범죄자에게 제공하는 용서와 같지 않다. 그것은 무조건적이지만 주권이 없다. 용서는 탈권력의 행위이다.

용서는 짐과 클라우디아의 관계뿐만 아니라 클라우디아가 그녀 자신과 갖는 관계에도 관련된다. 클라우디아는 짐과의 사랑의 과정에 참여하기 위해 자신의 과거를 용서할 필요가 있다. 마야과 매춘으로 얼룩진 기존의 무의식적 구조를 애도함으로써 말이다. 용서는 또한 인류가 인류 자신과 갖는 관계의 문제이기도 하다. 바디우는 친구와 적에 대한 슈미트적 구분[사적인 적(inimicus)과 공적인 적(hostis)의 구분]에 입각해 사랑과 정치를 엄밀히 구분한 바 있다. 사랑은 진리 과정에 내적인 적(자아)을 갖고 있으며, 정치는 진리 과정에 외적인 적(가령 투기 자본주의적, 국가주의적, 파시스트적 주체)을 갖고 있다. 그러나 친구와 적의 절대적 구분은 유지될 수 없다. "정치의 목표는 공동체가 무엇을 할 수 있는가를 파악하는 것이지, 권력이 아니라"면 말이다.[142] 자본주의적, 국가주의적, 파시스트적 주체는 지배권력이 구성할 수 있는 주체적 입장으로서, 공동체가 할 수 있는 것에 속한다. 그리고 이 주체들을 다루는 철학적 방식은 그들의 절멸을 겨냥한 폭력이 아니라 그들의 재주체화를 겨냥한 논쟁일 것이다.

여기서 바디우가 의거하는 슈미트의 구분에 더해서 또 다른 적의 개념을 추가하자. 만약 사적인 적이 상상적이고, 공적인 적이 상징적이라면, 절멸의 주이상스는 실재적인 적이다. 주이상스가 그 주변을 맴도는 공백으로서의 사물(das Ding)은 가장 내적인 동시에 가장 외적임에 주목하라. 가장 까다로운 적은 안팎에 동시에 위치한 적이다. 따라서 친구와 적의 구분은 단정적으로 유지될 수 없다. 오히려 정치는 내부의 적, 즉 파괴에의 욕망과 절멸의 주이상스(둘 다 자주 권력의 매개가 된다)에 주의해야 한다. 그렇다면 인류가 사랑이라는 테제를 지지하기 위해서 정치적 주체는 반정치적이고 탈정치화된 주체를 근절하고 훈계해야 할 것이 아니라 통찰하고 용서해야 할 뿐만 아니라 스스로의 공격성

---

142 바디우, 『사랑예찬』, 67쪽.

과 극단성을 용서하면서 폭력의 유혹이라는 자기 안의 적과 싸워야 한다. 적이 내부와 외부에 동시에 있는 한, 용서 역시 내적인 동시에 외적으로 일어나야 한다. 용서는 외적 현실 안의 적뿐만 아니라 종종 외적 현실로 투영되는 내적 심리 안의 적에게도 건네져야 한다.

이런 점에서 사랑이 법을 완성시킨다면 용서는 정치와 사랑의 매듭을 완성시킨다. 용서는 인류가 권력에 깊숙이 종속되어 있다는 점을 인정하게 해주고, 또한 그럼에도 인류가 이러한 종속에서 스스로를 해방할 수 있다는 점을 긍정하게 해준다. 진정한 용서가 용서 불가능한 것에 대한 용서인 한에서, 용서는 불가능한 것이자 명명 불가능한 것이다. 동시에 용서는 인류의 무한한 힘의 징표이기도 하다. 용서는 인류를 명명 불가능하게 무력하고 무한하게 강력하게 만드는 탈권력 행위이다.

탈권력의 문제는 이론적일 뿐만 아니라 실천적이기도 하다. 라캉과 바디우 모두 그들의 실제 삶과 구체적 실천에 있어서 탈권력의 문제에 직면하고 연루된 바 있다. 1980년에 라캉은 이렇게 선언한다. "이 학파에서 사람들은 다음과 같은 점에 동의할 뿐입니다. 사람들은 저를 사랑합니다. …… 분명 저는 하나의 기표가 되었습니다. …… 그것은 라캉이라는 레이블(Lacan label)입니다."[143] 사랑은 주인 담론의 전부이며 분석가 담론은 주인 담론과 주인 담론의 사랑으로부터 거리를 두어야 한다고 단언한 라캉이 아이러니하게도 자신이 자신의 학파에서 주인 기표(S1)로서 사랑받는다는 것을 인정하고 만다. 이런 점에서 라캉이 정신분석의 대의의 재창안에 몰두하고 설령 그의 이름이 아무리 예쁘다 하더라도 기성 레이블로서의 그의 고유명("예쁜 라캉/라캉 레이블(la belle Lacan)"과 단절하면서 프로이트주의자로 남기를 원한 것은 우연이 아니다. 그의 희곡 『안티오크』에서 바디우는 정치적 진리의 상징인 여주인공 파올라(Paola)가 공산당의 리더이자 그녀의 아들인 데이빗(David)에게 이렇게 말하게 한다. "권력을 포기해! 상황이 너 없이 흘러갈 수 있도록 놓아둬. …… 그런 포기를 기초로

---

143 Jacques Lacan, "Allocution prononcée au PLM Saint Jacques", 1980년 3월 18일.

해서 네 그룹을 다시 세워 봐."[144] 또 『주체의 이론』에서 혁명적인 공산당의 필요성을 단언하곤 했던 바디우는 『메타정치론』에서 이렇게 제안한다. 정치적 정당의 진정한 조직화 논리는 중앙집권적 리더십과 상상적 유대를 갖는 실체성이 아니라 예측 불가능한 정치적 정세에 대한 개방성에 있다. 이런 점에서 그의 정치조직(Organisation Politique)에서 바디우가 국가권력의 장악을 목표로 하는 아방가르드 정당이 없는 정치 실험에 착수한 것은 우연이 아니다. 그러나 권력에 대한 그들의 경계에도 불구하고 라캉의 이름과 권위는 종종 독단적으로 언급되고, 바디우의 정치조직은 더 이상 활발히 활동하지 않는다. 이것은 권력의 딜레마에 결코 긴장을 놓지 않았던 라캉과 바디우의 삶과 실천에서조차 탈권력이 포착할 수 없는 수수께끼로 남아 있음을 의미할까?

탈권력에 대한 보다 형식적인 정교화와 함께 결론을 내자. 탈권력의 개념적 토대는 자기 차이다. 바디우에게 사랑은 "동일한 하나의 차이에 관한 역설"을 이룬다. "그녀와 나는 이러한 유일한 **주체**, 즉 사랑의 **주체**로 체화되며, 사랑의 주체는 우리 양자의 차이의 프리즘을 거쳐 세상에 전개된다"는 점에서 말이다.[145] 사랑의 주체는 둘의 심급이며, 동일성과 차이의 간극에 위치한다. 사랑의 주체는 자기 변별적이고 자기 탈구적인 한에서 권력의 주체가 될 수 없다. 여기서 철학에 대한 들뢰즈의 발언을 참고해 보자. "철학은 권력이 아니다. 종교, 국가, 자본주의, 과학, 법률, 여론, 텔레비전은 권력이지만, 철학은 아니다. …… 권력이 단순히 외부적인 것이 아니라 우리 각자에 스며드는 까닭에 철학은 우리 모두를 우리 자신과의 지속적인 협상과 우리 자신에 대항하는 유격전으로 이끈다."[146] 권력이 우리 각자에 스며든다면 우리는 단순히 사랑이 권력이 아니라고 말할 수 없다. 사랑이 권력을 거스르는 어떤 완벽한 무균실이 될 수

---

144 Alain Badiou, *The Incident at Antioch*, trans. Kenneth Reinhard, Susan Spitzer, New York: Columbia University Press, 2013, p. 103.

145 바디우, 『사랑예찬』, 34–35쪽.

146 Gilles Deleuze, *Negotiations: 1972-1990*, trans. Martin Joughin, New York: Columbia University Press, 1995, Preface.

없는 한에서 말이다. 그렇다면 네 가지 가능성을 열거해 보자. 권력과 권력의 관계가 있는 곳에 경쟁과 적대가 있다. 권력과 무력의 관계가 있는 곳에 지배와 착취가 있다. 무력과 무력의 관계가 있는 곳에 무기력함과 허무주의가 있다. 오직 탈권력에 근거한 자기 차이적 협상과 투쟁이 있는 곳에서 우리는 정치와 사랑의 수수께끼 같은 매듭을 사유할 수 있다. 오직 탈권력만이 권력과 무력의 딜레마에서 벗어나게 해주고 정치와 사랑의 새로운 관계를 실험하게 해준다.

탈권력은 우선 우리가 모든 권력의 실재를 통찰할 수 있게 해준다. 라캉이 명시하듯, 문제는 권력 자체가 아니라 권력에 대한 우리의 환상이다. 권력 안의 틈을 보지 못하거나 심지어 권력을 전능함으로 격상시키는 것은 권력이 아니라 우리이다. "우리가 분석에서 힘에 대해 이야기할 때 우리는 늘 주저하는 방식으로 이야기합니다. 왜냐하면 우리는 영원히 전능함을 참고하고 있기 때문입니다. …… 힘이 예상되는 곳에서 힘이 흔들릴 때 우리는 전능함을 조장하기 시작합니다."[147] 탈권력은 이렇듯 환상을 통해 힘을 전능함에 투영시키는 것을 제지한다.

나아가 탈권력은 목적론적이고 초월적인 방식으로 무력을 권력으로 전도시키는 모든 방식에 질문을 제기할 수 있게 해준다. 여기서 관건은 소위 기독교적 탈권력을 개조하는 방법이다. 사실 그리스도는 십자가에 못 박히는 약함과 부활하여 승천하는 강함을 결합시키는 탈권력의 형상이다. 바울은 이렇게 쓴다. "나에게 이르시기를 내 은혜가 네게 족하도다. 이는 내 능력이 약한 데서 온전하여짐이라 하신지라. 그러므로 도리어 크게 기뻐함으로 나의 여러 약한 것들에 대하여 자랑하리니 이는 그리스도의 능력이 내게 머물게 하려 함이라."(고린도후서, 12장 9절) 탈권력의 논리와 함께 우리는 바울과 다른 길을 택할 수 있다. 사랑은 일체의 신적인 베풂을 불필요하게 만들면서 은총 안에서 가장 수치스러운 것을 찾도록 강제한다(Love forces us to locate the most disgraceful within

---

147 Lacan, *SX*, p. 269.

grace, dispensing with every form of divine dispensation). 십자가에서 부활에 이르는 예정된(predestined) 경로와는 달리 사랑은 우리가 "방황하는 운명(destinerrance)"에 직면하게 하고, 이것은 구원과 구원 불가능성의 구분을 흐릿하게 만든다. 또 주체가 자랑할 무언가가 있다면, 그것은 그리스도의 능력이 아니라 정치와 사랑에 깃드는 탈권력이다. 정치와 사랑 모두 영광스러운 구원의 은총 바깥에서 수고스럽고 엄밀한 과정을 통해 강력함과 무력함을 뒤얽히게 하고 재구성한다는 점에서 말이다. 요컨대 오직 탈권력만이 권력이 환상 속에서 전능함이 되는 것을 깨트릴 수 있고 무력함이 신을 통해 은총이 되는 예정된 경로에서 벗어날 수 있다.

종교, 국가, 자본주의, 과학, 법률, 여론, 텔레비전은 권력이다. 사랑은 어떨까? 사랑이 권력이 아니라고 말하는 것은 부정확하거나 심지어 기만적이다. 사랑은 권력에 종속되고 권력을 통해 전달된다. 그러나 사랑은 또한 권력으로 환원될 수 없다. 사랑은 오히려 권력의 안팎에서 미증유의 유격전을 벌인다. 해방적 정치와 사랑 간의 내재적인 연결고리가 부재한 만큼이나, 기존 권력과 사랑 간의 숙명론적 연결고리 역시 부재한다. 이런 점에서 사랑의 위기에 대한 냉철한 분석의 필요성과 사랑의 가능성에 대한 대담한 숙고가 모두 필요할 것이며, 이를 위해서는 우선 탈권력의 형태로 정치와 사랑 간의 수수께끼 같은 매듭을 붙잡는 것이 선행되어야 한다. 사랑은 소멸되지 않으면서 상처 입을 수 있는가 하면 소란스럽지 않게 압도적이다. 사랑은 강력하기에는 너무나 밀폐되어 있고 무력하기에는 너무나 급진적이다. 사랑은 모든 힘과 약함의 형식으로 하여금 자기 발구의 사건과 자기 차이의 모험을 통과하게 만든다. 사랑의 권력은 무력하고, 사랑의 무력함은 강력하다. 사랑은 권력이 아니지만 권력이 없지 않다. 사랑은 권력 안팎에서 움직인다. 사랑은 권력과 무력 사이에 있는 탈권력이다.

친정치적이지도 탈정치적이지도 않은 사랑하는 이는 기이하고 수수께끼 같은 탈권력의 정치적 공간을 점유한다. 권력과 무력 모두가 기존 코드, 잘 조직된 시스템, 분절된 담론, 지배적인 사회성이 지지하는 법칙에 거주하는 반면, 사랑하는 이는 그러한 공간들 중 그 어디에도 거주하지 않는다. 그래서 사랑하는 이는 이렇게 선언한다. "다른 사람들이 항상 그 무엇의 투사라면(정도의 차이는 있을지언정), 나는 아무것도 아닌 것의 병사이다."[148] 좀 더 정확히 말해, 사랑하는 이는 그 무엇의 투사도 아니고 아무것도 아닌 것의 병사도 아니다. 사랑하는 이는 이렇게 선언한다. "나는 탈권력의 주체이다."

---

148 바르트, 『사랑의 단상』, 177쪽(약간 수정해서 옮김).

4장

반철학, 철학, 사랑

바디우에 따르면 서구 사유의 역사는 반철학과 철학의 끊임없는 대화로 이루어진다. 헤라클레이토스의 유동과 파르메니데스의 일자로서의 존재, 사도 바울의 부활의 미토스(mythos)와 그리스 철학자들의 로고스(logos), 파스칼의 은총과 데카르트의 이성, 루소의 감정과 백과전서파의 판단, 키에르케고어의 단독성과 헤겔의 절대 지식, 니체의 삶과 플라톤의 이데아, 비트겐슈타인의 메타언어의 부재와 러셀의 유형 이론, 라캉과 알튀세르에 이르기까지 말이다.[1] 그런데 라캉의 "저는 철학에 대항합니다"라는 선언은 단지 알튀세르뿐만 아니라 철학사 전체에 관련된다. 나아가 라캉은 단순히 철학에 대항하는 것이 아니라 철학을 자신의 가르침에 병합시킨다. 다양한 철학적 테마(소크라테스의 아갈마, 아리스토텔레스의 양상 논리, 데카르트의 코기토, 칸트의 윤리학, 헤겔의 욕망, 키에르케고어의 불안, 하이데거의 죽음을 향한 존재, 비트겐슈타인의 메타언어 비판, 퍼스의 기호론)가 그의 가르침 안으로 흡수된다. 이런 점에서 라캉 정신분석은 가장 정교하고 급진적인 반철학이다. 그리고 라캉 반철학의 도전을 받아들이는 것이 바디우 철

---

1   여기서 필자는 바디우가 제시한 목록을 좀 더 확장시켰다. "데카르트에 대항한 파스칼, 백과전서파에 대항한 루소, 헤겔에 대항한 키에르케고어, 플라톤에 대항한 니체, 알튀세르에 대항한 라캉의 관계에서 드러나듯이, 각각의 반철학자는 저마다 공허하고 헛된 말의 전형적인 실례로 간주하기 위한 철학자를 선택한다." 바디우, 『비트겐슈타인의 반철학』, 9쪽.

학이다.

이번 장에서 우리는 라캉 반철학과 바디우 철학의 뒤얽힘을 통해 사랑을 사유할 것이다. 우리는 우선 바디우가 라캉 정신분석을 하나의 반철학으로 분석하는 방식과 라캉 반철학에 답변하는 방식을 살펴볼 것이다. 그리고 무라카미 하루키의 소설 「토니 타키타니」를 반철학과 철학 간의 대화를 촉진하는 사랑의 사례로 읽을 것이다. 결론에서 우리는 이 소설이 함축하는 라캉과 바디우의 뒤얽힘과 관련하여 새로운 개념(증환적 진리와 원사랑의 행위)을 제시할 것이다.

4-1 라캉 반철학

우선 라캉 반철학에 대한 바디우의 분석을 살펴보자. 자신의 세미나 『라캉 반철학』에서 바디우는 라캉 정신분석을 니체와 비트겐슈타인을 이은 현대 반철학의 정점으로 간주한다. 바디우에게 반철학 일반은 세 가지 특징을 갖는다. 반철학은 이론적 공허함에 빠진 철학을 폐위하고, 철학적 작용의 감추어진 성격을 폭로하며, 철학적 작용에 대항해서 전대미문의 행위를 제시한다. 그렇다면 이러한 성격들이 어떻게 라캉의 저작에 들어 있는지 살펴보자.

우선 라캉이 철학을 폐위하는 것은 철학이 실재에 관한 이론에 도달하지 못하기 때문이다. 여기에는 몇 가지 이유가 있다. 첫째, 철학은 주인 담론이다. 라캉의 담론 이론은 분류적이지 않고 역동적인데, 가령 히스테리 담론은 분석가 담론으로 전환될 수 있다. 담론들 간의 이러한 이행을 알지 못하는 철학은 자기 충족적인 담론 행세를 하면서 담론들의 역동적 회전을 중단시킨다. 철학의 헛된 야망은 궁극적인 메타 담론이 되는 데에 있다. 실재를 구성하는 것은 오히려 메타 담론의 부재임을 알지 못한 채로 말이다. 둘째, 철학은 성적 비관계를 억압한다. 철학은 비관계의 "탈의미(ab-sense)"를 관계의 의미로 환원한다. 라캉적 탈의미는 의미와 무의미에 걸쳐 있는 것으로, 의미와 무의미라는 철학적 대립에 의해 붙잡히지 않는다. 탈의미로서의 비관계를 다룰 능력이 없는 철학은 비관계에 관계를 강요하며, 이는 조화로운 관계로서의 사랑이라는 상상적 관념으로 이어진다. 셋째, 철학은 주이상스에 대해 아무것도 알려고 하지 않는다. 라캉은 "저는 우리가 주이상스에 속한다는 관념을 존재라는 개념에 대비시킵니다. 사유는 주이상스입니다"[2] 라고 말한다. 주이상스에 대한 철학의 회피는 사유와 존재가 서로를 함축한다는 잘못된 전제에서 유래한다(이것이 네 번째 이유이다). 라캉에게 존재와 사유의 잘못된 결합은 진정한 실체로서의 주이상스에 의해 대체되고 재정의되어야 한다. 존재의 기반에는 주이상스가 있다. 만약 사유와 같은 것이 있다면, 그것은 사유 자체가 말하는 존재가 언어를 가지고 눈 먼 채로 반복하는 하나의 주이상스이기 때문이다. 요컨대 라캉 반철학은 철학을 폐위시키는데, 이는 철학이 주인 담론의 위상을 갖고, 비관계를 관계로 환원하고, 주이상스를 회피하며, 존재와 사유에 관해 그릇된 공리를 제기함으로써 실재의 문제를 다루는 데에 실패하기 때문이다.

철학의 폐위는 진리 범주에 대한 폐위로 이어진다. 여기서 소피스트적 궤변과 반철학의 차이에 주의할 필요가 있다. 양자가 종종 철학에 대항하는 전선에서 공조함에도 불구하고 말이다. 소피스트는 진리 같은 것은 없고 진리는 다만 수사적, 언어적, 담론적 효과에 불과하다고 주장하는 한편, 반철학자는 철학이 말하지 않는 어떤 것(가령 실재)이 있으며, 이것이 진리보다 더 중요하다고 경고한다. 반철학은 진리를 논박하는 것이 아니라 진리에 대한 신임을 떨어뜨린다. 나아가 반철학은 진리 범주의 폐위 너머에서 새로운 진리에 접근하는 독특한 방식을 보여 준다.

대화 치료로서의 정신분석에게 진리는 말의 층위에 위치한다. 라캉이 말하듯 "진리는 언어의 효과와 분리 불가능하다."[3] 임상적 맥락에서 진리는 현실을 지칭하지 않는다. 오히려 진리는 말해진 것과 동등하다. 말해진 것이 존재하는

---

2 Lacan, *SXX*, p. 70.

3 Lacan, *SXVII*, p. 62.

것의 현실을 정립하는 한에서 말이다. 분석자의 무의식적 진리는 오직 "말해진 것"을 토대로 해서 입증될 수 있다. 여기서 정신분석은 모든 주체적 진리를 말하는 것은 불가능하다고 지적한다. 늘 "말하기"가 "말해진 것"을 초과하면서 "말해진 것"에 포착되지 않는 것으로 남기 때문이다. 말하기와 말해진 것 사이에는 불가피한 간극이 있고, 이는 곧 실재와 진리의 간극과 같다. "말하기는 말해진 것을 넘어서고, 여기서 말하기는 말해진 것에 대해 탈존하는(ex-sisting) 것으로 여겨져야 합니다. 이러한 탈존에 의해 말하기의 실재가 존재하게 됩니다."[4] 실재로서의 말하기는 진리의 말해진 차원(dit-mension/said-dimension)에 대해 탈존한다. 실재로서의 말하기는, [그 언어적 구조로 인해 거짓(mensonge)과 분리될 수 없는] 진리로서의 말해진 것이 포착할 수 없는 어떤 잔여를 함유한다. 실재로서의 말하기는 참과 거짓에 관한 명제적 논리 너머에 있다. "분석의 말하기는, 그것이 효과가 있는 한, 선언적으로 무언가를 보여 주는 것(the apophantic)에 해당합니다. 그리고 이것은 그 단순한 탈존에 의해서 명제와 구분됩니다."[5] 분석가의 말하기는 구두점 찍기, 인용, 침묵과 같이 선언적으로 보여 주는 형식을 취한다. 이는 분석자로 하여금 스스로의 진리를 발견하게 하기 위함이다. 분석가의 말하기에서 중요한 것은 명제적 가치가 아니라 분석자의 직감에 반향을 일으키는 실재적 효과이다. 분석자의 말하기도 마찬가지이다. 관건은 분석자의 트라우마가 실제로 일어났는지 혹은 환상을 통해 사후적으로 구성되었는지를 식별하는 것이 아니다. 일단 분석자가 자신의 억압된 진리를 발화하면, 그 발언의 명제적 가치는 부차적인 것이 된다. 그러나 이것이 말해진 것이 사소하다는 뜻은 아니다. 왜냐하면 말해진 것은 들린 것과 함께 작동하기 때문이다. 비록 분석자의 말하기가 사라진다 하더라도 균등하게 배분된 관심을 통해 그 말하기를 듣고, 중립적으로 분석자의 분석 재료를 기록하는 분석가가 있다. 말하기와 말해진 것 간의 간극에도 불구하고 들린 것이 분석을 작동

---

4   Lacan, "L'étourdit" in *Autres écrits*, p. 482.

5   같은 책, p. 490.

하게 한다. "말할 수 있는 것은 들린 것 안에 있는 말해진 것 뒤에 잊힌 채로 남아 있다."[6] 말하기는 말해진 것을 넘어서지만, 분석은 들린 것을 통해 분석자의 몇몇 진리에 도달할 수 있다.

진리에 대한 이러한 임상적 접근에서 중요한 것은 분석가가 철학자와 달리 진리를 구제한다는 명목 하에 진리를 독단적으로 강요하지 않는다는 점이다. 대학 담론에 제도적으로 편입되어 있는 철학은 자기동일적이고 초월적인 "나"에 근거한다. 철학에서 담론의 행위자인 지식(S2)은 아무 의심 없이 받아들여지는 진리를 독점하는 이상적인 주인(S1)을 숨기고 그에게 봉사한다. "지식을 말했던 누구나 어떤 점에서 초월적인 나를 진리, 주인 기표, 주인의 나로 숨기고 있다."[7] "나의 지배(I-cracy)"에 근거한 이러한 진리에 대항해서 분석가는 진리를 전체화하고 자기중심화하는 지식에 대해 경계를 풀지 않는다. 나아가 분석가는 분석 지식이 진리 전체를 다룰 수 없음을 인정한다. "우리가 정신분석가에게서 기대하는 것은 그의 지식이 진리로 기능하는 것입니다. 이것이 그가 반쯤 말하기(mi dire/half-saying)로 스스로를 제한하는 이유입니다."[8] 분석가는 분석가를 자신의 주체적 진리에 대한 지식을 소유하고 있는 이로 이상화하는 분석자의 기대에 부응하지 않을 뿐만 아니라 모든 진리를 말하는 것은 본래적으로 불가능하다는 사실을 잘 숙지하고 있다. 이것이 분석에서의 진리에 대한 분석가의 태도를 요약한다. 분석가는 주인의 진리가 갖는 특권에 의존하지도 않지만 그렇다고 해서 무의식적 진리의 생산을 포기하지도 않는다. 분석가는 실재가 진리를 결정하는 지점에서 작업하면서 분석자가 자신의 진리를 생산하도록 내버려 둔다. 그리고 이 진리는 완전히 말할 수 있는 것도 아니고 전적으로 말할 수 없는 것도 아니다. 진리는 반쯤 말해진다. 분석가는 진리가 불완전하게만 말해질 수 있다는 증거로서의 실재를 존중하면서 진리라는 좁은 길

---

6   같은 책, 449쪽.

7   Lacan, *SXVII*, p. 62.

8   같은 책, p, 53.

에서 분석자와 동행한다.[9] 분석가는 진리가 반쯤 말해진다는 윤리적 원칙을 지킨다. 분석자가 반쯤 말해지는 진리에 관해 주도권을 갖도록 내버려 두면서 말이다. 요컨대 라캉 정신분석은 실재라는 문제틀과 임상 실천을 통해 진리의 문제를 재편한다. 진리는 단순히 폐위되는 것이 아니라 정신분석 고유의 진리로 개조된다.

둘째, 라캉 정신분석은 철학적 작용이 수학, 사랑, 정치와 관련해서 삼중의 오류를 저지르는 것을 비판한다.

우선 철학과 수학부터 살펴보자. 자기동일적 주인의 의식에 입각한 철학은 의식 없는 과학으로서의 수학에 대해 아무것도 말할 것이 없다. "과학 담론에 가장 적합한 언어인 수학은 의식 없는 과학이며, 철학자는 수학 앞에서 벙어리로 남을 뿐입니다."[10] 대조적으로 라캉 정신분석은 "실재의 과학"을 자임한다. 실재의 과학은 외부 현실을 지시하기보다는 그 현실에 내재된 불가능성을 실재로서 묘사하기 위해 논리적 장치를 사용하는 학문이다. 이를 위해 라캉 정신분석은 객관적인 과학주의와 모호한 독단주의 양자를 지양하고, 분석 지식을 전달하기 위해 수학소(matheme)를 수학화 가능한 것의 난관으로서 창안한다. 정신분석의 실존 자체를 합리적으로 입증할 수 있는 것은 실재로서의 성적 비관계에 맞게 조정된 수학소 덕분이다. 수학소는 실재에 관한 배움(manthanein)을 위한 도구이다. "수학화 가능한 것이 난관 속에서 공식화되게 하는 수학소는 우리가 실재에 관해 배우는 것으로 정의되며, 실재 안에서 포착된 부재[성적 비관계]에 맞게 조정되는 성질을 갖습니다."[11]

철학과 사랑에 대해 말하자면, 철학은 권력으로서의 진리를 사랑하도록 강요한다. 철학의 진리에 대한 사랑을 비판하면서 라캉은 이렇게 말한다. "진리

---

9   『텔레비지옹』의 도입부를 참고하자. "저는 언제나 진리를 말합니다. 그렇지만 진리 전부를 말하는 것은 아닙니다. 왜냐하면 진리를 모두 말할 길이 없기 때문입니다. 진리를 모두 말하는 것은 문자 그대로 불가능합니다. 말은 실패합니다. 그러나 바로 이러한 불가능성을 통해 진리를 실재를 붙잡는 것입니다."(Television, p. 3.)

10 Lacan, "L'étourdit" in Autres écrits, p. 453.

11 같은 책, p. 479.

에 대한 사랑이란 무엇입니까? 그것은 진리의 존재 결여(manque à être/lack of being)를 경시하는 그 무엇입니다. …… 진리에 대한 사랑은 약함(faiblesse/weakness)에 대한 사랑이며, 우리는 이 사랑의 베일을 걷어 냈습니다. 진리가 숨기는 것은 거세입니다."[12] 진리의 진정한 형상은 거세가 야기하는 존재 결여에 있고, 진리는 거세를 숨긴다. 이렇게 정신분석은 사랑이 결여와 약함에 건네진다는 점을 간파한다. 대조적으로 철학은 존재를 실체화하고, 거세를 감추고, 약함을 은폐하는 데에 몰두한다. "사랑이 철학적 담론의 핵심에 있다면," 이것은 "[철학적] 사랑이 "'나라는 존재/주인[m'être: 나라는 존재(m'être)와 주인(maître)의 동음이의에 착안한 표현]'이라는 기표에 매우 가까운 존재(être)를 겨냥한다는 뜻입니다."[13] 정신분석은 존재가 언어에 의해 생산된다고 본다. 즉 말에 의해 만들어진 존재에 관한 학문(logology)이 존재에 관한 학문(ontology)에 선행한다. 존재가 언어에 의해 생산되기에, 존재는 "존재"와 "주인 혹은 나라는 존재" 간의 언어유희에 열려 있게 된다. 분석가가 볼 때 존재란 주인 담론으로서의 철학의 입지를 구축하기 위해 만들어진 기표일 뿐이다. 철학은 존재와 주인 간의 이러한 상호작용을 사랑을 통해 완성시키는 데로 나아간다. 철학이 존재를 결여 없는 온전한 실체로 다루기 때문에, 철학적 사랑이란 주인의(주인에 대한) 사랑이다. 따라서 철학적 사랑은 최선의 경우 환영적인 사랑이고, 최악의 경우 권력에 예속된 사랑이다.

철학과 정치에 대해 말하자면, 철학적 작용은 정치의 구멍을 메운다. 하이데거를 언급하면서 라캉은 이렇게 말한다. "형이상학은 정치의 구멍을 틀어막는 일에만 몰두했으며, 그것을 제외하면 어떻게 자신을 연장할지 알지 못할 것입니다."[14] 여기서 중요한 것은 형이상학에 대한 하이데거적 정의와 라캉적 정의 간의 차이점이다. 하이데거에게 형이상학은 일자를 통해 존재를 검토하는 데에 근거한다. 알레테이아(aletheia)를 형상(eidos)에 종속시켰던 플라톤을 기점

---

12 Lacan, *SXVII*, p. 52.

13 Lacan, *SXX*, p. 39.

14 Lacan, "L'étourdit" in *Autres écrits*, p. 455.

으로 하여 존재의 역사성은 통합하는 존재자를 통해 존재를 규정하는 과정으로 귀결된다. 그리고 이것은 존재에 대한 망각을 유발한다. 하이데거가 말하듯, "형이상학의 뚜렷한 특징은 이렇게 결정된다. 통합하는 통일성으로서의 일자는 존재를 궁극적으로 규정하는 규범이 된다."[15] 라캉에게는 통합하는 통일성이란 없다. 오히려 하나[일자] 같은 것이 있고(Yad l'un), 하나는 없다. 달리 말해 "하나는 결여의 효과로 나타난다."[16] 집합론이 공집합을 명명함으로써 최초의 집합을 도출하는 것처럼, 하나가 결여의 효과로 생산되는 것이지, 결여가 하나로부터 생산되는 것(달리 말해 하나가 없을 때 결여가 생기는 것)이 아니다. '하나 같은 것이 있다'는 하나가 기표의 변별적 논리(하나의 기표는 오직 다른 기표를 참고함으로써만 유지된다)를 따른다는 점을 함축한다. '하나 같은 것이 있다'는 하나가 존재하는 것이 아니라 구성된다는 것, 동일성이 아니라 차이에 의해, 존재가 아니라 탈존재(désêtre)에 의해 구성된다는 것을 뜻한다. '하나 같은 것이 있다'의 형상은 구멍 난 가방에 견줄 수 있는데, 이는 하나에 포함되면서도 설명될 수 없는 찌꺼기인 a 때문이다. 이런 맥락에서 라캉은 안다고 가정된 주체의 입장에 매혹된 분석가들을 비판한다. 그들의 입장은 유사물로서의 하나의 입장이다. "하나가 정당하게 차지하고 있는 자리에서 비참한 찌꺼기로 놓이는 것을 받아들일 수 없는 분석가들이 있습니다. 설상가상으로 그 자리는 유사물(semblant)의 자리입니다."[17] 하이데거가 일자가 존재를 취하는 원리를 분석하면서 존재의 역사성을 고수한다면, 라캉은 하나 안의 구성적 결여를 지적하고 하나의 원리가 식별할 수 없는 탈존재로서의 a를 제시한다. 이렇게 정치의 구멍을 틀어막는 형이상학적 행위는 전체화하는 실체로서의 일자 덕분에 가능했다는 점이 드러난다. 이러한 철학적 작용에 대항해서 분석 행위는 모든 담론의 장에 내재된 구멍을 개방하고 하나가 봉합할 수 없는 간극이 있음을 증명

---

15 Badiou, Lacan: *Anti-Philosophy 3*, p. 51에서 재인용.

16 Lacan, *SXIX*, p. 138.

17 Jacques Lacan, "...ou pire. Compte rendu du Séminaire 1971–1972" in *Autres écrits*, Paris: Seuil, 2001, p. 548.

한다.

요컨대 라캉 반철학은 철학이 단순히 어떤 이론이 아니라고 주장한다. 철학은 중립적 이론으로서의 외양 아래에 특수한 작용을 숨기고 있다. 라캉에게 이 작용은 무능력하고, 불법적이며, 상상적이다. 철학적 작용은 수학 앞에서 벙어리로 남아 있고, 권력으로서의 진리를 사랑하도록 강요하며, 정치의 구멍을 메우기 때문이다.

끝으로 라캉 정신분석은 철학적 작용에 반대하고 철학적 작용을 능가하는 분석 행위를 제기한다. 바디우는 이 점을 세 가지 측면에서 다룬다.

첫째, 철학적 작용이 행복과 지복에 대한 담론을 전달한다고 자임하는 한편, 분석 행위는 불안, 공포, 역겨움, 추악함과 씨름한다. 이것은 단순히 분석가가 분석자의 불안을 다룬다는 뜻이 아니다. 물론 우리를 속이는 법이 없는 실재의 신호로서의 불안을 적절히 운용함으로써 분석가는 분석자가 자신의 주체적 실재를 건드리고 탐험하도록 돕는다. 문제는 오히려 분석가 자신이 주체를 실재의 영역으로 데려가는 행위에 대해 어떤 느낌을 갖는가이다. 여기서 라캉은 주저 없이 인정한다. "정신분석가는 자신의 행위를 공포 속에서 붙듭니다."[18] 철학자는 자신의 담론이 우리를 행복으로 인도할 것이라는 확실성을 바탕으로 담론을 생산한다. 대조적으로 분석가는 오직 행위만이 세계 속의 실재의 틈을 드러낼 수 있다는 확실성을 바탕으로 "세계의 추악함(Le monde est immonde)"[19], 즉 실재의 아비규환을 다룬다. 부인할 수 없이 역겨운 세계를 직면하고 분석자로 하여금 자신의 무의식에 기입된 그러한 세계를 정면 돌파해 나가도록 이끄는 것은 공포스럽고 혐오스러운 행위이다. 철학자가 평화로운 관조를 통해 행복의 담론을 생산하려고 시도한다면, 분석가의 과제는 혐오스러운 행위에 직면하는 것이며, 담론은 다만 부산물일 뿐이다. 따라서 라캉은 이렇게 선언한다. "행위에 관해 말하자면, 저는 [축복받은 것이 아니라 몸서리를 치는] 분

---

18 Lacan, *Television*, p. 135.

19 Jacques Lacan, "The Triumph of Religion" in *The Triumph of Religion, Preceded by Discourse to Catholics*, trans. Bruce Fink, Cambridge: Polity, 2013, pp. 61-62.

석가들에게 행위에 직면할 기회를 줍니다."[20]

둘째, 철학과 정신분석은 진리, 지식, 실재라는 삼항을 서로 다른 방식으로 다룬다. 이 삼항에 대한 라캉적 접근은 다음의 진술로 요약된다. "진리는 지식에서 실재에 관한 기능을 만드는 것을 가정하는 데로부터 설정되고, 여기서 지식은 실재에 부가됩니다."[21] 진리는 실재가 지식에서 기능한다는 사실에 기초한 일종의 효과이다. 이것은 철학이 진리를 전면화하는 한편 실재와 지식이 결합된 큰 그림을 알지 못한다는 것을 뜻한다. 반면 정신분석은 실재와 지식의 결합을 잘 알고 있는데, 왜냐하면 무의식은 특수한 유형의 지식, 성이라는 재현 불가능한 핵심 주변에서 끈질기게 맴도는 일련의 기표로 이루어진 지식이기 때문이다. "무의식은 어떤 지식을 지칭하기 위한 은유적인 용어일 뿐입니다. 그 지식은 스스로를 불가능한 것으로 제시함으로써만 유지되고, 그 결과 실재에 해당하는 것으로 확증됩니다."[22] 무의식은 지식이며, 이 지식을 갖고 성, 성적 차이, 성적 비관계의 실재를 논리적으로 분절하는 것은 불가능하다. 그리고 이러한 실재와 지식의 연관성이 진리보다 근원적이다. 따라서 정신분석에서는 진리, 지식, 실재라는 삼항 간의 불화가 부각된다. 여기서 바디우는 철학적 작용이 삼항을 둘씩 짝짓는 방식으로 다루면서 일자의 위상을 강화한다면, 분석 행위는 그러한 짝짓기에 반대하고 일자의 위상을 실추시킨다고 추론한다. 철학은 진리, 지식, 실재의 삼항을 일자 아래에서 포섭하는 반면, 정신분석은 삼항 간의 틈새를 조명하면서 하나 같은 것이 있을 뿐임을 주장한다. 다시 말해 철학은 실재에 대한 자기동일적 진리, 진리에 대한 투명한 지식, 전체화된 실재에 대한 절대 지식이 있다고 주장한다. 반대로 정신분석은 진리와 실재가 이질적이고, 지식과 진리 간에는 환원 불가능한 간극이 있으며, 지식은 오직 "실재의 단편"에만 관련된다고 본다. 철학이 진리, 지식, 실재 간의 연속성에 초점을 맞춘다면, 정신분석은 그것들 간의 불연속성에 초점을 맞춘다.

---

20 Lacan, *Television*, p. 135.

21 Lacan, "Radiophonie" in *Autres écrits*, p. 443.

22 같은 책, p. 425.

셋째, 이론과 진리 간의 관계를 다루는 철학적 작용을 넘어서기 위해 라캉 반철학은 분석 행위와 실재 간의 관계를 동원한다. 분석 행위가 말하기와 말해진 것 간의 간극으로 구성된 발화행위이자 실재와 관련해서 작동하는 선언적으로 무언가를 보여 주는 모호한 말하기임을 상기하자. 여기서 중요한 것은 실재가 상상적 지식(connaissance)과 현실의 결합에서 벗어난다는 점이다. "실재는 현실과 구분됩니다. 이는 실재가 알 수 없는 것이라는 뜻이 아닙니다. 문제는 실재를 아는 것이 아니라 실재를 보여 주는 것입니다."[23] 실재는 알 수 있는 것도 아니고 알 수 없는 것도 아니다. 이런 점에서 실재는 칸트의 물자체나 비트겐슈타인의 말할 수 없는 것과 구분된다. 실재는 현실에 대해 알 수 있거나 알 수 없는 것에 관한 이론의 문제가 아니라 무언가를 보여 주는 행위의 문제이다. 실재를 보여 주는 분석 행위가 일어나면 모든 것이 끝난 것이 아니다. 분석가의 욕망은 수학소, 즉 특수한 분석 상황 너머에서 순환할 수 있는 전달 가능한 지식을 생산하는 것을 겨냥한다. 수학소는 이러저러한 분석이 있었다는 것을 입증하는 물질적 증거의 역할을 한다. 따라서 임상 실천으로서의 분석 행위와 이론적 지식으로서의 수학소는 서로 상보적이고 분리 불가능하다. 라캉 정신분석은 이론과 실천을 가로지른다.

요컨대 라캉 정신분석은 세 가지 방식으로 현대 반철학의 정점에 도달한다. 첫째, 그것은 실재의 이론에 미치지 못하는 철학을 폐위하고, 진리라는 철학적 범주의 신임을 떨어뜨리고, 진리의 정신분석적 판본을 제시한다. 둘째, 그것은 철학이 수학, 사랑, 정치와 관련해서 어떻게 작동하는지 폭로한다. 끝으로 그것은 철학적 작용을 탈구시키고 능가하는 실재에 관한 행위를 수행한다.

---

23 같은 책, p. 408.

4-2 「토니 타키타니」의 사랑에 관한 대화

바디우는 이 모든 점에 대해 반박한다. 가령 바디우는 철학적 작용에 대한 라캉의 평가에 동의하지 않는다. 바디우에게 철학은 반드시 수학 앞에서 말문이 막히지 않는다. 오히려 자신의 급진적인 존재론적 통찰(존재는 순수 다수로 사유될 수 있다)을 놓치는 것은 수학이다. 더구나 철학은 바디우의 집합론적 존재론에서처럼 수학을 자신의 귀중한 파트너로 인정할 수 있다. 바디우는 또한 철학이 진리에 대한 사랑을 권력에 대한 사랑으로 주입시키지 않는다고 지적한다. 가령 둘의 무대에 속한 연인은 사랑의 진리를 권력의 형식으로 사랑하는 것이 아니다. 한편으로 둘의 무대는 그것이 사랑의 무한을 창조할 잠재력이 있다는 점에서 강력하다. 다른 한편으로 둘의 무대는 그것이 어떤 시점에도 예측 불가능하게 무너질 수 있다는 점에서 무력하다. 탈권력에 대한 논의에서 살펴봤듯, 철학은 진리에 대한 사랑이 강력함과 무력함 간의 구분을 가로지른다는 점을 인정한다. 끝으로 바디우는 일자에 입각한 형이상학적 규정의 지배하에 있는 철학이 정치의 구멍을 틀어막는 것은 사실이 아니라고 지적한다. 반대로, 철학은 일자의 지배로부터 풀려남에 따라 정치의 구멍을 개방하고 평등주의적으로 유적인 인류에게 말을 건네는 해방의 정치를 요청한다.

그러나 반철학과 철학 간의 관계는 한 차례의 반박으로 정리될 수 있는 것보다 훨씬 더 복잡하다. 결국 반철학 역시 철학이며, 철학적 논증과 소피스트적 궤변 사이의 먼 관계와는 달리, 반철학과 철학은 촌수가 가깝다. 그것들은 똑같은 유의 서로 다른 두 종이다. 진리를 전적으로 부인하는 소피스트적 궤변과 달리 반철학은 진리의 범주를 나름의 방식으로 받아들인다. 나아가 반철학과 철학 모두 어떤 종류의 작용 혹은 행위를 (비록 서로 다른 방식으로일지언정) 운용한다. 실제로 어떤 진정한 현대 철학자도 라캉과의 논쟁을 통과해야 한다고 주장했던 것은 바디우 자신이다. 『비트겐슈타인의 반철학』에서 바디우는 반철학자는 철학이 동시대 상황에 불화를 일으키면서 새로운 개념을 창안하도록 철학자를 일깨운다고 말한다. 반철학자는 진리가 동시대에 속하면서도 동시대에 어긋날 수 있도록 철학자를 계몽한다. 또 니체에 관한 인터뷰에서 바디우는 반철학자가 도래할 철학자의 형상을 예고한다고 말한다. "반철학은 늘 그 극단에서 철학의 새로운 의무 혹은 새로운 의무의 형상 안에 있는 새로운 가능성을 말합니다. 저는 니체의 광기, 비트겐슈타인의 기이한 미로, 라캉의 마지막 침묵을 떠올립니다. 이 세 가지 사례에서 반철학은 유산의 형식을 취합니다. 반철학은 반철학 너머에서 자신이 맞서 싸우고 있는 것[철학]에게 무언가를 물려줍니다. 철학은 늘 반철학의 상속자입니다."[24] 실제로 바디우 철학은 라캉 반철학의 상속자이다. 실재의 과학으로서의 수학, 약함에 건네진 사랑, 봉합할 수 없는 구멍에 관련되는 정치에 관한 아이디어들은 바디우 철학에서 긍정되고 발전되고 세공된다. 바디우는 라캉 반철학의 도전에 응하면서 철학을 개조한 철학자다.

이런 점에서 반철학과 철학의 관계는 형식적 대립이 아니라 역동적 대화의 문제이다. 여기서 바디우가 소피스트적 궤변에 대한 철학의 윤리라고 부르는 것을 참고할 가치가 있다. "철학적 사고의 재난은 철학이 스스로를 진리들의 압류가 아니라 **진리의 상황**인 것처럼 제시할 때 생겨난다."[25] 철학이 진리라는 비어 있는 범주를 가지고 독특한 진리들을 포착하는 과업을 망각하고 진리들을 생산하는 척할 때 철학은 재난에 빠진다. 진리들을 생산하는 척하면서 철학은 엑스타시의 장소("철학은 진리에 접근할 수 있는 유일한 장소이다"), 신성한 이름(가령 플라톤의 선의 이데아와 같은 진리들의 진리), 명령의 테러(현존으로서의 진리에 맞지 않는 그 어떤 것도 존재해서는 안 된다)에 호소하며, 이 모든 것은 철학의 타락으로 귀결된다. 그러므로 철학이 소피스트적 궤변에 굴복하지 말아야 하는 한편, 철학은 또한 대화 상대방으로서의 소피스트적 궤변을 절멸시켜서는 안 된다. 반철학과 철학의 관계도 마찬가지이다. 철학은 반철학과의 논쟁에 종지부를 찍으려

---

24 Alain Badiou, "Who is Nietzsche?", trans. Alberto Toscano, *Pli: The Warwick Journal of Philosophy* 11 (2001): 10.

25 바디우, 『조건들』, 92쪽.

는 유혹을 극복해야 한다. 나아가 철학은 반철학의 경고와 일깨움에 기민하게 열려 있으면서 반철학으로부터 배움을 얻어 스스로를 재창안해야 한다. 요컨대 반철학과 철학의 관계는 경합적 대화이다. 이러한 대화를 촉진시키는 사례로 사랑에 관한 한 단편소설을 살펴보자.

무라카미 하루키의 미니멀리즘 소설 「토니 타키타니」는 토니 타키타니라는 이름을 가진 남자의 삶과 사랑을 서술한다. 일본인들에게 일본의 미국 점령기라는 오래된 상처를 상기시키는 그의 색다른 이름 때문에 토니는 외로운 어린 시절을 보냈다. 그러나 그는 기계처럼 정밀한 극사실적 테크닉을 구사하는 유능한 일러스트레이터가 되었다. 그는 자기 일을 사랑했고 모든 시간을 방 안에 틀어박혀 일하는 데에 썼다. 고독은 토니에게 익숙한 일이었다. 그런데 그는 어떤 여인과 사랑에 빠지게 된다. 비록 그녀가 빼어나게 아름답지는 않았지만 그녀가 옷 입는 방식은 토니에게 깊은 인상을 주었다. 평생 처음으로 그는 고독의 무게와 고통을 실감했다. 토니는 그녀에게 청혼했고 그들은 결혼했다. 커플의 결혼 생활은 순탄했다. 아내의 한 가지 점만 제외하고선 말이다. 그녀는 비싸고 화려한 옷을 보면 충동구매를 저지를 수밖에 없었고, 그녀의 방은 새 옷으로 가득 차게 된다. 어느 날, 저항할 수 없는 증상과 증상에 대한 저항 사이에서 동요하던 중 그녀는 차 사고로 죽음에 이른다. 그녀의 죽음을 극복하는 방식으로 토니는 아내의 드레스를 입을 수 있는 여성 어시스턴트를 고용하지만, 그는 끝내 그녀에게 어시스턴트 일에 대해 잊어버리라고 말하고, 모든 것이 끝났음을 받아들인다. 그의 삶은 고독의 상태로 되돌아간 것이다.

이 짧은 이야기가 반철학 및 철학과 무슨 관련이 있을까? 이 이야기는 사랑에 관한 반철학과 철학의 대화를 유발한다. 이 대화의 첫 번째 테마는 실재와 진리에 관련되고, 두 번째 테마는 반철학적 행위와 철학적 작용에 관련된다. 첫 번째부터 살펴보자.

후기 라캉이 주이상스, 성적 비관계, 여성적 비전체, 탈존과 같은 다양한 용어에 실재를 연결시켰던 것에서 나아가 필자는 증상이 실재에 대한 핵심적인 예증이라는 점에 주목할 것을 제안한다. 여기에는 두 가지 근거가 있다. 첫째,

우리는 증상과 실재의 다른 구성 성분 간의 연관성을 찾을 수 있다. 이미 『세미나 10권』에서 증상과 주이상스 간의 연결고리가 언급된다. 여기서 증상은 해석을 요구하지 않고 상징적 타자에게 말을 건네지 않는 자기 충족적 주이상스로 정의된다. "증상은 행동화(acting-out)처럼 해석을 요청하지 않습니다. 분석이 증상에서 알아내는 것은 증상이 타자에 대한 호소가 아니며 타자에게 스스로를 보여 주는 것이 아니라는 점입니다. 증상은 그 본성상 주이상스입니다."[26] 성적 비관계와 증상 간의 연결고리 또한 언급된다. 성적 비관계가 증상의 형성을 유발한다는 점에서 말이다. "제가 의학에 입문한 것은 남녀 관계가 인간의 증상에서 결정적인 역할을 한다고 생각했기 때문입니다."[27] 둘째, 후기 라캉은 실재 자체와 증상 간에 보다 직접적이고 입체적인 연관성을 말한다. "저는 증상을 실재로부터 유래하는 것이라 부릅니다."[28] 증상적 실재의 정치적 함의도 언급된다. "분석가로서 저는 파업을 하나의 증상으로 여길 수 있을 뿐입니다. …… 증상이 실재에 속한다는 점에서 말입니다."[29] 증상은 주체적 실재의 중핵을 구성한다. "증상은 많은 사람들에게 가장 실재적인 것입니다."[30] 실재의 현현으로서의 증상은 인간이 아픈 동물임을 보여 준다. 증상은 "실재가 살아 있는 존재로서의 우리의 층위에서 현현하는 방식입니다. 살아 있는 존재로서 우리는 증상에 침식되고 물리게 됩니다."[31] 만약 분석가가 과학자가 할 수 없는 것을 해낸다면, 이는 "분석가가 과학자보다 더욱 더 실재에 직면하기" 때문이고, 분석가가 "작동하는 것"으로서의 세계에 대비되는 것, 즉 "작동하지 않는

---

26 Lacan, *SX*, p. 125.

27 Lacan, "Conférences et entretiens dans les universités nord-américaines" 1975년 11월 24일, 예일 대학교 강연.

28 Lacan, "La Troisième" given at the VII Congress of the EFP in Rome, 1974년 10월 31일. www.valas.fr/Jacques-Lacan-La-Troisième-en-français-en-espagnol-en-allemand,011에서 볼 수 있다.

29 Lacan, *SXXII*, 1974년 11월 19일 수업(미출간).

30 Lacan, "Yale University: Lecture on the Body" *Culture/Clinic 1: Applied Lacanian Psychoanalysis*, 2013, p. 7.

31 Lacan, The *Triumph of Religion*, p. 77.

것"으로서의 실재를 탐구하기 때문이다.[32] 마지막으로 증상의 임상적 중요성 또한 간과될 수 없다. 분석 작업이 분석자가 자신의 증상적 실재에 대해 더 많이 아는 것을 지원하는 것인 한에서 말이다. "분석은 왜 우리가 이러한 증상을 갖고 있는지 깨닫는 데에 있습니다."[33]

증상은 실재에 대한 연관성뿐만 아니라 반철학적 함의에 있어서도 중요하다. 라캉에게 정신분석이 반철학인 이유는 단순히 정신분석이 실재와 존재를, 행위와 사유를 대비시키기 때문이 아니라 정신분석의 실존 자체가 철학에 이의를 제기하는 하나의 증상을 이루기 때문이다. "저는 정신분석을 하나의 증상, 즉 우리가 살고 있는 사회의 병폐를 드러내는 그 무엇으로 정의합니다. 당연히 정신분석은 철학이 아닙니다. 저는 철학을 혐오합니다."[34] 정신분석은 철학이 놓치는 것을 조명할 수 있는데, 이는 정신분석이 사회의 병폐를 드러내는 증상학이기 때문이다. 사회적 병리를 추상적 이념으로 환원하는 철학과 달리, 정신분석은 특수한 주체의 심리적 현실에 기입된 사회적 병리를 구체적인 방식으로 노출한다. 철학이 증상의 간극을 봉합한다면, 정신분석은 증상의 간극을 수용한다. 증상은 정신분석을 반철학으로 만드는 핵심이다. 이런 점에서 실재의 예증으로서의 증상은 사랑의 반철학적 측면을 탐구하는 데에 유용한 도구로 쓰일 수 있다.

라캉에게 남녀 간의 자연스러운 성관계는 없다. 대신 생물학적 성을 막론하고 남성적 도착증과 여성적 정신병 간의 관계가 있다. 남성적 입장이 상실된

---

32 같은 곳.

33 Lacan, *SXXV*, 1978년 1월 10일 수업(미출간). 후기 라캉의 기준점으로서의 증상이 갖는 중요성을 보여 주는 구절을 좀 더 인용해 보자. 증상은 진리와 실재에 걸쳐져 있는 그 무엇으로 인식된다. "정신분석은 우리에게 다음을 가르쳐 줍니다. 진리는 주체가 알기를 거부하는 지점에 있습니다. 상징계로부터 거부된 모든 것은 실재에서 다시 출현합니다. 이것이 증상이라 불리는 것의 핵심입니다. 증상은 주체의 진리가 놓여 있는 실재적 매듭입니다."(*SXV*, 1968년 6월 19일 수업(미출간)) 나아가 증상은 "심리적 현실 전부"와 동일시되기도 한다.(*SXXIII*, p. 147.)

34 Jacques Lacan, "Freud à jamais" interview by Emilia Granzatto in *Panorama*, November 21, 1974. www.versobooks.com/blogs/1668-there-can-be-no-crisis-of-psychoanalysis-jacques-lacan-interviewed-in-1974에서 볼 수 있다.

주이상스를 만회하기 위해 타자를 욕망의 대상으로 환원한다면, 여성적 입장은 타자를 파괴적인 주이상스를 야기하는 이상화된 상징으로 격상시킨다. 두 경우 모두에서 각자는 다른 성이 아니라 자신의 증상에 의해 여과되고 포착된 타자와 관계를 맺는다. 성관계 대신에 증상 간의 관계가 있는 것이다. 우리는 『토니 타니타니』에서 이러한 논리가 극적으로 전개되는 것을 볼 수 있다. 토니와 그의 아내 간에는 성관계가 없다. 대신에 고독과 중독 간의 증상적인 관계가 있다. 그들의 사랑은 상호 증상적 관계로 이루어진다. 그들의 사랑이 분석가의 관심을 끄는 것은 그들의 사랑이 각자의 증상적 실재에 의해 구성되기 때문이다.

사랑은 증상과 독특한 관계를 갖는다. 한편으로 증상은 사랑에 불가해한 수수께끼를 제기한다. 토니의 아내의 쇼핑 중독의 경우, 토니는 그녀가 쓰는 돈의 액수에 관심 있는 것이 아니었다. 그에게는 옷에 대한 그녀의 욕망과 그녀가 쇼핑에서 얻는 만족이 기이하게 보였다. "증상에 고유한 주이상스," "어떤 의미도 배제하는 불투명한 주이상스"를 목격하는 토니의 상황은, 라랑그(la-langue; 아기의 옹알거림에서 느껴지는 언어의 무의미한 물질성)로 이루어진 텅 트위스터(tongue twister; 발음하기 힘든 구절)에 직면한 "후기 조이스적" 분석가의 상황과 유사하다.[35] 이렇게 증상은 연인 간에 보이지 않는 장벽을 세운다. 증상은 나의 연인을 낯설고 괴물스럽게 만든다. 증상은 사랑을 측정할 수 없는 타자성이라는 시험대에 오르게 한다. 독특한 주체적 실재를 지닌 타자를 헤아릴 수 없었던 토니는 아내에게 이렇게 묻는다. "정말 그렇게 많은 비싼 옷이 필요해요?"[36] 증상은 사랑에 한계를 설정한다. 비록 그녀가 토니를 사랑하지만, 그녀가 코트를 옷가게에 반환하고 운전석에 들어섰을 때 그녀의 머릿속은 온통 코트 생각뿐이었다. 우리는 토니에 대한 그녀의 사랑에는 진정성이 없고 옷에 대한 그녀의

---

35 Jacques Lacan, "Joyce le symptom II" in *Joyce avec Lacan,* ed. Jacques Aubert, Paris: Navarin, 1987, p. 36.

36 Haruki Murakami, "Tony Takitani" in *Blind Willow, Sleeping Woman: Twenty-Four Stories*, New York: Vintage International, 2007, p. 196.

사랑에는 진정성이 있다고 단순하게 말할 수 없다. 오히려 그녀의 중독은 진정성 있는 사랑과 진정성 없는 사랑의 구분을 흐릿하게 만든다. 그녀 자신에게조차 가장 내밀하면서도 가장 낯선[즉 외밀한(extime)] 그녀의 증상은 그녀의 사랑을 불확실하고 모호하게 만든다.

다른 한편으로 사랑은 증상을 표면화한다. 사랑은 우리가 여태껏 부인되고, 억압되고, 폐제되었던 증상에 관여할 기회를 제공한다. 어린 시절 이후 토니의 삶은 고독으로 점철되어 있었다. 주목할 점은 그의 고독이 그에게 전혀 문제적이지 않았다는 것이다. 그는 일에만 몰두하면서 세계로부터 자신을 고립시켰다. 그가 고독이라는 자신의 주체적 실재에 직면하게 된 것은 사랑에 빠지면서였다. 보이지 않았던 그의 고독을 보이게 만든 것은 사랑이다. 여기서 토니는 그녀에게 "지금까지 그의 삶이 얼마나 외로웠는지, 그가 얼마나 많은 세월을 잃어버렸는지, 또 어떻게 그녀가 그로 하여금 이 모든 것을 깨닫게 만들었는지"[37] 고백한다. 라캉이 말하듯, 사랑이 우리가 갖지 않은 것을 주는 것이라면, 그녀가 토니에게 준 것은 그 자신의 고독이다. 그녀의 사랑의 선물은 토니가 자기 삶의 실재를 목격하게 해준 데에 있다. 사랑은 사랑 이전에 드러나지 않았던 증상과 관련된 결여와 상실이 드러나는 것이다. 이런 점에서 사랑에 대한 정신분석적 개념은 사랑 같은 것은 존재하지 않는다거나 사랑은 환영에 불과하다고 보는 모랄리스트나 소피스트의 사랑 개념과는 다르다. 증상이 사랑을 구성하는 것이 사실인 한편, 오직 사랑만이 드러나지 않은 주체적 실재를 드러나게 한다. 따라서 라캉의 다음과 같은 질문은 타당하다. "여러분은 연인의 실재적 성질이나 결함 때문에 실패하게 되는 사랑이 얼마나 드문지 알고 계시나요?"[38] 물론 사랑은 많은 경우 실패한다. 중요한 것은 어떻게 실패하는가이다. 토니는 과거에도 여자와 연애를 했다. 그러나 연애는 사랑과 다르다. 아내를 만나기 전에 토니는 자신의 고독을 깨달을 필요가 없었는데, 이는 과거의 연애

---

37 같은 책, p. 193.

38 Jacques Lacan, *Seminar II: The Ego in Freud's Theory and in the Technique of Psychoanalysis, 1954-1955*, ed. Jacques-Alain Miller, trans. Sylvana Tomaselli, New York: Norton, 1988, p. 218.

가 그로 하여금 자신의 주체적 실재에 직면하는 것을 허용하지 않았기 때문이다. 오직 아내와 사랑에 빠지는 것만이 그의 평온한 삶을 뒤흔들고 자신의 주체적 실재를 마주하게 만들었다. 연애는 흔하다. 그러나 증상적 실재와 마주하거나 증상적 실재로 인해 실패하는 사랑은 드물다. 증상의 수준에 위치한 사랑은 드문 만큼이나 어렵다. 그것이 어려운 까닭은 증상이 사랑에 아포리아(aporia)를 제기하기 때문이고, 그것이 드문 까닭은 증상이 주체적 실재의 예외적 현현을 허용하기 때문이다. 요컨대 반철학으로서의 정신분석은 사랑과 증상 간의 복잡한 관계를 해명한다. 사랑이 증상적 실재라는 시험대에 오르는 한편, 사랑은 또한 증상의 형태로 주체적 실재를 드러내는 계기로 작용한다.

이에 대해 바디우 철학은 보다 드문 종류의 사랑, 즉 실재를 통해 또 실재를 넘어서 진리를 창조하는 사랑이 있다고 답변한다. 한편으로 바디우는 사랑이 상상계가 아니라 실재에 속함을 받아들인다. 이는 바디우가 사용하는 다양한 개념들, 즉 조화로운 통일성이 아니라 절뚝거림으로서의 사랑의 과정, 사랑의 존재론적 근거로서의 양성 간의 분리, 실재의 시험으로서의 지점, 사랑의 진리가 말할 수 없는 것으로서의 주이상스를 통해 입증된다. 그러나 다른 한편으로 바디우가 보기에 이것은 사랑에 대한 철학적 비전이 되기에 부족하다. 사랑의 과정으로서의 절뚝거림의 중요성은 실재를 드러내는 것이 아니라 사랑의 무한을 창조하는 데에 있다. 양성 간의 분리의 필연성이 받아들여지는 것은 오직 그 분리가 선재(先在)하지 않고 예측 불가능한 사건의 형식을 갖는 사랑의 만남에 의해 촉발되는 한에서이다. 또한 후기 바디우는 유한의 표식으로서의 명명 불가능한 것을 거부하고, 주이상스를 죽음의 힘의 표식과 동일시한다. 라캉의 입장에 대해 말하자면, 그는 종종 진리와 증상을 동일시한다. "진리는 증상 안에서 수수께끼 같은 방식으로 드러납니다. 이것은 무엇입니까? 그것은 주체적 불투명성입니다."[39] 이에 반해 바디우는 진리와 증상 간의 엄격한 구분을 유지할 것이며, 이는 「토니 타키타니」에 대한 비판적인 평가로 이어진다.

---

39 Lacan, *SXIV*, 1967년 2월 22일 수업(미출간).

바디우적 사랑의 진리가 만남, 충실성, 무한의 매듭으로 이루어진다면, 「토니 타키타니」의 사랑은 사랑의 진리에 필적하지 못한다. 토니의 사랑은 고독을 중심으로 조직된 자기 충족적 세계의 법칙과 단절하는 사건적 만남에 의해 시작되었다. 그러나 그의 사랑은 중단되었는데, 왜냐하면 그들은 토니의 아내의 증상적 실재가 부과하는 시험을 성공적으로 통과할 수 없었기 때문이다. 그들의 사랑의 시퀀스는 개시되었지만 곧 중단되었다. 그들의 사랑은 사랑의 만남의 힘을 입증하지만, 만남의 힘을 정교화하는 끈질긴 사랑의 과정에 도달하지 못한다. 어떤 위험도 없는 동시대 사랑에 대한 바디우의 비판을 참고하자면, 물론 그들의 사랑은 안전한 보험보다는 위험을 무릅쓰는 내기에 속한다. 토니는 그의 안정화된 고립을 깨트림으로써 그녀와 함께하려는 결단을 내린다. 토니의 아내도 15살의 나이차에 대한 우려를 제쳐 두고 토니와 함께하기로 한다. 증상의 어원을 살펴보면, 증상(symptom)은 "일어나는(sumpiptein)" 것에서 유래한다. 그들의 사랑에는 분명 무언가 일어났다. 그러나 이러한 일어남은 지속적인 충실성을 통해 확장되지 못했다. 그들의 사랑은 분명 "함께(syn)"의 층위에 도달했지만, 둘의 층위에는 도달하지 못했다. 그들은 함께했지만, 둘의 무대를 조직하는 데에 실패했다. 그들의 사랑은 "빠짐(pipto)"의 수준을 통과했다. 사랑에 빠짐이라는 뜻에서뿐만 아니라 그들 각자가 증상에 빠진 방식이라는 뜻에서 말이다. 그러나 그들은 사랑에 빠짐의 결과를 정교화함으로써 사랑의 무한을 구축하는 데에 실패했다. 그들의 사랑은 사랑에 빠지는 데에 그쳤고, 각자가 주체적 실재와 관계하는 방식을 드러내는 데에 머물렀다. 증상적 사랑이 사랑의 무한을 창조하는 데에 실패한 것이다.

주목할 점은 증상적 사랑에 대한 이러한 철학적 비판이 삶의 관념에 근거한다는 것이다. 삶에 대해 정신분석과 철학은 크게 다른 입장을 갖고 있다. 1972년 루뱅 가톨릭 대학교 강연에서 라캉은 이렇게 말한다. "여러분이 죽을 거라고 믿는 것은 옳습니다. 그 믿음은 여러분을 지탱합니다. 만약 그걸 믿지 않는다면, 여러분은 삶을 견딜 수 있겠습니까?"[40] 정신분석은 삶이 견딜 수 없는 주이상스와의 고통스러운 투쟁이라는 점에 주목한다. 토니와의 데이트 도중에 토니의 아내는 그녀의 월급 대부분이 옷을 사는 데에 충당된다고 말한다. 그녀에게 새로운 옷에 대한 욕망은 저항할 수 없는 종류의 것이다. 이 만족시킬 수 없는 욕망을 만족시키려는 환상이 그녀의 삶을 구조화하고, 옷을 사는 순간에 도래하는 강렬하고 일시적인 충동이 그녀의 삶의 방향을 이끈다. 욕망의 난관과 주이상스의 감옥은 그녀의 삶을 스킬라와 카리브디스 사이(진퇴양난)에 빠트린다. 그녀의 삶은 충동구매를 만족시킴으로써만 살 만한 것이 되고, 그러한 만족의 좌절과 함께 무가치한 것이 된다. 바디우식으로 말하자면 그녀의 삶은 진리의 주체가 될 가능성을 포기한다. 그녀의 삶은 삶 충동와 죽음 충동 사이에서 동요하는 인간 동물의 몸의 문제가 된다. 이러한 삶의 비전에 대항해서 바디우는 이렇게 단언한다. "삶이란 출현하게 된 어떤 몸이 거는 내기입니다. 그 내기는 죽음을 야기하는 충동뿐만 아니라 생명을 보존하는 충동 모두와 거리를 두면서 이 몸에 새로운 시간성을 충실히 위탁하는 것에 관련됩니다. 삶은 충동을 이기는 것입니다."[41] 참된 삶은 충동의 힘이 제지되고 동물적 몸이 진리의 주체적 몸으로 재탄생할 때에만 도달될 수 있다. 충동에 의해 결정되고 지배되는 삶은 마치 죽지 않은 것(the un-dead)의 살아 있는 죽음(mors vitalis)이거나 필멸의 삶(vita mortalis)과 같다. 이런 점에서 증상적 사랑은 주체화 가능한 몸이 누리는 참된 삶의 가능성을 동물적 몸이 직면하는 생존 및 죽음의 사실성으로 뒤덮어 버린다.

참된 삶의 정동은 행복이다. 헤도니아(hedonia)와 에우다이모니아(eu-daimonia)에 대한 아리스토텔레스의 구분을 따라 바디우는 만족과 행복을 구분한다. 만족이 세계의 지배적인 법칙에 순응하는 개인에게 제공되는 것이라면, 행복은 법칙과의 단절을 통해 그 개인이 주체가 되는 것에 수반된다. 만족과

---

40 Lacan, "Conférence de Louvain suivie d'un entretien avec Françoise Wolff" in *Jacques Lacan parle*. www.youtube.com/watch?v=-HBnLAK4_Cc에서 볼 수 있다.

41 Badiou, *Logics of Worlds*, p. 509.

함께 개인은 기존의 실존이 유한히 허용하는 것만을 향유한다. 행복과 함께 주체는 그의 실존을 전례 없고 무한한 방식으로 재창조하게 하는 것을 향유한다. 토니의 경우 비록 그는 기존에 그가 갖고 있던 삶과 사랑의 방식을 전복함으로써 행복에의 입구를 스쳐 지나가지만, 사랑의 무한에는 도달하지 못한다. 이는 아내의 죽음 이후에 토니가 여성 어시스턴트를 고용해서 그녀로 하여금 아내의 옷을 입게 했다는 사실에서 드러난다. 그러나 겉보기에 효율적인 이러한 전략은 진정한 애도란 임의의 특수성(그의 아내와 똑같은 드레스 치수를 입는 어떤 여성의 몸)을 통해 상실을 만회하는 것이 아니라 대체 불가능한 단독성의 상실과 함께 살아가는 것이라는 핵심을 놓친다. 그 전략은 또한 사랑이 무한한 한에서 사랑의 상실을 다루는 것은 상실에 대한 손쉬운 대체가 아니라 상실에 대한 무한한 주체화의 문제라는 점을 놓친다. 따라서 토니의 애도는 상실에 대한 주체적 수임이 되는 데에 실패하고 상실에 대한 대상적/상상적 치환에 그친다. 이것이 아마 토니가 아내의 얼굴은 떠올릴 수 없는 반면, 잠시 고용했던 여자의 이미지는 그에게 지속적으로 떠오르는 이유일 것이다. "그가 그 여자의 이름을 포함해서 모든 것들을 잊고 난 이후에도 그녀의 이미지는 이상하게도 잊을 수 없는 것으로 남아 있다."[42] 바디우적 주체가 외상적 상실이 사랑의 행복을 능가할 수 없다는 확신 하에 사랑의 상실마저 사랑의 무한의 일부로 긍정한다면, 토니에게는 옷이 특권적 대상을 차지하고 유한의 표식으로서 사랑의 방향을 이끈다. 바디우의 구분을 사용하자면, 옷은 유한하지만 무한한 사랑의 과정으로 개방되는 재료인 "작품(œuvre/work)"이 아니라 그 자체 안에 갇혀 있는 유한한 대상으로서의 "찌꺼기(déchet/waste)"의 역할을 한다. 작품을 만들지 못하는 사랑은 찌꺼기로 종결된다. 요컨대 사랑에 연루되는 증상적 실재에 초점을 맞추는 라캉 반철학에 반해 바디우 철학은 사랑이 단순히 증상 간의 관계가 아니라 진리의 창조이며, 이 창조는 충동을 넘어선 참된 삶과 만족을 넘어선 행복에 접근하는 통로가 된다고 주장한다.

---

42 Murakami, "Tony Takitani" p. 202.

반철학과 철학의 대화의 두 번째 테마는 반철학적 행위와 철학적 작용에 관련된다. 반철학자는 철학적 전통에 대항해서 자기 고유의 행위의 환원 불가능성을 단언한다. 가령 플라톤의 이데아와 기독교적 도덕보다 삶과 육체를 우선시한 니체는 이렇게 선언한다. "내가 우리 시대의 첫 번째 철학자라는 것은 결코 상상할 수 없는 일이 아니다. 아마 나는 심지어 그보다 더한 어떤 것, 이천 년 사이에 서 있는, 결정적이고 치명적인 그 무엇일 것이다."[43] 니체에게 그의 고유한 실존("나는")은 철학적 전통 전부를 초과하고("그보다 더한") 그 전통의 파멸을 예고하는 그 무엇이다. 반철학자는 자신의 급진적 행위, 극적인 삶, 단독적인 실존을 통해 철학의 이념과 학설을 능가하고, 파괴하고, 재형성한다.

라캉의 경우 그는 분석 행위를 철학에 대해 하나의 불가사의로 제시한다. 분석자에게 분석 행위는 의식적인 자기 정체성 너머에서 실재적인 무의식과 만나는 독특한 경험을 유발한다. 분석가에게 분석 행위는 분석자의 욕망의 원인인 대상의 위치를 차지함으로써 환상의 해체를 이끌고 주체적 실재를 드러내는 실천이다. 실재와 만나고 실재를 보여 주는 분석 행위는 일반 관념과 추상적 진리를 관조하고 이론화하는 데에 집중하는 철학에 비해 전례 없는 것을 제공한다. 그러나 이것이 분석 행위가 신비롭고 엑스타시적임을 뜻하지는 않는다. 신비롭고 초월적인 행위(절대적인 것에 대한 주체적 선택)를 제시한 또 다른 반철학자 키에르케고어의 행위와 달리, 라캉적 행위는 수학소의 작용 덕분에 논리적이고 형식적이며, 바로 여기에 분석 행위의 고유성이 있다. 분석 행위의 효과는 입증되고 공유될 수 있다. 행위는 지식의 구축 가능성과 전달 가능성에 열려 있다. 요컨대 라캉적 행위는 일반 개념의 형식을 갖는 철학적 진리를 추월하기 위해서 독특한 지식의 형식을 통해 실재를 보여 준다.

「토니 타키타니」와 관련해서 분석 행위를 구체화해 보자. 1975년에 라캉이 제시한 마약에 대한 정의부터 살펴보자. "마약에 대해서는 다음과 같은 정의 외에 다른 정의는 없습니다. 마약은 팔루스와의 결혼으로부터 우리를 분리시

---

43 Badiou, "Who is Nietzsche?", trans. Alberto Toscano, *Pli: The Warwick Journal of Philosophy* 11 (2001): 5에서 재인용.

킵니다."⁴⁴ 중독은 주이상스를 제한하는 방식으로서의 팔루스가 고장남에 따라 고삐 풀린 주이상스가 출현하여 주체를 사로잡는 것을 뜻한다. 결여의 기표로서의 팔루스가 더 이상 작동하지 않을 때 출현하는 것은 이성적 인지를 중단시키는 주이상스의 범람이다. 주이상스의 탈주체적인 유동성에 함몰된 중독의 주체는 무력하게 병리적인 행위를 반복한다. 토니의 아내는 이렇게 고백한다. "나는 그렇게 많은 옷이 필요 없어요. 나도 알아요. 알지만 어쩔 수가 없어요."⁴⁵ 소설에서 우리는 그녀의 증상의 병인과 계보에 대한 단서를 찾을 수 없다. 그러나 우리는 그녀의 증상적인 주이상스가 육체 이미지에 대한 그녀의 집착과 함께 움직인다고 추론할 수 있다. 그녀의 충동구매는 그녀의 이상화된 육체 이미지를 보존하고 보호하는 수단으로 기능한다. 거울을 통해 새 옷을 입고 있는 자신의 모습을 바라보는 행위는 그녀에게 거대한 쾌락을 제공할 것이다. 그녀는 잘 차려입은 자신의 육체 이미지와 사랑에 빠지는 것이다. 더 정확히 말해 그녀는 자기 사랑과 토니에 대한 사랑 사이에서 유예되어 있으며, 여기에 그녀의 주체적 난관이 있다. 거울 단계에 대한 초기 입장을 확장시키면서 라캉은 이렇게 말한다. "자기애는 상상의 원리입니다. 말하는 존재는 자신의 몸을 사모하며, 그래서 그는 그가 몸을 갖고 있다고 믿습니다. 사실 그는 몸을 갖고 있지 않습니다. 그의 몸은 그의 유일한 일관성, 정신적 일관성일 뿐입니다. 그의 육체는 늘 없어집니다."⁴⁶ 육체는 부분 충동의 덧없는 다발로서의 실재적 육체와 정신적 일관성으로서의 상상적 육체로 나눌 수 있다. 생물학적 욕구가 상징적 질서를 통해 여과됨에 따라, 말하는 존재의 삶은 자연적 욕구가 아니라 탈자연화된 충동에 근거한다. 다수의 파편적 충동은 우리가 통합된 육체를 갖지 못하게 한다. 우리가 통합된 육체를 가질 수 있다면, 이는 육체 이미지가 실재적 육체의 비일관적 충동을 일관된 형태로 환원하기 때문이다. 상상

44 Jacques Lacan, *Culture aux Journée d'études des Cartels in Lettres de L'École freudienne de Paris*, No. 18, April, 1976, p. 268.

45 Murakami, "Tony Takitani" p. 196.

46 Lacan, *SXXIII*, p. 52.

화된 육체는 일관성을 통해 비일관성을 통제하는 것을 돕고, 여기서 육체에 대한 사랑이 유래한다. 우리의 자기애는 상상화된 육체에 대한 사랑에 근거한다. 토니의 아내의 경우, 우리는 새 옷을 입은 이미지가 그녀의 육체의 끝없는 변모를 가능하게 해주기 때문에 그녀의 육체에 대한 사랑은 더욱 비대해진다고 말할 수 있다. 그녀의 증상은 비일관성을 일관성으로 누그러뜨리고 환원하는 것을 넘어서서 다수의 (구매 가능한) 일관성 간의 자극적인 유희를 제공했을 것이다. 요컨대 그녀의 증상의 핵심은 억제되지 않은 주이상스와 육체 이미지에 대한 집착 간의 상호작용에 있다.

그녀의 증상을 다루기 위해 분석 행위는 "올바른 상징화(symbolisation correcte/correct symbolization)"[47]를 실행해야 한다. 올바른 상징화란 "(환상을 설명하는) 무력함을 (실재를 구현하는) 논리적 불가능성으로 격상시키는 것"[48]을 뜻한다. 분석 행위는 이상화된 육체 이미지에 대한 그녀의 환상에 기인한 무력함을 검토해야 한다. 분석은 육체에 대한 사랑이 그녀의 주체적 실재를 가리는 스크린의 역할을 하고 있으며, 그녀의 상상적인 사랑 아래에 그녀의 실재적 문제가 도사리고 있음을 해명해야 한다. 그런데 주체적 실재에 대한 계시는 어렵고도 드문 일이다. 라캉이 말하듯, "진리의 곤란함은 그림자 속으로 버려져 왔다. 그러나 실재에 관해서는 어떤 것도 보이는 법이 없다."[49] 여기서 라캉의 반철학적 제스처가 진리와 실재 간의 구분에 근거하고 있음에 주목하자. 그리고 그러한 구분은 분석 작업이 그 둘을 드러내는 정도의 차이에 따라 이루어진다. 주체의 억압된 진리는 비록 부분적으로라도 밝힐 수 있다. 그러나 실재는 다른 문제인데, 그것은 실재가 미지의 영역이기 때문이다. 더구나 실재의 계시는 부정적인 치료 반응에서처럼 분석자의 격렬한 저항을 유발할 것이다. 분석자가 자신의 증상을 포기하지 않고 오히려 증상을 자기 자신처럼 사랑하는 한에서 말이다. 실재의 계시는 분석가에게도 유쾌한 일이 아니다. 그것은 불안을 유발하고 그

---

47 Lacan, "Radiophonie" in *Autres écrits*, p. 423.

48 Lacan, "...ou pire: Compte rendu du Séminaire 1971-1972" in *Autres écrits*, p. 551.

49 Lacan, "Radiophonie" in *Autres écrits*, p. 443.

의 지위를 안다고 가정된 주체에서 찌꺼기로 추락시킨다. 이런 이유로 분석가는 자신의 행위를 공포스럽고 혐오스럽게 여긴다. 그럼에도 불구하고 분석 행위는 오직 실재와의 반복적인 만남을 통해서 나아간다. 라캉이 말하듯, "오직 불가능성을 그 연역을 통해 밀어붙이는 것을 통해서만 무력함은 환자를 행위자로 변환할 힘을 갖는다."[50] 분석 행위는 분석자의 주체되기를 가능하게 한다. 분석 행위는 또한 분석자가 무력한 상상계의 환자에서 불가능한 실재의 행위자로 이동할 기회를 제공한다. 분석 행위는 분석자가 현실에 순응하고 타협하도록 이끌기보다는 분석자가 인정하지 못한 실재를 붙들고 투쟁하도록 지원한다. 임상적으로 볼 때 올바른 상징화는 주이상스의 상징화와 협력해야 한다. 일단 주체적 실재와의 만남이 일어나면, 거기에 포함된 치명적 주이상스는 상징화되어야 한다. 토니의 아내의 경우, 그녀의 주체적 실재가 드러나게 되면 그녀의 중독적인 주이상스에 한계를 부여할 상징적 장치가 창안되어야 한다. 그 다음에 그녀는 기존의 무의식을 새로운 무의식으로 재형성하는 과정에 진입할 수 있을 것이다. 여전히 그녀를 규정하기는 하지만 적어도 자가면역적으로 그녀를 황폐화시키지 않는 무의식으로 말이다. 요컨대 분석 행위는 주체적 실재와의 만남을 통해 변화의 계기로 작용한다.

이 지점에서 분석 행위가 반철학적 사랑에 대해 갖는 함의가 명확해진다. 비록 분석 행위가 결과적으로 주체적 변화를 야기할 수 있다 하더라도, 그 변화는 바깥이 아니라 주체 내부로부터 와야 한다. 만약 변화가 바깥에서 온다면, 이는 변화가 주체적인 것이 아니라 강요된 것임을 뜻한다. 그리고 강요한 변화는 일종의 주인이 분석 행위의 유효성에 대해 설교하거나 그 유효성을 주입한다는 것을 뜻한다. 라캉은 두 층위에서 이 점에 반대한다. 우선 "분석 행위의 주인"[51]과 같은 것은 없다. 나아가 그는 이렇게 말한다. "저를 가르침으로부터 구해 주는 것은 행위입니다."[52] 사랑은 주체적 변화의 문제이다. 자크-알랭

50 같은 책, p. 446.

51 Lacan, *SXV*, 1968년 1월 24일 수업(미출간).

52 acques Lacan, "Allocution sur l'enseignement" in *Autres écrits*, p. 303.

밀레가 말하듯, 만약 "누군가를 진정으로 사랑하는 것이 그를 사랑함으로써 여러분이 여러분 자신에 대한 진리에 도달할 것이라고 믿는 것이라면,"[53] 사랑은 필연적으로 주체적 변화를 동반한다. 자신의 진실에 마주한 이는 더 이상 같을 수 없다. 그러나 이러한 변화는 주인으로서의 철학자가 주입한 진리를 통해 일어나지 않는다. 그것은 도그마로 무장한 주인 바깥에서만, 실재에 대한 자기 주도적 경험 및 실험을 통해서만 일어난다. 이런 점에서 분석 행위는 모든 연인이 종종 경험하는 것을 확증한다. 교훈적이고 훈계적인 지혜가 개입하는 곳에서는 사랑싸움이 일어날 뿐이다. 그리고 거기서 에로스(Eros)는 아레스(Ares)가 된다.

주체적 변화는 변화에 대한 어떠한 의도, 기대, 예측 바깥에서, 심지어 변화에 대한 희망(이 모든 것들은 종종 모든 것을 연출하는 주인과 이미 프로그램화된 가르침을 내포한다) 바깥에서 일어난다. 분석 행위는 변화의 계기로 작용하지만, 결코 직접적으로 변화를 겨냥하지 않는다. 분석 행위는 분석의 끝을 겨냥하며, 라캉은 이를 통과(La passe/The Pass)라 부른다. 통과는 분석자에서 분석가로의 주체적 변형을 뜻한다. 통과는 어떤 장소를 통과하는 것이나 한 장소에서 다른 장소로 이동하는 것이 아니다. 오히려 통과는 막다른 골목을 바라보는 데에 있다. "분석의 끝은 두 번 제자리걸음 하면서 우리가 무엇에 갇혀 있는지를 재발견하는 것입니다. …… 우리가 무엇에 사로잡혀 있는지를 보는 것으로 충분합니다."[54] 핵심은 우리가 사로잡혀 있는 것에서 벗어나는 것이 아니라 그것과 직면하는 것이다. 변화는 변화의 불가능성에 대한 수용과 탐구로부터 유래할 수 있다. 주체적 변화는 변화에 관한 어떠한 의식이나 프로그램 없이 실재 주위를 맴도는 반복적 과정으로부터만 도래할 수 있다. 이런 점에서 분석 행위는 사랑의 주체가 무엇보다 기다림의 주체임을 암시한다.

---

53 Jacques-Alain Miller, "We Love the One Who Responds to Our Question: 'Who Am I?'" in *The Symptom*, trans. Adrian Price. articulosparapensar.wordpress.com/2013/12/03/jacques-alain-miller-on-love에서 볼 수 있다.

54 Lacan, *SXXV*, 1978년 1월 10일 수업(미출간).

그렇다면 라캉적 기다림과 같은 것이 있을까? 『세미나 25권』에서 라캉은 이렇게 쓴다. "실재는 쓰기 불가능한 것, 달리 말해, 쓰이지 않기를 그치지 않는 것입니다. 실재는 쓰이기를 기다리고 있는 가능한 것입니다."[55] 앞서 살펴봤듯, 라캉은 글쓰기를 통해 네 가지 양상을 재정의한다. 주목할 점은 여기서 라캉이 실재를 불가능성 및 가능성으로 여긴다는 것이다. 그리고 불가능성과 가능성을 매개하는 것은 기다림이다. 여기서 세 가지 점을 도출해 내자. 첫째, 기다림은 주인의 행위가 아닌데, 이는 기다림이 불가능성과 가능성을 가로지르기 때문이다. 주인은 이미 정착된 규범의 세계에 거주하기 때문에 불가능성을 알지 못한다. 기다림은 주체에게도 버거운 일이다. 기다림은 종종 주체를 탈진시키고 무력화시킨다. 그러므로 기다림의 행위자는 (불)가능성이라는 순수한 비일관성으로서의 실재에 직면한 모든 이다. 기다림의 행위자는 쓰이기를 기다리는 가능한 것과 쓰이기 불가능한 것 사이에 있다. 둘째, 기다림은 메시아주의의 문제가 아니다. 메시아주의가 불가능성과 가능성 간에 이미 확정된 구분을 전제하는 한에서 말이다. 그러한 구분은 진정한 기다림에 어울리지 않는다. 셋째, 기다림은 수동성의 문제가 아니다. 현존하는 실재에 대한 분석적 지식의 구축이 도래할 실재에 대한 분석적 기다림을 동반하는 한에서 말이다.

똑같은 점이 변화에 대한 사랑의 기다림에도 적용된다. 결코 주인이 아니며 가까스로 주체가 되는 사랑하는 이는 불가능한 것과 가능한 것 간의 구분 너머에서 연인의 주체적 변화를 기다린다. 대개의 경우 사랑하는 이는 연인이 나르시시즘적 전체성에 대한 고착에서 결여의 인정으로 나아가기를 기다릴 것이다(이것만이 그들의 사랑의 과정에 도움이 된다). 토니의 아내의 경우, 토니는 아내가 증상적 주이상스에 대한 자기 충족적 사랑에서 토니와 함께 사랑의 기쁨에 참여하는 쪽으로 변화하기를 기다릴 것이며, 이러한 기다림의 행위는 또한 능동적인 관여와 결합되어야 한다. 여기서 벤야민의 경구를 참고해 보자. "누군가

55 Lacan, *SXXV*, 1978년 3월 8일 수업(미출간).

를 아무 희망 없이 사랑하는 사람만이 그 사람을 제대로 안다."[56] 누군가를 사랑하는 유일한 방식은 그 사람에 대한 독특한 지식을 창안하면서도 순수하게 기다리는 행위를 통해서 가능할 것이다. 사랑은 아무 희망 없이, 그러나 지식을 형성하는 가운데, 주체적 변화를 사심 없이 기다리는 행위이다. 이것이 사랑이 사유가 아니라 행위, 나아가 분석 행위처럼 불가능성의 행위인 이유이다. 반철학적 자부심으로 가득 찬 라캉은 이렇게 선언한다. "저의 가장 커다란 힘은 기다림이 무엇인지를 아는 데에 있습니다."[57] 요컨대 사랑은 분석 행위로부터 다음의 경구를 받아들인다. 주체적 변화에 대한 기다림의 행위가 있었던 곳에, 사랑이 도래해야 한다.

철학적 작용의 문제로 넘어가자. 바디우에 따르면, 철학적 작용은 네 가지 유형의 진리(예술, 과학, 정치, 사랑)가 공존할 수 있는 개념적 공간을 조직하는 데에 있다. 이는 철학이 진리를 직접 생산하지 않고 진리의 범주를 통해 진리들을 붙잡을 뿐임을 뜻한다. 달리 말해 철학은 자기 충족적이지 않고 조건 지어진다. 여기서 주목할 점은 철학이 진리의 범주를 현존이 아니라 공백으로 유지한다는 것이다. 진리의 범주가 공백으로 남겨지기 때문에, 새로운 진리들이 들어올 수 있고, 어떤 실체적 진리가 아니라 끝없이 미완결적이지만 무한한 진리 과정이 있을 수 있다. 철학이 진리의 공백을 메울 때, 철학은 사유의 재난을 야기하고, 이때 엑스타시적 장소, 신성한 이름, 명령의 테러가 권력을 행사한다. 여기서 철학은 스스로를 진리로 제시하면서 이질적이고 독특한 진리들을 하나의 특권적이고 실체적인 **진리**로 환원한다. 하이데거에서 예술이 **진리**이며, 분석 철학에서 과학이 **진리**인 것처럼 말이다.

그런데 반철학은 철학에게 철학적 작용이 동시대 진리를 토대로 해서만 가능하다는 점을 주지시킨다. 반철학은 철학이 동시대 진리를 알아보도록 일깨우는데, 이 진리들은 동시대 세계와는 불화하는 진리들, 즉 예외적 형식을 띠

---

56 발터 벤야민, 『일방통행로/사유이미지』, 김영옥·윤미애·최성만 옮김, 길, 2009년, 119쪽.

57 Jacques Lacan, "Seconde lettre de convocation au forum" *Annuaire et textes statutaires* 1982: 94.

는 정치적 운동, 과학적 실험, 예술적 창안, 사랑의 열정이다. 반철학자는 철학이 영원한 관조나 시류에 영합하는 이데올로기를 통해서 움직이지 않는다는 굳건한 확신으로 무장된 철학자이다. 철학은 동시대 세계 안에서, 그러나 또한 동시대의 지배적 규범에 거슬러서 진리를 사유한다. 바디우가 쓰듯, "반철학자는 우리에게 다음과 같은 사실을 상기시킨다. 철학자란 현존하는 권력과 그 하수인들의 증오를 받는 정치적 투사이자, 가장 있을 법하지 않은 창작물을 맞이하는 심미가이며, 한 남자 혹은 한 여자를 위해 삶을 뒤엎을 수 있는 연인이자, 과학의 가장 역설적인 전개들과 빈번히 교류하는 학자라는 것이다. 그리고 바로 이러한 열광, 불편, 반역 속에서 철학자들은 이념의 전당을 만들어 낸다는 것을 말이다."[58]

반철학이 철학에게 진리의 반시대적 성격에 관한 급진적인 메시지를 전달한다면, 철학은 여기서 한발 더 나아가 반시대적 진리를 행복의 문제에 연결시킨다. 철학은 철학과 행복 사이에 내재적인 연결이 존재한다고 단언한다. 행복에 대한 플라톤의 논의를 상기하자면, 진정으로 행복한 이는 권력, 돈, 명성을 지닌 이가 아니라 철학자이다. 바디우에게 행복(eudaimonia)이란 무엇일까? "좋은(eu) 영혼(daimōn)"으로서의 행복은 진리에 참여하는 주체의 정동이다. 사실 이 논점은 바디우의 지적 여정에서 중요한 함의를 갖는다. 『존재와 사건』의 관건은 진리의 존재 증명이다. 그러나 문제는 진리의 존재에 대한 개념적 증명이 우리의 구체적 삶과 유리된 것처럼 보인다는 것이다. 이에 『세계의 논리』는 진리가 존재할 뿐만 아니라 세계에서 출현한다는 점을 증명하면서 삶의 문제에 관여한다. 진리의 문제가 참된 삶의 문제로 확장된 것이다. 또한 『세계의 논리』는 진리에 대한 순전한 형식주의를 극복하기 위해 진리의 정동(사랑에서의 기쁨, 정치에서의 열광, 과학에서의 지복, 예술에서의 쾌락)을 제시한다. 최근에 바디우는 이 모든 정동을 행복이라는 핵심 범주를 통해 아우른다. 행복의 테마는 『진리들의 내재성』에서 핵심적인 역할을 하는데, 이 저작의 문제의식은 어떻게 진

---

58 바디우, 『비트겐슈타인의 반철학』, 7-8쪽.

리가 존재와 세계의 관점에서 존재하고 출현하는지가 아니라 역으로 존재와 세계가 진리의 관점에서 어떻게 보이는지를 탐구하는 것이다. 진리의 관점에서 볼 때 그 어떤 것도 행복보다 구체적이고 강렬하지 않으며, 철학에 의해 인도되는 행복은 우리가 기존의 세계를 다른 방식으로 경험하게 해준다. 여기서 삶의 경험적 드라마와 개념의 형식적 시스템을 대비시키는 반철학적 행위는 철학적 작용으로 지양된다. 철학은 반철학을 횡단하면서 참된 삶을 진리의 주체가 되는 문제에 연결시키고, 행복이 개념적 증명의 문제일 뿐만 아니라 내재적 경험의 문제임을 보여 준다. 진리의 주체가 가장 행복한 자라는 굳건한 확신을 토대로, 철학은 참된 삶의 주체적 이론에서 살아 낸 진리의 행복한 경험으로 이동한다. 바디우가 말하듯, "철학은 진리들의 실존을 제시하는 삶에서 진리들의 실존을 하나의 원칙으로, 규범으로, 경험으로 삼는 삶에 이른다."[59]

또 주목할 점은 『진리들의 내재성』이 어떻게 진리들의 정동이 공가능할 뿐만 아니라 뒤얽혀 있는지를 다룬다는 것이다. 진리들의 정동의 뒤얽힘은 자연스러운 귀결로 보이는데, 왜냐하면 우리는 정치적 사안에 완전히 무관심한 사랑의 기쁨이 가능한지는 차치하고서라도 과연 그것이 행복이라는 범주를 부여받을 만한지 질문할 수 있기 때문이다. 사랑의 기쁨에 대한 절대화는 개인적 만족이라는 명목으로 기존 규범의 보존에 복무한다. 만약 사적 만족감에만 국한된 사랑의 기쁨이 행복과 동일시된다면, 이는 지배적인 세계의 법칙이 그러한 동일시를 장려하고 도모하기 때문이다. 가령 "일과 삶의 균형"이나 "자기계발을 통한 성공"이 행복의 공식으로 여겨진다면, 이는 그것이 자본주의의 논리에 들어맞기 때문이다. 요점은 사랑하는 이가 혁명가여야 한다는 것이 아니라 행복이 사랑과 정치 모두에 영향을 주는 세계의 법칙에 따라 (재)정의된다는 것이다. 따라서 생 쥐스트(Saint Just)의 "행복은 유럽에서 새로운 이념이다"는 선언을 확장시켜 보자. 행복은 기존에 정립된 법칙(실존적이든 정치적이든)이 더 이상 통하지 않는다는 것을 발견한 모든 이에게 영원히 새로운 이념으로

---

59 알랭 바디우, 『행복의 형이상학』, 박성훈 옮김, 민음사, 2016년, 144쪽.

남아 있을 것이다. 바디우적 행복은 사랑의 기쁨이나 정치적 열광 같은 하나의 특정 유형의 진리로 환원되거나 국한되지 않는다. 오히려 행복은 사랑의 기쁨과 정치적 열광의 공존 및 그 둘 간의 연결고리가 형성될 드문 가능성에 근거할 것이다.

여기서 「토니 타키타니」의 사랑에 대한 또 다른 바디우적 비판을 제기해 보자. 이브 생 로랑(Yves Saint Laurent)은 "옷은 삶의 방식"이라고 말한 바 있다. 토니의 아내에게는 유행하는 옷을 입는 것이 유일한 삶(과 죽음)의 방식이다. 새 옷은 그녀가 진정으로 주체적인 삶에 접근하는 것을 단절시키는 가면의 역할을 한다. 그녀의 삶은 생산과 소비의 끝없는 회로에 관한 자본주의적 논리에 종속되어 있기에 그녀는 새 옷이 판매되자마자 구매해야 한다. 그녀의 쇼핑 중독은 자본주의가 구매 가능한 대상뿐만 아니라 증상적인 주체를 생산한다는 점을 증명하는 전형적인 사례이다. 나아가 토니 자신이 그녀가 옷 입는 방식에 이끌린다는 점, 옷을 완벽하게 자연스럽게 입은 그녀의 모습을 보는 것이 그를 "행복하게" 한다는 점, 그리고 옷이 그들의 사랑의 끝과 그녀의 삶의 끝을 유발하는 데에 핵심적인 역할을 한다는 점에 주목하자. 옷은 그들의 사랑에서 큐피드(Cupid)로 작용한다. 옷은 그들의 사랑을 유발하고, 일시적으로 사랑을 유지시키고, 갑작스럽게 사랑을 종결시킨다. 토니와 아내는 그들의 사랑이 소비 자본주의에 연루된 범위를 알지 못한다. 이런 점에서 그들은 바디우가 최소한의 코뮤니즘이라 부르는 것, 즉 사랑의 주체가 자본주의 체제에 국지적인 구멍을 내는 둘의 코뮤니즘에서 멀리 떨어져 있다. 자본주의와 그 생산품에 영향을 받는 그들의 사랑은 행복에 이르지 못한다. 사랑의 기쁨과 정치적 열광 간에 가능한 연결고리는 차단되고, 세계의 지배적인 법칙은 병리적 증상을 야기하는 소비재로 행복을 환원한다.

사실 행복에 관한 철학적 테제는 반철학과 철학 간의 대화의 결과물로 출현한다. 『행복의 형이상학』에서 그러한 대화의 파트너로 등장한 반철학자는 키에르케고어이다. 선택, 만남, 절대성, 객관적 불확실성에 관한 키에르케고어의 아이디어를 받아들이면서 바디우는 다음과 같은 반철학자의 교훈에 주목한다. 우리의 실존은 반시대적 진리의 부분이 되는 주체적 가능성을 환기할 능력이 있다. 우리의 실존은 지배적인 동시대 이데올로기에 순응하기만 할 수 없다. 우리의 실존은 우연한 만남에 의해 횡단되고, 삶과 죽음 사이에서 선택을 떠맡고, 절대성에 참여하도록 고무될 수 있다. 우리의 실존은 보통의 이해관계와 일상적 관심 너머에서 예외적 진리가 지탱하는 주체적 삶에 내기를 걸 수많은 가능성을 함유한다. 절망에 대한 선택과 절대성에 대한 선택을 동일시하는 키에르케고어를 원용하면서 바디우는 이렇게 단언한다. "일정 정도의 절망은 실재적 행복의 조건이다."[60] 기존 정체성의 상실로서의 절망은 절대성에의 접근을 획득하고 주체가 되는 경로를 구성한다. 상상적 만족이라는 행복의 유사물은 우리로 하여금 예외적이고 실재적인 절망보다는 규범적이고 환영적인 희망을 선호하게 한다. 그러나 행복은 위험과 모험으로부터 거리를 두는 자기 안주의 상태가 아니다. 행복은 절망이라는 대가를 지불하고 시련을 통과하는 과정 안에만 존재한다.

라캉과 키에르케고어가 갖고 있는 반철학자로서의 몇몇 유사성을 논외로 할 때 우리의 논의에서 중요한 것은 행복의 문제에 관한 라캉 반철학과 바디우 철학 간의 대화이며, 이 부분은 바디우의 논의에서 빠져 있다. 이 부분을 구성적으로 살펴보자. 『세미나 7권』에서 라캉은 행복에 대한 분석자의 열망이 "남자에게는 모든 여자의 소유, 여자에게는 이상적인 남자의 소유"[61]와 같은 신기루를 겨냥한다고 지적한다. 한편에는 비범한 정력으로 부족 내의 모든 여자를 소유하는 전제적인 아버지에 관한 남성적 환영이 있다. 다른 한편에는 거세에 종속되지 않으면서 여자에게 주이상스를 제공하는 전능한 남자에 관한 여성적 환영이 있다. 결과적으로는 양쪽 다 어떤 남성적 이상향의 주술에 걸려 있는 셈이다. 행복은 전능한 팔루스에 대한 환상으로 귀결된다. 『세미나 17권』에서 라캉은 팔루스와 행복을 직접적으로 연결시킨다. "유일한 행복은 팔루스

---

60 같은 책, 66쪽.

61 Lacan, *SVII*, p. 303.

의 행복입니다."[62] 행복의 행위자는 팔루스이다. 여자가 팔루스의 행복에서 제
외된다면, 남자의 상황 또한 다르지 않다. 팔루스의 운반자로서의 남자는 여자
의 팔루스 박탈을 완화하려고 시도한다. 그러나 팔루스를 다루는 남자의 솜씨
는 미숙하며, 그래서 남자는 결국 여자에게 박탈을 상기시켜 줄 뿐이다. 팔루
스가 양성 간에 다리를 놓는 미봉적인 매개체의 역할을 하긴 하지만, 팔루스의
작용은 근본적으로 불완전하다. 그 결과 양성 모두 불만족스럽고 당혹스러운
상태에 놓인다. "양성 중 한쪽은 팔루스를 갖고 있지 않으며 다른 쪽은 팔루스
를 갖고 무엇을 해야 할지 알지 못하는 것이다."[63]

『세미나 16권』에서 라캉은 행복을 잉여 주이상스와 동일시한다. "파스칼이
행복한 삶에 관해 말할 때 그가 무슨 말을 하는지 알지 못한다면, …… 만약 행
복이 잉여 주이상스에 구현된 기능이 아니라면 행복이라는 용어는 도대체 무
엇을 뜻할 수 있을까요?"[64] 잉여 주이상스는 주이상스의 광역적인 상실 안에서
국지적인 보상으로 획득된다. 우리는 일단 주이상스를 포기하는 한에서만 잉
여 주이상스를 얻을 수 있다. 그것은 일차적 상실에 대한 이차적 획득이다. "주
이상스의 수단이 열리는 것은 아이가 닫혀 있고 낯선 주이상스를 포기하고 어
머니를 포기하는 원칙 하에서입니다."[65] 요컨대 오직 팔루스의 행복만 존재하
며, 주체가 획득할 수 있는 것은 소외된 행복의 형식인 잉여 주이상스다. 라캉
에게 행복은 원천적으로 제한되어 있으며 부분적으로 접근 가능한 무엇이다.

그러나 이러한 반철학적 조소의 반면을 읽어 내자. 행복에 대한 비관적인
아이러니 뒤에는 행복의 환영적인 유사물을 경계하는 엄밀한 냉정함이 있다.
앞서 살펴봤듯, 분석 행위는 분석가를 행복하게 만들지 않고, 그것은 분석자에
게도 마찬가지이다. 그렇지만 분석 행위는 분석자로 하여금 행복에 관한 환상
에서 벗어나게 만든다. 행복을 요구하는 분석자에 대해 분석가가 가져야 할 윤

---

62 Lacan, *SXVII*, p. 73.

63 같은 책, p. 76.

64 Lacan, *Le Séminaire XVI*, p. 23.

65 Lacan, *SXVII*, p. 78.

리에 관해 라캉은 이렇게 말한다. "분석가는 행복이라는 최고선의 문제가 닫힌 문제임을 알고 있습니다. 그는 자신에게 요구되는 최고선을 갖고 있지 않을 뿐만 아니라 어떠한 최고선도 없다는 것을 알고 있습니다."[66] 분석가의 답변은 분석자로 하여금 거짓 행복의 비실존, 즉 이상적이고 막연하고 사적이고 안락한 행복 같은 것은 존재하지 않는다는 점을 통찰하게 한다. 여기서 관건은 미리 예정된 행복이 아니라 어떤 거짓 행복도 문제화하는 욕망의 한계이다. 행복에는 최고선으로 표현되는 어떤 모델이나 이상향 같은 것이 존재하지 않는다. 행복을 위해서는 규범적이고 프로그램화된 경로 너머에서 욕망이라는 알려지지 않은 경로를 통과하는 편이 나을 것이다. 행복에 관한 적극적인 학설을 제안하지 않는 라캉에게 있어서 행복은 아마 결코 욕망을 포기하지 않는 주체적 대담성에서 도래할 것이다. 강화된 자아, 안정된 의식, 자연적 발달, 현실에 잘 적응된 행동 양식을 통해 행복에 접근하는 현대 심리학은 인간을 "세계로부터의 승인뿐만 아니라 자기 자신과의 조화"로 이끌고, 여기서 "그의 행복은 세계로부터의 승인에 달려있다."[67] 행복이 세계의 승인을 받는지의 여부에 달려 있는 한, 그것은 "순응의 영역과 심지어 사회적 착취의 영역"[68]에 속할 뿐이다. 그 결과 "인간은 욕망의 대상을 어떻게 찾아야 하는지를 알지 못하고, 그의 탐색 안에서 불행과 마주칠 뿐이며, 소위 무언가를 창안할 기회가 점점 줄어드는 괴로움 속에서 살아간다."[69] 이에 반해 라캉 정신분석은 인간이 행복에 접근할 수 있는 것은 욕망이라는 스스로의 진실을 돌파하고 심리적 법칙과 사회적 규범 너머에서 주체적인 행복을 창안함으로써 가능하다고 본다.

「토니 타키타니」로 돌아오자. 분석적 관점에서 볼 때, 토니와 아내가 그녀의 주체적 실재를 탐구하는 과정에 착수해서 그녀가 자신이 왜 쇼핑 중독이라는 증상에 얽혀 있는지 파악할 수 있도록 했다면 더 좋았을 것이다. 토니는 그

---

66 Lacan, *SVII*, p. 300.

67 Lacan, *The Triumph of Religion*, p. 10.

68 같은 곳.

69 같은 곳.

녀 스스로 그녀의 쇼핑이 행복에 대한 개인적 신화를 강화하는 것은 아닌지, 그녀의 최고선이 유행하는 옷, 즉 "선의 재화(service des biens/service of goods)"를 통해서만 가능할 때 이미 그녀의 행복이 소비에 저당 잡힌 것은 아닌지를 자문하도록 했어야 한다. 토니는 그녀에게 그녀의 행복이, 그녀 스스로 새로운 행복을 창안하는 주체적 능력을 박탈된 상태가 유발한, 자아의 전능에 대한 감미로운 환영이자 사회적 규범에 대한 무력한 종속에 불과한 것은 아닌지 사유할 기회를 주었어야 했다. 이것은 분석가가 아닌 토니에게 지나친 요구일지도 모른다. 그럼에도 이것이야말로 그들의 사랑의 과정이 지속하고 전진하기 위해 필요한 것이다. 그리고 이것이 바디우 철학이 모든 사랑의 주체에게 제안하는 바이다. 그녀의 관심을 개인적 만족에서 실재적 행복으로 돌리는 것, 그녀로 하여금 패션 애호가로서의 기존 정체성을 고수하기보다는 그들의 만남의 결과를 정교화하도록 초대하는 것, 그녀가 자신의 세계에서 불가능했던 것을 새로운 가능성으로 전환하도록 격려하는 것, 이 모든 것은 행복을 향하는 사랑의 주체가 떠맡아야 할 지난하지만 절대적인 과제이다.

요컨대 반철학과 철학 간에는 행복에 관한 활발한 대화가 존재한다. 분석 행위가 미리 예정된 규범으로서의 행복의 유사물이 드러나고 비판되는 반시대성의 지점에서 멈춘다면, 철학적 작용은 반시대적 진리와 행복 간의 실정적인 연관성을 주장한다. 전자에게 중요한 것이 거짓 행복의 해체라면, 후자에게 중요한 것은 실재적 행복의 재구성이다. 기만적 행복에 대한 분석과 참된 행복에 대한 비전은 쌍둥이와 같다. 그리고 이 쌍둥이는 베케트의 『잘못 보인 잘못 말해진』의 마지막 구절에서처럼 나란히 놓일 수 있다. "아니. 조금만 더. 아주 조금만. 이 공백을 열망할 시간. 행복을 알아갈 시간."[70] 일단 행복에 대한 지배적인 규범에 대해 '아니'라고 말하면서 반시대적 진리를 향하게 되면, 우리는 기존 규범이 비틀거리고 무너지는 공백의 지점에 행복이 있음을 알게 될 것이다. 그리고 조금만 더 나아가면, 우리는 실재적 행복이 사랑의 진리에 대한 집

---

70 바디우, 『베케트에 대하여』, 72쪽.

요한 주체적 창조를 통해서만 도래할 수 있음을 알게 될 것이다.

4-3 반철학과 철학의 뒤얽힘

반철학과 철학의 대화는 라캉과 바디우의 뒤얽힘을 입증한다. 우선 반철학적 증상과 철학적 진리 간의 대화로부터, 그리고 반철학적 행위와 철학적 작용 간의 대화로부터 몇몇 결과를 도출함으로써 그 뒤얽힘을 구체화해 보자.

우선 반철학이 보기에 사랑은 주체적 실재로서의 증상에 영향을 받는다. 동시에 증상적 사랑 또한 실재의 계시라는 차원에서 드문 종류의 사랑이다. 이에 대해 철학은 증상적 사랑을 넘어서는 사랑이 실존한다고 답변한다. 주목할 점은 라캉 또한 증상의 영향 너머의 차원을 암시한다는 것이다. 신경증으로부터 치유될 가능성에 관한 질문에 대해 라캉은 이렇게 말한다. "정신분석은 그것이 장애물을 제거하여 길을 터줄 때, 증상 너머로 갈 때, 실재 너머로 갈 때 성공적입니다. 다시 말해 그것이 진리에 닿을 때 말입니다."[71] 진리보다 실재를 우위에 놓는 통상적인 라캉의 입장이 여기서는 예외적으로 전도된다. 증상적 실재 너머로 나아감으로써 주체가 이전에 인정하기를 원하지 않았던 진리에 닿는 것이 정신분석의 성공을 특징짓는다. 그러나 이런 일은 매우 드물게 일어나는데, 왜냐하면 주체성의 핵심에 완전히 통합된 증상은 치료의 논리에 저항하기 때문이다. 이 때문에 관점의 변화가 필요하다. 분석은 증상이 치료 불가능한 것으로 남아 있을 때 무엇을 할 것인지 고려해야 한다. 분석가가 치료에의 열망이나 회복의 충동에 빠져들지 않기 위해 조심해야 한다는 프로이트와 라캉의 문제의식에 입각해서, 분석가는 치료 불가능한 증상과 주체성 간의 연결

---

71 Jacques Lacan, "Freud à jamais" interview by Emilia Granzatto in *Panorama*, November 21, 1974. www.versobooks.com/blogs/1668-there-can-be-no-crisis-of-psychoanalysis-jacques-lacan-interviewed-in-1974에서 볼 수 있다.

고리를 증환을 통해 안정화하는 방식에 초점을 맞춰야 한다. 그렇다면 정신분석의 성공이나 실패는 증상의 제거가 아니라 증환을 통한 주체화에 달려 있다.

주목할 점은 이것이 바로 바디우적 진리의 작용이 함축하는 것이라는 점이다. 바디우에 따르면 "모든 창조, 모든 새로움은 어떤 점에서 어떤 부정의 긍정적 부분이다."[72] 진리는 그것이 세계의 기존 법칙에 부합할 수 없기 때문에 부정을 필요로 한다. 동시에 진리는 긍정도 필요로 하는데, 왜냐하면 만약 진리가 법칙의 순수한 부정이라면, 이것은 진리가 실질적으로 그 구성과 정체성에 있어서 법에 의존하고 있음을 뜻하기 때문이다. 따라서 진리는 감산적인[벗어나는](soustractif/subtractive) 것이며, 부정적이기만 한 것도 아니고 긍정적이기만 한 것도 아니다. 존재와 실존 간의 구분을 통해 말하자면, 진리란 곧 "존재의 보충과 실존의 파괴"[73]를 뜻한다. 진리는 긍정적으로 존재를 보충하고 부정적으로 실존의 현행 체제를 파괴하는 감산의 형식으로 존재한다.

증환적 주체화도 마찬가지다. 증환적 주체화는 일종의 부정인데, 왜냐하면 주체는 증상적 주이상스를 반복하는 기존 무의식적 구조를 중단하고, 주체성에 설정된 법칙으로서의 아버지의 이름에 의지하지 않고 스스로를 지탱하기 때문이다. 동시에 증환적 주체화는 긍정적인데, 왜냐하면 주체는 더 이상 자신의 증상과 부정적인 관계를 갖지 않으며 증상에 책임을 지고 증상과 함께 살아가는 방식을 창안함으로써 증상을 주체성의 필수 불가결한 핵심으로 통합시키기 때문이다. 이런 점에서 라캉적 증상과 바디우적 진리의 뒤얽힘은 증환적 진리(sinthomatic truth)라는 형태로 구현된다.

1975년의 예일 대학교 강연에서 라캉은 자신의 세 가지 질서를 통해 세 가지 유형의 진리를 구분한다. "만약 제가 실재, 상징계, 상상계를 구분한다면, 이는 실재적 진리, 상징적 진리, 상상적 진리가 존재함을 뜻합니다. 만약 실재

---

72 Alain Badiou, "Destruction, Negation, Subtraction: On Pier Paolo Pasolini" Graduate Seminar, Art Center of Design in Pasadena, UCLA, February 6, 2007.

73 Alain Badiou, Bruno Bosteels, "Can Change Be Thought?: A Dialogue with Alain Badiou" in *Alain Badiou: Philosophy and its Conditions*, ed. Gabriel Reira, New York: SUNY Press, 2005, p. 249.

에 관한 진리가 있다면, 이것은 우리 스스로가 받아들이지 않는 진리가 있음을 뜻합니다."[74] 여기서 한발 더 나아가 우리는 증환적 진리, 즉 증상적 실재를 헤쳐 나감으로써 스스로 인정하기에 이르는 진리가 있다고 상정할 수 있을 것이다. 사실 「토니 타키타니」는 증환적 진리의 형성에 관한 주목할 사례를 보여주는데, 이는 토니가 고독이라는 증상적 실재를 자신의 새로운 주체성으로 통합하기 때문이다.

토니의 고독은 개인적인 동시에 세대에 걸쳐 되풀이되는 맥락을 갖고 있다. 그 고독의 뿌리는 그의 아버지 쇼자부로 타키타니(Shozaburo Takitani)에게 있다. 소설은 쇼자부로의 삶에서 두 가지 커다란 사건을 묘사한다. 쇼자부로는 전쟁 기간 동안 중국 감옥에 투옥되어 있다가 탈출하여 일본으로 살아 돌아온 두 명의 일본인 죄수 중 한 명이다. 그리고 그는 한 여인을 만나 결혼을 하게 되며 이 여인은 토니의 어머니가 된다. 그녀는 남자아이를 출산한 지 3일 뒤에 사망한다. 마치 무로 사라져 가듯이 말이다. 여기서 중요한 것은 쇼자부로가 이 사건들을 받아들이고 그것들에 반응하는 방식이다. 그가 일본으로 돌아왔을 때 그는 완전히 혼자였다. 그러나 그는 "모든 사람이 이내 혼자가 되지"라고 되뇌었고 "그의 마음속에서는 더 이상 아무런 감정도 솟아나지 않았다."[75] 또 그의 아내가 갑자기 죽었을 때 그는 그것을 어떻게 받아들여야 할지 알지 못했다. 마치 "일종의 평평한 디스크 같은 것이 그의 가슴에 박혀 있는" 것 같은 느낌을 받으면서 "그는 그러한 감정을 낯설어 했다."[76] 토니에게 증상적 고독을 가져다 준 것이 특이한 이름과 일에 대한 몰두라면, 쇼자부로에게 증상적 고독을 가져다 준 것은 전쟁 경험과 아내의 상실이었다. 아버지는 아들만큼 외로웠다. 그렇지만 외로움은 그들에게 문제가 되지 않았다. 하루키가 묘사하듯, "그들의 성향대로 그들 중 누구도 서로에게 먼저 마음을 열지 않았고, 그럴 필요도

---

74 Jacques Lacan, "Conférences et entretiens dans les universités nord-américaines" 1975년 11월 24일, 예일 대학교 강연.

75 Murakami, "Tony Takitani" p. 186.

76 같은 책, pp. 187-188.

느끼지 못했다. 쇼자부로 타키타니는 아버지가 되기에 적합하지 않았고, 토니 타키타니는 아들이 되기에 적합하지 않았다."[77] 이런 점에서 소설이 일련의 사건(아버지의 전쟁 경험, 결혼, 아내의 죽음, 아들의 유년기, 아들의 사랑, 아들의 사랑의 종결)과 함께 진행됨에 따라 우리는 증상적 고독이 세대를 뛰어넘어 구조적으로 반복되는 것을 알 수 있다. 프로이트의 임상에서 우리는 비슷한 사례를 갖고 있다. 그것은 쥐 인간의 사례이다.

프로이트주의에 대한 라캉의 언어학적 정교화에서 증상은 기표적 구조를 갖는다. 쥐 인간의 경우 그의 증상은 일련의 기표, 즉 쥐(Ratten), 노름꾼(Spielratte), 할부금(Raten), 결혼(Heiraten)으로 구성된다. 여기서 중요한 것은 "rat"라는 공통분모를 갖는 이 모든 기표들이 이러저러한 맥락에서 그의 아버지와 연결된다는 점이다. 쥐 인간은 그의 아버지와 그의 연인이 끔찍한 "쥐" 고문을 당할지도 모른다는 강박관념으로 괴로워했다. 그는 자기 아버지를 "노름꾼"으로 여겼는데, 이는 그의 아버지가 노름을 위해 공금을 착복했기 때문이다. 그는 그의 아버지가 죽어서 그의 "결혼" 자금을 남겨 주기를 희망한 적이 있다. 그는 안경 "값"을 A중위에게 갚을 방법을 필사적으로 모색하는데, 이는 그의 아버지가 아버지의 친구에게 빚을 갚지 않은 죄를 속죄하기 위함이다. 그는 또한 자신의 아버지와 동일한 상황에 직면하는데, 그것은 가난하지만 사랑하는 여자와 부유하고 결혼 상대자로 적합한 여자 중에 한쪽을 선택해야 하는 상황이다. 여기서 요점은 단순히 아버지에 대한 쥐 인간의 양가감정과 아버지에 대한 쥐 인간의 동일시를 분석하는 것이 아니다. 요점은 어떻게 무의식이 세대를 뛰어넘는 위상학적 논리를 통해 반복되고 전위되는지를 인식하는 것이다. 라캉이 말하듯, "쥐 인간은 전설 속의 과거로부터 내려온다. 그의 전사(前史)는 알아볼 수 없는 형식으로 그 전사를 재현하는 증상을 통해 재출현한다. …… 그의 전사는 마치 기하학의 한 형상이 구에서 면으로 변형되는 것처럼 연결점들의 변

---

77 같은 책, p. 189.

형 없이 다시 쓰인다."[78] 구와 면은 형태상 다르지만, 둘은 위상학적으로 같은 값을 갖는다. 이와 마찬가지로, 시공간의 차이에도 불구하고 아버지의 삶의 난관과 위기는 아들의 삶에서 극적으로 재출현한다. 증상은 초역사적으로 해독되어야 할 신화적인 상형문자처럼 되돌아온다. 무의식은 세대 간의 격차를 뛰어넘어 다시 쓰이고, 이를 통해 주체 각각의 삶을 같으면서도 다르게 규정한다.

「토니 타키타니」도 마찬가지이다. 각 개인의 삶을 규정하지만 개인에게 알 수 없는 것으로 남아 있는 두 가지 구조적 요인을 살펴보자. 첫 번째는 전쟁이다. 토니는 그의 아버지처럼 직접 전쟁을 경험하지 않았다. 그러나 쇼자부로는 아들에게 토니라는 이름을 주었는데, 그 이름은 사실 쇼자부로의 친구이자 그 이름을 제안한 미국인 소령의 이름이다. 전쟁은 아버지와 아들 사이에서 구조적인 연결고리로 작용한다. 두 번째는 사랑의 상실이다. 쇼자부로는 아내의 충격적인 죽음 때문에 아들에게 이름을 줄 생각도 할 수 없었다. 사랑의 상실은 너무나 외상적이어서 쇼자부로로 하여금 아들의 이름을 짓는 것을 잊어버리게 만들었다. 주목할 점은 쇼자부로가 그의 아내의 갑작스러운 죽음에 직면하듯, 토니 또한 아내의 주체적 실재에 막 다가서려는 시점에 아내의 갑작스러운 죽음에 직면한다는 것이다. 토니의 사랑의 상실은 너무나 외상적이어서 토니로 하여금 애도 과정을 통과하기보다는 상실에 대한 손쉬운 대체물을 찾게 만들었다. 이런 점에서 두 가지 구조적 요소(전쟁과 사랑의 상실)가 존재하고, 이 요소들은 시공간적 차이를 뛰어넘어 아버지의 삶과 아들의 삶 모두에서 증상적인 고독을 유발한다.

그러나 소설의 결말은 구조적 변수의 위상학적 반복이 전부가 아님을 시사한다. 토니가 아내의 상실을 이겨내는 데에는 시간이 걸렸다. 그러나 결국 그는 아내의 옷 전부를 폐기했다. 특별한 유산으로서 아내에 대한 환상을 유발했던 옷 전부를 말이다. 그리고 아내가 죽은 지 2년 후에 토니 타키타니의 아버지 또한 죽음을 맞이한다. 그의 아버지가 남긴 것이라고는 오래된 재즈 레코드

---

78 Jacques Lacan, "Les clefs de psychanalyse: Entretien avec Madeleine Chapsal" *L'Express* 310 (May 31, 1957). www.valas.fr/Jacques-Lacan-Les-clefs-de-la-psychanalyse,181에서 볼 수 있다.

컬렉션이 전부였다. 토니는 레코드를 그의 아내의 옷이 있던 방에 남겨 두었다. 그런데 레코드는 토니를 점점 더 신경 쓰이게 했고 불면증까지 유발했다. 비록 하루키의 미니멀리즘 스타일이 이에 관한 이유를 더 이상 알려 주지는 않지만, 우리는 토니가 라캉이 "분리(separation)"라고 부른 과정을 경험하고 있음을 알 수 있다. 위상학적인 의미에서 토니의 증상에 대한 책임이 있는 것으로 가정되는 타자로서의 아버지로부터의 분리 말이다. 이것은 쇼자부로가 토니의 고독의 원인을 제공했다는 말이 아니다. 원인 제공자는 세대 간에 걸쳐져 있는 위상학적 무의식이며, 이것이 그의 아버지가 토니의 증상에 대한 책임이 있는 것으로 "가정되는" 이유이다. 아내에 대한 사랑으로 인해 토니는 고독의 무게를 느꼈다. 이와 유사하게, 생전 처음으로 토니는 오래된 레코드가 의미화하는 그의 아버지에 대한 기억의 무게를 느끼게 된다. 하루키는 이렇게 쓴다. "그의 기억은 불명확해져 갔지만 여전히 그곳에, 늘 기억이 있었던 그곳에 있었다. 기억이 가질 수 있는 모든 무게와 함께 말이다."[79] 결국 토니는 레코드를 처분하고, 소설은 이렇게 종결된다. "산더미 같은 레코드가 그의 집에서 사라지자, 토니 타키타니는 정말 혼자가 되었다."[80] 여기서 토니의 고독은 더 이상 아버지에게 기인하지 않는다. 그는 그의 진리를 구조화했던 지평으로서의 타자로부터 독립하게 된다. 그는 고독을 자기 자신의 진리로 직면한다. 어쩌면 자기 자신의 진리가 아니라 자기 자신의 진실이라 부르는 것이 더 적합할지도 모른다. 보편적이기보다는 단독적이며, 이치보다는 삶에 관련되며, 예전에 인정할 수 없었던 것을 인정하게 되는 것으로서의 진실 말이다. 토니 타키타니는 이제 "정말 혼자가 되었다." 상징적 타자의 영역에 영향을 받은 외로움으로부터 벗어난 채로 말이다. 그는 주어지고 물려받고 전위된 무의식으로부터 분리된다. 그의 고독이 그 자신의 진실이 되는 한, 그의 고독은 증상적이기보다는 증환적이다. 그의 고독은 그가 아버지의 레코드를 처분함으로써 주어진 무의

---

79 Murakami, "Tony Takitani" p. 202.

80 같은 책, p. 203.

식에 작별을 고한다는 점에서 부정적이다. 동시에 그의 고독은 그가 고독의 무게를 인정한다는 점에서 긍정적이다. 나아가 토니는 아내의 옷을 폐기함으로써 사랑의 상실에 마주하는데, 이것은 그의 아버지의 삶에는 일어나지 않았던 새로운 사건이다. 이 새로움은 응당 그의 삶과 장차 도래할 또 다른 사랑에서 핵심적인 역할을 할 것이다. 지금껏 무가치하게 보였을지도 모르는 그의 고독이 그의 사랑에 풍부함과 깊이를 부여할 것이다. 도널드 위니캇(Donald Winnicott)의 용어를 사용하자면, 무감각한 내적 침잠과 유사했던 토니의 고독은 마침내 "홀로 있을 수 있는 능력(capacity to be alone)"으로 변한다. 사실 그는 결코 홀로이지 않았으며, 무의식을 물려줌으로써 그의 고립을 구조화했던 아버지와 늘 함께였다. 그런데 그의 아버지와 아버지의 레코드가 사라지자, 토니에게는 이제 홀로 있을 능력을 갖출 기회가 생긴다. 만약 그의 증상적 고독이 늘 토니를 아버지와 연결시켰다면, 그의 증환적 고독은 토니를 그의 아버지로부터 분리시키고 주체적 공간을 열어 준다. 타인에게 버림받은 상태로서의 외로움(loneliness)과, 마치 하나 속에 둘이 있듯 자기 자신과 함께할 수 있는 능력으로서의 고독(solitude)에 대한 아렌트의 구분을 사용하자면,[81] 처음의 토니가 외로웠다면(그의 아버지에 의해서 버림받고, 사랑이 아니라 연애만 가능한 상태), 나중의 토니는 그의 주체성 안에서 증상적 실재와 증환적 진실을 결합시키는 고독과 마주한다.[82] 아내와의 사랑은 비록 그 비극적이고 불발된 종결에도 불구하고 외로움과 고독의 구분을 야기하면서 그가 자신의 주체적 진실로 나아가는 길을 연다. 요컨대 「토니 타키타니」는 토니 타키타니라는 남자가 자신의 증환적 진실을 주체화하는 것으로 끝난다.

물론 토니는 엄밀하게 바디우적인 의미에서 사랑의 진리에 도달하지는 않는다. 그러나 그는 주체적으로 새로운 일말의 진실에 분명 도달한다. 우리는 이를 도래할 사랑에 대한 토대가 되는 사랑 이후의 진실(post-amorous truth)이라

---

81 Hannah Arendt, *The Origin of Totalitarianism*, New York: Harvest Books, 1973, p. 476.

82 우리는 조이스가 그의 아버지의 기능장애를 예술로 보충한다면 토니는 그의 아버지의 외로움에 근거한 그의 외로움을 주체적 새로움으로서의 고독으로 보충한다고 말할 수 있다.

부를 수 있을 것이다. 뿐만 아니라 그의 사례는 사랑의 진리가 가족의 법을 넘어선다는 바디우적 비전에 잘 부합된다. 그리고 사랑의 진리와 가족의 법 간의 관계에서 핵심이 되는 것은 이름이다. 사실 이름과 사랑 간의 연관성은 익숙한 테마이다.

> 줄리엣: 오, 로미오, 로미오, 왜 그대는 로미오인가요?
> 아버지를 부인하고 그대 이름 거부해요.
> 그렇게 못한다면 애인이란 맹세만 하세요.
> 그럼 난 더 이상 캐퓰렛이 아니에요.[83]

줄리엣이 보기에 로미오가 로미오이고 줄리엣이 줄리엣일 때 그들의 사랑은 절망적이고, 가족의 법에 의해 좌절될 것이다. 반대로 오직 로미오가 더 이상 몬터규가(家)의 로미오가 아니고 줄리엣이 더 이상 캐퓰렛가의 줄리엣이 아닐 때, 사랑은 법을 파열시키고 사랑의 주체가 탄생하게 된다. 사랑의 주체는 기존 이름으로 명명될 수 없다. 주체는 사랑의 고유명을 창안할 책임이 있으며, 이 고유명은 사랑 자체와 식별 불가능할 것이다. 따라서 로미오는 이렇게 답변한다. "그 말 듣고 가질게요. 애인이라 불러만 준다면 다시 세례 받은 뒤 앞으로는 절대로 로미오라 안 할게요."[84] 줄리엣에 따르면 사랑의 이름은 어떤 이름도 될 수 있다. 마치 장미가 다른 이름으로 불리더라도 똑같은 향기가 나는 것처럼 말이다. 사랑의 이름은 고유한 이름과 아무 이름의 결합으로 이루어진다. 로미오와 줄리엣에게 사랑은 단독성과 임의의 것을 가로지르는 이름의 창조이다.

토니에게도 이름은 중요하다.[85] 실제로 「토니 타키타니」는 다음과 같은 구

---

83 윌리엄 셰익스피어, 『로미오와 줄리엣』, 최종철 옮김, 민음사, 2008년, 53쪽.

84 같은 곳.

85 이 점은 조이스적 증환에도 적용된다. "조이스는 그의 아버지가 잘 기능하지 못했다는 사실에서 시작된 증상을 갖고 있으며, …… 조이스가 부성적 기능장애에 대한 보상을 찾아낸 것은

절로 시작된다. "토니 타키타니는 토니 타키타니의 진짜 이름이었다."[86] 소설은 토니의 삶과 사랑을 묘사하고, 무의식적인 법 너머에서의 토니의 주체화를 암시하면서 끝난다. 소설의 요점은 어떻게 토니 타키타니가 자기 이름 "토니 타키타니"와 감산적이고 증환적인 관계를 갖게 되는지를 묘사하는 데에 있다. 소설의 끝은 그가 더 이상 "토니," 즉 특이한 이름을 가진 고립된 남자가 아님을 말한다. 그가 사랑의 사건을 통해 오랫동안 지속되어 온 증상적인 고독에서 걸어 나왔다는 점에서 말이다. 그는 또한 더 이상 "타키타니"에 속하지 않는다. 그가 사랑의 상실을 극복하고 그 자신의 고독을 주체화하여 위상학적으로 계승되는 무의식에서 빠져 나왔다는 점에서 말이다. 동시에 토니가 가족의 법에서 풀려나서 "정말 혼자가 되었기" 때문에, 결국 토니 타키타니는 "토니 타키타니"로서 주체적으로 긍정된다. 그의 이름은 단순히 부정되지 않고 새로운 주체성의 세례를 받는다. 그는 예전의 고립된 토니와는 다른 새로운 토니이고, 쇼자부로 타키타니와 다른 독특한 타키타니이다. 「토니 타키타니」는 토니 타키타니라는 이름이 감산적인 변형을 통해 주체적인 진실이 되는 것에 관한 소설이다.

「토니 타키타니」는 토니가 자신의 증환과의 동일시를 통해 분석의 끝에 도달하는지가 알려지지 않는다는 점에서 순수하게 라캉적이지도 않고, 토니가 자신의 주체적 진실에 닿은 이후에 사랑의 진리를 창조했는지가 알려지지 않는다는 점에서 순수하게 바디우적이지도 않다. 오히려 소설은 정신분석적 증상과 철학적 진리가 증환적 진리의 형태로 뒤얽힐 수 있게 되는 사례를 보여준다. 그것은 기존의 토니 타키타니로부터 시작해서 새로운 토니 타키타니로 끝난다. 이것이 아마 소설이 정신분석과 철학 모두의 관심을 끄는 이유일 것이다.

소설에서 우리는 토니의 아내와 관련해서 또 다른 주체적 변화를 알아볼

자기 스스로 이름을 원함으로써였다."(*SXXIII*, p. 77.)

86 Murakami, "Tony Takitani" p. 184.

수 있다. 반철학과 철학의 두 번째 뒤얽힘, 즉 분석 행위와 철학적 작용의 뒤얽힘을 통해 이 점을 살펴보자.

바디우에 따르면 반철학자들은 그들이 다루는 주제와 그들 행위의 특징을 통해 구분된다. 니체의 경우 그의 주제는 예술(비극, 시, 음악)이며, 그의 행위는 원(元)정치적인데, 이는 그가 역사를 두 조각낼 수 있고 인류 전체를 "초인"의 형태로 혁신할 수 있는 "위대한 정치"를 제안하기 때문이다. 비트겐슈타인의 경우 그의 주제는 과학(수학, 논리학)이고, 그의 행위는 원(元)미학적인데, 이는 그가 과학적으로 말할 수 있는 것과 그 너머에 있는 것(비트겐슈타인은 이를 "세계의 의미," "삶의 문제," "신비로운 요소," "가치"와 같은 다양한 용어로 지칭한다) 사이에 경계선을 설정하면서, 후자에 대해서 우리는 오직 침묵할 수 있을 뿐이라고 주장하기 때문이다. 라캉의 경우 그의 주제는 사랑("정신분석의 핵심")이고, 그의 행위는 원(元)과학적인데, 이는 그가 무의식의 주체에 대한 과학의 무지를 지적하고, 수학소를 수학화 가능한 것 너머에 놓인 것으로서 활용하며, 분석가가 과학자보다 실재에 더 정통하다고 단언하기 때문이다. 여기서 우리는 한 가지 유형의 행위가 빠졌음을 알 수 있다. 그것은 원(元)사랑의 행위이다. 라캉과 바디우 모두 원(元)사랑의 행위라는 개념을 사용하지 않지만, 우리는 토니의 아내의 행위, 분석 행위, 철학적 작용과 관련해서 그 개념을 정교화할 수 있다. 우선 원(元)사랑의 행위의 두 가지 특징을 확증해 보자.

첫째, 다른 유형의 행위와 달리 원(元)사랑의 행위는 철학에 저항하거나 철학을 전복하기 위한 반철학의 전유물이 아니다. 오히려 그 행위는 철학과 긍정적으로 관련된다. 결국, 철학적 작용 역시 하나의 행위이다. 그것은 예술적 창조물, 과학적 혁신, 정치적 창안, 사랑의 모험을 진리라는 비어 있는 범주를 통해 붙잡는 행위이다. 바디우가 쓰듯, "철학은 결코 경험의 해석이 아니다. 철학은 진리들과 대면한 진리성의 행위이다."[87] 철학이 진리성의 행위로서 진리들을 붙잡는다면, 이것은 철학 스스로가 우선 진리들에 붙잡히고 이끌리기 때문

---

87 바디우, 『조건들』, 105쪽.

이다. 철학은 독특한 진리들을 자신의 조건으로서 사랑한다. 철학은 단지 의견과 관습, 언어와 몸이 존재하는 것이 아니라 진리 또한 존재한다는 사실에 근거해서 특수한 사랑의 형식을 연출한다. 철학은 진리에 대한 원(元)사랑의 행위이다.

둘째, 원(元)사랑의 행위는 우리에게 사랑이 결코 추상적인 몽상이 아니라 구체적인 삶에 관련된다는 단순한 핵심을 상기시켜 준다. 이 점과 관련해서 도스토옙스키의 『카라마조프가의 형제들』에서 조시마 장로가 신을 믿지 못하는 여성에게 어떤 의사에 관해 말한 대목을 참고해 보자. "그도 부인처럼 그렇게 노골적으로 말했는데, …… 몽상 속에서는 인류에 대한 열정적인 봉사를 생각하기에 이르고 갑자기 어떤 식으로든 요구가 있을 시엔 어쩌면 정말로 사람들을 위해 십자가행도 마다하지 않을 각오를 하게 되는 일이 드물지 않지만, 정작 고작 이틀도 누구와 한방에서 지낼 수가 없다, 이건 경험을 통해 잘 알고 있다, 하고 말하더군요."[88] 보편적인 사랑을 언급하기란 너무나 쉬운 일이지만, 한 사람과 잘 지내는 것은 너무나 어렵고 심지어 불가능한 일처럼 보인다. 너무나 많은 사람들이 공상 속의 사랑을 말하지만, 너무나 적은 사람들이 행동 속의 사랑을 실천한다. 여기서 커다란 역설이 나온다. "인류 전체를 더 많이 사랑하면 할수록, 개별적인 사람들, 즉 사람들 개개인은 점점 덜 사랑하게 된다."[89] 이런 점에서 원(元)사랑의 행위는 사랑에 기반을 부여하는 어떤 급진적 행위가 아니다. 오히려 그것은 실제로 사랑을 다루는 것이 얼마나 힘들고 험난한지를 강조하고, 사랑이란 끝없이 부딪쳐야 할 삶의 과제임을 시사한다.

소설에서 토니의 아내는 자신의 쇼핑 중독 증상을 극복하기 위해 예전에 구매한 옷을 옷가게에 돌려준다. 토니의 아내의 이런 행위가 어떻게 원(元)사랑의 행위에 해당하는지를 분석 행위를 경유하여 살펴보자. 토니에게 자신이 옷을 사는 것을 멈출 수 없다고 고백한 이후에 토니의 아내는 이렇게 덧붙인

---

88 표도르 도스토옙스키, 『카라마조프가의 형제들 1』, 김연경 옮김, 민음사, 2007년, 120쪽.

89 같은 곳.

다. "그렇지만 고치도록 노력할 거예요."[90] 그러나 분석가라면 이러한 치료에의 의지를 단순히 액면 그대로 받아들일 수는 없다. 증상은 그녀가 쇼핑 행위를 포기하기보다는 그 행위에 열광하도록 만들기 때문이다. 쇼핑 행위는 그녀에게 자신의 주체적 실재를 은폐하는 병리적 만족을 제공한다. 그러한 만족을 포기하기란 쉽지 않다. 이 때문에 분석가의 관심은 라캉이 정신쇠약(débilité mentale/mental debility)이라 부르는 것을 향한다.

라캉적 정신쇠약은 정신의학적, 인지적, 유기적 질환과 구분된다. 독립된 임상 범주나 질병분류학적 실체로서의 정신쇠약 같은 것은 없다. 오히려 정신 자체가 내재적인 결함을 갖는다. "정신쇠약은 결코 어떤 실체가 아닙니다. 오히려 정신이 결함을 갖고 있습니다."[91] "정신보건"에 대한 정신의학적, 심리학적 프로젝트에도 불구하고 인간의 정신은 구성적으로 잘못되어 있다. 라캉은 이 문제에 어떻게 접근하는가? 문제는 상상계와 상징계를 통해 다루어진다. 우선 "말하는 존재의 정신을 운명적으로 쇠약하게 만드는 그 무엇이 있습니다. 그리고 이것은 상상계라는 관념에서 나오는 결과에 다름 아닙니다."[92] 말하는 존재의 정신이 쇠약할 운명인 것은 상상계에 기인한다. 앞서 살펴봤듯, 토니의 아내가 증상적 주이상스의 감옥에 갇혀 있는 것은 그녀가 자신의 육체 이미지에 병리적으로 집착하기 때문이다. 그리고 육체 이미지는 우리 모두에게 작은 주인 노릇을 하는 자아의 차원에 속한다. 자아가 오인(誤認, méconnaissance)을 통해 더 큰 권력을 휘두를수록, 주체는 더욱 더 자아의 하수인이 된다. 라캉이 말하듯, "인간과 그의 세계의 관계는 …… 주인 담론을 섬기는 가장(假裝) 외에 다른 것이었던 적이 없습니다."[93] 자아라는 전능하고 허상적인 주인을

---

90 Murakami, "Tony Takitani" p. 196.

91 Lacan, *SXIX*, p. 200.

92 Jacques Lacan, "La Troisième" given at the VII Congress of the EFP in Rome, 1974년 10월 31일. www.valas.fr/Jacques-Lacan-La-Troisième-en-français-en-espagnol-en-allemand,011에서 볼 수 있다.

93 Lacan, *SXIX*, p. 199.

섬기면서, 그녀의 삶은 존재의 가장 강력한 정념인 "무지"에 고착되었다. 그녀는 자신의 무의식적 진리에 무지하다. 그녀의 삶은 환상 속의 대체물로 주체적 실재를 뒤덮는다. 그리고 무지는 언제나 상상계의 또 다른 요소인 안정된 의미에 근거한다. 실재는 의미와 목적이 비워진 것이기에 불안과 무력감을 촉발한다. 그래서 말하는 존재는 실재와 겨루기보다는 너무나 자주 상상계에 의존하며, 실재적인 무의미를 상상적인 의미로 환원한다. 자연은 진공을 혐오한다고 하지만, 진공을 혐오하는 것은 오히려 말하는 존재이다. 말하는 존재는 공백을 의미로 메우고 억압한다. 의미의 담론의 가장 강력한 형식은 종교이다. 여기서 라캉은 종교에 대한 과학의 승리라는 논점에 관해 프로이트에게 동의하지 않는다. "여러분은 인류가 정신분석에서 벗어나는 것을 보게 될 겁니다. [정신분석 및 분석가라는] 증상을 의미로, 물론 종교적 의미로 달래면서 사람들은 증상을 그럭저럭 억압할 수 있을 겁니다."[94] 증상은 종종 치료 불가능한데, 왜냐하면 일단 증상이 의미를 머금고 자아에게 낯선 동시에 친숙한 것이 되면 증상을 제거하기가 어렵기 때문이다. 토니의 아내의 경우에도 그녀의 증상은 개인적으로 구축된 신화적인 의미에 젖어 있을 것이다. 우리는 토니와의 만남 이전의 그녀의 삶이 의미를 통한 증상의 억압으로 인해 오히려 평화롭고 조화로웠을 것이라고 말할 수 있다. 이러한 상상적인 조화를 방해한 것이 바로 토니와의 사랑이었다. 토니의 아내가 교통사고를 당하지 않고 계속 살아 있었다면 자신의 증상에서 치유되었을 것인지는 열린 문제로 남겨 두자. 분명한 것은 말하는 존재가 상상적인 것에 빠져드는 것과 관련해서 그녀 또한 예외가 아니며, 이것이 그녀의 정신쇠약을 유발했다는 점이다.

정신쇠약은 또한 상징계의 문제이기도 하다. 비록 말하는 존재의 삶과 역사가 무의식적 지식 주위를 맴돌지만, 우리는 무의식적 지식을 어떻게 처리해야 할지 알지 못하거나 억지로 외면한다. 그러나 무의식은 "말하는 존재 안에서

---

94 Lacan, *The Triumph of Religion*, p. 67.

마치 궤양처럼"[95] 존재한다. 기표의 작용은 예상치 못한 곳에서 우리를 사로잡고 놀라게 한다. 기표의 작용은 또한 이유를 알지 못한 채 우리가 생각과 행동을 반복하는 곳에 우리를 고정시킨다. 쥐 인간 사례에서 드러나듯, 기표는 먼 과거로부터 위상학적으로 우리의 삶을 지배하기도 한다. 라캉은 이렇게 말한다. "인간은 [무의식적] 지식에 대해 무엇을 할지 알지 못합니다. 이것이 제가 정신쇠약이라 부른 것이며, 그것에 대해서는 저 자신도 예외가 아닙니다. …… '무언가를 다루는 법을 아는 것(savoir y faire)'은 사물을 개념으로 바꾸지 않는 것을 뜻합니다. 그것은 우리로 하여금 몇몇 철학을 향한 문을 밀게 합니다."[96] 정신쇠약을 다룰 줄 아는 것이 곧 반철학적 기획이다. 우리가 그러한 실천을 개념으로 바꾼다면, 우리는 철학을 하고 있는 셈이다. 철학은 존재의 결여를 편집증적이고 상상적인 앎이 지탱하는 실체적 존재를 통해 억압한다. 나아가 철학은 정신이 투명한 사유가 아니라 기표와 주이상스의 주위를 맴돌고 있다는 사실을 모른다. 정신쇠약을 극복하는 척함으로써 철학은 오히려 지성의 환영에 사로잡힌다. 토니의 아내의 경우 그녀는 자신이 그렇게 많은 옷을 필요로하지 않는다는 점을 잘 알고 있다. 그러나 이러한 앎은 그녀를 해방시키기보다는 소외시키는 효과를 갖고 있다. 왜냐하면 그 앎이 그녀의 정신쇠약을 변화시킬 수 없기 때문이다. "내가 옷을 필요로 하는지 아닌지, 내가 옷을 너무 많이 갖고 있는지 아닌지는 중요하지 않아요. 그저 나 자신을 멈출 수가 없어요."[97] 그러므로 그녀가 많은 옷을 필요로 하지 않는다는 지식을 전달하거나 주입하는 것(라캉이 보기에 철학이 작동하는 방식)은 상황을 악화시킨다. 우리는 대상적 지식을 갖고서 그녀의 주체적 진리에 파고들 수 없다. 라캉주의 분석가에게 있어서 상황은 "나[토니의 아내]는 옷이 필요하다"가 아니라 "그것이 옷을 필요로한다"에 가깝다. 따라서 정상성의 규범에 따라 의식의 나를 교정하려는 시도는 초점을 놓친다. 개입은 무의식적인 "그것"의 수준에서 일어나야 하며, 여기

---

95 Lacan, *SXXI*, 1974년 6월 11일 수업(미출간).

96 Lacan, *SXXIV*, 1977년 1월 11일 수업(미출간).

97 Murakami, "Tony Takitani" p. 196.

서 관건은 수수께끼 같은 "그것"을 주체화하는 것이다. 분석가가 보기에 중요한 것은 우리의 정신이 궤양 같이 다루기 힘든 구조에 잠겨 있으며, 대상적이고 강요된 지식은 그 궤양을 치료할 수 없다는 점을 인정하는 데에 있다.

그렇다면 이러한 내재적인 정신쇠약을 어떻게 다룰 수 있을까? 라캉은 이렇게 제안한다. "우리는 사유 안에 머무르는데, 사유를 통해 행동하는 것은 정신쇠약에 가까운 것입니다. 정신적으로 쇠약하지 않은 행위가 있어야 합니다. 저는 제 가르침에서 그러한 행위를 만들어 내려고 노력합니다. 그러나 그것은 더듬더듬거립니다."[98] 라캉에게 사유는 늘 주체적 통합성을 전제한다. 주체적 통합성에 근거한 사유를 통한 행위는 정신쇠약의 반복과 같다. 이 행위가 무의식적 진리를 건드리지 않고 일어날 때, 그것은 (구조의 파열로 이어지는) 행위라기보다는 (구조의 반복에 불과한) 행동화로 불릴 수 있다. 분석가는 행동화와 구분되는 행위를 만들어 내려고 한다. 그런데 어떻게 정신적으로 쇠약하지 않은 행위가 가능할까? "무의식이라는 정신쇠약은 깨어나지 않습니다. …… 우리가 깨어 있는지는 확실하지 않습니다. 현시되고 재현된 것이 아무런 의미도 없지 않다면 말입니다."[99] 분석 행위가 정신적으로 쇠약하지 않은 것은 그것이 의미 없는 실재와 결합된 한에서이다. 의미 없는 실재는 의미 있는 현실과의 미증유의 단절을 현시할 수 있다. 오직 실재에 닿는 행위만이 일상적 삶의 편안한 잠에서 우리를 깨울 수 있다. 오직 그런 행위만이 마치 자동장치처럼 정신쇠약을 재연하는 기존 무의식의 잠에서 우리를 일깨울 수 있다.

이제 분석 행위를 참고하여 원(元)사랑의 행위를 구체화해 보자. 원(元)사랑의 행위란 사랑을 계기로 하여 일상생활에서 숨겨져 있던 주체적 실재의 수용을 통해 정신쇠약과 씨름하는 행위다. 토니의 아내의 경우, 그녀의 정신쇠약은 그녀의 육체 이미지에 대한 상상적 집착과 그녀의 무의식적 구조의 행동화로서의 쇼핑 중독의 결합으로 이루어진다. 자신의 정신쇠약, 즉 새 옷 앞에서 느

---

98 Lacan, *SXXV*, 1978년 4월 11일 수업(미출간).

99 Lacan, *SXXIV*, 1977년 5월 17일 수업(미출간).

끼는 무력감에 대해 고백한 이후에 그녀는 쇼핑을 자제하려고 노력할 것임을 약속한다. 그녀의 자제 행위는 "나는 옷을 좋아해요"라는 그녀의 발언에서 드러난, 사랑 이전의 그녀의 정체성과는 정반대의 위치에 있다. 그녀의 원(元)사랑의 행위는 옷에 대한 집착에서 벗어나려는 시도이다. 그러나 이러한 행위는 바디우적 의미에서 사건적이지도 않고 충실하지도 않다. 구성적으로 더듬거리는 분석 행위처럼, 그녀의 행위는 더듬거릴 뿐이며, 정신쇠약이라는 강력한 구조에 서투르게 맞설 뿐이다. 사실 그 행위는 더듬거릴 수밖에 없다. "주인이 있는 행위란 존재하지 않는다"[100]면 말이다. 원(元)사랑의 행위는 사랑의 주체를 주인으로 만들지 않는다. 그것은 주인으로서의 자아가 가진 동일성의 견고함을 해체하고, 주체가 실재를 마주하고 견디게 만든다. 물론 정신쇠약과 타협하지 않고 실재를 견디는 것은 힘든 과제이다. 쇼핑을 자제하기 위해 토니의 아내는 "일주일 동안 집밖으로 나가지 않았고, 옷가게에 가지 않았다. 이것은 그녀에게 매우 고통스러운 시간이었다."[101] 이런 점에서 원(元)사랑의 행위는 사랑의 힘이 정신쇠약을 넘어선다는 것을 증명하는 것이 아니다. 그것은 오히려 우리가 정신쇠약에 맞설 때 실재의 시련에 부딪힌다는 것을 증명한다. 바디우에게 사랑이 절뚝거림이라면, 라캉에게 사랑은 더듬거림이다.

이제 철학적 작용을 참고하여 원(元)사랑의 행위를 구체화해 보자. 앞서 논의했듯, 진리를 포착함으로써 철학적 작용이 겨냥하는 것은 행복에 대한 긍정이다. 행복에 관한 인터뷰에서 바디우는 오늘날 행복이 위기에 처해 있으며, 이는 자본주의 하에서의 끝없는 상품생산과 소비가 충실성의 가치를 위협하기 때문이라고 말한다. 다음과 같은 진단은 토니의 아내에게만 해당되지 않는다. "종종 유행으로 위장되는 최신 상품에 대한 강박은 우리의 행복에 저항하는 현상입니다. 모든 형식의 충실성은 위협당하는 가치가 됩니다."[102] 너무나

100 Lacan, *SXV*, 1968년 1월 24일 수업(미출간).

101 Murakami, "Tony Takitani" p. 196.

102 Alain Badiou, "Badiou's Happiness Lesson" interview by Nicolas Truong, trans. David Broder. www.versobooks.com/blogs/2192-badiou-s-happiness-lesson에서 볼 수 있다.

자주 행복은 진열대에 오르고, 충실성(fidelity)은 적립카드(loyalty card)에 다름 아니다. 유행이 세계의 법칙 안에서의 단순한 변모일 뿐이라면, 충실성은 사건으로부터 결과를 도출하는 실재적 변화를 이룬다. 유행이 유사 새로움을 되새김질함으로써 상상적 만족을 조장한다면, 충실성은 참된 새로움을 창조함으로써 실재적 행복으로 나아간다. "완전한 실재적 행복은 하나의 충실성이다."[103]

충실성이 도그마가 아니라 그 어떤 보증도 없는 운동인 이상, 그것은 끝없는 주체적 헌신과 실험을 필요로 한다. 이런 점에서 우리는 다음의 가설을 제기할 수 있다. 충실성의 과정으로서의 사랑은 일련의 원(元)사랑의 행위로 이루어진다. 어떤 숙명적인 법칙도 없는 사랑을 유지하고 진리 과정으로서의 사랑에 생기를 불어넣는 것은 권력도, 돈도, 성도 아닌 원(元)사랑의 행위다. 토니의 아내의 경우 그녀는 패션의 논리에서 충실성의 논리로 나아가려고 시도했다. 집안에만 머무르고 옷가게를 멀리하고 예전에 산 옷을 되돌려주는 그녀의 행동은 사랑에 충실함으로써 증상적인 쇼핑 집착을 중단하려는 시도이다. 이러한 사랑의 행위로 인해 그녀는 사랑스러운 상품이 아니라 사랑의 공동체에 대한 충실성을 감행했다. 그 행위와 함께 그녀는 옷 안에 가려진 실재적 행복을 향했다.

행복의 주체는 세 가지 특징을 갖는다. 첫째, 행복의 주체는 규율과 자유의 결합을 통해 내재적인 예외를 창조한다. 토니의 아내는 소비의 자유와 쾌락을 누리는 몸만이 존재하는 세계, 즉 민주주의적 유물론의 법칙이 지배하는 세계에서 살아 왔다. 이 법칙의 핵심 작용은 다음과 같은 초자아적 명령에 있다. 우리의 몸은 다양한 옷을 입으라는 광고에 노출될 뿐만 아니라 옷을 입는 끝없는 방식에 병리적으로 집착할 수 있다. 우리는 이러한 법칙의 한계 안에서만 자유롭다. 원(元)사랑의 행위를 통해 토니의 아내는 이러한 민주주의적 유물론의 세계에 대해 내재적인 예외를 구현한다. 그녀는 여전히 소비의 자유가 보존되

---

103 바디우, 『행복의 형이상학』, 87쪽.

는 세계에 속하지만, 동시에 그 세계의 법칙에 예속되지 않고 자신의 증상적 소비 바깥으로 나온다. 그녀는 또 다른 유형의 자유, 즉 만족에 예속된 소비자나 소유자의 거짓 자유가 아니라 사랑의 진리에 대한 주체적 충실성을 통해서만 가능한 사랑하는 이의 자유를 향해 이동한다. 소설 속에서 이러한 자유는 그녀가 "옷을 되돌려 주고 난 이후에 가벼워지는 느낌"[104]을 받았다는 구절로 암시된다. 둘째, 행복의 주체는 기존의 정체성에 한정되지 않는다. 토니와의 만남 이전에 그녀는 월급의 대부분을 옷을 사는 데에 썼다. 그런데 원(元)사랑의 행위로 인해 사랑하는 이로서의 정원 외적(surnuméraire/surnumerary) 정체성이 형성되자, 이 정체성은 그녀의 예전 정체성에 의해서 재현 불가능하다. 사랑의 과정 이전에 그녀의 정체성이 쇼핑하는 육체로 구성되었다면, 원(元)사랑의 행위와 더불어 증상적 육체와 씨름하는 사랑의 진리의 몸이 그녀의 정체성에 보충되었다. 셋째, 행복의 주체는 이전에는 할 수 없는 것으로 간주된 무언가를 할 수 있다는 사실을 체험한다. 달리 말해 행복의 주체는 무한과 유한 간의 상호 투과적인 관계를 경험한다. 바디우의 구분을 상기하자. "찌꺼기"가 스스로 안에 갇혀 있는 유한을 지칭한다면, "작품"은 무한과 긍정적인 관계를 갖는 유한을 지칭한다. 찌꺼기의 논리로 기울어지는 것은 토니의 아내가 아니라 토니 자신이라는 점에 주목하자. 아내를 상실한 이후에 토니에게 중요한 것이 유한한 대상성의 논리에 따라서 사이즈 7의 여성을 찾는 것이었기에 말이다. 토니의 아내에게 사정은 다르다. 비록 예전의 그녀가 찌꺼기의 논리에 포획되어 있었지만, 그녀가 상품의 권력에서 벗어나서 사랑의 공동체에 관여하려고 시도함에 따라 그녀의 옷은 다른 가치를 갖게 된다. 여기서 옷은 더 이상 그녀의 증상의 매개체가 아니다. 옷은 그녀의 원(元)사랑의 행위의 일부를 구성한다. 이런 점에서 토니는 단순히 고인의 유품과 남겨진 것이 아니다. 그는 그녀의 주체적 투쟁의 지표와 남겨진 것이다. 사랑의 노고라는 관점에서 볼 때 사이즈 7이라는 측정 가능한 대상성은 중요하지 않다. 중요한 것은 옷이 사랑의

---

104 Murakami, "Tony Takitani" pp. 196-197.

충실성을 향한 그녀의 측정 불가능한 주체적 작품의 징표라는 점이다.

그러나 원(元)사랑의 행위와 실재적 행복 간의 연결고리에 관한 논변은 심각한 반론에 부딪히는 것처럼 보인다. 원(元)사랑의 행위는 종종 치명적인 결과를 낳는다. 바디우는 실재적 행복이 만족을 희생하여 찾을 수 있는 것이라고 주장한다. 그러나 우리는 실재적 행복이 단순히 만족을 대가로 하는 것이 아니라 삶 자체를 대가로 해서 도달된다면 어찌할 것인가라고 물을 수 있다. 바디우가 정신분석에 동의하면서 지적하듯, 만족은 죽음 충동을 섬긴다. 왜냐하면 만족이 한계로서의 법에 상관적인 한에서(만족이 늘 일시적이고 조건적임에 한에서), 만족은 또한 법 너머를 환기시키고, 나아가 모든 위반의 궁극적 형식인 죽음을 환기시키기 때문이다. 그런데 문제는 행복이 단순히 죽음 충동이 아니라 토니의 아내의 경우처럼 물리적 죽음을 동반할 수 있다는 것이다. 옷을 되돌려 주고 돌아오는 길에 그녀의 머릿속은 온통 방금 돌려준 옷의 색상과 질감에 대한 생각뿐이었다. 옷 하나하나의 생생한 디테일에 이르기까지 말이다. 그녀는 심호흡을 하면서 눈을 감았다. 눈을 떴을 때 그녀는 교통신호가 파란불로 바뀌는 것을 보았다. 그녀는 본능적으로 가속페달을 밟았고, 노란불에서 교차로를 건너려고 했던 트럭과 충돌했다. 이렇게 질문해 보자. 그녀의 원(元)사랑의 행위는 비록 그녀를 죽음으로 인도한다 하더라도 여전히 실재적 행복을 향한다고 말할 수 있을까?

바디우적 답변은 단호히 긍정적이다. 행복은 행위의 결과가 아니라 행위 그 자체에 있다. 행복은 잠재성이나 완전히 진행된 현실성(entelecheia)이 아니라 운동 중인 현실성(energeia)이다. 비록 행위가 치명적인 결과를 수반한다 하더라도, 행복은 그 행위 안에 내재해 있고 그 행위를 통해 살아 있게 된다. 원(元)사랑의 행위의 치명적 위험을 무릅쓰지 않는다면 사랑 자체가 위험에 빠진다. 지점(point)에 대한 바디우적 논리에서처럼, 두 가지 옵션 중에 진리 과정을 유지할 수 있는 것은 오직 하나의 선택지이다. 토니의 아내가 다시 옷가게로 가서 옷을 되찾아 나왔다면, 이것은 사랑을 희생하여 증상으로 퇴행하는 것과 같다. 이 문제와 관련해서 엄밀하게 바디우적인 공식을 호출해 보자. "탈존재보다 재난이 낫다(mieux vaut un désastre qu'un désêtre/better a disaster than an unbeing)." 한 인터뷰에서 바디우는 이 공식을 이렇게 설명한다. "재난의 위험을 무릅쓰는 편이, 그러나 그렇게 함으로써 실재적 행복의 가능성을 갖는 편이, 처음부터 여러분 스스로 그 가능성을 금지하는 편보다 낫습니다. 제가 '탈존재'라고 부르는 것은 인간 주체의 보수적인 기질이며, 이 기질은 인간 주체를 동물적 생존으로, 사회 안에서의 단순한 만족과 지위로 끌어당깁니다. '탈존재'는 주체가 자신이 무엇을 진정으로 할 수 있는지 발견하는 것을 금지합니다."[105] 주목할 것은 탈존재란 용어가 본래 분석의 끝에서 라캉주의 분석가가 갖는 탈존재론적 지위를 가리킨다는 점이다. 분석의 시작점에서 분석가는 안다고 가정된 주체, 즉 분석자의 진리에 이르는 마스터키를 보유한 주체의 위치를 차지한다. 분석이 진행되는 동안 분석가는 분석자의 주체적 분열을 유발하는 대상의 위치에 놓이고, 이를 통해 분석자 스스로 자신의 무의식적 진리를 탐색할 수 있게 해준다. 분석의 끝에서 분석자는 그 대상이 단지 유사물(semblant/semblance)에 불과함을 깨닫고 분석가의 존재는 비워진다. 일체의 아우라를 벗어 버린 분석가는 존재와 비존재 사이에서 다만 나타나고 사라질 뿐이다. 분석가의 탈존재는 존재론적 규정에서 빠져나간다. 이런 점에서 라캉적 탈존재는 반드시 부정적인 함의를 갖는 것은 아니다.

그러나 바디우는 탈존재를 주체의 보수주의와 동일시함으로써 개념적인 구도를 변화시킨다. 탈존재는 현재 상태의 불가피성을 옹호하고 위험성과 불확실성을 구실로 모든 급진적 행위를 평가절하하는 이들의 은신처이다. 물론 토니의 아내의 비극적 죽음에서처럼 우리는 행복이 파국에 부딪칠 수도 있음을 알고 있다. 그러나 철학자는 만족에 안주하기보다는 행복을 향해 과감히 나아가는 편이 낫다고 단언한다. 재난은 절망과 비탄을 낳을 수 있지만, "흉성(des-astrum)"의 위기를 피한다면 "별(astra)"에 도달할 기회마저 잃게 된다. 사실 이것은 철학자의 대화 상대방인 반철학자가 전해 준 가르침이다. "반철학자는

---

105 Badiou, "Badiou's Happiness Lesson" interview by Nicolas Truong, trans. David Broder. www.verso-books.com/blogs/2192-badiou-s-happiness-lesson에서 볼 수 있다.

우리에게 다음과 같은 사실을 상기시킨다. 철학자란 …… 한 남자 혹은 한 여자를 위해 삶을 뒤엎을 수 있는 연인"[106]이다. 실제로 토니의 아내는 토니를 위해 삶을 뒤엎을 수 있었다. 수많은 익명의 사랑의 주체들의 삶 역시 그러했을 것이다. 철학자가 보기에 토니의 아내의 원(元)사랑의 행위는 그녀를 충실한 주체, 즉 자신의 생물학적 삶보다 더 오래 사는 행복의 주체로 만들기에 충분하다.

요컨대 원(元)사랑의 행위는 반철학과 철학이 교차하는 지점을 표시한다. 원(元)사랑의 행위는 정신쇠약 안에서 그리고 정신쇠약에 대항해서 일어나는 실재 안의 행위이며, 동시에 재난에 대한 두려움 너머에서 실재적 행복을 향하는 충실성 안의 행위이다.

4-4 결론 없는 대화

이번 장에서 우리는 반철학과 철학이 「토니 타키타니」의 사랑에 관해 나누는 대화를 구성했고, 입장의 뒤얽힘을 분절할 수 있는 개념을 제시해 보았다. 그렇다면 「토니 타키타니」에 관한 대화는 결론에 도달하는가? 「무라카미 하루키의 사랑 이야기에서의 모호한 결말과 사랑의 테마」에서 버지니아 양은 『노르웨이의 숲』, 『국경의 남쪽, 태양의 서쪽』, 『스푸트니크의 연인』과 같은 사랑 이야기가 열린 결말 구조를 갖고 있으며, 무라카미의 사랑 개념의 핵심은 결말 없음[비결론성](inconclusiveness)에 있다고 주장한다.[107] 이러한 사랑 개념은 우리의 논의에서도 중요하다. 왜냐하면 사랑의 결말 없음[우리가 보기에 이것은 사랑-사이(the amorous in-betweenness)의 필연적인 파생물이다]은 반철학과 철학 간의

---

106 바디우, 『비트겐슈타인의 반철학』, 7-8쪽.

107 Virginia Yeung, "Equivocal Endings and the Theme of Love in Murakami Haruki's Love Stories," *Japanese Studies*, Vol. 33, No. 3(2013): pp. 279-295.

대화를 어떤 확정적인 끝이나 최종적인 결정 없이 계속되게 만들기 때문이다. 만약 무라카미적 사랑에 결말이 없다면, 그 사랑에 관한 어떠한 대화에도 확정적인 결론이 있을 수 없다. 결말 없는 무언가에 대해 이야기를 나누면서 어떤 결말에 도달할 수는 없기 때문이다. 그러므로 그 대화에 최종적인 결론을 제시하기보다는 사랑의 역설에 관한 공식을 통해 이 결말 없는 대화를 일시적으로 유예하는 것으로 만족하자.

사랑의 문제에 접근하기 위해 라캉은 수학을 참조하는 것 외에도 하나의 신화를 만들어 내기도 한다.[108] 그것은 다음과 같다. 당신은 당신 앞에 놓인 아름다운 꽃을 보고 그것을 향해 손을 뻗는다. 그런데 꽃은 갑자기 확 타오르고, 당신은 그 불길 속에서 당신의 손을 향해 다가오는 또 다른 손을 본다. 무의식적 욕망의 불가해한 실재가 사랑의 원동력이라는 메시지 너머에서,[109] 이 신화가 사랑에 관해 전달하는 반철학적 메시지에 주목하자. 우리가 사랑을 향해 나아가는 순간, 그것은 타오르면서 사라진다. 사랑을 향해 아무리 손을 뻗는다 하더라도 사랑은 도달 불가능하다. 사랑이 불투명한 증상적 실재와 불발된 사랑의 행위에 영향을 받는 한에서 말이다. 바디우의 경우 그는 철학적 작용이란 곧 진리와 진리가 아닌 것(단순히 법에 따라 사실임 직한 것)을 식별하는 것이라고 지적한다.[110] 그러나 진정한 사랑[진리로서의 사랑]을 식별하기 위해서는 드러난 실재를 통과하고 세계의 법 안에서 불가능성으로 여겨졌던 가능성을 탐구하는 과정이 필요하다. 이런 점에서 사랑은 "사건의 귀결과 화해하고, 세계 속 우리의 무미건조하고 침울한 실존 속에서, 단정적인 실재로부터 주어진, 빛나는 가능성들을 찾아내는"[111] 주체적 과제이다. 이것은 사랑에 관한 철학적 금언

---

108 결국 라캉적 사랑은 단순히 수학적일 뿐만 아니라 수학과 신화의 간극에 의해서 구성된다

109 "사랑은 우리 자신의 욕망 때문에 우리의 손이 향하는 대상에서 일어납니다. 그리고 우리의 욕망이 그 대상을 타오르게 만들 때, 일시적으로 이에 대한 응답이 출현하게 됩니다. 즉 우리를 욕망하면서 우리 쪽을 향하는 다른 손이 출현하는 것입니다. 이러한 욕망은 늘 우리가 알지 못하는 한에서 출현합니다."(*SVIII*, p. 179.)

110 바디우, 『행복의 형이상학』, 117쪽.

111 같은 책, 94쪽.

과도 같다. 즉 아무리 우여곡절이 많고 위험하다 하더라도, 사랑이 주체적 충실성에 근거하고 형이상학적 행복에 추동되는 한, 우리의 실존을 변형시키는 힘을 갖는 사랑은 얼마든지 포착 가능하다.

따라서 반철학은 사랑이 도달 불가능하다고 보는 반면, 철학은 사랑이 포착 가능하다고 본다. 여기서 우리는 반철학과 철학의 뒤얽힘을 세공하여 사랑의 역설에 관한 다음과 같은 공식을 제안할 수 있다. 사랑은 우리의 손이 미치는 곳에 있을 때 우리의 손이 닿을 수 없는 곳에 있고, 우리의 손이 닿을 수 있는 곳에 있을 때 우리의 손이 미치지 않는 곳에 있다. 사랑은 도달 가능성과 포착 불가능성 사이에, 도달 불가능성과 포착 가능성 사이에 있다. 이것이 우리가 토니와 그의 아내 사이의 사랑에 대해 우리가 말할 수 있는 것을 요약해 줄 것이다. 「토니 타키타니」는 사랑 이야기일까? 토니와 그의 아내는 사랑 안에 있을까? 새롭게 도래하는 고독이라는 증환적 진실과 함께 토니는 도달 불가능한 사랑을 포착한다. 자신의 삶을 고갈시키는 쇼핑에 대항하는 원(元)사랑의 행위와 함께 토니의 아내는 포착 불가능한 사랑에 도달한다. 모든 연인이 그러하듯, 이렇게 그들 또한 사랑 안에, 또 사랑 바깥에 있다.

5장

바캉적 사랑: 『D에게 보낸 편지』

앞선 장들에서 우리는 라캉과 바디우의 뒤얽힘이라는 관점을 가지고 수학, 정치, (反)철학을 통해 사랑을 고찰했다. 두 저자의 사랑 사유에서 암묵적이고 탐구되지 않은 귀결들을 명료히 하려는 시도(2, 3장의 마지막 절)에도 불구하고, 독자들은 거기서 사랑 그 자체보다 라캉과 바디우에 집중하고 있다는 인상을 가질 수 있다. 이것은 4장에도 적용되는데, 하루키의 허구적이지만 구체적인 사랑 이야기에 대한 참조에도 불구하고, 이 역시 논의는 반철학과 철학의 뒤얽힘이 사랑에 대해 말해 주는 것에 초점이 맞추어졌다. 이번 장은 이러한 상황을 보완하기 위해 구상되었다. 이번 장에서 필자는 실존했던 어떤 사랑 이야기와 그 이야기에 등장하는 사랑의 주체를 살펴보려 한다. 앞선 장들이 라캉과 바디우의 뒤얽힘에서 사랑으로 이동한다면, 이번 장은 반대 방향, 즉 사랑에서 라캉과 바디우의 뒤얽힘으로 이동한다. 라캉적이고 바디우적인 사랑에서 라캉적인 것과 바디우적인 것을 엮어 내는 어떤 사랑으로 초점을 이동시키면서, 필자는 어떻게 라캉과 바디우의 뒤얽힘이 독특한 사례로 통해 드러날 수 있는지 보여 주고자 한다. 이를 위해 필자는 프랑스 철학자 앙드레 고르의 『D에게 보낸 편지』에 대한 "의도적인 오독(strong misreading)"을 제안한다. 거기에서 고르는 연인 도린과의 평생에 걸친 사랑의 여정을 간명하고 담담하게 서술하고 있다. 우리가 보기에 고르와 도린 간의 예외적인 사랑은 라캉적인 것과 바디우적인 것에 걸쳐져 있다. 그들의 사랑은 어떻게 사랑이 라캉과 바디우의 사이 (metaxú)에 위치하는지를 입증하는 좋은 사례이다. 사랑 문제에 있어서 핵심적인 몇 가지 범주를 통해 고르의 편지를 읽어 보자.

5-1 만남

사랑은 세계 안의 기존 법칙으로 환원 불가능한 우연적인 만남에서 시작한다. 이는 고르와 도린의 이야기에서도 마찬가지이다. 그러나 동시에 그들의 이야기는 만남이 초월적이지 않으며 세계 안에 위치해 있음을 드러낸다. 만남이 세계 안에 위치해 있으므로, 그것은 세계의 법에 취약하다. 이는 설령 만남이 실제로 일어난다 할지라도 우리가 만남이 일어나지 않은 척할 수 있음을 뜻한다. 우리는 얼마든지 만남의 사건을 포기할 수 있다. 사건의 발생을 억압하거나 철회할 수 있는 초월적인 법을 통해서 말이다. 만남은 무엇이 좋은 짝인지 아닌지에 대한 사회적 법에 의해 억제되고 오염될 수 있다. 자신이 도린을 처음으로 본 순간(당시 그녀 주변에는 세 명의 다른 남자들이 있었다)을 회상하면서 고르는 이렇게 쓴다. "우리 둘의 시선이 서로 마주쳤을 때, 난 생각했지요. '내가 넘볼 수 없는 여자군.'"[1] 고르의 자아 이미지를 가리키는 이러한 "나"는 자발적인 자기 구성의 산물이 아니다. 그의 자아 이미지는 세계에서 작동 중인 정체성 논리에 의해 구성된다. 이 논리는 어떤 사람이 도린에게 고르에 대해 이렇게 말할 때 확증된다. "저 사람은 오스트리아 출신 유대인이에요. 전혀 관심을 끌만한 구석이 없는 상대지요."[2] 세속의 법은 가난한 유대인 남자와 예쁜 영국 여자는 어울리지 않는다는 규정을 내리고, 고르 자신이 이를 내면화한다. 그런데

1 　앙드레 고르, 『D에게 보낸 편지』, 임희근 옮김, 학고재, 2007년, 9-10쪽.

2 　같은 책, 10쪽.

이 최초의 만남 이후 또 다른 만남, 즉 순수하게 사건적인 만남이 일어난다. 어느 날 밤 그들은 거리에서 우연히 마주친다. 여기서 고르는 도린에게 춤을 추러 가자는 제안을 하고 도린은 이를 받아들인다. 무일푼의 유대인 남자가 아름다운 영국 여인에게 흥미로운 존재가 된 것이다. 이제 만남은 세속적 법의 작용 반경 너머에서 일어나고, 여기에 만남의 기적이 있다. 만남은 세계에 내재적이면서도 세계의 법에 예외적이다. 만남은 법에 의해 재현 불가능하지만, 어찌 됐든 사행적으로 일어난다. 만남은 법에 의해 오염되는 동시에 법을 단절한다. 요컨대 첫 번째 만남이 어떻게 사건적 실재가 상징적 법에 영향을 받는지를 보여 준다면, 두 번째 만남은 어떻게 사건적 실재가 상징적 법을 넘어서는지를 보여 준다.

형식적 관점에서 말하자면 첫 번째 만남은 라캉적 기표의 논리를 따른다. 하나의 기표는 자기 자신을 의미화할 수 없으며 늘 또 다른 기표를 지시할 뿐이다.[3] 기표는 자기 지시적이지 않은데, 이는 기표가 차이의 네트워크 안에 놓여 있기 때문이다. 사랑의 만남을 하나의 기표에 비교해 보자. 기표로서의 만남은 절대적으로 단독적이지 않다. 그것은 세계 안의 다른 요소들("무일푼의 오스트리아 출신 유대인" "아름다운 영국 여인")과 함께 작동한다. 여기서 사랑의 만남은 상징적 법에 둘러싸여 있다. 한편, 두 번째 만남은 바디우적 사건의 논리를 따르는데, 여기서 하나의 다수는 자기 자신에게 귀속된다. 집합론의 법칙으로서의 토대 공리가 어떤 집합의 자기 귀속을 금지하는 반면, 사건의 수학소 ex { x / x ∈ X, ex } 는 어떤 다수(ex)가 자기 자신에게 귀속함을 긍정한다.[4] 이 경우 사건으로서의 만남은 절대적으로 단독적인데, 왜냐하면 그것은 오직 자기 자신만을 지시하기 때문이다("어느 날 저녁, 우연히 퇴근하는 당신을 먼발치에서 보게 되었지요"). 여기서 사랑의 만남은, 순수하게 사건적인 방식으로, 상징적 법 너머에서

---

3   "모든 기표는 그 본성상 어떤 경우에도 스스로를 의미화할 수 없다." Lacan, *SXIV*, 1966년 11월 16일 수업(미출간).

4   바디우는 사건의 수학소를 다음과 같이 정의한다. "나는 자리 X의 사건을 한편으로는 자리의 원소들로, 그리고 다른 한편으로는 자신으로 구성되는 다수로 부르겠다." 바디우, 『존재와 사건』, 299쪽.

일어난다. 이런 점에서 고르와 도린 간의 사랑의 만남은 상징적 법과 실재적 사건 사이를 오간다.

오늘날 사랑은 종종 기성 규범과 정체성 논리 안에서의 안전과 보험의 문제로 귀결된다. 온라인 데이팅에 대한 바디우의 비판에서처럼, 세속의 법은 사랑에서 우연성이라는 골자를 빼낸다. 고르와 도린이 세속의 법에 영향을 받는 한편, 그들은 또한 사랑이 정체성을 벗겨내는 만남이 갖는 길들일 수 없는 우연성과 함께 시작한다는 것을 보여 준다. 바디우가 지적하듯 사랑의 적이 경쟁자가 아니라 자아라면, 우리는 한걸음 더 나아가 어떻게 자아라는 적이 상위의 **적**에 종속되는지, 즉 어떻게 자아가 사회적 규범에 의해 틀 지워지고 생산되는지를 물어야 한다. 고르와 도린에게 사랑의 만남은 좋은 짝에 대한 세속의 규범에 대해 아포리아를 제기한다. 사랑의 만남은 선별적 짝짓기 시스템에 대한 변칙적인 예외이다. 신은 홀수를 좋아한다(Numero deus impare gaudet). 신 자신이 초월적인 하나가 되기를 열망하기 때문이다. 사랑은 홀수를 좋아한다. 둘의 시작이 짝이 맞지 않는(mismated) 만남에 토대하고 있음을 사랑은 알고 있기 때문이다. 사랑은 기이한 둘의 사건적이고 내재적인 만남, 실재적이고 상징적인 만남이다.

5-2 관계/과정

사랑은 어떤 관계를 만든다. 이 관계는 성적 존재 간의 성관계도 아니고, 통합된 자아 간의 대인관계도 아니다. 사랑은 두 무의식적 지식 간의 관계이다. 라캉이 말하듯, "모든 사랑은 두 무의식적 지식 간의 어떤 관계에 기초한다."[5] 사랑의 관계는 역설적인 관계인데, 왜냐하면 그것이 두 지식을 연결하면서 분

---

5   Lacan, *SXX*, p. 144.

리하기 때문이다. 각 주체는 그 자신이 무의식적 지식에 의해 결정되는 한에서 이 관계에 연루된다. 자신이 사랑에서 무엇을 말하거나 욕망하는지 알지 못한 채로 주체는 어떤 식별 가능한 속성이 아니라 무의식적 결여로부터 관계를 만든다. 우리가 타자에게 이끌리거나 매혹될 때, 이것은 되는 대로의 무작위가 아니라 무의식적 논리를 따른다. 사랑의 주체가 서로 간에 공명하는 것은 그들이 무언가를 공유하고 있다고 느끼기 때문이고, 그들이 전혀 다른 환경에서 왔다 하더라도 함께하고 있다고 느끼기 때문이다.

고르는 말한다. "우리는 둘 다 불안과 갈등의 자식이었습니다. 우리는 함께, 서로가 서로에게 힘입어, 이 세상에서 있을 자리를 만들어야만 했습니다. 애초부터 우리에겐 없던 자리를 말입니다."[6] 아이는 부모의 은밀한 욕망과 명시적인 법을 직면, 거부, 수용, 극복하면서 세상에 자리를 잡는다. 부모의 욕망과 법을 통과하는 과정은 어른들의 세계에 자리를 마련하는 과정과 같다. 그러나 고르와 도린 모두 어른들의 세계에서 자신들의 자리를 설정하지 못했다. 이는 그들이 부모와의 상호작용을 통해 적절히 상징화되지 않았으며, 부모의 보살핌을 충분히 받지 못했기 때문이다. 도린의 어머니는 대부(代父)에게 도린을 남기고 떠났다. 그런데 이 대부는 그녀의 실제 아버지로 추정된다. 도린의 어머니는 도린의 아버지를 포함해서 여러 명의 남자와 관계를 맺고 있었다. 라캉과 함께 우리는 도린의 무의식에는 아버지의 이름이 폐제(forclusion/foreclosure)되었다고 말할 수 있다. 도린의 아버지는 도린의 어머니의 욕망을 상징적으로 명명하는 데에 실패했다. 아버지는 자신의 실재 이름을 숨기고 대부의 가면을 써야 했다. 이러한 부성적 기능의 실패(carence/failure)는 도린의 정체성에 관해 안정된 의미를 세우는 작업을 미완성으로 남겨 둔다. 고르에 대해 말하자면, 그는 16살 때 전쟁으로 인해 가족과 떨어지게 되었다. 고르는 이국에서 홀로 전쟁 시기를 견뎌야 했으며, 극심한 수준의 고립과 불안을 경험했다. 가족과 다시 만났을 때 그는 자신이 완전한 이방인이 되었음을 느꼈다. 더구나 고르는

---

6 고르, 『D에게 보낸 편지』, 21쪽.

아버지에 대한 증오 때문에 게르하르트 허쉬(Gerhardt Hirsch)에서 앙드레 고르로 개명했다. 자전적 텍스트 『배반자』에서 쓰듯, 그는 가족과 부모의 세계로부터 분리된 "버림받은 자"였다. 이렇듯 상이한 환경에서 성장했음에도 불구하고 도린과 고르는 고르가 "불안의 경험"이라고 부른 것을 공유하고 있었다. 그것은 세계 안에서 상징적 자리를 부여받지 못한 자의 경험이다. 그들은 뭔가 "근본적인 것," "원초적 상처"[7]를 공유하고 있었다. 사랑이 무의식적 지식에 관련되는 만큼, 이와 같은 원초적 상처는 각자에게 숨겨져 있음에도 불구하고 강렬한 유대를 촉발한다. 그들의 무의식적 지식은 가족과 부모의 질서가 작동하지 않았기 때문에 세계 속 자리의 부재로 특징지어진다. 그러나 그들은 사랑을 통해서 원초적 상처를 다루는 법을 함께 만들어 나가면서 세계 안에 자리를 설정할 수 있었다. 그들이 사랑의 관계를 만들었던 것은 무의식적 지식의 겹침을 통해서였다.

고르와 도린 모두 어린 시절에 정체성이 적절히 상징화되지 않은 주체였다. 그들은 물려받은 무의식적 메커니즘이 아니라 주체적 사랑을 통해서 그들 스스로를 상징화해야 했다. 이런 점에서 고르와 도린의 사랑의 관계는 고아의 공동체를 이룬다. 고아의 공동체는 단순히 그들이 부모에게 충분히 좋은 양육을 받지 못했다는 사실만을 가리키지 않는다. 이 공동체는 오히려 "적절한" 상징화와 같은 것이 애시당초 존재하지 않는다는 사실을 환기하는데, 이는 모든 주체적 사랑의 본성에 긴밀히 관련되어 있다. 사랑에는 오직 단독적인 상징화가 있을 뿐이다. 성차, 아이, 증상, 죽음과 같이 어떤 손쉽고 정형화된 상징화에도 저항하는 실재적 지점들로 가득 찬, 불확실하지만 집요한 모험으로 이루어진 상징화 말이다. 고르와 도린은 어른들의 세계에 접근할 수 없었기에 오히려 사랑의 모험에 더욱 몰입할 수 있었다. 그들은 어른들의 세계에서 자리를 찾을 수 없었기에 도래할 사랑의 세계에 온전히 전념할 수 있었다. 고르와 도린은 사랑의 주체가 가족적 계보가 없는 불안한 고아임을 보여 준다. 사랑의 주체는

---

7   같은 책, 18쪽.

유사-정신병적인데, 사랑에는 미리 정해진 법칙이 없기 때문이다. 그래서 사랑은 기회인 동시에 위험이다.

라캉과 함께 우리는 관계로서의 사랑이 무의식적 지식에 관련된다고 말했다. 바디우와 함께 우리는 과정으로서의 사랑이 사랑의 세계의 구축에 전념한다고 말할 수 있다. 고르는 도린에게 이렇게 쓴다. "나는 우리가 보호하고 또 우리를 보호하는 하나의 세계를 당신과 함께 쌓아 올린다는 느낌을 받았습니다."[8] 사랑은 단순히 조금은 동일하고 조금은 차이나는 주체들에 관련되는 것이 아니라 지속적으로 개조되고 재창조되는 자기 차이의 세계에 관련된다. 과정적 둘로서의 사랑은 동일성과 차이가 겹치는 어떤 세계를 조직한다. 사랑은 관계일 뿐만 아니라 구축이다. 이러한 구축의 기획을 계속하기 위해 주체는 몇몇 지점과 씨름해야 한다. 사랑의 절차가 전개되는 방식은 주체가 이러한 지점을 헤쳐 나가는 방식에 의존한다.

5-3 결혼과 성차

사랑의 과정에서 가장 핵심적인 지점 중 하나는 결혼이다. 보들레르는 교회가 가모스(결혼, gamos)를 통해 에로스(eros)를 제도적으로 통제하려 한다고 썼다. 그러나 결혼은 단순히 사회적 관습이 아니라 사랑의 주체에게 부과된 시험이며, 이 점이 왜 그토록 많은 사랑의 과정이 결혼 단계에서 중단되는지 설명해 준다. 고르와 도린 역시 결혼과 관련하여 갈등에 부딪혔다. 고르에게 결혼은 사랑과 아무런 관련이 없었다. 그에게 "사랑이란 두 주체가 서로 매혹되는 일, 즉 도무지 말로 표현할 수 없는 면, 사회화할 수 없는 면, 사회가 강요하는 자기들의 역할과 이미지와 문화적 소속에 거역하는 면에 끌려 서로에게 빠져

---

8 같은 책, 14쪽.

드는 일"9이었다. 보들레르처럼 고르는 결혼을 부르주아적 관습으로, 근본적으로 비사회적인 사랑을 길들이는 사회적 겉치레의 헛된 시도로 여겼다. 그에게 비사회적인 것으로서의 사랑과 사회적인 것으로서의 결혼 간의 이율배반은 해결될 수 없는 것처럼 보였다. 그의 이러한 관점은 곧 도린의 격렬한 반대에 부딪혔다. 고르의 입장이 결혼으로 이어지는 사랑에 대한 이데올로기적 비판이었다면, 도린의 입장은 결혼을 통과하는 사랑을 겨냥한 주체적 내기였다. 도린에게 사랑과 결혼의 이율배반은 해체되어야 할 사이비 문제였다. 도린에게 있어 진정한 사랑의 주체는 결혼이 사랑에게 부과하는 딜레마와 제한을 받아들이는 동시에 그것을 넘어선다. 사랑의 주체는 사회적인 것 안에 그리고 바깥에 동시에 존재하고, 결혼 안팎에서 사랑한다. 사랑의 주체는 사회적인 주형물을 주체적으로 재주조될 재료로 변화시킨다. 사랑의 주체로서 도린은 결혼이 폐기되어야 하는 것이 아니라 사랑에 의해 보충되어야 한다고 제안한다. 도린은 고르에게 이렇게 말한다. "만약 당신이 누군가와 평생토록 맺어진다면, 그건 둘의 일생을 함께 거는 것이며, 그 결합을 갈라놓거나 훼방하는 일을 할 가능성을 배제하는 거예요. 부부가 된다는 건 공동의 기획인 만큼, 두 사람은 그기획을 끝없이 확인하고 적용하고, 또 변하는 상황에 맞추어 방향을 재조정해야 할 거예요. 우리가 함께할 것들이 우리를 만들어 갈 거라고요."10 사랑의 주체라는 이름에 걸맞는 이가 진정으로 사랑의 과정에 헌신할 때 그/그녀는 바로 위와 같이 선언하지 않을까? 고르와 도린의 사랑의 과정은 사랑의 주체로서의 도린의 단호한 입장 덕분에 결혼의 지점을 통과한다. 고르와 도린의 결혼은 사회적 계약이 아니라 "서로에게 충실하고 헌신하며 사랑하겠다고 약속하는"11 주체적 약속이었다.

이렇게 결혼이 사랑의 과정에서 하나의 시간적 지점으로 고찰될 수 있다면, 사랑의 과정 내내 집요하게 현존하는 구조적 지점, 즉 성차에 대해서도 논의가

---

9 같은 책, 27쪽.

10 같은 책, 24-25쪽.

11 같은 책, 29쪽,

필요하다. 무의식적 지식의 수준에서 관계가 있을지언정, 성차의 수준에서는 어떠한 관계도 존재하지 않는다. 사랑은 비관계의 구축, 부조화의 기획, 비통합의 실천이다. 사랑은 두 성 간의 끝없는 갈등을 다루어야 하는데, 고르와 도린의 경우 이론과 실재의 대립이 극명하게 드러나곤 했다. 고르가 수학적 엄밀함과 체계적인 지성을 신뢰했다면, 도린은 살아있는 경험과 증명 불가능한 직관을 신뢰했다. 그러나 그들에게 성차란 파괴적인 정념(passion)의 문제일 뿐만 아니라 반복하면 할수록 더 즐길 수 있는 흥미로운(passionnant/interesting) 게임의 문제였음에 주목하자. "우리는 이런 토론을 수십 번 했고, 나중엔 상대가 뭐라고 대답할지 미리 알 수 있게 되었지요. 논쟁은 결국 놀이처럼 되어 버렸습니다."[12] 『세계의 논리』에서 바디우는 정신분석이 성적 비관계의 테제 때문에 사랑에 대해 비관적인 관점을 제시한다고 지적한다. 그러나 우리는 비관계적 구성으로서의 사랑이 단순히 갈등적인 적대(antagonism)가 아니라 유쾌한 경연(agonism)이기도 하다는 점을 잊어서는 안 된다. 물론 성적 비관계는 많은 오해, 갈등, 시련, 심지어 파국까지도 야기할 수 있다. 그러나 성차로부터 사랑의 세계를 구축하려는 과정이 지속됨에 따라, 격렬한 갈등은 흥미로운 게임으로 바뀌고, 이 게임에는 승자도 패자도 존재하지 않는다. 만약 한편으로 성적 비관계가 전쟁의 원천이라면, 다른 한편으로 그것은 전쟁 시뮬레이션 게임이다. 성적 비관계에 의해 기입됨에도 불구하고 결코 그것에 압도되지 않는 것으로서의 사랑은, 소모적인 논쟁을 한계 없는 흥미진진함으로 만들고, 성적인 것과 비성적인 것, 커플과 커플 너머를 동시에 관장한다. 성적 비관계는 두 성적 입장을 가로질러서 세계에 대한 지식을 생산하기 위한 토대로 변할 수 있다. 바디우가 말하듯, "사랑은 우리가 우주를 소유하도록 하는 놀라운 지식의 순환이며, '남성'과 '여성' 사이의 역설적인 순환이다."[13] 비관계의 절뚝거림으로서의 사랑은 고통스럽게 시작하지만, 기댈 수 있는 목발을 만드는 것을 포기하지

---

12 같은 책, 53쪽.

13 바디우, 『베케트에 대하여』, 134쪽,

않는다면 사랑은 고갈되지 않는 기쁨을 제공한다. 그러므로 과정적 구축인 사랑은 비관주의와 낙관주의의 이항대립을 벗어난다. 이 모든 것은 도린이 고르에게 한 말로 요약된다. "우리가 함께할 것들이 우리를 만들어 갈 것이다."

5-4 증상

증상과 사랑 간에는 다양한 종류의 상관관계가 있다. 특정 증상은 특정 종류의 사랑을 야기할 수 있다. 어떤 증상은 사랑의 만남을 사전에 차단할지도 모른다. 어떤 증상은 변덕스럽고 파괴적으로 출몰해 진행 중인 사랑의 과정을 중단시킬지도 모른다. 고르와 도린의 경우에 특징적인 것은 고르의 증상이 도린에 의해 완전히 인정되고, 지지되고, 나아가 만개하게 된다는 점이다. 임상 실제에서 분석가는 증상을 제거할 수도 있지만, 여건에 따라 증상을 증환으로 발전시키는 편을 택할 수도 있다. 고르의 경우 그의 증상은 사랑을 통해 증환이 되었다. 조이스의 경우처럼, 고르는 "증상을 자기 안에서 구현하는 극단적인 지점에 도달하는 특권을 얻었다."[14]

고르의 삶에서 글쓰기는 빼놓을 수 없는 부분이다. 그의 글쓰기는 실존에 대한 거부라는 동기로부터 유발되었고, 이것이 그의 핵심 증상을 구성한다. 고르에게는 글쓰기를 통한 이론, 지성, 이념, 문학 전부가 자기 자신의 실존에 대한 방어적 메커니즘으로 기능했다. 그의 글쓰기는 그가 자신의 진정한 문제를 우회하면서 대체적인 만족을 얻을 수 있도록 기능했다. 그는 자신의 불안을 내쫓기 위해 강박적으로 글을 썼다. 그는 자신의 삶에서 등을 돌리기 위해 글쓰기로 관심을 돌렸다. 작가가 아닌 글쟁이에게는 글쓰기 행위가 주제 자체를 압도한다. 그리고 이러한 강박적인 글쓰기 뒤에는 모종의 환상이 있다. 『배반자』

---

14 Lacan, *SXXIII*, p. 147.

에서 썼듯, 고르는 사랑하고 사랑받는 경험이 보편적이고 지적인 것에 도달하기에는 너무나 흔하고 사적인 것이라고 생각했다. 그는 삶과 글쓰기 사이에 모순이 있음을 느꼈다. 그는 자신의 삶은 도린과의 성공적인 사랑에 근거해 있는 반면, 고귀한 문학은 오직 실패의 미학을 통해서만 도달될 수 있다고 생각했다. 고르는 자신의 환상을 이렇게 설명한다. "첫 번째 동기가 된 것은, 내가 겪고 느끼고 생각하는 것을 초월하여 그것을 이론화하고 이성적으로 체계화하여 투명하고 순수한 정신이 되어야 한다는 강박적 요구였습니다."[15] 당연히 이러한 순수한 정신은 어떤 대가를 지불하고서만 얻을 수 있다. 고르는 자신의 글에서 도린을 잘 언급하지도 않지만, 언급할 때조차 그녀를 "프랑스어라고는 한마디도 못하는 가여운 처녀," 자신이 "떠나보냈더라면 어떻든 망가져 버렸을"[16] 여인으로 지칭하곤 했다. 그는 그들이 함께 경험하고 쌓아 올린 것에 사려 깊은 눈길을 주는 법을 모른다. 이론에 대한 그의 집착은 그 자신의 삶을 가려 버린다. 보편성에 대한 그의 강박은 자신의 독특한 사랑에 주의를 기울이지 못하게 한다. 아이러니하게도 고르의 환상은 실존주의적 자유에 대해 쓰고자 했던 그로 하여금 자신의 책에서 어떤 "실존적 전향의 자취"도, "내가 그리고 우리가 사랑을 발견한 자취도, 우리의 이야기도"[17] 찾아볼 수 없게 만든다. 비록 그의 삶이 사랑 안에 있었지만, 그의 환상은 그가 사랑 안의 삶에 접근하지 못하게 했다. 요컨대 지적인 것에 대한 그의 환상과 결합된 그의 증상적 글쓰기는 실존에 대한 거부에 의해 구조화되었다. 실존에 대한 거부는 특정 종류의 사랑을 유발했는데, 고르는 이를 카프카의 『일기』를 인용함으로써 요약한다. "당신에 대한 나의 사랑은 스스로를 사랑하지는 않는다."[18] 그의 사랑은 스스로를 사랑할 수 없었다. 왜냐하면 그것은 비실존에 근거했기 때문이다. 그의 사랑은 마치 눈이 있어도 보지 못하고 귀가 있어도 듣지 못하는 것처럼 눈과 귀

---

15 고르, 『D에게 보낸 편지』, 62-63쪽.

16 같은 책, 64쪽.

17 같은 책, 61-62쪽.

18 같은 책, 69쪽.

가 멀었다. 그는 사랑 안에 있었지만, 이 사랑은 그의 증상에 의해 축소되고 유린당했다. 그의 사랑은 실재적이지도 실존적이지도 않았으며, 이데올로기에 치우쳤고 추상적이었다. 고르는 고백한다. "당시 나는 사랑이라는 것을 프티부르주아의 감정으로 치부하는 쪽에 가까웠습니다."[19]

여기서 주목할 것은 도린이 고르의 삶뿐만 아니라 그들의 사랑에까지 영향을 미쳤던 고르의 증상을 다루는 방식이다. 그녀는 사랑의 주체의 입장을 취한다. 사랑의 주체에게 사랑이란 환원할 수 없는 증상을 가진 누군가에게 건네진다. 고르는 도린이 그에게 하곤 했던 말을 떠올린다. "작가를 사랑한다는 것은 그가 글 쓴다는 사실을 사랑하는 것이라고 당신은 말했지요."[20] 설령 고르의 글이 그들의 사랑에 공정하지 않을지라도 도린은 고르의 증상을 헤쳐 나갈 준비가 되어 있었다. 그녀에 대한 고르의 비하와는 무관하게 도린은 자신을 드러나지 않은 지지자로 사라지게/드러나게 할 결심이 서 있었다. 사랑의 주체는 연인의 증상을 끌어안을 뿐만 아니라 연인이 자신의 증상을 더욱 철저히 주체화하도록 격려한다. 고르는 고백한다. "처음부터 당신은 알았습니다. 당신이 내 계획을 끝없이 지켜주어야 한다는 것을."[21] 자주 그렇듯, 사랑의 주체의 지지는 좀처럼 눈에 띄지 않는 법이다. 『배반자』가 출간되었을 때가 되어서야 고르는 자신이 도린에게 빚을 졌음을 깨달았다. 이렇듯 사랑에는 종종 아무런 보답이 없다(unrequited). 그 사랑이 짝사랑(unrequited love)이 아닐 때조차 말이다. 이제 고르는 도린에게 뒤늦은 헌사를 보낸다. 이 헌사는 그 책에서 실제로 발전되지 못했으며 심지어 묵살당했던 아이디어를 담고 있다. "'케이'로 불리는 당신. '당신'을 내게 줌으로써 '나'를 내게 준 사람에게."[22] 고르의 글쓰기를 지켜 줌으로써 도린이 고르에게 준 것은 고르의 자기동일적 정체성이 아니다. 그것은 바로 증상을 증환으로 완성시킬 기회이다. 삶에 대한 거부에 근거한 증상적인 끄

19 같은 책, 69쪽.

20 같은 책, 37쪽.

21 같은 책, 38쪽.

22 같은 책, 70쪽.

적거림이 삶에 대한 긍정에 근거한 증환적 글쓰기로 변형되었다. 고르는 쓴다. "문학의 마술이란 이런 것입니다. 실존을 거부하면서 실존에 대해 쓰다 보니, 문학은 나를 실존에 이르게 해주었습니다."[23] 이러한 문학의 마술은 도린과의 사랑 때문에 가능했다. 어떤 시점에 이르자 고르는 그가 자신의 원칙에 맞추어 살지 아니면 도린과 함께 살지를 결정해야 했다. 그리고 그는 도린과의 삶을 선택했다. 고르가 자신의 실존 및 증상과 더불어 사는 요령을 깨닫고 배웠던 것은 도린과의 삶을 통해서였다. 사랑의 삶은 그에게 삶의 변화를 가져왔다. 도린과 함께 그는 실존에 대한 거부를 사랑 안의 실존으로 전환시켰다. 이제 글쓰기는 더 이상 실존에 대한 접근을 거부하고 불안을 막는 병리적 증상이 아니었다. 글쓰기는 그에게 다른 종류의 삶을 가져다 준 주체적 증환이었다. 바디우와 함께 우리는 이러한 삶을 "참된 삶," 진리의 주체가 누리는 삶이라고 명명할 수 있다. 이런 점에서 『D에게 보낸 편지』는 도린과의 사랑의 잃어버린 의미에 대한 탐색일 뿐만 아니라 어떻게 고르가 물리적 삶 너머의 참된 삶에 접근할 수 있었는지에 대한 회고록이다. 사랑은 우리를 참된 삶 속의 형이상학적 행복으로 데려온다. 여기서 주목할 만한 것은 이러한 삶이 단순히 사랑의 진리에만 관련되지 않는다는 점이다. 그것은 또한 정치적 진리에도 관련된다.

5-5 권력

사랑은 권력의 사회 정치적 체제 안에서 일어나고, 지속하고, 종료된다. 권력은 단순히 사랑을 약화시키거나 사라지게 만들지 않는다. 권력은 특정 형식의 사랑에 스며들고 그것을 생산한다. (제도화된 현실 정치가 아니라 해방적 정치로서의) 정치적 진리가 권력에 대한 조직적 저항과 함께 오고 사랑의 진리가 권력

---

23 같은 책, 55쪽.

에 대한 실존적 저항과 함께 오는 반면, 고르와 도린의 삶에서 이 두 가지 진리는 종종 겹쳐진다. 사랑의 주체로서 그들은 기존의 권력체제 전부를 전복시키지는 못하더라도 그것에 국지적인 구멍을 냄으로써 정치적 진리에 관여했다. 이 체제는 세 가지 심급으로 이루어진다. 상징적 법, 돈, 육체가 그것이다.

상징적 법부터 살펴보자. 고르와 도린에게 영향을 주고 영향을 받은 상징적 법을 재차 세 가지로 나눌 수 있다. 우선 전통과 관습으로서의 법이 있다. 고르가 자신의 어머니에게 도린과 결혼할 거라고 말했을 때, 그의 어머니는 "우리 두 사람이 서로 맞춰 살아갈 성격이 아니라는 필적감정가의 분석"[24]을 근거로 반대했다. 인격을 평가하기 위해 글씨체를 분석하는 학문인 필적감정(graphology)은 여기서 고르와 도린을 위계적으로 차별하기 위해 끌어들여진다. 고르의 어머니에게 이 전통 지식은 귀족적 계보나 사회적 계층의 측면에서 도린이 고르의 짝이 아니라는 점을 증명한다. 상징적 법으로서의 이와 같은 지식이 갖는 권력 효과를 철저히 인식하자. 상징적 법은 단순히 자연 다음에 오는 것이 아니다. 그것은 자연 자체를 재변형하고 재구성한다. 고르와 도린은 사회적 계층 간의 격차 때문에 어울리지 않는 것이 아니다. 그들은 처음부터 "서로 맞춰 살아갈 성격"이 아니다. 고르와 도린이 이 법에 어떻게 대응했을지 떠올려 보기 위해 우리는 미조구치 겐지 감독의 〈치카마츠 이야기(近松物語)〉의 마지막 장면을 참조할 수 있을 것이다. 영화는 17세기 교토를 배경으로 서로 간의 사랑 때문에 고발당한 두 연인의 이미지를 보여 준다. 안주인과 하인이라는 사회적 지위의 격차라는 벽에 부딪혀 도망친 남녀 주인공은 서로에 대한 사랑을 확인하지만, 곧 붙잡혀서 모욕을 당하고 서로 등진 채로 밧줄에 묶인다. 그러나 흥미롭게도 우리는 연인들의 얼굴에서 희미한 미소를 읽을 수 있다. 이 미소는 비록 법이 사랑의 주체를 구속한다 하더라도 사랑의 행복은 숨길 수 없는 것으로 남는다는 점을 보여 준다. 우리는 필적감정사의 분석을 듣고 미소를 머금는 고르와 도린의 모습을 떠올려 볼 수 있다. 사랑은 권력에게 분노가 아닌 미소

---

24 같은 책, 25쪽.

를 통해 응답한다.

　고르와 도린이 직면한 두 번째 종류의 상징적 법은 앞에서 언급한 것, 즉 무일푼의 오스트리아 출신 유대인 남자와 아름다운 영국 여자가 서로 어울리지 않는다고 규정하는 사교계의 정체성 논리이다. 고르에 대한 다른 사람들의 묘사("전혀 관심을 끌 만한 구석이 없는 남자")와 고르의 자기 인식("내가 넘볼 수 없는 여자")을 근거로 우리는 이 법이 효율적으로 작동하고 있음을 알 수 있다. 법을 내면화한 고르 자신이 자신과 도린은 어울리지 않는다고 생각했다. 그러나 둘이 다시 마주쳤을 때 이 우연한 만남의 효과는 법을 능가했다. 이번에 그들의 만남은 단순히 법을 거스른 것이 아니라 법을 뛰어넘었다. 사랑의 만남은 법에 의해 억압될 수는 있지만, 결코 법에 의해 완전히 길들여질 수 없다. 그리고 억압은 실패하게 마련이고, 폐제된 것은 실재의 차원에서 되돌아오는 법이다.

　끝으로 고르의 아버지 역시 상징적 법으로 기능한다. 고르와 도린은 서로 사랑함에도 불구하고 아이를 갖지 않았다. 고르는 그가 자기 아버지와 좋은 관계를 갖지 못했기 때문에 좋은 아버지가 되지 못할 거라고 생각했다. 고르는 좋지 않은 아버지가 되기보다는 아이를 갖지 않는 편을 택했다. 그러나 설령 그가 아이를 갖지 않는 쪽을 선택했다 하더라도 이 선택은 여전히 고르의 아버지에 의해 재현되는 상징적 법의 틀 안에서 이루어진 것이다. 반역적인 결정 그 자체가 좋은 아버지의 부재에 의해 규정되기 때문이다. 고르의 죽은 아버지가 고르를 반항하는 아들로뿐만 아니라 자격이 없는 아버지로 규정했다. 헤겔에게 아이 없는 사랑은 주관적인 것으로 남으며, 그래서 결함이 있는 사랑에 해당된다. 사랑이 완성되려면 사랑의 객관적 산물로서의 아이가 있어야만 한다. 오직 아버지-어머니-아이의 구조가 갖추어질 때에만 사랑은 온전하다. 가족의 형성이 사랑의 가치를 사후적으로 결정한다. 고르에게 상황은 다르다. 고르와 도린은 아이를 낳는 대신에 사랑의 이념을 낳았다. 헤겔적 관점에서 아이의 부재는 그들의 사랑을 결핍된 것으로 만든다. 그러나 사랑의 이념의 생산은 그들의 사랑을 헤겔적 관점에서는 가늠할 수 없는 것으로 만든다. 이념의 생산과 더불어 그들의 사랑은 이질적으로 대상적[객관적]이고 과도하게 주체적[주관적]이다. 우리는 이번 장의 결론에서 사랑의 이념으로 되돌아올 것이다. 여기서는 아이를 갖는 문제와 관련해서 고르의 죽은 아버지가 상징적 법으로서 그들의 사랑에 영향을 미쳤음을 확인해 두자. 결국 고르는 사랑이 좋은 아버지와는 본질적으로 통약 불가능하다는 점을, 사랑은 어떤 점에서 아버지를 비틀거리게 만드는 것이라는 점을 깨닫지 못했다.

권력의 두 번째 매개, 돈에 대해 살펴보자. 자본주의 체제에서 사랑의 실질적인 동인이 돈이 되는 것은 흔한 일이다. 사람들은 더 많은 돈을 벌기 위해 사랑을 한다(One makes love to make more money). 사람들이 사랑을 하기 위해 결단하는 것이 아니라 돈이 사람들을 대신해서 사랑하기로 결단한다. 자본은 자본주의적으로 사랑하는 방식을 창안하고 퍼뜨린다. 생산적으로 살기, 효율성을 늘리기, 더 잘 소비하기가 사랑에 빠지고 사랑을 끝내는 단계를 결정한다. 고르와 도린은 이런 사랑에 반대했다. 사실 결혼에 대한 고르의 어머니의 반대는 필적감정사의 보고서 때문만은 아니었다. 이 보고서가 상징적 법에 관련되는 한편, 고르의 어머니는 돈에 대해서도 언급했다. 그녀에게 돈은 그들이 함께하는 데에 있어서 "중대한 걸림돌"[25]이었다. 중대한이라고 말할 수 있는 이유는 돈이 초자아적 동인으로서 작용하기 때문이다. 돈은 자본주의적 사랑의 양상을 허용하는 동시에 다른 양상을 금지한다. 돈은 사랑에 있어서 법 없는 법, 실재의 법이다.

여기서 (고르의 반자본주의적 이론보다는 오히려) 도린의 단호한 태도에 주목하자. 돈 문제에 대한 자기 어머니의 걱정에 대해 신경 쓰지 않는 도린을 보면서 고르는, "돈 문제를 전혀 개의치 않는 당신이 얼마나 든든하던지!"[26]라고 고백한다. 아이에 대한 고르의 무의식이 그의 아버지에 의해 틀 지워진 반면, 돈에 대한 도린의 무의식은 그녀의 어린 시절 경험으로부터 자유로웠다. 고르가 아버지와 아이에 대한 무의식적 법을 물려받았다면, 도린은 돈과 결혼에 대한 무의

---

25 같은 책, 26쪽.

26 같은 책, 26쪽.

식적 법을 끊어 냈다. 돈 때문에 다투는 부모의 모습을 지켜본 어린 시절 이래로 도린은 "진정한 사랑은 돈을 무시할 수 있어야 한다"[27]는 점을 확신했다. 실제로 그녀는 무일푼의 망명자 신분의 고르와 만났을 때 돈에 대해 개의치 않았다. 흡사 수도원과 같은 고르의 집을 방문했을 때, 고르가 1950년에 '세계시민들(Citoyens du monde; 제2차 세계대전 후 지식인들이 전개한 세계 의회 운동)'에서 해고당해서 그녀가 생활비를 벌어야 했을 때, 생활비에서 남는 돈을 기부했을 때에도 마찬가지였다. 경제적으로 궁핍했던 1950년 한 해를 회상하면서 고르는 재차 도린에게 찬사를 보낸다. 자본주의 체제 안에 있는 동시에 그 체제에 순응하지 않는 사랑의 주체인 도린에게 말이다. "너무 힘든 기나긴 한 해를 당신은 명랑하게 버텨 주었지요. 당신이 바위 같아서 그 위에 우리 부부가 든든히 버티어 설 수 있었습니다."[28] 고르와 도린의 사랑은 우리로 하여금 가난하게 사는 것과 누추하게 사는 것을 구분하게 해준다. 사랑은 아주 가난할 수 있다. 어떤 때도 묻지 않은 채로 말이다(Love can be dirt-poor, without any dirt).

권력의 마지막 매개는 육체이다. 푸코에 따르면 권력은 생체 권력이다. 그리고 생체 권력은 우리가 우리 자신의 육체와 갖고 있는 관계를 매개하고 결정한다. 도린의 경우 그녀는 X레이 촬영을 위해 사용되는 물질인 리피오돌(lipiodol)의 부작용으로 인한 거미막염을 앓았다. 도린의 허리디스크를 치료하려 했던 기술 의학은 아이러니하게도 그녀에게 불치병과 극심한 고통을 가져다주었다. 도린의 말년은 생체 권력이 그녀의 육체에 남긴 폭력에 대한 기나긴 투쟁의 시기였다. 의학 기술과 진통제에 의존하는 대신 그녀는 요가와 대체의학으로 관심을 돌렸다. 고르는 그의 정치적 생태주의가 68운동에 근거해 있는 한편, 그와 도린을 실제로 생태주의와 기술 비판으로 이끌었던 것은 도린의 병이었다고 말한다. 고르와 도린에게 생태주의는 문명의 비판이 아니라 매일의 실천이었다.

---

27 같은 책, 72쪽.

28 같은 책, 38-39쪽.

여기서 주목할 점은 이러한 실천 속에서 고르가 어떻게 도린을 지지했는가이다. 고통 때문에 잠들지 못하는 그녀의 모습을 본 경험을 회상하면서 고르는 말한다. "우리 둘은 모든 것을 공유한다고 믿고 싶었는데, 당신만 혼자 그런 고통을 겪고 있었습니다."[29] 우리가 연인과 모든 것을 공유한다고 믿는 것은 환상적 하나에 근거한 사랑이다. 나의 육체는 내가 다른 이와 하나가 될 수 없다는 사실을 환기시킨다. 나의 육체는 나와 나 자신 간의 관계가 나와 타자의 관계에 선행한다는 점을 드러낸다. 도린과 고르 사이에는 도린의 육체가 있다. 도린의 육체에서는 생체 권력의 효과와 그녀의 자기 치유력 간의 싸움이 벌어진다. 이런 상황에서 고르는 그녀의 육체 안에서 일어나는 싸움에 개입할 수 없기 때문에 방관자의 위치를 차지할 수밖에 없다. 그는 도린과 자신 간의 사랑의 관계가 도린과 그녀의 육체 간의 자기 관계에 비해 이차적이기 때문에 소외를 느낄 수 있다. 그는 그녀의 병을 제거할 수 없고 나아가 그녀의 고통을 경험할 수도 없다. 그는 그들이 철저히 분리되어 있다는 완고한 사실을 인정해야 한다. 사랑의 주체는 연인의 고통 앞에서 본질적으로 홀로 있으며 무력하다. 주체가 할 수 있는 모든 것은 고통 속의 연인과 함께하는 것뿐이다. 그럼에도 불구하고 상상적인 하나의 차원이 아니라 실재적인 육체의 차원에서 함께함으로써 사랑은 고독에 거의 지각 불가능하지만 또한 환원 불가능한 영향을 미친다. 사랑은 지울 수 없는 고독을 제거하지 않고 보충한다. 도린과 고르의 사랑의 관계는 도린과 그녀의 육체의 관계를 대신(stand in)하는 것이 아니라 그 곁을 지킬(stand by) 뿐이다. 그리고 이것이 고르가 투병하는 도린의 곁을 지키면서 시도했던 바이다. 이러한 시도는 지난한 일인데, 왜냐하면 사랑의 주체는 아픈 타자에 대해 공감하는 동시에 절제해야 하고, 다정한 동시에 엄격해야 하기 때문이다. 바르트가 쓰듯, "사랑하는 사람들이 괴로워하는 모습을 보는 일은 끔찍한 일이기에 나 또한 동요하며 괴로워하나, 동시에 냉담하며 젖어 들지 않는다. …… 그러므로 나는 그를 '압박하지도,' 정신을 잃지도 않으면서 그와

---

29 같은 책, 79쪽.

더불어 괴로워하리라."[30] 바르트는 이와 같은 예술적이고 건전한 형태의 연민을 '신중함/부드러움(délicatesse)'이라 정의한다. 연민(compassion)의 문자적 의미인 "함께 괴로워하다(cum + patior)"는 사랑하는 이와 아픈 연인 간의 거리를 환상적으로 무화하는 것을 의미하지 않는다. 연민은 둘 사이의 거리를 견디고 심지어 거리 그 자체를 신중하고/부드럽게 사랑하는 것을 의미한다. 고독한 고통을 유발하는 생체 권력에 대항해서 사랑은 우리에게 연민의 힘을 보여 준다. 연민은 고통을 섬세하고 미묘하게 다룬다. 생체 권력이 고통 속의 육체가 육체의 최종적 진실을 담고 있는 것처럼 보이도록 만든다면, 사랑은 우리가 고통 속의 육체를 돌봄의 육체로 변형시킬 수 있음을 증언한다.

도린이 자궁내막암에 걸렸다는 사실을 전해 듣고 고르는 20년 동안 일해 왔던 신문사를 주저 없이 떠났다. 그는 그들의 현재를 살아가야겠다고 생각했다. "아무리 생각해도 내게 본질적인 단 하나의 일은, 당신과 함께 있는 것이라고 썼지요. 당신이 본질이니 그 본질이 없으면 나머지는, 당신이 있기에 중요해 보였던 것들마저도, 모두 의미와 중요성을 잃어버립니다."[31] 그들의 사랑을 두 시기로 나누어 보자. 초기에는 고르가 도린의 지원에 힘입어 자신의 증상적 글쓰기와 씨름했다면, 후기에는 도린이 고르의 지원 속에서 병적 증상과 투쟁했다. 지금껏 자신을 도와준 도린을 돕는 것은 고르가 해야 할 유일한 일이었다. 혹자는 이러한 사랑을 희생적인 것으로 묘사할 수 있다. 그러나 도린과의 사랑을 통해 자신의 실존과 화해한 고르는 이제 강인한 사랑의 주체이고, 이 사랑의 주체는 헌신과 희생을 구분할 줄 안다. 물론 불치병에 걸린 연인을 오랜 시간 돌보는 것은 극도의 희생을 요구하는 일이다. 그러나 사랑의 주체는 자신의 사랑의 대가를 기꺼이 지불할 것이다. 그는 자신의 사랑의 실천이 비본질적인 것의 희생을 동반하는 본질적인 것에의 헌신임을 확신한다.

요컨대 고르와 도린은 사랑과 권력 사이의 종종 은폐되는 관계를 보여 주

---

30 바르트, 『사랑의 단상』, 91-92쪽.

31 고르, 『D에게 보낸 편지』, 87쪽.

며, 여기서 권력은 상징적 법, 돈, 육체에 의해 구조화된다. 정치가 이러한 권력의 매개물과 단절하고 그것에 저항함으로써만 시작한다면, 고르와 도린은 어떻게 사랑이 정치를 향한 국지적 실험실로, 정치의 잠재적 초석으로 기능할 수 있는지를 보여 준다. 그들은 고아의 공동체에서 출발해서 바디우가 "최소한의 코뮤니즘"이라 부른 것, 즉 정치적 진리와 사랑의 진리 간의 어떤 교차점을 건설했다. 그들의 삶을 통해 정녕 드물고 어렵지만 또한 가능하고 마땅한 길이 드러난다. 그것은 사랑의 둘에 대한 실존적 구축이 정치적 해방을 위한 집합적 투쟁과 병치되는 길, 사랑의 열정과 우애의 정치를 결합하는 길이다.

5-6 죽음/삶

사랑은 죽음과 불편한 관계를 갖는다. 죽음은 단순히 사랑에 외적인 장애물이 아니다. 연인이 죽을 가능성은 언제나 사랑하는 이를 짓누른다. 연인이 죽고 난 이후에 홀로 남겨진 연인의 사랑은 고통 속에서 지속되기도 한다. 이런 점에서 죽음은 사랑을 그 내부로부터 부식시킨다. 죽음은 영원한 사랑의 환상을 일소하게 할 뿐만 아니라 모든 사랑의 한계에 대한 직면을 강제한다. 죽음은 사랑의 내적 한계이다. 고르와 도린의 사랑은 그들이 살아 있을 때뿐만 아니라 그들이 죽음을 맞이할 때에도 단독적이었다. 2007년 9월 24일, 고르와 도린의 육신은 나란히 누워 사망한 채로 발견되었다. 그들은 자신들의 결정에 대한 짧은 메모를 남기고 극약 주사를 통해 동반 자살했다. 이 동반 자살의 함의를 사랑과 죽음/삶 간의 관계를 통해 살펴보자.

동반 자살은 종종 네 가지로 분류된다. 우선 현대사회가 낳은 현상으로, 자살 사이트에서 모인 낯선 이들이 익명의 상태에서 자살을 저지르는 경우가 있다. 그 다음으로, 생활고로 인해 부모가 자식을 죽이는 경우에서처럼, 상호 동의가 없는 가운데 이루어지는 동반 자살(이는 당연히 살인에 준한다)이 있다. 홀로 남겨질 동반자를 가엾게 여긴 연인들이 합의하에 동반 자살할 수도 있다. 마지막으로, 이루어지지 못한 사랑 때문에 절망에 빠진 연인들이 죽음 너머에서라도 사랑을 성취하기 위해 동반 자살을 택할 수 있다. 도린과 고르의 경우는 세 번째에 관련되는 것처럼 보인다. 실제로 편지에서 고르는 "우리는 둘 다, 한 사람이 죽고 나서 혼자 남아 살아가는 일이 없기를 바랍니다"[32]라고 쓴다. 여기서 우리는 애도와 멜랑콜리에 대한 프로이트의 구분에 대한 라캉의 확장을 참고할 수 있을 것이다. 라캉은 사별당한 이가 죽은 연인을 애도하는 일이 상상적인 수준에 놓여 있다고 말한다. 사랑하는 이는 상실된 대상 자체가 아니라 상실한 대상에 결부된 자기 자신의 이상적 자아를 붙들고 괴로워한다. 애도란 우리가 우리 스스로를 놓아 주는 과정, 우리가 대상을 붙들고 있는 우리 자신의 이미지를 극복하는 과정이다. 애도의 주체는 자신을 대상으로부터가 아니라 대상을 잃어버린 자기 자신으로부터 분리해야 한다. 반면, 멜랑콜리에서 사별당한 주체는 이상적 자아가 아니라 실재적 대상, 즉 실재적 상실을 대신하는 대상 a와 상대한다. 멜랑콜리에서 대상은 강렬한 죄책감과 자기비판으로 주체에게 명령을 가하고 주체를 압도하면서, 사랑하는 이가 잃어버린 연인을 어떻게 더 잘 대우할 수 있었는지 혹은 마땅히 대우했어야 했는지를 사후적으로 상기시킨다. 나아가 상실이 상징적 대체물을 찾을 수 있는 애도와는 달리, 멜랑콜리는 주체로 하여금 상실된 대상을 대체 불가능한 것으로 간주하게 만든다. 상실은 치료되거나 보상될 수 없으며, 주체는 정신병적인 상태로, 상실에 의해 무력하게 시달린 채로 남는다. 주체는 끝없는 심연에 빠지며, 자신이 실제로 무엇을 잃어버렸는지조차 파악할 수 없다. 이런 점에서 고르와 도린의 결단은 애도와 멜랑콜리 전부에 대한 방어적이고 대응적인 행위로 여겨질 수 있다. 그들 둘 다 애도와 멜랑콜리를 경험하지 않았지만, 그럼에도 그들의 동반 자살은 죽음이 사랑에 이중적인 영향을 끼친다는 점을 역설적으로 보여 준다. 즉 죽음은 사랑하는 이에게 끝없는 애도라는 지난한 과제를 부여하고, 사랑하

---

32 같은 책, 90쪽.

는 이를 실재적 상실의 병리적 출물 속에서 괴롭힌다.

여기서 문제는 이 모든 것이 그들의 사랑 이야기가 함축하는 것에 모순되는 것으로 보일 수 있다는 점이다. 편지에서 고르는 이렇게 썼다. "당신은 내게 삶의 풍부함을 알게 해주었고, 나는 당신을 통해 삶을 사랑했습니다. 아니, 삶을 통해 당신을 사랑한 건지도 모르겠군요."[33] 도린은 고르가 삶의 풍부함에 대해 깨닫도록 이끌어 주었고, 고르는 도린을 통해 삶을 사랑할 수 있게 되었다. 그들의 사랑은 삶에 긴밀히 연결되고, 삶에 대한 사랑에 토대를 둔다. 이런 점에서 그들의 마지막 결단은 아이러니하게 보인다. 어떻게 생태주의의 삶을 살았던 커플이 자기 자신의 생명을 포기할 수 있었을까? 어떻게 고르를 삶으로 이끈 도린이 고르의 자살에 동의할 수 있었을까? 그들의 결단은 사랑이 결국 죽음의 힘에 굴복한다는 점을 암시하는 것일까? 이러한 질문들에 접근하기 위해서는 그들의 결단의 또 다른 측면을 살펴보아야 한다.

동반 자살의 네 번째 유형에서 이루지 못한 사랑으로 고통받은 연인들은 사랑을 완성하는 한 가지 방식으로 동반 자살을 저지른다. 이 경우에 둘의 모험으로서의 사랑은 죽음을 통해 죽음 너머에 있는 하나가 되려는 치명적인 정념에 굴복한다. 연인들의 행위화는 죽음의 힘에 대한 복종을 통해 그들의 사랑을 중단시킨 것이 무엇이든지 간에 그것에 대한 저항을 이룬다. 사랑의 불발은 죽음의 승리에서 보상을 얻고, 사랑의 비극은 장송가에서 은신처를 발견한다. 그러나 고르의 마지막 사랑 고백은 이러한 상황이 고르와 도린에게 적용되지 않는다는 점을 명확히 보여 준다.

나는 30년 전에 결심한 대로 살아오지 못했던 게 분명합니다. 현재에 충실하고, 무엇보다도 우리 둘이 함께하는 삶이라는 풍요에 집중하며 살자고 결심했는데 말입니다. …… 나는 더 이상 '실존을 나중으로 미루'고 싶지 않습니다. 우리가 처음 만났을 때처럼 나는 내 앞에 있는 당신에게 온 주의를 기울입니다. 그리고 그걸 당신

33 같은 책, 72쪽.

이 느끼게 해주고 싶습니다. 당신은 내게 당신의 삶 전부와 당신의 전부를 주었습니다. 우리에게 남은 시간 동안 나도 당신에게 내 전부를 줄 수 있으면 좋겠습니다. 당신은 이제 막 여든두 살이 되었습니다. 그래도 당신은 여전히 탐스럽고 우아하고 아름답습니다. 함께 살아온 지 쉰여덟 해가 되었지만, 그 어느 때보다도 더, 나는 당신을 사랑합니다. 요즘 들어 나는 당신과 또다시 사랑에 빠졌습니다. 내 가슴 깊은 곳에 다시금 애타는 빈자리가 생겼습니다. 내 몸을 꼭 안아 주는 당신 몸의 온기만이 채울 수 있는 자리입니다.[34]

고르와 도린의 동반 자살의 핵심은 이루어지지 못한 사랑을 이루는 것이 아니라 그들이 함께 구축한 사랑의 과정을 확장하는 데에 있다. 관건은 그들이 과거에 늘 그래 왔듯이 사랑에 충실하게 남아 있는 것이다. 여기서 주목할 것은 고르로 하여금 실존과 화해하게 하고 도린으로 하여금 불치병과 싸우게 해 주었던 그들의 사랑의 과정이 고르에게 도린과 재차 사랑에 빠질 기회를 제공한다는 점이다. 똑같은 파트너와 재차 사랑에 빠지는 이와 같은 사건을 우리는 바디우가 "두 번째 만남"이라고 부른 것에 연결시킬 수 있을 것이다. 두 번째 만남의 독특성은 그 만남이 기존의 세계가 아니라 사랑의 세계에 엄밀하게 내재적이라는 점에 있다. 두 번째 만남은 사랑이 사랑으로부터 정원 외적인 방식으로 도래한다는 것을, 사랑은 마치 제곱수와 같은 방식으로 실행된다는 것을 뜻한다. 무일푼의 오스트리아 출신 유대인이 아름다운 영국 여인을 만났을 때, 이 만남은 사회적 규범과 상징적 법에 따라 규정된 세계를 배경으로 일어났다. 반대로 두 번째 만남은 연인들이 만들어 내고 구축한 새로운 주체적 세계를 배경으로 일어났다. 만남이 사랑이 법과의 우연적인 단절임을 보여 준다면, 두 번째 만남은 사랑이 사랑의 세계가 가능하게 하는 새로움의 무한한 전개임을 보여 준다. 두 번째 만남은 사랑의 세계에 의해 지탱되는 사랑은 인간 동물의 호르몬에 따른 덧없는 에피소드라기보다는 주체적 시퀀스에 따른 사건적 재

---

34 같은 책, 88-89쪽.

탄생임을 증명한다. 그렇다면 우리는 고르가 도린과 재차 "사랑에 빠진(fall in love)" 것이 아니라 고르와 도린이 "사랑을 통해 비상한다(rise through love)"고 말할 수 있을 것이다. 도린을 통해 삶을 사랑할 수 있게 된 고르에게 이 결단은 죽음이 아니라 삶을 향한다. 어떠한 내세에의 암시도 없는 삶, 사랑의 주체만 누릴 수 있는 독특한 삶 말이다. 가까운 친구와 가족의 상실에 대해 에밀리 디킨슨(Emily Dickinson)은 이렇게 쓴 바 있다. "이별은 우리가 천국에 대해 아는 모든 것. 그리고 지옥이 필요로 하는 모든 것." 고르와 도린도 마찬가지이다. 천국이나 지옥에서의 내세와 같은 것은 없다. 천국과 지옥 모두 사랑의 과정의 중단으로서의 이별에 다름 아닐 것이기 때문이다. 삶의 풍요로움을 끌어안았던 도린에게 그들의 결단은 그녀의 죽음 이후 발발할 고르의 멜랑콜리에 대한 수세적인 예방이 아니라 그들의 사랑의 과정이 그녀 생의 마지막 순간까지 지속되기를 고집하는 선제적인 제스처다. 이루어지지 못한 사랑을 이루기보다는 사랑의 과정을 확장함으로써 그들의 동반 자살은 생물학적 죽음을 주체적 삶으로 재정의하는 결단이 된다. 함께 죽음으로써 그들은 주체적 삶을 긍정하기 위해 물리적 삶을 소진하는 마지막 공동서약을 했다. 그들의 결단은 사랑의 끝을 표시하는 것이 아니라 끝없음의 사랑을 단언한다. 프랑수아즈 사강(Françoise Sagan)의 "나는 나를 파괴할 권리가 있다"는 선언에 그들은 이렇게 덧붙일 것이다. "우리는 우리를 파괴할 권리가 있다. 사랑의 주체인 우리가 사랑의 과정을 스스로 결정하는 양도 불가능한 존엄에 충실한 한에서 말이다."

고르와 도린의 사랑이 알려지는 것은 고르의 편지를 통해서이다. 결국 우리가 읽는 것은 도린에게 보내는 편지의 형태로 고르가 재구성한 그들의 사랑이다. 라캉은 "남자와 벽 사이에 연애편지[사랑의 문자](lettre d'amour)가 있다"[35]고 말한 바 있다. 남자는 사랑에 대해 말하고 싶지만 그럴 수가 없다. 그가 부딪치는 것은 그로 하여금 사랑에 대해 말하지 못하게 하는 벽, 사랑이 아니라 환상

---

35 Lacan, *The Knowledge of the Psychoanalyst: Seven Talks at Saint-Anne*, trans. Cormac Gallagher, February 3, 1972(비공식 미출간).

을 유발하는 거세의 벽일 뿐이다. 그래서 그는 사랑에 대해 오직 쓸 수 있을 뿐이다. 그러나 한 무더기의 연애편지도 성관계의 존재를 보장하지는 못한다. 성관계는 쓰이지 않기를 그치지 않는 것이기 때문이다. 연애편지는 사랑(amour)이란 사랑의 벽(amur)임을 말하는 기호에 불과하다. 사랑에 대한 말하기와 쓰기 모두 사랑을 규정할 수 없고 접근 불가능한 것으로 만든다. 그럼에도 불구하고 만약 고르의 편지가 그 가치를 잃지 않는다면, 이는 그것이 사랑 이야기보다 더욱 급진적인 무언가를, 즉 사랑의 이념을 전달하기 때문이다. 모든 예외적인 사랑의 주체는 인류에게 사랑의 이념을 건네준다. 이러한 이념과 더불어 고르와 도린과 같은 사랑의 주체는 살아 있지도 죽지도 않으며 죽음과 삶 사이에 있다. 사랑의 주체는 사랑의 이념을 구현하는 섬뜩한 유령으로 인류의 역사 속에서 계속 회자된다. 사랑의 주체에게 흥미로운 것은 그의 삶이나 죽음이 아니라 그의 삶과 죽음 너머에서 표출되는 사랑의 이념의 생존(sur-vie)이다. 주체는 사라지지만, 이념은 남는다. 역사와 문학은 사랑의 주체의 몇몇 이름을 남겨 준다. 고르와 도린의 이름도 그중 하나로 기입될 수 있을 것이다. 그러나 우리가 기입하고 싶은 것은 그들의 이름이 아니라 사랑의 이념이다. 이 이념을 사랑에 대한 바캉적[라캉적인 동시에 바디우적인](Bacanian) 이념이라 부르자.

5-7 이념

사랑에 대한 바캉적 이념은 라캉과 바디우의 뒤얽힘의 관점으로부터 제시되는 사랑을 일컫는다. 고르와 도린의 사랑은 라캉적인 것과 바디우적인 것의 독특한 결합에 해당한다.

첫째, 사랑에 대한 바캉적 이념에 따르면 사랑은 양가적인 만남과 함께 시작된다. 한편으로 사랑의 만남은 기존의 상징적 법에 의해 억압될 때 연약하고 지각 불가능한 것이 된다. 사회적 관습은 무일푼의 오스트리아 출신 유대인 남자와 아름다운 영국 여인이 어울리지 않는다고 규정한다. 다른 한편으로, 사랑의 만남은 이러한 법 너머에서 급진적인 우연성의 힘을 행사한다. 그 어떤 것도 어울리지 않는 두 사람이 길에서 실제로 마주치는 사건을 예측하거나 예정할 수 없다. 요컨대 사랑의 만남은 상징적 법 안에 위치해 있으면서 그 법에 무관심하게 사건적으로 도래한다.

둘째, 사랑에 대한 바캉적 이념에 따르면 사랑은 관계이자 과정이다. 그들의 상이한 배경에도 불구하고 고르와 도린은 그들이 공통적인 무언가를 갖고 있음을 느꼈다. 그들 둘 다 불안의 자식이었다. 그들은 어린 시절 부모와의 상호작용을 통해 적절히 상징화되지 않았다. 이는 그들로 하여금 독특한 유대, 무의식적 관계, 뭐라 말할 수 없는 어떤 것(고르가 "원초적 상처"라고 부르는 것) 주변에서 조직되는 사랑의 관계를 형성하도록 이끌었다. 동시에 그들의 사랑은 결혼과 같은 핵심 지점을 통과해 나가는 과정이다. 결혼을 부르주아적 제도로 간주하는 고르에 반대해서 도린은 결혼이 평생의 헌신으로 이루어지는 주체적 협약일 수 있음을 지적한다. 나아가 둘은 이론/지성(고르)과 실재 세계/직관(도린) 간의 성차를 갖고 끝없이 씨름해야 했다. 격렬한 논쟁이 흥미로운 게임으로 변할 정도로 말이다. 성관계란 존재하지 않는다. 그러나 성차가 존재하는 한, 사랑은 사랑의 세계를 구축하기 위해 성차를 창조적으로 배치하는 과정이다. 요컨대 사랑은 구축의 과정으로 이어지는 무의식적 관계이다.

셋째, 사랑에 대한 바캉적 이념에 따르면 사랑은 개인적인 것과 집합적인 것을 꿰뚫는 단독적인 실천이다. 정신분석적으로 사랑은 증상적인 주이상스를 증환적 주체성으로 변형시키는 개인적 실천이다. 실존 및 삶에 대한 불안을 회피하기 위해 글쓰기와 이론이라는 대용품에 의존했던 고르는 차츰 그의 실존과 실재적 삶과 화해할 수 있게 되었다. 도린과의 사랑을 통해 그는 자기방어적인 글쟁이에서 주체적인 작가로 나아갔고, 외적인 이론과 내적인 확신을 결합했으며, 삶의 풍요에 도달했다. 이 모든 것은 도린 덕분에 가능했으며, 도린은 고르의 증상이 자신에게 정당한 몫을 주지 않았음에도 불구하고 늘 고르를 지지했다. 또 만약 정치가 상징적 법, 돈, 육체와 같은 권력의 매개체에 대항하는 내재적 저항이라면, 사랑은 하나의 정치적 실천이다. 사랑이 그러한 매개체에 종속될 때 그것은 권력의 애매모호한 하수인이 된다. 그러나 고르와 도린의 사랑은 권력과 투쟁했다. 그들은 필적감정사의 보고에 근거한 고르 어머니의 반대를 극복함으로써 결혼에 이르렀다. 고르와 함께하는 내내 도린은 사랑이 돈을 무시할 수 있어야 한다는 자신의 기존의 신념에 충실했다. 정치적 생태주의를 매일의 실천으로 전개하면서 고르는 기술 의학이 그녀의 육체에 남긴 (역)효과와 싸우는 도린을 지지했다. 고르의 말년은 사랑의 주체가 연인의 몸을 성적 주이상스의 대상이나 고독 속에서 분리된 실체가 아니라 돌봄이 필요한 고통받는 육체로 여긴다는 것을 보여 준다. 고르와 도린의 사랑은 사랑이 권력에 봉사하지 않으며 해방적 집합성의 국지적 실험실로 기능함을 증명한다. 요컨대 사랑은 증환적 주체성과 최소한의 코뮤니즘이 교차하는 지점을 겨냥한다.

끝으로 사랑에 대한 바캉적 이념에 따르면 사랑에는 독특한 한계와 내재적인 무한이 공존한다. 죽음은 사랑의 내적 한계 중 하나이다. 실재적 상실로서의 연인의 죽음은 사랑하는 이를 정신병적인 멜랑콜리에 빠트린다. 고르와 도린의 동반 자살은 그들 중 한 명이 다른 이를 홀로 남긴 채 죽을 가능성, 사별당한 이가 연인의 상실로 괴로워할 가능성에 대한 고려와 관련이 있다. 그것은 애도와 멜랑콜리의 발생에 대한 방어적이고 선제적인 제스처이다. 이런 점에서 그들의 결단은 아이러니하게도 사랑의 주체의 형상이 단순한 히어로(hero)가 아니라 에레오스(hereos), 즉 사랑의 환원 불가능한 병리성을 괴로움 속에서 견디는 영웅임을 시사한다. 동시에 고르와 도린은 사랑이 두 번째 만남과 같은 독특한 무한에 근거해 있음을 보여 준다. 동반 자살하기 이전에 고르는 자신이 도린과 재차 사랑에 빠졌음을 고백한다. 고르와 도린 같은 헌신적인 사랑의 주체에게 사랑은 시작과 끝의 문제가 아니라 재탄생과 확장의 문제이다. 중세 궁정풍 사랑 이론가인 안드레아스 카펠라누스(Andreas Capellanus)는 "이 사랑은 항상 끝없이 증폭될 줄 아는 사랑이다. 그리고 누가 이와 같은 경험 뒤에 후회

했다는 얘기를 우리는 듣지 못했다"[36]고 쓴 바 있다. 그들의 두 번째 만남은 단순히 그들을 사랑에 빠지게 하는 불연속적인 사건이 아니라 충실하게 구성된 사랑의 세계로부터만 도래할 수 있는 연속적 과정 속의 불연속적 사건이다. 그들의 두 번째 만남은 고르와 도린을 사랑을 통해 일어서게 하고 비상하게 만든다. 고르에게 동반 자살은 이루지 못한 사랑을 이루는 치명적인 정념이 아니다. 그것은 삶과 죽음의 이항대립 너머에 있는 삶, 오직 도린과의 사랑을 통해서만 가능한 삶을 긍정하려는 주체적 결단이다. 요컨대 사랑은 죽음의 한계와 주체적 무한의 결합이다.

---

36 아감벤, 『행간』, 265쪽.

나오며

이 책은 라캉과 바디우의 뒤얽힘을 통해 사랑-사이의 문제틀[사랑은 이론화 불가능한 하나의 사이(metaxú)이다]에 관여하기를 시도했다. 앞서 살펴봤듯, 사랑-사이의 테제는 플라톤의 『향연』에서 발견된다. 플라톤에게 에로스는 필멸적인 것과 불멸적인 것 사이에 있는 중간자적 존재, 인간과 신 사이에 있는 정령(daimōn)으로 여겨진다. 이제 『에피노미스』의 한 구절을 라캉과 바디우의 뒤얽힘이라는 맥락에서 발전시키면서 결론을 내리자. 다섯 가지 유형의 살아 있는 존재를 다섯 가지 기본 원소(불, 에테르, 공기, 물, 흙)에 따라 분류하면서 플라톤은 중간자적인 공기의 정령들을 언급한다. 이 존재들은 아무리 우리가 가까이 가더라도 결코 그 모습을 드러내지 않는다. 『향연』에서의 에로스처럼 그들은 우주 전체를 돌아다니면서 모든 것을 해석하고 메시지를 전달한다. 우리의 논의에서 중요한 것은 그들이 가진 다음과 같은 특징이다. "이들은 우리의 생각을 알고 있고 신기하게도 우리 안의 선하고 아름다운 것들을 사랑하고 퇴폐한 인간을 미워한다. 아니나 다를까 이들은 고통에 민감하다. (반면에 신성한 운명의 완성자인 신은 쾌락도 고통도 느끼지 못한다.) 하늘이 살아 있는 존재로 꽉 차 있는 만큼 이들은 서로에게 해석자가 되고 가장 높이 있는 자들에게 모든 것과 모든 이들에 대한 소식을 전한다. 땅을 향해, 온 하늘을 향해 자유롭게 날아다니면서."[1] 인간과 신 사이의 중간자로서 이 정령들은 고통에 참여하는 존재인 동시에 선을 식별하는 존재이다. 이 구절을 라캉과 바디우 사이에 놓인 것으로서의 사랑과 연관시켜 읽어 보자.

우선 라캉적 측면부터 살펴보자. 사랑이라는 중간자적 정령들은 인간의 고통에 참여한다. 쾌락과 고통 너머에 있으며 완벽한 지혜를 지닌 신과 달리 그들은 고통에서 면제되지 않는다. 이는 우리에게 정신분석의 기원을 상기시킨다. 정신분석은 프로이트가 히스테리의 증상에 주의를 기울임으로써 탄생했다. 히스테리 증상은 과학의 대상적 지식을 거역하는 주체적 진리의 출현이었다. 여기서 라캉은 히스테리증자가 자신의 주체적 진리에 대한 지식을 갖고 있다고 가정되는 분석가와 사랑에 빠진다는 점에 주목한다. "분석이 진리로 드러낸 것은 사랑이 안다고 가정된 주체를 향한다는 점입니다."[2] 증상적 고통을 제거할 가능성의 환기는 분석가에 대한 사랑을 유발한다. 그러나 분석이 진행됨에 따라 분석가는 이러한 전이애를 자신을 찌꺼기 대상으로 환원하는 분석 행위를 통해 해체하고, 분석자로 하여금 자신의 주체적 진리에 대해 더 많이 알 수 있게 해주는 무의식의 담화의 여정에 동행할 뿐이다. 이런 점에서 라캉주의 분석가가 분석자의 고통의 참여자(혹은 "모두가 미친 한에서, 망상적인 한에서"[3] 신경증과 정신병의 구분 너머에서 모든 인간 동물의 말을 축어적으로 기록하는 "광인의 비서"[4])인 한편, 분석가가 고통에 참여하는 방식은 다소 역설적이다. 라캉주의 분석가는 (정신의학이 그러하듯) 지식을 가진 과학자처럼 백과사전적이거나 정형외과적이지 않고, (대상관계 이론이 그러하듯) 전이를 해석하거나 충분히 좋은 엄마처럼 보살펴 주지 않고, (자아 심리학이 그러하듯) 현실에 잘 적응하는 강한 자아처럼 규범적이고 상상적이지 않으며, (분석 심리학이 그러하듯) 상처 입은 치유자처럼 신화적이고 치료 중심적이지 않다. 분석가는 "도깨비불(feu follet/will-o-the-wisp)"

---

1   아감벤, 『행간』, 243-244쪽.

2   Lacan, *SXXI*, 1974년 6월 11일 수업(미출간).

3   Jacques Lacan, "Lacan pour Vincenne!", *Ornicar?* 17/18, 1979, p. 278.

4   Jacques Lacan, *SIII*, p. 206.

처럼 사라지고, 도깨비불은 "아무것도 밝히지 않으며, 그것은 심지어 대개 어떤 악취로부터 출현한다. 이것이 분석가의 힘이다."[5] 분석가가 고통에 참여하는 것은 분석가가 마치 페스트가 내뿜는 악취와 독기로부터 형성되기 때문이다. 그렇지만 분석가는 아무것도 밝히지 않고 어떤 위생이나 정화에도 매달리지 않는다. 사랑과 관련해서도 분석가는 전이애의 해체 이후 어떤 사랑의 실정적인 내용도 내어놓지 않는다. 분석은 오히려 분석자의 경험과 역사가 얼마나 사랑 없음[비(非)사랑, lovelessness]에 기입되어 있는지 보여 준다. 분석은 사랑의 선물이 아니라 사랑 없음의 진리를 제공한다. 라캉이 『세미나 7권』에서 아이러니하게 말하듯, "분석가 주어야 하는 것은, 사랑 행위에서의 파트너와는 달리, 세상에서 가장 아름다운 신부조차 능가할 수 없는 것," 즉 "그의 숙련된 욕망"이다.[6] 이 숙련된 욕망의 가치는 분석자에게 사랑에 도달하는 비결을 전달하거나 분석자의 행복에 대한 요구를 만족시키는 것이 아니라 오직 분석자의 주체적 진리의 발굴을 지지하는 데에 있다. 사랑에 관한 정신분석적 금언은 "빛이 있으라(fiat lux)"가 아니라 "공백이 있으라(fiat vacuum)" 혹은 "전이애 너머에서 공백애가 있게 하라"이다. 이러한 통찰에 근거해서 분석가는 분석자가 마침내 "오, 내 사랑, 사랑이 없구나"라고, 혹은 좀 더 정확히 말해, "사랑 없음만 있구나"라고 선언하게 되는 지점으로 분석자를 인도한다.

분석을 통해 분석자는 자신이 사랑 없음 혹은 비(非)사랑의 조건에 처해 있음을 발견한다. 비(非)사랑은 단순히 사랑의 부재나 상사병, 실연의 아픔을 지칭하지 않는다. 그것은 정념, 욕망, 충동, 주이상스, 애증, 사랑의 벽, 나르시시즘, 환상, 상실, 트라우마, 팔루스적 희비극, 재난, 행위화, 증상, 대상 a, 전이, 지식, 성적 비관계가 사랑을 구성하고 대변하는 정신분석적 상황을 배경으로 해서만 유효한 어떤 사랑의 양태다. 이러한 요소들은, 아우구스티누스의 발언 ("사람들은 진리가 드러날 때는 진리를 사랑하지만 진리가 자신들을 드러낼 때는 진리를 혐오한

---

5   Lacan, *SXXI*, 1974년 4월 23일 수업(미출간).

6   Lacan, *SVII*, p. 300.

다")을 참고하자면, 분석자가 알기를 거부하는 자신의 주체적 진리를 정교화하는 데에 사용된다.[7] 그것들은 사랑의 대응물일 뿐만 아니라 사랑(없음)의 구성 성분이다. 분석자가 분석 중에 사랑으로 지칭하는 것은 이러한 구성 성분들과 무의식적으로 깊은 관련을 맺는다.[8] 그렇다면 분석 작업의 의의는 사랑의 옷을 입은 비(非)사랑 속을 파고드는 데에 있다.

여기서 재차 중요한 것은 분석가가 개입하는 역설적인 방식이다. 분석 실천은 분석자에게 사랑에 관한 이상적인 규범을 부과하는 부모의 욕망이나 비(非)사랑의 고통스러운 상태를 치유하려는 회복에의 열망에 근거하지 않는다. 분석가의 욕망은 어떠한 규범성이나 정상성 바깥에서, 비록 미완결적인 형식이라 하더라도, 오직 진리에 대해 말하는 무의식적 담화의 계시를 겨냥한다. "분석 담론은 작동되지 않는 것을 정상적인 담론으로 재진입시키는 데에 있지 않습니다. …… 오직 진실을 말하는 것을 통해서만 나아가는 담론은 작동되지 않는 것이며, 아시다시피 모든 이들을 혼란스럽게 만들기 위해서는 누군가가 진실을 말하려고 노력하는 것으로 충분합니다."[9] 실재에 대한 진실을 말하는 것에 근거한 분석 담론은, 정립된 지식을 통해 잘 작동하는 규범적 담론과는 달리, 우리가 사랑으로 여기는 것이 비(非)사랑에서 형성됨을 보여 줌으로써 모든 이를 혼란스럽게 만든다. 분석은 비(非)사랑이 사랑 자체를 구성한다는 점을 지적함으로써 사랑의 불가능성과 한계를 조명한다. 더 아연실색할 만한 것

---

7 분석 작업은 "분석자가 자신 안에 하나의 궤양처럼 존재하는 무의식적 지식을 정교화하는 것을 허용하는 것이어야 한다." Lacan, *SXXI*, 1974년 6월 11일 수업(미출간).

8 이 점을 보여 주는 가장 고전적인 사례로 『향연』의 알키비아데스와 소크라테스의 상황을 보자. "알키비아데스는 사랑에 사로잡혀 있으며, 이에 대해 우리는 소크라테스의 유일한 진가가 그것을 전이애로 부르는 것과 알키비아데스를 그의 진정한 욕망으로 재차 이끄는 것이라고 말할 수 있습니다."(*SVIII*, p. 179.) 알키비아데스(분석자)가 사랑이 있다고 생각하는 곳에 사랑은 존재하지 않는다. 따라서 알키비아데스의 주체적 실재("진정한 욕망")에 관한 분석 작업이 차후의 과제로 남는다. 알키비아데스의 주체적 실재에 대한 탐구 속에서 아갈마(agalma)의 역할을 하는 소크라테스(분석가)는 분석 작업과 알키비아데스의 (진정한 욕망에 입각한) 사랑 간의 상관관계에 대해 침묵한다. 자신의 분석 경험을 통해 사랑에 접근하는 것은 전적으로 알키비아데스 자신의 몫이다.

9 Lacan, *SXXI*, 1974년 2월 12일 수업(미출간).

은 분석가가 결코 진정한 사랑이 무엇인지 혹은 비(非)사랑 너머에 무엇이 있는지 말하지 않는다는 점이다. 비(非)사랑의 계시를 제외하면 분석가는 침묵한다. 분석가의 과업은 사랑의 이상향, 규범, 방향성을 주입하는 것이 아니다. 오히려 분석가는 사랑의 수수께끼를 보존하고 인정하는 쪽을 택한다.

『에피노미스』의 인용문과 관련되는 바디우적 측면으로 넘어가자. 이번에 사랑의 중간자적 정령들은 진리의 식별자로 출현한다. 뛰어난 이해력과 기억력으로 이루어진 지성을 가진 그들은 선한 것과 악한 것, 고귀한 것과 조악한 것의 식별에 근거하여 진리를 그 일관된 원칙 속에서 추구한다. 사랑에 관해 그들은 진정한 사랑과 사랑의 유사물을 명확하고 엄밀하게 구분할 것이다. 여기서 바디우가 사랑에 관한 라캉적 난관을 돌파함으로써 사랑에 관한 일관된 원칙을 표명한다는 점에 주목하자. 바디우적 사랑은 라캉적 사랑을 다양한 방식으로 확장하고 재구성함으로써 도래한다.

열정[정념]은 상상계로부터 이탈되고 실재에 연결된다(실재에 대한 열정). 욕망은 법으로부터 분리되고 진리에 접목된다(유적인 욕망). 충동은 참된 삶에 의해 극복될 수 있고 극복되어야 하는 것으로 상정된다. 죽음의 힘의 표징인 주이상스는 사랑에서의 기쁨으로 대체된다. (바디우가 직접 다루지는 않지만) 사랑의 벽과 애증의 경우 그것들은 사랑의 윤리에 대한 충실한 헌신이 실패한 결과에 다름 아닐 것이다. 나르시시즘은 이기적임을 넘어서서 사랑의 적으로 명시되며, 사랑의 가능한 한 가지 종류로 여겨지지 않는다[다시 말해 상상적인 사랑이란 없다]. 환영적인 만족에 대한 환상은 실재적 행복에 자리를 내어 준다. 상실은 상실에 대한 숙달로서의 용기로 전환된다. 자동 반복적인 구조를 낳는 트라우마는 반복 불가능한 새로운 귀결을 동반하는 사건적 만남으로 대체된다. 인간 동물의 육체적 특징으로서의 증상 및 증환은 진리에 대한 초인간적 몸으로 바뀐다. 팔루스 함수는 아버지가 아들딸들의 사랑에 정답을 제공할 수 없는 동시대 세계에서 더 이상 작동하지 않는다. 재난과 파국은 주체가 사랑의 과정 자체에 내재한 위험으로 감수해야 할 부분으로 인식된다. 성은 진리란 의미가 없다는 사실을 입증하는 사례로 긍정되는 한편, 동시에 사랑을 마비시키는 힘으로서의 성과 사랑을 포섭할 수 없는 무능력으로서의 성은 냉정하게 비판된다. 대상 a의 영역은 오직 욕망에 국한되고, 사랑의 과정의 파편으로서의 t가 도입된다. 기표의 효과로서의 주체 및 주이상스의 주체는 진리의 주체적 몸으로 대체되고, 탈주체적인 사랑의 환자는 사랑의 노고에 대한 헌신을 이어 나가는 주체로 대체된다. 성적 비관계는 더 이상 사랑의 난관이 아니라 오히려 둘의 무대에 관한 사랑의 공리를 정립할 출발점이 된다.

바디우 철학의 관점에서 볼 때 우리는 주체의 기존 구조에 개입할 수 있고, 나아가 분석가가 거의 변화시키기 불가능하다고 여기는 비(非)사랑의 조건을 변화시킬 수 있다. 우리가 집요한 충실성의 과정에 참여하기를 욕망하는 한, 우리가 참된 삶으로 방향을 설정하는 한, 실재적 행복 안에 남아 있는 한에서 말이다. 사랑의 불가능성과 한계에 단순히 직면하거나 낙담하는 대신, 우리는 새로운 사랑의 가능성과 주체적으로 무한한 사랑을 구축하기 위해 사랑의 불가능성과 한계를 재배치할 수 있다. 바디우가 참된 삶의 부재에 관한 랭보의 발언("여기에는 참된 삶이 없구나")을 참되고 행복한 삶에 헌신할지의 여부를 결단할 가능성("여전히 여러분은 참된 삶이 여기에 있다는 결단을 내릴 수 있습니다")으로 전환시키는 방식을 상기하자. "오, 내 사랑, 사랑이 없구나" 혹은 "사랑 없음만 있구나"라는 정신분석적 선언에 응답하면서 철학은 이렇게 단언한다. 비(非)사랑으로부터, 비(非)사랑을 통해, 비(非)사랑 너머에서 사랑을 창조하기를 감행하는 것은 우리 각자의 몫이며, 이것은 아주 드물지만 또한 얼마든지 가능한 성취이다. 사랑의 진리는 기존의 법에 순응하지도 않고 사랑의 한계에 사로잡히지도 않는 예외적으로 주체적인 사랑의 방식을 늘 보존한다.

요컨대 라캉적 사랑이 대개 인정되지 않고 억압되곤 하는 사랑의 본질적인 한계에 초점을 맞춘다면, 바디우적 사랑은 이러한 한계 위에 세워질 수 있는 사랑의 가능성에 초점을 맞춘다. 전자는 사람들이 통상적으로 사랑이 부르는 것에서 비(非)사랑이라는 골수를 추출하고, 후자는 비(非)사랑을 기반으로 하여 어떤 급진적인 사랑을 재구축한다. 양자의 이러한 뒤얽힘은 라캉의 다음과 같은 발언에 압축되어 있다. "이런 점에서 사랑은 소중합니다! 사랑은 드물게 실현되고, 우리 모두가 아는 것처럼, 잠시 동안만 지속되지만, 그럼에도 사랑은 본질적으로 벽의 파열(fracturer le mur/breaking down of the wall)로 이루어집니다. 우리는 그 벽에 부딪혀 이마에 혹이 생길 수밖에 없지만 말입니다."[10] 라캉에게 사랑의 소중함, 희귀함, 덧없음은 사랑이 곧 사랑 고유의 난관을 깨트리려는 시도 자체라는 사실과 상관적이며, 그 난관은 결코 쉬운 탈출구를 허용하지 않는다. 비(非)사랑이 사랑에 내재적인 이상, 비(非)사랑을 극복하려는 어떠한 시도도 이마의 혹이라는 상처를 동반하지 않을 수 없다. 여기서 사랑은 통과할 수 없는 난관(impassable impasse)으로 나타난다. 한편, 바디우에게 관건은 단순히 벽의 파열(fracturer le mur)이 아니라 법 너머에서 그 벽을 뛰어넘는 것(faire le mur)이다. 우리는 벽을 회피하기 위해 기성 규범에 의존해서는 안 되며 벽 안에 감금되어서도 안 된다. 사랑은 그 병리성과 규범성 너머에서 새롭게 개방될 수 있다. 물론 이 사랑 역시 우리의 이마에 혹을 남길 것이다. 그럼에도 그것은 사랑 고유의 난관에 동요되지 않고 상처받지 않는 가외의 것을 함유한다. 이러한 가외의 것은 사랑의 걸림돌을 그 걸림돌에 영향을 받지 않는 디딤돌로 전환함으로써 출현한다. 여기서 사랑은 결코 흔들리지 않는 통과(impassible pass)로 나타난다. 여기서 우리는 라캉과 바디우의 뒤얽힘을 통해 또 다른 사랑의 공식을 얻게 된다. 사랑은 통과할 수 없는 난관과 흔들리지 않는 통과 사이에 있다(Love is between an impassable impasse and an impassible pass).

좀 더 나아가 보자. 만약 분석가가 고통에 참여하는 자로서 분석자와 동행한다면, 이는 분석가 자신이 하나의 증환을 체현하기 때문일 것이다. "정신분석가는 하나의 증환으로밖에 인식될 수 없습니다."[11] 오직 자기 자신의 환원 불가능한 주체성을 정교화하는 작업을 끝까지 밀고 나간 이만이 다른 이의 고통에 진정으로 참여하는 분석가의 역할을 맡을 수 있다. 그의 관심이 증상을 제거하거나 억압하는 것이 아니라 증상을 받아들이고 완수하는 데에 있는 한에

---

10 Lacan, *SXXII*, 1975년 1월 21일 수업(미출간).

11 Lacan, *SXXIII*, p. 116.

서 말이다. 분석가로 하여금 치료자가 아니라 참여자의 역할을 떠맡게 하는 것은 증환이다. 사실 이 책에서 라캉에 대한 우리의 접근을 특징짓는 지표가 있다면, 그것은 증상적 실재에서 증환적 주체성으로의 이행에 대한 우리의 일관된 관심이다(2장에 나온 성적 비관계에서 상호 증환적 관계로의 이행, 3장에 나온 비전체의 공동체와 증환적 매듭으로서의 코뮤니즘 이념, 4장에 나온 토니 타키타니의 증상적 고독에서 증환적 진실로의 이행, 5장에서 고르의 증상적인 끄적거림이 증환적인 글쓰기로 완성되는 과정). 증환이 라캉에 대한 우리의 접근에 최소한의 일관성을 부여하려는 도구로 작용하는 한편, 그것은 또한 분석의 끝에서 중요한 역할을 한다. 라캉적 의미에서의 분석의 끝은 상상적인 이상으로서의 분석가나 타자로서의 무의식과의 동일시가 아니라 증환과의 거리를 둔 동일시이다. 이 동일시는 분석자가 더 이상 증상의 수렁에 빠져 있지 않으며 증상을 다루는 법을 안다는 것을 뜻한다. 증상을 다루는 법을 안다는 것은 증상의 제거나 증상으로부터의 치유를 뜻하지 않는다. 그것은 우리의 주체성이 환원할 수 없는 중핵으로서의 치유 불가능한 증환에 뒤얽혀 있는 방식과 만나고 그 방식을 인정하는 것이다. 분석의 끝은 어떤 임상적, 과학적 지식을 획득하거나 "스스로를 더 잘 아는 것"으로 도달되는 것이 아니라 스스로의 주체적, 증환적 진실을 더듬어 봄으로써 도달된다. 주체성의 치유 불가능한 지지대로서의 증환에 관한 생각을 예견하듯 라캉은 『세미나 15권』에 대한 요약문에서 이렇게 쓴다. "획득된 지식이 있다면, 그것은 누가 획득한 것입니까? 한계점에서 주체는 치유될 수 없는 진실이라는 대가를 누구에게 지불한 것일까요?"[12] 분석의 끝은 주체의 곤궁을 구성하는 증상적 실재를 상징화하는 방법을 창안하고 주체가 지금껏 일축했지만 결국 함께 살아야 하는 증환적 진실을 주체화하는 힘든 작업을 통해서 도달될 수 있다.

여기서 중요한 질문이 제기된다. 그렇다면 분석 작업과 분석의 끝은 사랑과 어떤 관계가 있을까? 이 질문을 다루기 위해서는 우선 전이애가 분석 작업과 양가적인 관계를 맺는다는 사실을 유념할 필요가 있다. 전이는 무의식의 소환

---

12 Jacques Lacan, "Summary of the Seminar of 1967-1968 for the year book of the École pratique des hautes études" trans. Cormac Gallagher (비공식), 1969년 6월 10일.

에 장애물로 기능할 수도 있으며, 무의식의 탐험의 추동력으로 기능할 수도 있다. 라캉의 경우 그는 한편으로는 전이가 안다고 가정된 주체를 향하기 때문에 사랑은 지식에 말을 건넨다는 점에 주목함으로써 전이의 유용성과 효과를 받아들인다. 그러나 다른 한편으로 라캉은 분석가의 개입이 자기 자신의 탈존재에 관한 지식에 입각해 있다는 점과 분석자가 분석 작업을 통해 전이를 해소한다는 점을 지적한다. 무의식적 지식의 정교화와 함께 분석자는 분석가의 탈존재를 알아차리고 분석가에 대한 전이애로부터 빠져나온다. 그 이후에는 어떤 일이 벌어지는가? 여기서 정신분석이 사랑에 관해 전하는 급진적인 메시지가 등장한다. 즉 설령 분석자가 자신의 증환적 진실을 받아들이고 훈습한다 하더라도, 이러한 분석의 끝은 장차 도래할 사랑에 대해 아무런 실정적인 비전도 제공하지 않는다. 고르의 사례에서처럼 증환이 사랑의 과정을 유지시키고 확장시킬 수 있다는 보증은 어디에도 없다. 반대로 토니 타키타니의 사례에서처럼 분석자는 그의 증상적 고독에 의해 뒷받침된 비(非)사랑이 얼마만큼 그의 사랑에 스며들 수 있는지에 관한 뼈아픈 진실과 마주할지 모른다. 이런 점에서 전이애와 분석 작업의 관계는 분석의 끝과 새로운 사랑의 관계와 같다. 전이애가 분석 작업을 나아가게 할 것인지 중단시킬 것인지가 열린 문제인 것처럼, 분석의 끝이 새로운 사랑을 열어 줄 것인지 차단할 것인지 또한 열린 문제이다.

라캉주의 분석가는 특정한 지침이나 조언을 제공하지 않으면서 분석자의 분석 이후의 삶과 장차 도래할 사랑에 대해 침묵한다. 분석가가 "분석자 개인의 선(善)이 아니라 분석자가 사랑할 수 있도록 하기 위해"[13] 분석 상황 안에 있는 한편, 분석가는 분석자에게 사랑하는 방법과 사랑에 이르는 길에 관해 가르치지 않는다. 사랑은 그 경계가 분석자 자신에 의해서만 창안될 수 있는 하나의 구멍으로 남는다. 분석이 분석자를 사랑의 유사물을 헤쳐 나가는 길로 이끈다면, 분석 작업이 종료되고 사랑의 유사물이 걷어지게 되었을 때 남아 있는

---

13 "결국 저는 어떤 개인 자신의 선(善)을 위해서가 아니라 그가 사랑하도록 하기 위해 거기에[분석 상황에] 있습니다. 이것이 제가 그에게 사랑하는 방법을 가르쳐야 한다는 것을 뜻할까요?"(*SVIII*, p. 15.)

것은 사랑에 관한 몇몇 실체적 지식이 아니라 사랑 고유의 정의 불가능한 구멍이다. 사랑의 덮개를 제거하면, 남아 있는 것은 사랑의 심연일 뿐이다. 사랑의 유사물 너머에서는 오직 주체적 창안을 통해 정교화될 사랑의 공백이 출현할 뿐이다. 그러나 창안이란 무에서 이루어지는 것이 아니며, 분석자에게도 몇몇 단서가 남겨지는데, 그것은 분석자의 분석 경험 자체이다. 그렇다면 분석자는 새로운 사랑을 창안하기 위해 어떤 방식으로 분석 경험을 참고할까? 앞서 지적했듯 분석 작업은 분석자로 하여금 사랑이 자신의 주체적 실재에 의해 규정된다는 점과 분석자의 사랑은 사랑이라는 옷을 입은 비(非)사랑에 얽혀 있다는 점을 인정하게 한다. 분석의 끝마저 새로운 사랑이라는 선물을 제공하지 않는 한에서, 분석 경험은 분석자에게 무엇을 말해 줄까? 여기서 역설이 나온다. 만약 분석의 끝이 비(非)사랑으로부터 명확한 출구를 보여 주지 않는다면, 그것은 바로 분석 작업이 분석자로 하여금 비(非)사랑 자체를 사랑하도록 권유하기 때문이다. 정신분석에 있어 사랑의 불가능성과 한계를 사랑하는 것보다 어렵고 드문 일은 없다. 정신분석은 사랑을 다음과 같은 시험대에 올린다. 우리는 사랑이 그 자체의 벽에 부딪친다는 점을 온전하게 받아들일 수 있는가? 우리는 사랑의 통과 불가능한 난관을 인정할 수 있는가? 우리는 비(非)사랑을 사랑의 외적인 장애물이 아니라 사랑의 내적인 빗금으로 알아볼 수 있는가? 아우구스티누의『고백록』의 한 구절 [나는 아직 사랑을 한 것이 아니며, 사랑하는 것을 사랑했을 뿐이다(Nondum amabam, et amare amabam)]을 다시 쓰자면, 분석자가 씨름해야 할 질문은 다음과 같다. "나는 아직 사랑을 한 것이 아니다. 그러나 나는 어떻게 사랑을 사랑하기보다 비(非)사랑을 사랑할 수 있는가?" 동시에 프로이트가 1906년에 융에게 쓴 편지에서 한 발언 역시 보충될 수 있다. 정신분석은 "사랑을 통한 치유"일 뿐만 아니라 비(非)사랑을 통한 사랑에의 접근이지 않을까? 이것이 라캉적 사랑이 제기하는 가장 급진적인 질문일 것이다.

바디우는 이러한 라캉적 사랑을 토대로 해서 사랑에 대해 일관되고 확고한 원칙을 제시한다. 그런데 이것이 바디우가 사랑에 관한 완전한 학설이나 닫힌 체계를 도모한다는 뜻은 아니다. 라캉적 사랑이 이론적 정의에 의해 재현 불가능하게 남아 있는 사랑의 공백을 보존하려고 시도하는 한편, 라캉적 사랑에 대한 한 가지 응답으로서의 바디우적 사랑 역시 사랑의 공백을 메우지 않는다. 반대로 바디우 또한 나름의 방식으로 사랑의 공백을 다룬다. 실제로 바디우 철학은 혹자가 사랑을 넘어선 사랑이라 부를 법한 것을 제시한다. 이 점은 사랑의 진리의 특징에 비추어 해명될 수 있다.

사랑은 그 무한성, 초세계성, 보편성, 과정성을 통해 스스로를 넘어선다. 사랑은 유한으로부터의 예외적인 해방이며 세계를 바꾸는 데에 이르는 무한한 실존의 창조이다. 사랑은 특정한 세계에 국한되지 않으며 다수의 세계로 전달될 수 있다(이것이 바디우라는 동시대 철학자가 17세기 일본을 배경으로 하는 미조구치 겐지의 〈치카마츠 이야기〉에 나온 사랑의 주체를 별 어려움 없이 식별할 수 있는 이유다). 사랑은 특수한 정체성을 지닌 집단의 영역을 넘어서서 인류를 호출하는 보편화의 역량을 갖고 있다. 사랑은 단순히 두 명의 고정된 개인이 아니라 두 개인이 끝없이 불확실하지만 집요한 걸음걸이 안에서 구축할 수 있는 것에 관련된다는 점에서 실체가 아니라 과정이다. 그러므로 바디우가 종종 사랑이 (가족과 아버지에 의해 재현되는) 법을 초과한다는 말을 반복하는 한편, 우리는 바디우적 사랑의 진정한 급진성은 사랑이 사랑 자체를 초과한다는 점에 있음에 주목해야 한다.

이러한 자기 초극적 사랑은 사랑의 주체에 의해 생생하게 구현된다. 바디우가 말하듯, "그 누가 사랑의 정점에서 사랑하는 이는 자기 자신을 넘어서는 동시에 자신의 삶의 순수하고 익명적인 노출로 완전히 환원된다는 것을 경험하지 못했는가? 둘의 힘은 이념의 하늘에 직접 하나의 실존, 몸, 진부한 개인성을 새기는 것이다."[14] 사랑은 보잘것없는 개인이 스스로를 무한히 넘어서게 만들고 삶을 영도(zero degree)에서 새롭게 시작하게 만든다. 사랑의 주체는 "무한한 팽창과 익명적 정체"[15] 간의 역설적인 종합을 이루어 낸다. 둘의 무대로서의 사랑에서 관건은 단독적인 무한을 창조하고, 자아중심적 관심, 증상적 주이상스,

---

14 Badiou, *Logics of Worlds*, p. 32.

15 같은 곳.

심지어 사랑의 상처에 밀봉된 기존 정체성으로부터 개인을 빼내는 것이다. 무한에 관해 말하자면, 집합론의 수학적 무한과 사랑의 무한 간의 차이에 주목하자. 전자가 공집합으로부터 시작해서 무한으로 뻗어 나간다면, 후자는 생성 중인 공백을 만들어 나가는 동시에 무한으로 뻗어 나간다. 주체가 무한을 창안하는 사랑의 과정에 점점 더 헌신하게 될수록, 주체는 점점 더 익명적이게 되고, 주체의 삶은 보다 무한한 사랑을 유도하고 함유하면서 사랑의 순수한 재료로 비워지게 된다. 무한과 공백의 이러한 과정적 결합체에서는 우리의 정체성과 삶을 규정하는 어떤 사랑에 대한 장애물도 해체되고 사랑의 정교화 과정 안으로 재통합된다. 이전에 사랑의 걸림돌로 여겨졌던 것은 사랑의 디딤돌로 변화한다.

사랑은 무한성과 익명성의 역설적 결합을 이루기 때문에 스스로를 넘어선다. 이러한 관점은 하늘과 별자리의 은유를 통해 설명될 수 있다. 사랑은 천체를 신체에 기입하는 것이며, 이때 신체는 무한한 천체를 담는 그릇으로서 익명성을 띤다. 사랑은 하늘의 별자리를 체화하는 것으로서 우리의 일상적인 실존을 무한하고 익명적으로 만든다. 바디우는 베케트의 『이제 그만』의 한 구절에 주목한다. 거기서 주인공은 하늘의 별자리가 자신의 몸에 나타나게 하면서 하늘 자체를 즐긴다. "우리가 하늘을 갖고, 하늘은 아무것도 갖지 않는다고 우리가 말할 수 있을 때, 그것이 사랑이다."[16] 사랑과 관련하여 천체를 참조하는 것은, 가령 단테의 신곡("태양과 별을 움직이는 사랑")과는 달리, 어떤 초월성의 관념도 함축하지 않는다. 만물을 움직이는 영광스러운 일자로서의 사랑에 관한 단테적인 비전과는 달리, 사랑은 오히려 일자와 전체에 균열을 가한다. 사랑의 천체는 일자와 전체 사이에 있지 않으며, 무한과 익명 사이에 있다. 비범한 만남은 세계 바깥이 아니라 세계 안에서 일어나고, 고된 충실성은 엑스타시적 열림이 아니라 실존적인 분투를 요구한다. 만남에서 시작해서 충실성을 거쳐 행복에 이르는 사랑의 과정은 오직 사랑의 자기 초극적 운동에 대한 지속적인

---

16 바디우, 『베케트에 대하여』, 134쪽.

주체화를 통해서만 얻어지는 순수하게 내재적인 은총을 선사한다. 『율리시스』에서 조이스는 내재적으로 자기 초극적인 사랑에 대해 짤막한, 그러나 누구나 생각할 수 있는 공식을 만들어 낸다. "사랑이 사랑을 사랑하려고 사랑한다."[17] 사랑을 넘어선 사랑은 사랑하는 이, 사랑받는 이, 사랑 자체를 식별 불가능하고 상호 투과적으로 만든다. 사랑이 사랑을 넘어서는 무한한 여정만 있을 뿐이며, 거기서 사랑의 주체, 사랑의 대상, 사랑의 행위는 통합된다. 이것이 바디우적 사랑이 제기하는 가장 급진적인 문제의식이다.

「진리의 길」에서 파르메니데스는 진리의 길(존재가 있다)과 의견의 길(비존재가 있다)을 대비시킨다. 파르메니데스에게 존재는 영원불변하다. 존재가 무가되거나 무가 존재가 되는 생성은 부조리로 간주된다. 존재는 있으며, 비존재와 같은 것은 없다. 그리고 파르메니데스에게 존재와 사유는 외연이 같다. 따라서 존재가 있다고 보는 탐구의 길만이 합법적인 탐구의 길로 채택되고, 비존재가 있다고 보는 탐구의 길은 배제된다. 그런데 사실 파르메니데스는 또 다른 길을 환기한다. 이 길은 의견의 길보다 더욱 나쁜 길이다. 이 길은 존재와 비존재의 뒤얽힘을 말하는 데까지 나아간다. 따라서 그것은 분별력이 없는 무리에게만 어울린다. 파르메니데스는 우리가 빠져들지 않도록 주의해야 하는 이 길을 다음과 같이 묘사한다.

> 그러나 그 다음으로는 가사자들이 아무것도 알지 못하면서
> 머리가 둘인 채로 헤매는 [왜냐하면 그들의
> 가슴 속에서 무기력함이 헤매는 누스(정신)를 지배하고 있기에] 그 길로
> 부터 (그대를 제기하기에). 그들은
> 귀먹고 동시에 눈먼 채로, 어안이 벙벙한 채로, 판가름 못하는 무
> 리로서, 이끌려 다니고 있는데,
> 그들에게는 있음과 있지 않음이 같은 것으로, 또 같지 않은 것으로

---

17 James Joyce, *Ulysses*, ed. Hans Walter Gabler, New York: Modern Library, 1992, p. 273.

통용되어 왔다.[18]

　이론으로 규정되지 않는 사랑의 경우 우리는 이러한 탐구의 길에 빠져들지 않도록 자제하기보다는 마땅히 그 길에서 시작해야 하고 심지어 그 길에 의지해야 한다. 사이로서의 사랑이 있지도 않고 없지도 않으며, 있는 동시에 없는 한에서 말이다. 귀먹고 눈멀고 무기력하고 어안이 벙벙한 채로 방황하며 판단력을 잃을 위험을 무릅쓰면서, 사랑 사유는 이러한 혼란스러운 길을 고수해야 한다. 사랑은 사유에게 늘 사이에서 사라지는 길 없는 길을 통과하는 시험을 부과한다. 사랑은 그 길 없음을 통해 사유를 눈부시게 하고, 사유가 하나의 길을 만들어 내도록 강제한다. 또한 사랑은 사이이기에 절대적이다. 절대성의 어원(absolvere)에서 알 수 있듯, 절대성이란 동떨어진(separate) 단독성이다. 사랑의 절대성은 사랑을 통해 신, 신적인 것, 초월성, 완전함이 드러나는 데에 있는 것이 아니라 사랑이 하나의 사이라는 데에 있다. 사랑-사이가 사랑의 절대성을 담보한다.

　이런 점에서 파르메니데스가 기각한 세 번째 길, 즉 사랑 고유의 절대성의 길을 추적해 보자. 미국 시인 월러스 스티븐스(Wallace Stevens)의 시 「눈사람(The Snow Man)」의 마지막 구절은 이렇게 읽힌다.

눈 속에서 귀 기울여 들으며
스스로 무(無)가 된 자는
그곳에 있지 않은 무와
그곳에 있는 무를 본다[19]

　파르메니데스와 스티븐스 간의 차이에 주목하라. 스티븐스에게 무는 주체

18　탈레스, 『소크라테스 이전 철학자들의 단편 선집』, 김인곤 옮김, 아카넷, 2006년, 278-279쪽.

19　Wallace Stevens, *The Collected Poems of Wallace Stevens*, New York: Vintage Books, 2011, p. 10.

적 층위에 놓여 있으며, 이것은 파르메니데스에게 사유 불가능한 일일 것이다. 실재나 진리에 귀 기울임으로써 그것들에 접근하려는 이는 누구나 그 자신이 무가 된다. 더욱이 무가 둘로, 즉 그곳에 있지 않은 무와 그곳에 있는 무로 갈라지기에, 무는 존재론적 층위에서 긍정적으로 고려된다. 그러나 이러한 무의 분열은 마치 반(反)파르메니데스적 방식으로 단순히 무를 통해 존재를 전복시키고 무의 권위를 복권시키는 것에 그치지 않는다. 무의 분열은 존재론의 길을 떠나 버리고 존재와 무 모두에 의해 규정되지 않는 기이한 단독성의 출현으로 이어진다. 사랑이 전례 없는 길을 천천히 나아가는 한에서, 사랑하는 이가 걸어갈 길은 파르메니데스적 탐구의 길 너머에 있는 스티븐스적인 길이다.

사랑이 사유를 반(反)이론의 시험대에 올리는 것처럼, 사랑은 사랑하는 이를 절대적이고 기이한 길의 시험대에 올린다. 사랑은 사랑하는 이를 어딘가로 혹은 아무 곳도 아닌 곳으로, 아니 있으면서 있지 않고, 있지도 않고 있지 않도 않은 길 없는 사랑의 길로 데리고 간다. 사랑이 어떤 사이라면, 사랑의 길은 까다로운 길과 길 없는 길의 사잇길(halfway between the wayward and the wayless)이다. 사랑하는 이는 종잡을 수 없는 길에서 방황할 수밖에 없고, 길 없는 길을 헤치고 나아가야 한다. 무의 구성적인 분열에 관한 스티븐스의 구절을 사랑-사이에 관한 문제틀로 전치시키면서 우리는 이렇게 말할 수 있다. 그 자신이 무이고 또 무가 되는 사랑하는 이는, 사랑에 관통당한 동시에 사랑에 헌신하는 주체로서, 그곳에 있는 사랑 없음과 그곳 너머에 있는 사랑을 바라본다.

사랑하는 이는 사랑 가운데에, 사랑이라는 사이에, 사랑 안의 사랑 없음과 사랑 너머의 사랑 사이에 서 있다. 이 얄궂으면서도 멋들어진 사이, 사랑하는 이에게 생기를 불어넣고 불멸성을 부여하는 만큼이나 사랑하는 이를 곤란하게 하고 숨 막히게 하는 사이에서 사랑하는 이는 무엇을 어떻게 해야 할까? 윤동주의 시가 약간의 단서를 제공한다. 「서시」의 마지막 구절을 보자.

별을 노래하는 마음으로
모든 죽어가는 것을 사랑해야지

그리고 나한테 주어진 길을

걸어가야겠다.

오늘 밤에도 별이 바람에 스치운다.

파르메니데스가 자신의 의도에 역행하여 사랑을 탐구하는 길을 묘사하고, 스티븐스가 사랑의 문제에 핵심적인 구성적 분열을 통찰한다면, 윤동주의 시에서 우리는 사랑에 관한 독특한 "잘못 말하기(mal dire/ill saying)"를 재차 읽어낼 수 있다. 그 잘못 말하기를 반복해 보자. 사랑은 사랑 안의 사랑 없음과 사랑 너머의 사랑 사이에 있다. 사랑은 비(非)사랑과 초(超)사랑의 사이이다. 별을 노래하는 마음이 허락되는 것은 오직 무한히 스스로를 초극하는 사랑, 규율 속의 집요함과 불굴의 엄밀함을 품은 사랑 너머의 사랑을 토대로 해서이다. 별을 노래하는 마음은 사랑이 그 끝없는 확산을 통해 반짝이게 만들 것이다. 모든 죽어가는 것을 사랑하려는 마음은 사랑 안의 본질적인 한계를 향한 사랑, 사랑 자체와 식별 불가능한 사랑 없음을 향한 사랑이 있기에 가능하다. 모든 죽어가는 것을 사랑하려는 마음은 사랑이 그 억누를 수 없는 심연 안에서 나타나게 할 것이다. 사랑하는 이는 이 두 측면 사이에서 빛바랜 채로 빛나고, 확신 속에서 동요하며, 운명과 자유의 구분 너머에서 사잇길을 걸어간다. 사랑은 비(非)사랑과 초(超)사랑에 걸쳐 있는 절대적인 사이이다. 그리고 사랑의 주체가 이러한 절대적인 사이를 다루는 데에는 오직 한 가지 길만 남아 있을 것이다. 그것은 사랑 안의 사랑 없음을 직면하고 포용하며, 사랑 너머의 사랑을 창조하고 구축하는 것이다.

오늘 밤에도 사랑하는 이가 어슴푸레한 사랑-사이에 굳건히 서 있다.

참고문헌

단행본

레이먼드 카버,『사랑을 말할 때 우리가 이야기하는 것』, 정영문 옮김, 문학동네, 2005년

롤랑 바르트,『사랑의 단상』, 김희영 옮김, 동문선, 2004년

르네 데카르트,『정념론』, 김선영 옮김, 문예출판사, 2013년

모리스 블랑쇼, 장-뤽 낭시,『밝힐 수 없는 공동체/마주한 공동체』, 박준상 옮김, 문학과 지성사, 2005년

미란 보조비치,『암흑지점』, 이성민 옮김, 도서출판b, 2004년

발터 벤야민,『일방통행로/사유이미지』, 김영옥·윤미애·최성만 옮김, 길, 2009년

베르나르마리 콜테스,『목화밭의 고독 속에서』, 임수현 옮김, 민음사, 2005년

쇠얀 키에르케고어,『반복/현대의 비판』, 임춘갑 옮김, 치우, 2011년

슬라보예 지젝,『라캉 카페』, 조형준 옮김, 새물결, 2013년

시몬느 베이유,『중력과 은총』, 윤진 옮김, 사회평론, 1999년

아리스토텔레스,『정치학』, 김재홍 옮김, 길, 2017년

알랭 바디우,『메타정치론』, 김병욱·박성훈·박영진 옮김, 이학사, 2018년

_____,『베케트에 대하여』, 서용순·임수현 옮김, 민음사, 2013년

_____,『비트겐슈타인의 반철학』, 박성훈·박영진 옮김, 사월의 책, 2015년

_____,『알랭 바디우의 영화』, 김길훈·김건·진영민·이상훈 옮김, 한국문화사, 2015년

_____,『윤리학』, 이종영 옮김, 동문선, 2001년

_____,『사도 바울』, 현성환 옮김, 새물결, 2008년

_____,『세기』, 박정태 옮김, 이학사, 2014년

_____,『조건들』, 이종영 옮김, 새물결, 2006년

_____,『존재와 사건』, 조형준 옮김, 새물결, 2013년

_____,『참된 삶』, 박성훈 옮김, 글항아리, 2018년

_____,『행복의 형이상학』, 박성훈 옮김, 민음사, 2016년

알랭 바디우, 파비앵 타르비,『철학과 사건』, 서용순 옮김, 오월의 봄, 2015년

앙드레 고르,『D에게 보낸 편지』, 임희근 옮김, 학고재, 2007년

에밀리 브론테,『폭풍의 언덕』, 김종길 옮김, 민음사, 2009년

에리히 프롬,『사랑의 기술』, 황문수 옮김, 문예출판사, 2006년

엠마누엘 레비나스,『시간과 타자』, 강영안 옮김, 문예출판사, 1996년

윌리엄 셰익스피어,『로미오와 줄리엣』, 최종철 옮김, 민음사, 2008년

자크 라캉,『세미나 11: 정신분석의 네 가지 근본 개념』, 맹정현·이수련 옮김, 새물결, 2008년

_____,『라캉, 환자와의 대화』, 고바야시 요시키 편저, 이정민 옮김, 에디투스, 2014년

장-뤽 낭시,『무위의 공동체』, 박준상 옮김, 인간사랑, 2010년

조르조 아감벤,『도래하는 공동체』, 이경진 옮김, 꾸리에, 2014년

_____,『행간』, 윤병언 옮김, 자음과 모음, 2015년

지그문트 바우만,『리퀴드 러브』, 권태우·조형준 옮김, 새물결, 2013년

지그문트 프로이트,『문명 속의 불만』, 김석희 옮김, 열린책들, 2004년

_____,『정신분석학의 근본 개념』, 윤희기·박찬부 옮김, 열린책들, 2004년

질 들뢰즈,『프루스트와 기호들』, 서동욱·이충민 옮김, 민음사, 1997년

질 들뢰즈, 펠릭스 가타리,『천 개의 고원』, 김재인 옮김, 새물결, 2003년

탈레스,『소크라테스 이전 철학자들의 단편 선집』, 김인곤 옮김, 아카넷, 2006년

표도르 도스토예프스키,『카라마조프가의 형제들 1』, 김연경 옮김, 민음사, 2007년

프란체스코 페트라르카,『칸초니에레』, 이상엽 옮김, 나남, 2005년

플라톤,『향연』, 강철웅 옮김, 이제이북스, 2014년

한나 아렌트,『사랑 개념과 성 아우구스티누스』, 조안나 스코트, 주디스 스타크 편집, 서유경 옮김, 텍스트, 2013년

_____,『인간의 조건』, 이진우 옮김, 한길사, 2017년

Adrian Johnston, *Badiou, Žižek, and Political Transformation: The Cadence of Change*, Evanston, IL: Northwestern University Press, 2009

Alain Badiou, *Alain Badiou: Philosophy and Its Conditions*, ed. Gabriel Reira, New York: SUNY Press, 2005

_____, *Lacan: Anti-Philosophy 3*, trans. Kenneth Reinhard, Susan Spitzer, New York: Columbia University Press, 2018

_____, *Logics of Worlds*, trans. Alberto Toscano, London: Continuum, 2009

_____, *Peut-on penser la politique?* Paris: Seuil, 1985

_____, *The Adventure of French Philosophy*, trans. Bruno Bosteels, New York: Verso, 2012

_____, *The Communist Hypothesis*, trans. David Macey and Steve Corcoran, London: Verso,

2010

_____, *The Incident at Antioch*, trans. Kenneth Reinhard, Susan Spitzer, New York: Columbia University Press, 2013

_____, *The Rebirth of History*, trans. Gregory Elliott, London: Verso, 2012

_____, *Theory of the Subject*, trans. Bruno Bosteels, London: Continuum, 2009

Arthur Schopenhauer, *Parerga and Paralipomena: Short Philosophical Essays*, Vol. II, trans. E. F. J. Payne, Oxford: Oxford University Press, 2000

Baruch Spinoza, *Short Treatise on God, Man, and His Well-Being*, in *Complete Works*, ed. Michael L. Morgan, trans, Samuel Shirley, Indianapolis: Hackett, 2002

Bruce Fink, *Lacan on Love: An Exploration of Lacan's Seminar VIII, Transference*, Cambridge: Polity, 2016

Bruno Bosteels, *Badiou and Politics*, Durham, NC: Duke University Press, 2011

Constant J. Mews and Neville Chiavaroli, *The Lost Love Letters of Heloise and Abelard*, 2nd ed. New York: Palgrave Macmillan, 2008

Friedrich Nietzsche, *Beyond Good and Evil: Prelude to a Philosophy of the Future*, eds. Rolf-Peter Horstmann and Judith Norman, tras. Judith Norman, Cambridge: Cambridge University Press, 2002

_____, *The Will To Power*, ed. Walter Kaufmann, trans, Walter Kaufmann and R. J. Hollingdale, New York: Vintage, 1968

Gaius Valerius Catullus, *The Complete Poetry of Catullus*, trans. David Mulroy, Madison: University of Wisconsin Press, 2002

Georg Wilhelm Friedrich Hegel, *Hegel's Philosophy of Right*, trans. T. M. Knox, Oxford: Oxford University Press, 1967

_____, *The Science of Logic*, ed. and trans. George Di Giovanni, Cambridge: Cambridge University Press, 2010

Gilles Deleuze, *Negotiations: 1972-1990*, trans. Martin Joughin, New York: Columbia University Press, 1995

Giorgio Agamben, "The Passion of Facticity," in *Potentialities: Collected Essays in Philosophy*, ed. Daniel Heller-Roazen, Stanford, CA: Stanford University Press, 1999

Hannah Arendt, *The Origin of Totalitarianism*, New York: Harvest Books, 1973

Haruki Murakami, "Tony Takitani," in *Blind Willow, Sleeping Woman: Twenty-Four Stories*, New York: Vintage International, 2007

Immanuel Kant, "Idea for a Universal History," in *Political Writings*, ed. Hans Reiss, trans. H. B. Nisbet, Cambridge: Cambridge University Press, 1991

Jacques Derrida, *On Cosmopolitanism and Forgiveness*, trans. Mark Dooley and Michael Hughes. London: Routledge, 2001

_____, *On Touching—Jean-Luc Nancy*, trans. Christine Irizarry, Stanford: Stanford University Press, 2005

Jean Allouch, *L'amour Lacan*, Paris: EPEL, 2009

Jean-Luc Marion, "Unpower," in Hent de Vries and Nils F. Schott, eds., *Love and Forgiveness For a More Just World*, New York: Columbia University Press, 2015

Karl Marx, *Capital, Vol. 1*, London: Penguin Books, 1976

Karl Marx and Friedrich Engels, *The German Ideology*, part 1, ed. C. J. Arthur, New York: International Publishers, 1970

Ludwig Wittgenstein, *Culture and Value*, ed. G. H. Von Wright, trans. Peter Winch, Chicago: University of Chicago Press, 1984

Martin Heidegger, *Off the Beaten Track*, ed. and trans. Julian Young and Kenneth Haynes, Cambridge: Cambridge University Press, 2002

Jacques Lacan, *Autres écrits*, ed. Jacques-Alain Miller, Paris: Seuil, 2001

_____, *Écrits: The First Complete Edition in English*, trans. Bruce Fink, New York: Norton, 2006

_____, "Discours de Jacques Lacan à l'Université de Milan le 12 mai 1972," in *Lacan in Italia, 1953-1978: En Italie Lacan*, Milan: La Salamandra, 1978

_____, *Joyce avec Lacan*, ed. Jacques Aubert, Paris: Navarin, 1987

_____, *Talking to Brick Walls: A Series of Presentations in the Chapel at Sainte-Anne Hospital*, trans. Adrian Price, Cambridge: Polity, 2017

_____, *Television: A Challenge to the Psychoanalytic Establishment*, ed. Joan Copjec, trans. Denis Hollier, Rosalind Krauss and Annette Michelson, New York: Norton, 1990

_____, *The Triumph of Religion, Preceded by Discourse to Catholics*, trans. Bruce Fink, Cambridge: Polity, 2013

Jean-Luc Nancy, "Shattered Love," in *The Inoperative Community*, ed. Peter Connor, trans. Lisa Garbus and Simona Sawhney, Minneapolis: University of Minnesota Press, 1991

J. Hillis Miller, *Literature as Conduct: Speech Acts in Henry James*, New York: Fordham University Press, 2005

Lucy Irigaray, *I Love to You: Sketch of A Possible Felicity in History*, trans. Alison Martin, New York: Routledge, 1995

Wallace Stevens, *The Collected Poems of Wallace Stevens*, New York: Vintage Books, 2011

자크 라캉 세미나

Jacques Lacan, *Seminar I: Freud's Papers on Technique, 1953-1954*, ed. Jacques–Alain Miller, trans. John Forrester, Cambridge: Cambridge University Press, 1988

_____, *Seminar II: The Ego in Freud's Theory and in the Technique of Psychoanalysis, 1954-1955*, ed. Jacques–Alain Miller, trans. Sylvana Tomaselli, New York: Norton, 1988

_____, *Seminar III: The Psychoses, 1955-1956*, ed. Jacques–Alain Miller, trans. Russell Grigg, New York: Norton, 1997

_____, *Seminar VII: The Ethics of Psychoanalysis, 1959-1960*, ed. Jacques–Alain Miller, trans. Dennis Porter, New York: Norton, 1992

_____, *Seminar VIII: Transference, 1960—1961*, ed. Jacques–Alain Miller, trans. Bruce Fink, Cambridge: Polity, 2015

_____, *Seminar IX: Identification, 1961-1962* (미출간)

_____, *Seminar X: Anxiety, 1962-1963*, ed. Jacques–Alain Miller, trans. Adrian Price, Cambridge: Polity, 2016

_____, *Seminar XII: Crucial Problems for Psychoanalysis, 1964-1965* (미출간)

_____, *Seminar XIII: The Object of Psychoanalysis, 1965-1966* (미출간)

_____, *Seminar XIV: The Logic of Fantasy, 1966-1967* (미출간)

_____, *Seminar XV: The Psychoanalytic Act, 1967-1968* (미출간)

_____, *Le Séminaire XVI: D'un autre à l'Autre, 1968-1969*, ed. Jacques–Alain Miller, Paris: Seuil, 2006

_____, *Seminar XVII: The Other Side of Psychoanalysis, 1969—1970*, ed. Jacques–Alain Miller, trans. Russell Grigg, New York: Norton, 2007

_____, *Seminar XIX: ...or Worse, 1971-1972*, ed. Jacques–Alain Miller, trans. Adrian Price, Cambridge: Polity, 2018

_____, *Seminar XX: On Feminine Sexuality, the Limits of Love and Knowledge, 1972—1973*, ed. Jacques–Alain Miller, trans. Bruce Fink, New York: Norton, 1999

_____, *Seminar XXI: Les non-Dupes Errent, 1973-1974* (미출간)

_____, *Seminar XXII: RSI, 1974-1975* (미출간)

_____, *Seminar XXIII: The Sinthome, 1975-1976*, ed. Jacques-Alain Miller, trans. Adrian Price, Cambridge: Polity, 2017

_____, *Seminar XXV: The Moment to Conclude, 1977-1978* (미출간)

논문/강연/세미나/인터뷰/기사

Alain Badiou, "Badiou's Happiness Lesson," interview by Nicolas Truong, trans. David Broder

_____, "Who is Nietzsche?" trans. Alberto Toscano, *Pli: The Warwick Journal of Philosophy* 11 (2001)

_____, "Destruction, Negation, Subtraction: On Pier Paolo Pasolini," Graduate Seminar, Art Center of Design in Pasadena, UCLA, February 6, 2007

_____, "Eleven points inspired by the situation in Greece," trans. David Broder, Libération, 2015년 7월 8일 기사

_____, "Is the word 'Communism' forever doomed?" (Henry Street Settlement, Harry de Jur Playhouse, New York City, November 6, 2003)

_____, *L'immanence des vérités (2): Séminaire d'Alain Baidou, 2014-2015*, 2014년 11월 10일 (미출간). www.entretemps.asso.fr/Badiou/14-15.htm

_____, "The Scene of Two," trans. Barbara P. Fulks, *Lacanian Ink* 21 (2003)

_____, "Alain Badiou on politics, communism and love," interview by Costas Mavroidis, trans. David Broder, Verso, 23 May 2016

Levy Bryant, "Symptomal Knots and Evental Ruptures: Žižek, Badiou and Discerning the Indiscernible," in *International Journal of Žižek Studies*, Vol. 1, No. 2 (2007)

Lorenzo Chiesa, "The Body of Structural Dialectic: Badiou, Lacan, and the 'Human Animal'," in *Journal of Badiou Studies*, Vol. 3, No. 1 (2014)

Jacques-Alain Miller, "We Love the One Who Responds to Our Question: 'Who Am I?'" in *The Symptom*, trans. Adrian Price.

Jacques Lacan, "Allocution prononcée au PLM Saint Jacques," 1980년 3월 18일

_____, "Conclusions-Congress de L'École Freudienne de Paris," in *Lettres de l'École*, 1979, no. 25, Vol. II, p. 220. (1978년 7월 9일)

_____, "Conférence de Louvain suivie d'un entretien avec Françoise Wolff," in *Jacques Lacan parle*. www.youtube.com/watch?v=-HBnLAK4_Cc

_____, "Conférences et entretiens dans les universités nord-américaines," 1975년 11월 24일, 예일대학교 강연

_____, "Conférences et entretiens dans les universités nord-américaines," 1975년 12월 2일 MIT에서의 강연

_____, *Culture aux Journée d'études des Cartels in Lettres de L'École freudienne de Paris*, No. 18, April, 1976

_____, "Freud à jamais," interview by Emilia Granzatto in *Panorama*, November 21, 1974. www.versobooks.com/blogs/1668-there-can-be-no-crisis-of-psychoanalysis-jacques-lacan-interviewed-in-1974

_____, "Geneva Lecture on the Symptom," trans. Russell Grigg, *Analysis*, no. 1, Melbourne: Centre for Psychoanalytic Research, 1989

_____, "La Troisième," given at the VII Congress of the EFP in Rome, 1974년 10월 31일. www.valas.fr/Jacques-Lacan-La-Troisième-en-français-en-espagnol-en-allemand,011

_____, "Lacan pour Vincenne!" *Ornicar?* 17/18, 1979

_____, "Les clefs de psychanalyse: Entretien avec Madeleine Chapsal," *L'Express 310* (May 31, 1957)

_____, "Seconde lettre de convocation au forum," *Annuaire et textes statutaires 1982*

_____, *The Knowledge of the Psychoanalyst: Seven Talks at Saint-Anne*, trans. Cormac Gallagher (비공식 미출간)

_____, "Yale University: Lecture on the Body," *Culture/Clinic 1: Applied Lacanian Psychoanalysis*, 2013